일곱 괴물이 사는 마음

SEVEN DEADLY SINS

Luxuria

Ira

Auaritia

일곱 괴물이 사는 마음

†

과학으로 헤쳐 나가는
죄악의 세계

Pigritia

†

가이 레슈차이너 지음
이한음 옮김

Superbia

Inuidia

Gula

흐름출판

야훼께서 미워하시는 것 여섯 가지,

아니, 역겨워하시는 것 일곱 가지가 있으니,

거만한 눈, 거짓말하는 혀, 무고한 피를 흘리는 손,

흉계를 꾸미는 마음, 나쁜 일에 재빠른 발,

거짓 증언하는 자, 형제들 사이에 이간을 붙이는 자들이다.

—

《성경》, 〈잠언〉 6장 16~19절 중에서

인간성이라는 굽은 목재에서

곧은 것이 만들어진 적은 한 번도 없었다.

—

임마누엘 칸트Immanuel Kant, 《영구 평화론》 중에서

• 추천의 글 •

인간을 다시 바라보는 성찰의 과정

정재승
KAIST 뇌인지과학과 교수

인간은 오래전부터 자신의 어두운 감정에 나쁜 이름을 붙여왔다. 탐욕, 질투, 분노, 나태, 교만, 폭식, 성욕. 이것들을 종교는 대죄라 불렀고, 도덕은 통제의 대상으로 여겼다. 그러나 신경과 의사 가이 레슈차이너는 이 책에서 묻는다. 우리가 그동안 쉽게 비난해 온 이들 감정과 충동이 과연 어디에서 비롯되었느냐고.

이 책의 가장 큰 미덕은 일곱 가지 대죄를 도덕적 실패의 목록이 아니라, 인간 뇌가 작동하는 방식의 지도 위에 올려놓는 데 있다. 저자는 실제 임상 현장에서 만난 환자들의 이야기를 통해, 교만이 어떻게 자기 인식 회로의 손상에서 비롯될 수 있는지, 분노가 왜 위협 감지 시스템의 과활성으로 폭주하는지, 나태가 단순한 게으름이 아니라 동기와 보상 회로의 붕괴일 수 있음을 설득력 있게 보여준다. 이 사례들은 독자를 자극하기보다는 조용히 사고의 방향을 바꾼다.

그렇다고 해서, 이 책은 뇌를 만능 해답으로 제시하지 않는다는 점에서 더욱 신뢰할 만하다. 저자는 인간의 행동을 신경 회로로 설명하면서도, 그 설명이 곧 면책이나 변명이 되어서는 안 된다는 점을 분명히 밝힌다. 뇌 손상이나 유전적 취약성이 행동에 영향을 미친다는 사실과, 인간이 사회적 존재로서 책임을 져야 한다는 명제는 이 책에서 서로 충돌하지 않는다. 오히려 그 긴장 관계가 책의 가장 중요한 사유의 공간을 형성한다.

종교적 전통을 다루는 방식에서도 사려 깊다. 단테의 〈신곡〉,《탈무드》, 초기 기독교 신학에 대한 언급은 과학적 우월감을 과시하기 위한 장치가 아니라, 오히려 인간이 수천 년 동안 감정과 행동을 이해하려 애써온 역사적 시도로서 존중하며, 신학이 남긴 근본적인 질문들을 현대 신경과학의 언어로 다시 읽어낸다. 그 과정에서 종교와 과학은 대립하기보다, 서로 다른 시대의 설명 체계로 나란히 병치된다.

이 책은 인간을 낙관적으로 미화하지 않으며, 동시에 냉소로 빠지지도 않는다. 인간의 어두운 충동이 얼마나 쉽게 파괴로 이어질 수 있는지 인정하면서도, 그것이 어디에서 왔는지 이해하는 일이 왜 중요한지를 차분히 설득한다. 이해는 용서와 다르며, 설명은 정당화와 다르다는 점을 끝까지 잊지 않는다.

일곱 가지 대죄를 읽는다는 것은 죄의 목록을 따라가는 일이 아니라, 인간을 다시 바라보는 성찰의 과정이다. 무엇이 도덕의 실패로 보였고, 무엇이 뇌의 취약성이었는지를 구분할 수 있도록 도와준다. 신경 회로의 균열과 진화의 흔적, 그리고 개인의 삶이 교차하는 지점에서, 인간의 결함은 더는 단순한 낙인이 아니라 이해와 연민의 대상이다. 이 책을 읽은 후에도 독자는 쉽게 안도하지 못할 것이다. 대신 우리는 타인을 판단하기 전에 한 번 더 멈추고, 자기 자신을 자책하기 전에 조금 더 깊이 성찰하게 될 것이다. 그것이 이 책이 독자에게 남기는 조용하면서도 깊은 울림이다.

• 들어가며 •

과거를 만든 추진력이자 현재를 빚어낸 힘

섹스·살인·불륜·범죄·폭력. 이 책에는 이러한 죄악들로 가득한 세계를 헤치고 나아가는 여정이 담겨 있다. 이 행동들은 '죄악'으로 취급받는 동시에 지워지지 않을 만치 뚜렷하게 우리 세계를 빚어낸 인간적인 힘이기도 하다. 물론 인간 조건의 이 측면들은 각각 따로 존재하지 않는다. 유전학·신경과학·진화심리학·병리학이라는 튼튼한 가닥들이 서로 얽혀 생물학의 틀을 이룬다. 이 가닥들은 죄악의 행동들을 비롯한 인간의 다양한 위반 행위의 근원적인 구성요소다.

종교와 신학, 철학에서는 인간의 모든 악행의 근원으로 규정한 감정과 행동을 '죄악'이라고 부른다. 이 죄악들은 세계 구석구석, 나아가 그 너머까지 인류를 확장시키고 제국을 건설하고 파괴해온 힘이기도 하다. 즉 이 죄악들이야말로 사실상 인간 사회를 쌓아 올리고 무너뜨리는 건축가다. 엄청난 재산 축적, 자원 탐사, 수 세대 동안 이어지는 전쟁을 추진한 힘, 인류 역사의 흥망성쇠를 결정하는 힘은 이 일곱 가지 대죄, 즉 분노와 탐식, 색욕, 질투, 나태, 탐욕, 교만에서 나온다. 혁명을 촉발한 분노부터 세계 지도를 다시 새긴 탐욕, 제국의 몰락을 가져온 나태, 제국을 건설한 질투, 정치인의 몰락과 국가 기밀 누설을 초래한 색욕, 환경을 파괴하는 게걸스러운 탐식, 무수한 갈등을 촉발한 교만에 이르기까지.

이 감정들은 세계 역사의 추진력이었으며 동시에 현재를 빚어내는 힘이기도 하다. 이는 국경·정치·경제 등 우리 사회의 근본적인 특성에 영향을 끼친다. 나는 진료실에서 매일 그 여파를 본다. 시리아인, 아프간인, 이라크인, 유고슬라비아에서 온 사람 등 모두 전쟁과 격변의 결과로, 인류 죄악의 결실로 런던으로 넘어온 이들이다. 거리에서도 인간이 저지른 온갖 잔혹한 짓들을 증언하는 숱한 얼굴들을 마주한다. 식민지 지배, 노예제, 밀거래, 분쟁 등. 모두 탐욕과 분노, 질투, 교만의 산물들이다. 이 죄악들은 사실상 모든 인류의 삶 이야기 하나하나를 빚어낸 원동력이다.

내 생애의 지난 25년은 인간 사회를 들여다보는 유리창 역할을 해왔다. 진료를 하면서 나는 의학계 바깥에서는 거의 접하지 못할 인간성의 구석구석을 들여다볼 수 있었다. 질병은 사제에서 살인자까지 모든 사람에게 차별 없이 들이닥치는 위대한 평등자다. 이는 의학의 가장 위대한 특전 중 하나다. 사회적 지위나 출신에 상관없이 모든 환자의 삶을 통찰할 수 있게 해주기 때문이다. 나는 병원에서 인간 도덕성의 스펙트럼을 전반적으로 접했다. 때로는 이해할 수조차 없는 이타주의와 관용, 사랑과 마주하기도 했다. 생면부지에게 자신의 신장을 기증하는 여성, 물에 빠진 사람을 구하기 위해 혼탁한 템스강으로 뛰어든 친절한 사마리아인을 만났다. 생계를 넘어 남들을 돌보는 데 헌신하는, 진정 선한 사람들이다. 반면에 이루 말할 수 없는 잔인함과 나태, 탐식도 접했다. 목숨을 잃기 직전까지 계속 먹어대는 환자도 있고, 분노나 질투, 교만, 색욕의 노예가 되어 정신을 잃고 응급실에 실려 오는 이들도 만났다.

인간의 이런 결함들은 내 삶에도 영향을 미쳐왔다. 내 사회적 위치, 하는 일, 생각, 심리와 세계관을 살펴본다면 곧 그 죄악들, 사악함의 근원까지 역추적할 수 있다.

죄악으로 얼룩진 인생

말하기를 배운 이래로 나는 남들에게 내 이름의 발음을 계속 고쳐줘야 했다(지금은 대체로 그러려니 하고 넘어간다). 자음인 S, C, H, Z가 낯설게 죽 늘어서 있으니, 치과 접수원도, 나를 소개하는 동료도, 내 환자도, 보험 판매원도 내 이름 앞에서 몹시 난감해한다. 영어 원어민만 그런 게 아니다. 내 성의 발음과 철자에 좀 더 친숙한 독일인조차 내 이름을 조심스럽게 내뱉는다.

내 성이 독특한 이유는 우리 집안이 낯선 곳에서 왔기 때문이다. 우리 집안은 유럽 슐레지엔 출신이다. 이곳은 영토 침략과 탐욕 때문에 무수한 갈등과 충돌로 점철된 지역이다. 지금은 폴란드령인 이 지역은 지난 1,000년 동안 슐레지엔 피아스트 왕조, 몽골인, 보헤미아인, 헝가리인, 폴란드 왕, 프로이센인의 통치를 거쳐 1871년 독일 제국에

편입된 바 있다. 제1차 세계대전 이후에는 국민 투표 결과에 불만을 품은 폴란드계 민족의 봉기가 이어졌고, 결국 슐레지엔은 독일과 폴란드로 분할 편입되었다. 국민 투표 이전에 독일 브로츠와프시에서 태어난 내 조부는 분할 합병 때 슐레지엔의 독일 쪽에 남았다. 그러나 집안의 성은 아마도 슐레지엔의 폴란드 쪽 지역인 레슈치니Leszczyny라는 작은 마을에서 기원한 듯하다. 그 뒤에 독일어 철자를 따르면서 이름이 변형되었고, 거기에 베를린인berliner이나 프랑크푸르트인frankfurter처럼 출신 지역을 가리키는 접미사 -er이 붙었다. 그렇게 독일어화한 폴란드 성을 가지는 바람에 세계 어디에서든 혼란을 초래하는 신세가 되었다.

조부는 1938년 수정의 밤kristallnacht(11월 9~10일 나치가 독일 전역에서 유대인 상점을 부수고 약탈한 사건—옮긴이) 때 잡혀 들어갔다가 얼마 뒤 부헨발트강제수용소로 옮겨졌으나 매우 운 좋게 살아남았다. 작센하우젠, 다하우, 부헨발트에 수용된 성인 남성 4,000명을 구출한다는, 거의 알려지지 않았고 기록도 미미한 계획 덕분에, 조부 형제는 수용소에서 탈출했다. 1939년 2월에서 제2차 세계대전이 발발하기 전까지, 조부 형제를 포함한 4,000명은 가족을 떠나(가족들은 그 뒤에 모두 강제수용소에서 생을 마감했다) 오스텐데에서 도버로 향하는 배에 올랐다. 조부는 켄트의 샌드위치 외곽에 있던 제1차 세계대전 당시의 낡은 기지에 마련된 키치너 난민 캠프에 잠시 머문 뒤에 영국 공군에 항공기술자로 입대했다. 그 뒤로 20년 동안 조부는 유럽과 북아프리카, 중동을 바쁘게 돌아다니다가 1960년대 말에 평온하고 안정된 생활을 찾아 스위스에 정착했다.

따라서 내가 물려받은 유산도 이런 인간 죄악들의 산물이다. 남들의 질투, 천연자원을 향한 탐욕(나치가 갈망했던 레벤스라움Lebensraum 생활권, 나치 독일이 지향한 팽창주의 정책의 토대—옮긴이), 노골적이면서 냉혹한 공격, 교만 또는 파시스트 독재자의 오만함(인간을 향한 인간의 비인간성)의 합작품이다. 외가 쪽도 바그다드에서 수백 년 살다가 증오와 폭력에 쫓겨난 뒤 난민으로 떠돌았다. 친할아버지는 기승을 부리던 파시즘의 참상을 직접 목격했다. 자신의 부모와 숙부, 숙모, 사촌 등 모든 집안사람이 동포의 손에 목숨을 잃는 모습을 보았다. 그것이 바로 우리 집안의 성이 희귀해진 궁극적인 이유다. 이 악행은 죽는 날까지 할아버지의 삶에 얼룩처럼 달라붙어 있었고, 인류를 향한 믿음이 산산조각난 할아버지는 오로지 아내와 가족만을 위해 살았다.

나는 내 부모 세대, 아니 내 세대가, 조부가 겪은 심리적 외상을, 극명하게 표출된 인간 죄악이 드리운 그림자를 완전히 떨쳐냈다고 보지 않는다. 그 심경은 간신히 억누르고 있는 비관주의, 언제 무슨 일이 벌어질지 모른다는, 미래를 향한 잠재된 두려움이나 불안 속에 살아 있다. 만일에 대비해서 늘 짐을 꾸려놓는 이민자의 심리 상태를 다룬 글이 많이 나와 있다. 역사가 정말로 반복되는, 인간의 추악함이 다시 표출되는 상황에 늘 대비하는 것이다. 그리고 나도 어릴 때 그들과 다르지 않았기에 굳이 말로 하지 않아도 어떤 심경인지 충분히 이해할 수 있다.

이런 유형의 인간의 잔혹함, 비인간성, 악행의 이야기를 유산으로 물려받은 이가 분명 나만은 아닐 것이다. 홀로코스트는 이 죄악이 산업 규모로 이루어졌다는 점에서 예외적이지만, 대규모 살육, 즉 대량 학살은 제2차 세계대전에 국한되지 않았다. 기원전 149년 제3차 포에니전쟁 때 카르타고에서 벌어진 학살도 그와 마찬가지였고, 지금도 여전히 전 세계 곳곳에서 일어나고 있다.

이 책에서 죄악들을 살펴보겠지만, 딱히 이런 비극들의 변명거리를 찾거나 명백히 불가해한 주제를 설명할 방법을 구하는 것은 아니다. 그러나 이 죄악들이 인간 경험의 구성요소들, 감정과 행위의 본질을 이해하는 출발점이 될 수는 있다고 믿는다. 가장 극단적으로 표출되었을 때 세계적·개인적 사건들을 일으킬 뿐 아니라, 우리 삶의 많은 측면을 빚어내는 근원이니까. 적어도 극단적일 때 우리 존재의 이런 측면들을 빚어내는 구성요소가 무엇인지는 파악할 수 있을 것이다. 더 나아가 우리가 왜 그런 행동을 하는지에 대한 통찰을 얻고, 생물학적 인간을 이해할 수도 있지 않을까?

모든 나쁜 마음의 토대

일곱 가지 대죄는 단테 알리기에리Dante Alighieri의 〈신곡〉 덕분에 대중의 머릿속에 영원히 자리를 잡았다. 시에서 그는 지옥에서 올라오다가 연옥 산을 발견한다. 일곱 단으로 이루어진 이 단은 각각 죄악의 일곱 뿌리를 상징한다. 첫 번째 단은 교만이며, 교만한 영혼은 등에 진 거대한 바위의 무게에 짓눌려 허리가 굽어 있다. 이어서 질투, 분노, 나태, 탐욕, 탐식의 단이 차례로 이어진다. 죄인의 영혼은 각 단에서 자기 죄에 상응하는 처벌을 받는다. 지상 낙원의 봉우리 바로 아래에 있는 가장 높은 단에서 영혼은 자신이 저지른 색욕의 사례를 외치면서 타오

르는 화염의 벽을 뛰어넘어야 한다.●

사실 신학적으로 일곱 가지 대죄는 훨씬 더 오래전에 기원했다. 단테는 당시의 기독교 전통에 기댔고, 그 전통은 유대교 신학에서 유래했다. 〈구약 성서〉는 행동과 생각 양쪽으로 신의 계율을 위배하는 것이 죄악이라고 보았다. 《탈무드》는 생각과 감정이 우리 행동과 어떻게 관련되어 있으며, 어떻게 신의 계율을 어기도록 공모하는지에 점점 더 관심을 보였다. 4세기 이집트 스케테스사막에 은둔한 채 살아가던 초기 기독교 수도사 집단인 '사막의 교부'들은 유대교의 이런 원칙들을 여덟 가지 죄악으로 정립했다. 590년 교황 그레고리우스 1세Gregorius PP. I는 이 죄악들을 우리에게 더 친숙한 일곱 가지 대죄로 개정했다. 색욕, 탐식, 탐욕, 나태, 분노, 질투, 교만이다. 성 토마스 아퀴나스Thomas Aquinas는 이것들이 다른 모든 죄악의 토대인 '대죄capital sin'라고 칭했다. 이 부도덕한 생각과 행동이 신과 사람의 법을 어기는 모든 행위의 토대라고 보았다.

유대-기독교 세계만 죄악을 파악하고 그 분류 및 범주화에 몰두했던 것은 아니다. 고대의 그리스 로마 신화부터 세계의 다른 종교들까지 마찬가지였다. 고대 철학자들도 인간의 결함들에 흥미를 느꼈다. 플라톤은 영혼이 이성과 욕망, 감정으로 이루어져 있고, 이 세 가지가

● 〈신곡〉에서 두 죄인 무리는 서로 다른 방향으로 이동한다. 소돔 무리와 파시파에 무리다. 그 뒤에 연옥을 상세히 소개하는 장면들에서 색욕은 누락되곤 하는데, 이는 단테가 동성애를 딱히 구원의 장애물로 여기지 않았음을 시사한다.

우리 행동에 영향을 미치기 위해 경쟁한다고 보았다. 스토아학파는 자유와 행복을 얻으려면 세속적인 집착을 버리라고 주장했다.

신학과 철학이 시대와 지리, 문화를 막론하고 죄악에 관심이 있다는 것은 이것이 매우 보편적인 생각과 행동이라는 사실을 반영한다. 이런 죄악은 우리 안에 아로새겨져 있다. 뇌의 가장 깊숙한 곳에, 우리 영혼의 본질에 틀어박혀 있다. 이러한 죄악들이 과거 인류의 역사에서부터 현대 사회의 조직 구조에 이르기까지 깊은 영향을 끼쳐왔다는 사실은, 그것들이 이원론적 특성을 지녔음을 시사한다. 즉 이 죄악들은 '혜택'도 줄 수 있다. 이 행동들이 오로지 해악만 끼친다면, 그것이 우리 존재라는 태피스트리의 한 부분을 이루고 있을 이유가 있겠는가? 그런 파괴적인 특성이 대대로 전해지고, 생명의 진화 과정 내내 존속했다면, 분명한 이유가 있지 않겠는가?

죄악의 필요성

내 인간 본성에 관한 관점은 분명히 나의 진료 경험을 바탕으로 한 것이다. 나는 타고난 도덕적 약점이나 악 때문이 아니라, 질병이나 부상 등 신체의 기능 이상으로 의학적 질환을 보이는 환자들을 주로 접했다. 그들과 만나면서 나는 인간의 '결함', 즉 우리가 하는 '나쁜 행동', 부족함, 약점의 기원에 관해 더 섬세한 관점을 가지게 되었다. 죄가 있다거나 부도덕하다거나 약하다는 식으로 누군가를 도덕적으로 판단하기란 너무나 쉽다. 그러나 이 책에 실린 사람들이 잘 보여주듯이, 이러한 예단은 명백히 지나치게 단순하다. 뇌나 유전자 이상, 기타 신체적 장애[•]는 탐식과 색욕, 분노, 교만을 불러일으킬 수 있다. 개인의 환경이나 성장 과정도 질투와 색욕, 나태를 불러올 수 있다. 중요한 점은 이런 장애들이 전혀 새로운 것이 아니라 이미 우리에게 존재하는 어떤 것을 드러낸다는 사실이다.

우리의 생물학적 또는 심리적 변화로 이런 감정이나 행동이 나타나는 것이라면 그 감정과 행동은 우리의 '영혼'이 아니라 몸과 마음의 구성, 즉 신체에서 나온다는 의미다. 즉 우리 모두에게 '죄악'의 성향이 있다는 뜻이다.

인간의 이런 특징들은 유전자와 진화에 의해 규정되고, 환경에 의해 빚어지며, 우리 안에 깊숙이 자리를 잡고 있다. 앞으로 살펴볼 텐데, 누구에게나 있는 것이라는 사실 자체는 이 형질이 생존과 성공의 토대이며, 결함이라고 터부시하는 태도가 전적으로 옳지는 않음을 의미한다. 이 형질들은 인류를 구하고, 집단을 존속시키고, 우리 사회의 발전을 담보하라는 진화적 명령을 수행한다. 물론 인간의 이런 성격적인 측면들은 끔찍한 잔혹함과 고통을 초래할 수도 있지만, 유용한 목적으로도 사용될 수 있음을 무시해서는 안 된다. 이 측면들이 우리 종이 이루는 업적의 강력한 원동력이기 때문이다. 그렇다고 해서 이 말이 우리 본성의 최악의 측면을 정당화하거나 내 가족사를 더 쉽게 이해시켜주는 것도 아니지만, 죄악의 근본적인 토대와 그것이 우리의 역

• 장애는 신체적·정신적·유전적·생화학적 원인으로 생길 수 있다. 질병과 관련이 있을 수도 있지만, 특정한 진단을 내릴 증거가 부족한 상태에서 기능이 변형되었을 때를 가리키기도 한다.

사, 현재와 미래를 빚어내는 양상을 결코 무시할 수도 없다.

수천 년 동안 신학자·철학자 들은 인간의 나쁜 행위를 죄악, 즉 신의 율법 위배라는 도덕적 틀에 끼워 맞추어 파악했다. 인간의 모든 부끄럽고 이기적인 행위는 일곱 가지 대죄에서 기원했다는 관점이다. 세상 모든 악, 신과 인류를 모욕하는 악행의 토대가 바로 이 도덕적 결함이었다.

그러나 이제 이 죄악들을 점점 세속화되는 21세기에 걸맞게 다시 고찰할 때가 된 듯하다. 오늘날 우리에게 이런 '죄스러운' 성격들은 도덕적 문제라기보다는 생물학적 문제에 더 가깝다. 또한 죄를 대면하는 상황에서 책임, 비난, 자유 의지라는 문제도 제기될 것이다. 이런 형질들이 끝 모를 고역과 고통, 비극을 초래하는 것은 극단적으로 표출될 때에만 해당된다. 여기서 생기는 의문. 이런 감정과 행동이 본질적으로 죄악이라서 그렇게 극단적인 양상으로 치닫곤 하는 것일까? 아니면 그저 생존과 번성에 대한 인간의 타고난 충동이 마구 날뛰는 상황이 벌어지곤 하는 것일까? 그리고 정상적인 인간 본성과 병리, 그리고 죄악 사이의 경계를 과연 어디에 그어야 할까?

차례

색욕 — • 139
감춰지지 않는 음탕한 속내

질투 — • 193
남이 가진 것을 빼앗고 싶은 마음

일러두기

— 환자의 프라이버시 보호를 위해 이름과 개인을 식별할 수 있을 만한 일부 정보는 변경했다.
— 본문의 각주 및 미주는 저자의 것이며, 옮긴이주는 괄호에 넣고 '옮긴이'로 표기했다.
— 본문의 한화 금액은 원문 발표 당시 외화 금액을 미국 CPI 기준 현재 가치로 보정한 뒤, 현재 환율을 적용해 산출한 추정치다.
— 본문에 인용된《성경》구절은 한국 천주교회 공용 번역본을 따랐다.
— 전집·총서·단행본·신문 등은《 》로, 논문·작품·편명 등은〈 〉로 표기했다.

분노

—주체할 수 없는 내 안의 불—

어떤 이들은 지나치게 화를 내다가 혈관이 터졌고 (…)

허약한 이들은 앓아눕기까지 했다.

많은 이들은 계속 분노하다가 놓아버린 정신줄을

결코 되찾지 못했다. (…) 분노는 가장 열렬한 사랑도 정복하며,

그렇기에 분노에 겨워 사랑하는 이를 칼로 찌르고는

자신이 죽인 이의 품에 쓰러지곤 한다.

—

세네카Seneca, 《분노에 관하여》 중에서

요즘은 숀을 만나는 빈도수가 점점 줄어든다. 그가 전화나 화상 통화를 선호하기 때문이다. 그에게는 병원 방문 자체가 위험을 무릅쓰는 일이다. 그는 두려움에 런던 버스를 타지 못한다.

그와의 첫 만남이 생생하게 기억난다. 그에게서 전달 받은 낡은 의무 기록지에는 오래전부터 뇌전증을 앓고 있다는 내용과 분노나 공격성, 체포 같은 단어들이 담겨 있었다. 진료 대기실에서 그의 이름을 불렀던 그 순간 걱정부터 앞섰다. 당시 60대 후반이던 그는 몸집이 거대했다. 키도 나보다 10센티미터쯤 더 크고, 팔은 내 허벅지만큼이나 굵고, 두꺼운 목은 꼭 황소의 목 같았다. 그의 목에 자랑스럽게 돋아 있는 핏줄과 꽉 쥔 주먹에 저절로 시선이 갔다.

진료실로 성큼성큼 걸어 들어올 때 그는 몸을 약간 떨었고, 얼굴이 붉게 달아올라 있었다. 그의 온몸이 에너지로 가득한 것 같았다. 마치 곧 터지려는 시한폭탄처럼. 그러니 내 신경은 계속 곤두설 수밖에 없었고 그가 의자에 앉았을 때, 나는 그와 거리를 두기 위해 문쪽으로 내 의자를 살짝 밀었다. 여차하면 도망가리라.

나는 긴장하며 어떤 문제가 있는지 상담을 시작했다. 20대 때부터 줄곧 그를 고통스럽게 만든 발작 이야기가 흘러나왔다. 그의 발작은 일주일에 두세 차례 일어났고, 몇 가지 약물을 처방받았지만 아무런 효과가 없었다. 몸을 덜덜 떨면서 의식을 잃고 쓰러지는 경련까지는 아니었지만, 그래도 고통스럽기는 마찬가지였다. 그 뒤로 몇 달, 몇 년에 걸쳐 그와 계속 만나면서 깨달은 사실이 하나 있다. 내가 처음에 분노와 공격성이라고 판단했던 그의 신체 언어가 사실은 깊은 불안을 드러내는 표현이었다는 점이다. 언제 발작이 일어날지 모른다는 공포심에 줄곧 사로잡히고, 이 상태가 삶에 악영향을 미쳐서 생긴 컴컴한 수렁 같은 우울증이 겹친 결과였다.

그의 발작은 뇌 전체를 덮친다기보다는 뇌의 작은 부분에 국한되어 일어나기에 덜 극적이었지만, 다른 면에서 보면 그렇기에 더욱 압도적이었다. 그의 묘사에 따르면 속이 거북하고, 머리가 핑 돌고, 승강기가 확 떨어지면서 몸이 솟아오르는 듯한 감각이 경고처럼 찾아오고 나면 겨우 몇 초 뒤에 의식을 잃곤 했다. 발작 후에 아직 정신이 제대로 돌아오지 않았을 때 그는 자제력을 잃고 공격적이고 폭력적으로 행동하곤 했다. 이윽고 정신을 차렸을 때에는 시간이 얼마나 지났는지, 무슨 일이 있었는지 기억하지 못했다. 그저 드문드문 단편적으로 떠오를 뿐이었다. 발작이 지나간 뒤에 그는 가구가 부서지고 유리가 산산조각 난 난장판 한가운데에서 때로 경찰관으로부터 수갑을 찬 상태로 정신을 차리곤 했다. 체포되고, 기소되고, 구금되고, 때로 병실에 갇히기도 했다. 그는 발작이 두려웠고, 자신이 일으킬지 모를 피해가 두려웠다. 결국 그는 질환에 사로잡힌 채, 집 밖으로 거의 나가지 않는 은둔자로 지내는 쪽을 택했다. 그러니 병원 방문을 꺼리는 것도 당연했다. 진료 예약을 하고 병원으로 오는 길에 유치장 신세를 진 것도 한두 번이 아니었다. 짧은 발작 직후에 그는 분노와 폭력성에 사로잡혀서 야생 짐승처럼 마구 날뛰곤 했지만, 전혀 기억하지 못했다. 사전 경고도 명백한 촉발 요인도 없이 그의 몸과 마음은 한 번에 몇 분씩 어둠의 힘에 완전히 사로잡히곤 했다. 갑작스러운 발작으로 그를 대하는 사람들의 태도가 달라지면서 그의 삶은 병명 자체가 주는 충격과 다를 바 없을 만큼 쪼그라들었다.

발작하는 사람은 폭력적일까

뇌전증이 폭력성·공격성과 관련이 있다는 믿음은 고대부터 죽 있었다. 그러나 이런 믿음을 널리 퍼뜨리는 데에는 19세기 이탈리아 의사이자 범죄학자인 체사레 롬브로소Cesare Lombroso가 큰 역할을 했다. 1878년 그는 법의학 연구를 다룬《태생적 범죄자L'uomo delinquente》에서 범죄자는 정신적·신체적으로 일반인과 다르며, 문명 이전 사회에 적합한 원시적인 존재로 돌아간, 일종의 퇴행성 진화 사례라고 보았다. 그는 뇌전증이 범죄 및 폭력성과 관련이 깊다고도 했다.

사실 뇌전증이 공격성을 보이는 사례는 드물다. 만약 그랬다면 대부분 폭력 성향이 잠재되어 있다기보다는 신경학적 기능에 이상이 생겼기 때문이다. 즉 뇌전증과 직접적인 관련이 있는 뇌 장애의 산물이다.[1] 발작 때 특정 대상이나 사람을 향해 체계적으로 공격할 가능성은 거의 없다. 물론 발작은 공포를 일으키는 뇌 영역, 즉 위협에 대한 행동 반응을 일으키는 영역[2]에 통제하기 어려운 강한 전기 자극을 촉발하기도 한다. 그러나 이런 발작은 대개 짧게 지나가고 아예 정신을 못 차리게 만든다.

숀 같은 사람들이 보이는 공격성은 대개 발작보다는 사후 효과로 생긴다. 뇌의 한 영역에 국한되어 일어나는 발작은 그냥 사라지지 않고 뇌 전체에 영향을 미칠 수도 있다. 발작의 여파가 몇 분, 몇 시간, 심지어 며칠까지도 뇌의 전기 회로 내에 울려 퍼지기도 한다. 이를 발작 후 상태post-ictal state라고 한다. 발작은 뇌 화학, 혈류, 염증 수준에 변화를 일으켜, 이후에도 상당 기간 뇌 기능이 정상화되지 못할 수 있다.[3] 즉 뇌는 전기 폭풍의 여파에서 미처 회복되지 못한 채 교란된 상태로 남아 있다.

발작 이후에 정신착란이 일어나는 사례도 많은데, 공격성은 이 착란으로 생긴다. 한 일본 연구진은 만 두 살 때부터 줄곧 뇌전증을 앓은 서른한 살 여성의 사례를 전했다. 이마엽•에서 발작이 생기는 사례였는데, 각종 약을 처방받았지만 아무 소용이 없었다. 한번은 한 관광지 기념품점에 전시된 상품들을 갑자기 마구 헤집으면서 떨어뜨리기

• 작업 기억, 유연한 사고, 자기 통제 등 일상생활에 쓰이는 능력들을 관장하는 곳으로 주의 집중, 체계적인 업무 계획과 수행, 집중력 유지, 감정 조절 등을 담당한다. 전두엽이라고도 부른다.

시작했다. 처음에는 깜짝 놀란 점원이 그만하시라고 소리를 쳤는데도 그 여성은 전혀 반응하지 않았다고 한다. 엉망진창이 된 상점 내부에 점점 당황하던 점원 하나가 그녀를 제지하려다가 얻어맞고 쓰러졌다. 그 여성은 경찰이 도착할 때까지도 난장판이 된 주변 상황을 전혀 인지하지 못한 채 계속 선반을 뒤적거리고 있었다. 이윽고 경찰관 여섯 명이 그 여성을 체포해 병원으로 데려갔다. 의사의 진찰을 받을 즈음에는 이미 완전히 정상으로 돌아왔지만, 무슨 일이 있었는지 전혀 기억하지 못했다.

이런 유형은 때로 정신증psychosis까지 불러일으킬 수도 있다. 이들은 발작이 일어나지 않을 때는 지극히 정상이어도 수차례 발작이 이어진 뒤 망상이나 환각,●● 기분 장애에 시달리기도 한다. 이 시기에는 정신 질환으로 정신증 증상을 보이는 사람과 구분하기 어렵다. 정신증이 발작과 시간적으로 연관되어 주기적으로 나타난다는 점만이 양자를 가르는 유일한 단서다. 한 40대 남성은 평소에는 지극히 정상적이고 건강하지만 해마다 한두 차례는 발작을 일으켜 우리 병원에 실려 온다. 그때는 그가 세면대를 벽에서 뜯어내거나 다른 간호사를 공격하지 못하게 막아줄 힘센 정신건강 병동 간호사들이 필요하다. 그는 한두

●● 망상은 자신의 믿음이 틀렸다는 증거가 명백한데도 잘못된 믿음을 굳게 유지하는 것이다. 이는 문화적·종교적 배경이나 개인의 지능 수준과 상관없다. 환각은 존재하지 않는 것을 듣거나 보거나 감지하는 것을 말한다. 감각 경험의 잘못된 지각으로서 대개 시각이나 청각 쪽에서 나타난다. 망상과 환각 모두 정신증의 특징이지만, 환각은 일반적인 사람이나 신경계 장애가 있는 사람에게서도 나타날 수 있다. 정신증을 앓는 사람은 환각이 진짜라고 믿겠지만, 다른 장애를 앓는 사람은 현실이 아님을 알 것이다.

주 동안 입원하는데, 변신하는 모습이 경이롭다. 한 몸에 두 개의 정신이 들어 있다가 눈 깜박할 사이에, 아니 더 정확히 표현하자면 뇌에서 전기 불꽃이 튀는 순간에 교대한다.

맞았기에 때리는가, 계획적으로 때리는가

숀처럼 분노가 질병이나 장애와 관련이 있는 사람들에게서는 그 분노가 뇌의 이상 때문에 생기는 것이 분명하다. 그러나 화는 누구에게나 있는 자연스러운 감정이며, 인간다움의 일부다. 분노가 단지 비정상적인 뇌의 산물인 것만은 아니라는 의미다. 따라서 정상적인 분노는 병리학적 분노를 이해하는 데 매우 중요하며, 그 역도 마찬가지다.

부정적 감정 중에서 분노는 독특하다. 슬픔·공포·혐오 등은 도발하는 자극으로부터 우리를 멀어지게 하지만 분노는 오히려 자극 쪽으로 내몬다. 대면하라고, 싸우라고.

통제나 제어 없이 분노가 표출된다면 격분하거나 폭력을 행사하는 등 파괴적인 양상을 띨 수 있다. 그러나 분노에는 긍정적인 측면도 분명히 존재한다. 분노는 동기를 부여하고, 목표를 달성하도록 계속 노력하게 만드는 원동력이다. 예컨대 실제로는 풀 수 없는 퍼즐을 받으면, 어떤 이는 좌절하거나 포기하고, 어떤 이는 분노로 대응한다. 이어서 실제로 풀 수 있는 퍼즐을 제시하면, 후자가 훨씬 문제를 더 오래 풀고 높은 점수를 올렸다.[4] 분노는 방해받거나, 부당하게 대우받거나, 기대한 보상을 얻지 못할 때, 상황이나 남의 행동이 내 목표 달성을 방해할 때 일어나는 감정이다.

동시에 분노는 성취, 달성, 소유하려는 욕구의 원동력이기에, 때로 공격성으로 이어질 수 있다. 대다수는 때때로 화를 내더라도 폭력으로까지 치닫지는 않는다. 분노는 '감정'이지만, 공격성은 해를 끼치려는, 남에게 피해를 입히려는 '행동'이다. 그리고 분노가 자동적으로 폭력으로 이어지지는 않지만, 화를 잘 내는 성격은 공격성이 높고, 가정 내 폭력을 일으키거나 사회 활동과 대인 관계에서 문제가 생길 가능성이 높다.

따라서 분노의 가장 두려운 점은 분노라는 감정 그 자체가 아니라 그로 인해 나타나는 공격성과 폭력이다. 여기서 가장 흥미로운 부분은 감정과 그로부터 비롯되는 행동 사이의 관계가 지닌 특성이다. 왜 어떤 이들은 남보다 더 빨리 화를 내고, 그 분노에 더 신속하게 반응할까?

분노가 폭력으로 이어진다는 인과 관계조차도 지나치게 단순하다. 공격성은 다양한 형태로 나타나기 때문이다. 반응적 공격성reactive aggression은 그 순간 흥분해서 위협에 대처하려 충동적·방어적·자발적으로 일어나고, 감정에 충만한 폭력이다. 주도적 공격성proactive aggression은 계획된 행동이며, 염두에 두는 목적도 더 폭넓고 냉정하다. 후자도 물론 분노에서 기원하지만, 분노가 선결조건은 아니다. 우리는 이런 유형의 공격성, 즉 후자를 일으키는 성향이 특히 더 강하다.

환자에게 병을 준 의사

숀처럼 발작의 여파로 분노와 공격성이 일어나는 사례는 매우 드물다. 불행히도 훨씬 더 흔한 임상 시나리오가 있다. 뇌전증을 앓는 사람들에게 분노를 일으키는 가장 흔한 원인은 아마 나를 비롯한 의사일 것이다. 이런 분노를 '의원성iatrogenic'이라고 한다. 의학 검진이나 치료 과정에서 생기는 병이다.

스물아홉 살인 조노는 '점잖은 거인'이다. 당당하고 키 크고 어깨가 넓지만, 아주 잘 웃고 자기 비하적인 농담을 자주 하기에 신체적인 위압감이 그다지 들지 않는다. 처음에는 교대를 다니다가 나중에 회계학으로 전공을 바꾸었다. 두 전공 모두 '폭력'과는 관계가 멀어 보인다. 현재 그는 영국 남서부의 한 법무법인에서 재무 책임자로 일하고 있다. 그는 몇 년 전 다른 법무법인에서 함께 일하던 여성과 혼인한 지 1년 정도 되었다. "남편은 외향적이고, 매우 사교적이고, 모임의 중심이자 모임에 활기를 불어넣는 사람이에요. 그래서 우리는 서로 딱 맞아요." 그녀는 조노의 너무나도 침착한 성격에 끌렸다고 했다. "그 무엇에도 당황하는 법이 없었어요. 아주 부드러운 사람이었지요."

두 번째 데이트 때 조노는 해나에게 자신이 뇌전증을 앓고 있다고 털어놓았다. 그는 열여덟 번째 생일 다음 날 오전 네 시에 집에서 첫 경련을 일으켰다. 처음에 의사는 그가 실신한 것이라고 보았지만, 몇 주 사이에 두 차례 경련이 더 일어났다. 이후 몇 가지 검사 뒤에 뇌전증이라고 진단받았다. 전극을 두피에 붙여서 뇌의 전기 활성을 기록하는 뇌파 검사를 받는 도중에 그는 몇 초 동안 의식을 잃고 세상과 단절되었다. 그 순간 죄의 전기 활성을 기록하는 뇌파도에서 뇌전증 활성이 뚜렷이 나타났다. 이른바 '실신' 발작의 특징이었다. 뇌의 전기 신호가 전반적으로 교란되면서 뇌가 한순간 멈칫했다가 다시 정상으로 회복된다. 조노는 당시 자신이 때때로 깜빡깜빡했다고 회상한다. "뭔가 문제가 있다고 늘 생각했어요. 대화를 나누다가 흐름을 놓치고, 정신이 딴 데 가 있다가 몸이 부르르 떨리면서 갑자기 정신을 차리곤 했지요. 심지어 말하다가도 무슨 말을 하고 있었는지 잊어버렸고, 사람들은 제정신인가 하는 표정으로 나를 쳐다보곤 했죠."

해나를 만날 즈음에 조노는 뇌전증을 꽤 잘 통제하고 있었다. 그는 진단을 받자마자 뇌전증 약을 복용하기 시작했다. 대학에서는 비교적 평범하게 생활했다. 발작은 잠잠했지만 안타깝게도 예외적인 사건이 한 번 있었다. 교생 실습 시간에 초등학생들을 가르치던 중에 그만 발작이 일어났던 것이다. 모두가 지켜보는 가운데 벌어진 그 경련은 아이들과 조노 모두에게 심리적 외상을 안겨주었다. "대학 당국과 상담했는데, 나를 아이들 곁에 두는 것이 안전하지 않다는 쪽으로 의견이 모였지요."

교대 학위를 받긴 했지만 그 사건의 여파로 그는 회계사 쪽으로 방향을 돌렸다. 해나를 만날 즈음에 뇌전증은 잠잠해진 상태였고, 해나는 그 진단명을 그냥 흘려들었다. 해나는 내게 말했다. "내가 아는 한, 그는 뇌전증에 영향을 미칠 행동을 전혀 하지 않았어요. 술도 자제했고, 너무 늦게까지 깨어 있는 일도 없었지요." 그녀는 조노가 발작의 위험 때문에 때로 외출을 꺼린다는 사실을 알아차렸지만, 그 외에는 그들의 관계에 영향을 미칠 만한 일이 전혀 없었다. 조노는 낄낄 웃었다. "당시에 나는 꽤 착한 사람이었죠. 20대 초에는 일반적인 사람들처럼 살았어요. 어찌어찌해서 운전면허도 다시 받았어요. 그런데 그 뒤에 모든 것이 달라졌어요. 갑자기, 예기치 않게요."

사귄 지 1년쯤 되었을 때, 뚜렷한 이유도 없이 다시 경련이 일어나기 시작했다. "새 회사에서 정말로 신나게 일하던 차였어요. 그러던 어느 날 발작을 일으키기로, 그냥 사무실에서 그렇게 하기로 결심했어요. 내 장애를 모두에게 보여주기로요." 내가 왜 '결심했다'라고 표현하는지 묻자 그는 좀 더 진지하게 답한다. "일종의 대응 기제이자 유머 감각이지요. '이게 바로 나다.' 내 어두운 일면이 아니라요." 뇌전증이 빼앗아간 자기 삶의 통제력을 조금이라도 되찾고자 하는 시도다.

그 뒤로 조노의 경련은 빈번해졌다. 6~8주에 한 번씩 일어났다. 뇌전증은 예측할 수 없다. 수면 부족, 약 복용 소홀, 질병 등 뚜렷한 원인으로 일어날 때도 있지만, 도무지 이유를 찾을 수 없을 때도 많다.

해나는 그의 발작을 처음 목격한 순간을 생생하게 기억한다. "그가 퇴근해서 내 집에 왔을 때였어요. 저녁 요리를 하다가 그에게 말을 걸었는데 대답이 없는 거예요. 고개를 들어보니 소파에서 발작을 일으키고 있는 그가 보였어요. 입술은 새파랬고, 호흡이 막힌 것 같았어요. 눈은 뒤로 돌아가고, 온몸이 젖혀지고 있었어요. 규칙적으로 홱홱 경련을 일으키면서요. 본능이 막 발동한 거였지요."

그 뒤로 해나는 조노의 발작을 여러 차례 목격했다. 집 안에서, 도로에서, 사촌 결혼식장에서도 일어났다. 조노는 말한다. "그때가 최악이었지요. 해나와 함께 손을 잡고 춤을 추고 있었어요. 낭만적인 분위기도 꽤 풍겼고요. 그때 나는 무도회장에서 온 가족이 지켜보는 가운데 발작을 일으키기로 결심했지요. 지금도 정말 미안해요. 여전히 사촌을 볼 때마다 죄책감이 들어요." 이번에도 '결심했다'는 표현이 나온다.

발작은 머리가 홱 돌아가는 것으로 시작해서 경련으로 이어질 때가 많으며, 5분간 지속되기도 한다. 그런 뒤에 잠시 꼼짝하지 않은 채 마치 물속에 있는 양 꼴깍꼴깍 숨을 삼킨다. 때로는 자해하다가 피가 나기도 한다. 이 일은 갑작스럽게 시작된다. 해나는 말한다. "마치 누군가 막대기로 쿡 찌르는 것 같아요. 경련이 지나간 뒤에는 자신이 누구와 이야기하고 있었는지도 알아차리지 못하고, 방금 무슨 일이 일어났는지도 기억하지 못해요. 정말 가슴 아프죠."

조노의 약물 투여량은 이미 가능한 최대 수준에 다다른 상태였다. 통제력을 회복시키기 위해 조노의 담당 의사는 다른 뇌전증약을 고용량으로 처방했다. 레베티라세탐levetiracetam인데, 원래 제품명인 케프라keppra로 더 많이 불린다. 이 약은 매우 효과적이며, 기존에 쓰던 일부 약물과 달리 상호작용을 일으키지 않아 전반적으로 안전하다. 사실 나도 종종 처방하는 약물이다. 조노는 이 약을 복용하자마자 발작에서 해방되었다. 그 뒤로 4년째 그는 발작을 일으키지 않았다.

그러나 이 약은 다른 변화도 가져왔다. "그 약에 익숙해지는 2주 동안 기분 변화를 겪을 수 있다고 하더군요." 전적으로 딱 들어맞는 말은 아니었다. 복용을 시작한 이래로 4년 내내 그는 '자신 안에 악마가 들어 있는 것 같다'고 말한다. 정말로 기분이 오락가락하는데, 여전히 현재 진행 중이다. 그중 최악은 '케프라 분노keppra rage'다. 해나가 말했듯이, 조노는 본래 느긋하고, 차분하고, 스트레스 받거나 짜증나는 상황에서도 침착한 성격이다. 그런데 이 약은 그에게, 그의 뇌의 감정 영역에 어떤 영향을 미쳐왔다. "내 기준선이 사라진 것 같아요. 다음에 분노가 폭발할 때를 늘 기다리고, 언제나 긴장 상태에 있는 기분이에요."

그가 분노를 폭발시킨 사례는 셀 수 없이 많다. 도로에서 분노를 터뜨리고, 슈퍼마켓에서 통로를 막은 여성에게 욕설을 퍼붓고, 가족이나 친구에게 막말을 쏟아낸다. 직장에서 동료들에게도 욕설을 퍼붓곤 한다. 한번은 전 직원이 보는 앞에서 상사에게 악담하고 모욕적인 말을 쏟아냈다. 나중에 친구이기도 한 상사는 그를 따로 불러서 말했다. "상사가 아니라 친구로서 말할게. 그래, 그때 네 머리가 정상이 아니었고, 너를 예전과 다른 사람으로 만든 어떤 외부 요인이 있었겠지. 하지만 계속 이렇게 지낼 수는 없어. 이런 식으로 행동해놓고 아무런 여파도 없을 것이라고 생각해서는 안 돼." 상사는 조노가 계속 그렇게 화를 쏟아내다가 누군가에게 얻어맞거나 보복을 받을까 걱정했다.

분노가 가라앉은 뒤에 조노는 자신이 선을 넘었음을 깨닫고 몹시 미안해한다. 그러나 흥분한 그 순간에는 자제력을 잃는다. 해나는 이렇게 말한다. "화를 내는 순간 남편은 전혀 다른 사람이 돼요. 그 분노가 결코 어느 한 사람에게 향하는 일은 없어요. 그냥 누구나, 모두가 대상이죠."

언어 공격만이 아니다. 그는 화가 치밀 때마다 가구를 부순다. 또 자신이 했던 야구 경기 이야기도 한다. 그가 타석에 들어섰을 때였다. "상대 팀 선수의 입이 꽤 걸었기에 나는 이미 좀 열이 받은 상태였어요. 게다가 실수든 아니든 간에 투수가 공을 내 머리 쪽으로 던졌죠. 그래서 나는 야구 방망이를 든 채 그를 향해 달려가기 시작했어요. 해나와 우리 팀 선수들이 달려 나와 방망이를 빼앗았고요. 그들이 말리지 않았다면 내가 투수 머리를 박살냈을지도 몰라요."

조노는 럭비 경기도 여러 해 뛰었는데 부정행위나 위험한 행동으로 지적받은 적도 없고, 다툼도 전혀 없었다. "케프라를 복용하면서 문제를 일으키기 시작했어요. 일이 벌어지면 내 안의 분노한 용이 내 모든 통제권을 빼어가죠. 그리고 세상의 모든 아드레날린을 끌어모아서 뼈를 부수고 불을 뿜어내요. 그건 내가 아니에요." 그의 말에 해나가 덧붙였다. "진정한 뒤에 남편은 제3자처럼 자신을 묘사하곤 해요. 자기 몸 안이 아니라 바깥에서 지켜보고 있는 것처럼요."

조노의 입장에서 생각하기란 쉽지 않다. 대화할 때 나는 조노에게서 무덤덤함을, 애초에 해나가 끌렸던 차분함과 침착함을 보았다. 그의 본래 성격은 분노와 걷잡을 수 없는 공격성과는 정반대다. 통제권을 상실한 기분, 내부에 있는 분노의 스위치가 나도 모르게 켜질 수 있다는 사실을 알고 나면, 공포에 사로잡힐 정도까지는 아니라 해도 몹시 불안해질 수밖에 없을 텐데, 조노는 아니다.

이상 행동이나 심지어 정신증까지 일으킬 수 있는 뇌전증약은 조노가 처방받은 케프라만이 아니다.[5] 이런 약물들은 뇌의 생화학과 뇌에서 생성되는 전기 신호의 전달 양상에 변화를 일으킨다. 케프라가 극심한 부작용을 일으키는 일이 거의 없고, 다년간 널리 써왔기에 대다수 신경과의사가 환자들을 진료하는 과정에서 언젠가는 접하기 마련인 분노를 이 약과 연관 짓는 것은 부당할 수도 있다. 신경과 수련의 때 흰 머리를 단정하게 만, 쇠약한 할머니 환자를 만난 적이 있었다. 이 약을 장복해온 그분이 하루는 집 앞 정원에서 경찰관 몇몇과 몸싸움을 벌인 뒤 병원에 격리 수용되었다. 이런 사례들이 있긴 해도 그 약이 발작을 억제하는 효과가 있기에 나는 계속 처방한다. 그럼에도 이런 부작용의 가능성을 미리 알리고 가능한 대안들을 제시하면서 신중

을 기한다.●

해나는 여전히 남편이 벌컥 화를 내는 경향은 있지만 지난 2년 동안 분노를 쏟아낼 때 폭력 성향은 줄어들었다고 말한다. 분노의 촉발 요인들은 그대로 있다. 멸시받는다는 느낌, 손상된 자부심, 자신이나 아내를 위협하는 요소 등. 그저 가벼운 좌절이나 사소한 짜증에서 촉발되는 경우도 종종 발생한다. 부부 관계는 원만하며 언쟁을 벌이는 일도 드물지만, 때로 그가 분노를 폭발시켜 문제가 생길 수 있다. 비록 해나는 위협받은 적이 한 번도 없고 남편이 결코 자신에게 폭력적으로 행동할 리가 없다지만, 때로 달걀 위를 걷는 듯한 기분에 빠진다. 직장에서 무슨 일로 화를 낼지 알 수 없고, 또 그 여파가 가정에까지 미칠 수 있기 때문이다.

나는 조노가 신경과 의료진에게 분노 문제를 실제로 제기한 적이 전혀 없다는 사실에 놀랐다. 진료 기록에는 그가 성질 문제를 가끔 언급해도 경시하고 있으며, 자신과 해나의 삶에 미치는 영향도 가볍게 치부했음이 명확히 드러난다. 아마 그는 발작을 가라앉히기 위해 당분

● 케프라가 행동에 미치는 영향은 아직 덜 밝혀졌지만, 이 약과 구조가 비슷한 브리바라세탐brivaracetam이라는 비교적 새로운 약물도 나와 있다. 후자는 이런 행동 변화를 일으킬 가능성이 훨씬 낮으며, 연구자들은 케프라가 NMDA 수용체라는 특정한 신경전달물질(신경계가 시냅스를 거쳐 다른 신경 세포로 전기 신호를 전달하는 데 쓰는 화학적 전령) 수용체에 작용하는 반면, 신약은 그렇지 않다고 지적해왔다. 이 수용체는 글루탐산glutamate이라는 화학물질을 검출하는데, 이 과정이 학습·기억·신경가소성의 토대라고 여겨진다. 약물이나 때로 자가면역 질환(이때는 이 수용체에 직접 결합하는 항체가 중추신경계에서 생산된다)을 통해 이 수용체가 차단되면, 뚜렷하게 행동 변화가 일어나며, 심지어 정신증이 생기기도 한다. 따라서 NMDA 수용체가 분노의 생성이나 억제를 담당하는 회로의 핵심 요소라고 가정할 수도 있다.

간 이 약을 계속 복용하는 수밖에 없다고 느끼는 듯하다. 하지만 대안들이 있다. 여생을 그렇게 계속 살아가야 할 운명에 처한 것은 아니다.

해나는 신중하다. "그이는 놀라울 만큼 지적이면서 재미있는 사람이에요. 사람으로서 좋은 자질들을 다 갖추고 있지요. 하지만 화가 날 때, 공격을 받을 때, 자신이나 자기 주변에 어떤 일이 일어날 때 이 모든 좋은 자질들은 사라져요. 딴사람 같아요. 그래도 꽤 금방 빠져나와요. 선을 넘으면 알아차려요." 해나는 조노 몸에 두 사람이 산다는 식으로 묘사한다. 지킬과 하이드다. 이 괴물은 그가 아침과 저녁에 삼키는 알약의 창조물이다. 복용을 멈추면 괴물도 죽을 것이다.

분노의 뇌과학

조노와 숀의 사례는 뇌 활성이나 뇌 화학의 변형이 분노라는 지극히 정상적인 감정과 그에 따른 공격성을 증폭시킬 수 있음을 명확히 보여준다. 그리고 이런 감정과 행동이 뇌에서 비롯된다는 점도 시사한다. 그러니 이제 신경과 진료실이라는 한정된 공간에서 벗어나, 분노의 신경학적 기원을 살펴보기로 하자.

신경학적 관점에서 볼 때 분노는 매우 특정 유형의 주의와 관련이 있다. 일반적으로 화가 더 많을수록 적대적인 환경 자극에 훨씬 더 많은 주의를 기울인다.[6] 대다수는 지나가는 사람의 찌푸린 인상을 알아차리지 못하겠지만, 분노가 수면 바로 아래까지 차오른 사람에게서는 그것이 방아쇠 역할을 할 수 있다.

단지 도발에 대한 민감도 증가만의 문제는 아니다. 충동성, 즉 생각 없이 행동하는 성향도 중요한 요소다. 화난 사람은 분노를 유발하는 상황 앞에서 더 충동적으로 반응한다.

한 연구에서 정신 질환 범죄자를 수용하는 한 법정신의학 병동 내 환자들을 대상으로 충동성과 분노의 관계를 살펴보았다. 이 환자들은 명백히 폭력적 및(또는) 비폭력적 행동의 위험도가 더 높았다.[7] 이들은 살인, 폭행, 가정 내 폭력부터 도둑질, 방화, 마약 범죄까지 다양한 범법 행위를 저질렀다.

이 환자들은 '고Go 또는 노고NoGo'라는 심리 검사를 받았다. 연구진은 환자에게 사진들을 죽 보여주었다. 화난 얼굴이나 싸우는 장면처럼 분노와 관련된 사진도 있고, 그 어떤 감정도 드러내지 않는 중립적인 사진도 있었다. 각 사진은 파란색이나 노란색 액자에 들어 있었다. 환자들은 액자 색깔을 보고 파란 액자를 보면 버튼을 누르고Go 노란 액자 앞에서는 누르지 말아야NoGo 했다. 분노 수준이 높은 환자일수록 누르지 말아야 할 때 버튼을 누르는 실수를 더 많이 했다. 전반적으로 충동성이 더 높다는, 즉 자신의 본능을 통제하는 데 지장이 있다는 의미였다. 분노하는 장면을 접할 때, 즉 액자 속 사진에 화난 내용이 담겨 있을 때 정확도는 더 낮아졌다. 다시 말해 화난 상태에서 감정적인 자극을 받으면 더 충동적으로 군다는 의미다.

뇌에서 분노의 근원을 찾고자 할 때, 가치 있는 통찰을 제공하는 희귀한 사람들이 있다. 20대부터 뇌전증을 앓은 디아르의 사례를 보자.[8] 발작을 처방약만으로 통제하기 어렵다고 판단한 의료진은 그녀에게 뇌수술로 이를 없애보자고 제안했다. 그녀는 발작의 해부학적 원인이라 보는 좌우 편도체를 수술로 제거했다. 편도체는 아몬드 모양으로 뇌의 관자엽 안쪽 깊숙이 들어 있다(그림 1). 편도체는 둘레계(변연계, 가장자리계)라는 연결망의 중요한 부분이며, 뇌에서 감정과 가장 강하게 연관된 회로다(그림 2).●

수술 칼로 편도체를 제거하자, 디아르에게는 단순히 발작 억제 차원을 넘어서는 몇 가지 변화가 일어났다. 얼굴은 쉽게 알아볼 수 있었지만, 감정, 특히 공포와 분노, 혐오가 담긴 표정을 거의 해석하지 못했다. 분명 청력은 정상이었지만 말에 담긴 감정을 파악하기 힘들어하고, 목소리에 담긴 분노나 공포를 알아차리지 못했다.

디아르의 사례는 편도체가 분노와 공포를 알아차리고, 타인의 감정을 인식하는 능력과 밀접한 관련이 있음을 보여준다. 이 뇌 구조가 분노의 인지뿐 아니라 생성에도 관여한다는 연구들도 있다. 뇌 활성을 관찰한 영상을 보면 이 영역은 분노 자극에 반응하며, 편도체에는 감정 표현, 감정 학습, 위협 감지와 관련된 개별 구역들이 존재한다는 것이 밝혀졌다.[9] 관자엽 뇌전증을 앓는 사람들이 때때로 분노나 공격성을 드러내는 이유가 이 때문일지도 모른다. 발작이 편도체 안이나 그 주변에서 일어나 이 중요한 뇌 영역의 기능에 일시적으로 이상이 생긴 것이다.

그러나 편도체만 분노에 관여하는 것은 아니다. 피니어스 게이

● 편도체는 둘레계의 일부이며, 주로 공포와 공격성을 처리한다. 관자엽은 귀 뒤쪽에 있는 뇌 영역으로, 언어와 기억, 청각적·시각적·감정적 단서에서 의미를 유도한다. 둘레계는 감정 반응 및 관련 행동을 조절하는 뇌 영역이다. 해마, 편도체, 대뇌 겉질의 일부 영역, 시상하부, 측좌핵 등으로 이루어진다.

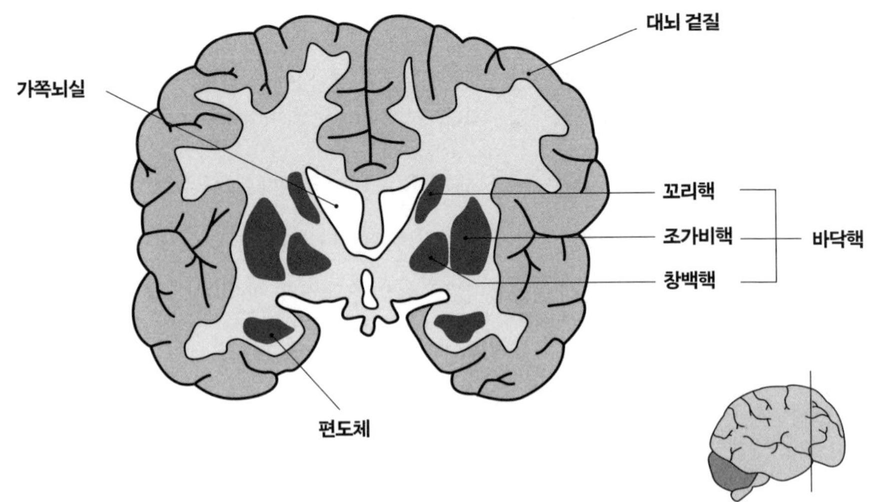
대뇌 겉질
가쪽뇌실
꼬리핵
조가비핵
바닥핵
창백핵
편도체

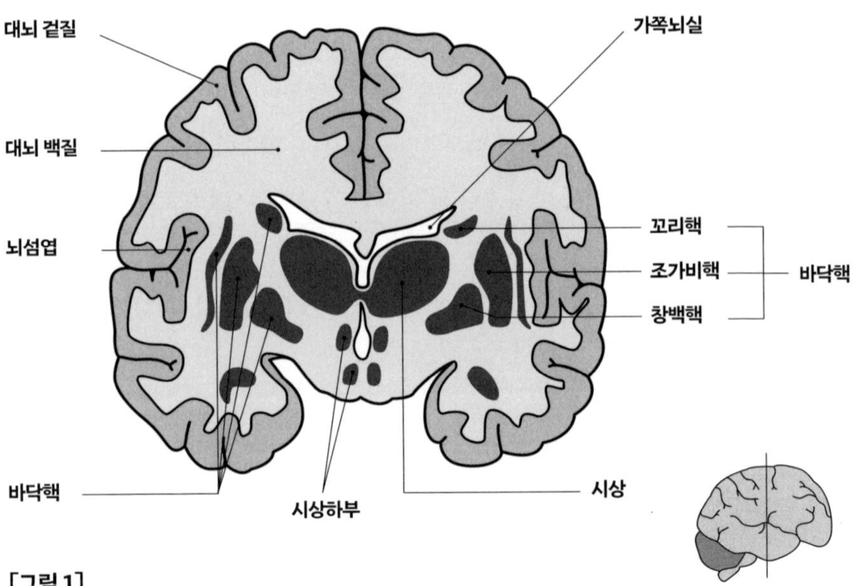
대뇌 겉질
가쪽뇌실
대뇌 백질
뇌섬엽
꼬리핵
조가비핵
바닥핵
창백핵
바닥핵
시상하부
시상

[그림 1]

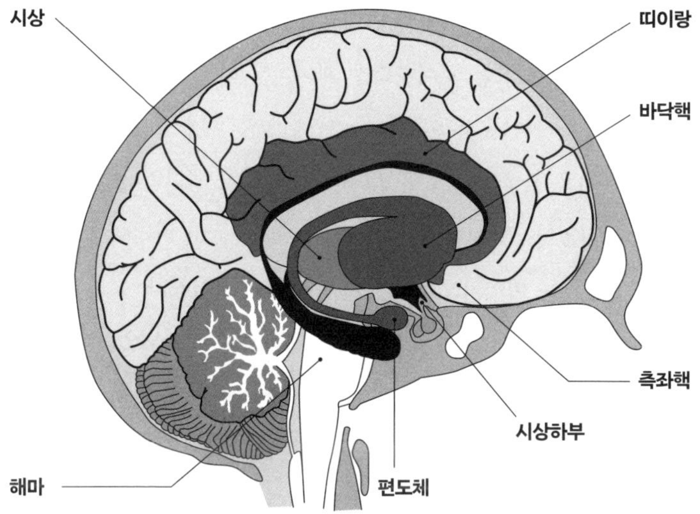

[그림 2]

(그림 1) 얼굴을 따라 평행하게 자른 뇌 단면들. 바닥핵은 뇌 깊숙한 곳에 있으며, 운동과 동기부여에 중요한 역할을 하는 핵 집단이다. 또 학습과 감정, 집행 기능에도 관여한다. 헌팅턴병과 파킨슨병은 주로 뇌의 이 영역에 영향을 미친다. 헌팅턴병의 주된 특징은 꼬리핵이 위축되고, 그에 따라 뇌척수액으로 채워진 가쪽 뇌실腦室이 확장되는 것이다. 관자엽 깊숙이 자리한 편도체는 공포와 감정을 처리하는 핵심 역할을 한다. 시상하부에는 생존에 중요한 기능과 행동을 조절하는 여러 전담 영역이 있다. 시상하부에 관해서는 95쪽 그림 4 참조.

(그림 2) 뇌 중앙 단면에 보이는 둘레계의 구성요소들. 둘레계는 기본적인 감정 처리와 행동, 기억과 후각을 담당하는 뇌 영역들의 연결망이다. 해마와 편도체는 뇌의 중심선에 가까운 관자엽 안쪽 깊은 곳에 있다.

지Phineas Gage 등 많은 환자가 분노 및 공격성 제어와 밀접한 관련이 있는 뇌 영역이 더 있음을 보여준다.[10] 게이지는 미국 동부 해안에서 철도 건설업에 종사하는 젊은이였다. 1848년 9월 운명의 날에 버몬트에서 그는 무거운 긴 쇠막대로 구멍에 폭약을 다져 넣다가 불행히도 폭발 사고를 겪었다. 그 쇠막대기가 그의 턱 밑을 뚫고 머리뼈와 이마엽을 지나 정수리로 튀어나오더니 근처 땅바닥에 떨어졌다.

이런 사고를 겪었음에도 게이지는 가까스로 살아남았는데, 성격도 습관도 대폭 바뀌었다. 예전에는 예의 바르고 사려 깊고 독실했는데, 사고 후로는 화를 잘 내고 공격적으로 행동하고, 걸핏하면 싸우려 들었다. 게이지와 비슷한 뇌 손상을 입은 이들은 이마엽이 충동성·분노를 비롯한 본능들을 조절하고 억제하는 역할을 한다는 점을 명백히 보여주었다. 이는 성적 행동도 포함된다.

인간을 인간답게 만드는 뇌 영역

사람의 뇌 영역은 우리와 가장 가까운 현생 친척인 대형 유인원보다 세 배 크다.[11] 그러나 우리와 그들의 차이가 뇌 영역의 크기에만 있지는 않다. 그보다는 이 영역이 어떻게 조직되어 있는가가 우리를 인간답게 만드는 데 결정적인 역할을 한다.

이마엽은 눈 바로 위쪽부터 뇌 중심점까지 뻗어 있다(그림 3). 이마엽의 가장 뒤쪽 가장자리는 운동 기능을 직접 제어한다. 물론 우리 운동은 다른 종들의 운동과 그리 다르지 않다. 더 두드러진 부위는 그 바로 앞쪽에 위치한 이마앞겉질pre-frontal cortex, PFC이다. 이곳은 대뇌 겉질 전체의 약 3분의 1을 차지한다. 대뇌 겉질은 우리 뇌의 바깥 표면을 이루며 회색질이라고도 부른다. 이마앞겉질은 진화적으로 가장 최근에 형성된 뇌 영역이자, 인간의 일생 동안 가장 늦게까지 발달한다. 이 부위의 발달은 청소년기 후반에 이르러서야 비로소 완성된다.

바로 이 영역에 인간성이 자리한다. 이마앞겉질은 뇌의 다른 여러 영역과 폭넓게 연결되어서 우리가 복잡하기 그지없는 인생의 바다를 헤쳐 나갈 수 있도록 돕는 항해자다. 이마앞겉질은 의사 결정, 추론, 개성 표현, 사회적 인지 등 우리가 사회 집단에 참여하고 혜택을 얻는 데 핵심 역할을 한다.[12] 이는 내면 경험과 외부 경험이 마주하는 교차로이자, 바깥 세계와 내면의 자아를 융합하는 용광로라 할 수 있다. 이러한 신경학적 기능들이 우리를 다른 동물들과 진정으로 구분 지어 준다.

이마앞겉질은 여러 하위 영역으로 세분화되며, 각 부위의 기능은 연결된 뇌 영역과 밀접한 연관이 있다.● 이 기능별 구역 중 한 곳은 분노를 포함한 여러 행동과 관련이 깊다. 이 부분은 이마엽의 가장 깊은 부분인 뇌 중간에 위치하는데, 밑부분이 눈구멍 바로 위에 있다. 이곳이 배쪽안쪽 이마앞겉질ventromedial PFC, vmPFC로, 감정, 쾌락 중추, 본능

● 관자놀이 근처의 바깥 영역은 가쪽 이마앞겉질이라 하며, 이는 등쪽가쪽 이마앞겉질dorsolateral PFC, dlPFC과 배쪽가쪽 이마앞겉질ventrolateral PFC, vlPFC로 나뉜다. 말 그대로 등쪽은 뇌의 위쪽에, 배쪽은 뇌의 배쪽에 가깝다. 가쪽 영역은 다른 종들에는 없고 영장류 뇌에서만 발견된다. 등쪽가쪽 이마앞겉질은 계획, 추상적 추론, 작업 기억 같은 이른바 집행 기능executive function과 밀접한 관련이 있다. 배쪽가쪽 이마앞겉질은 주의, 인지적 재평가(특정 상황에서 견해를 바꾸는 것)에 중요한 역할을 한다.

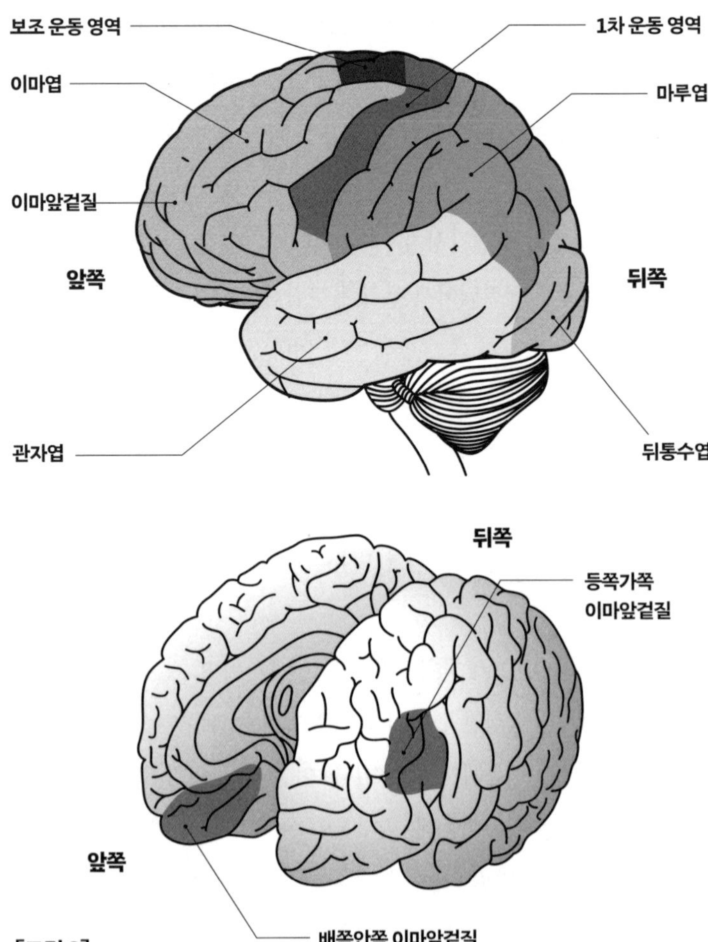

[그림 3]

(위) 옆에서 본 뇌의 표면이다. 이마엽은 뇌의 엽 중에 가장 크다. 이마엽 가장 뒤쪽 부위는 주로 운동을 전담하지만, 이마엽의 대부분은 이마앞겉질을 이루고 있다. 보조 운동 영역은 운동의 제어에 기여하는 운동 겉질 영역으로, 신체적 노력이 뇌의 감각 영역으로 보내는 피드백에서 중요한 역할을 한다. 자기 펄스를 써서 보조 운동 영역의 신경 활동을 교란하면 신체적 피로감을 완화시킬 수 있다.
(아래) 감정, 쾌락, 사회적 행동과 가장 밀접한 관련이 있는 뇌 영역인 배쪽안쪽 이마앞겉질과, 집행 기능(계획, 추상적 추론, 작업 기억)을 조절하는 등쪽가쪽 이마앞겉질.

적인 욕구와 관련된 여러 뇌 영역과 더 긴밀하게 연결되어 있다. 의사 결정, 자기 통제, 사회적 상호작용 등에 깊이 관여하는 부위다.

이런 해부학적 연결 양상은 각 영역의 기능을 반영한다. 배쪽안쪽 이마앞겉질은 이성을 담당하는 뇌 부위와, 감정 및 원초적인 욕구를 추진하는 영역들을 연결하는 지점이다. 이 부분이 손상되면 개인적·사회적 의사 결정에 문제가 생긴다. 도덕적 판단력이 흐려지고, 사회 규범을 분별하는 능력이 떨어지며, 즉각적인 보상에 혹해서 결정을 내리곤 한다. 이 뇌 영역이 손상되면 자기 행동을 억제하는 데 실패할 수 있으며, 충동적으로 분노를 표출할 뿐 아니라 지나친 욕설, 부정적인 사회적 상호작용, 성욕과다증, 강박적인 도박과 마약 사용, 공감 능력 부재 등을 낳는다. 이 영역이야말로 '분노 제동 장치', 더 나아가 사실상 여러 반사회적 행동의 억제자라고 볼 수 있다.

게이지처럼 심한 뇌 손상을 입은 역사 속 인물들은 우리에게 깨달음을 주지만, 현대의 연구들도 편도체와 이마앞겉질이 각각 분노와 공격성의 표출에 중요한 역할을 한다는 것을 보여준다.

그중에 불공정 게임Inequality game을 활용한 연구가 있다. 실험 참가자 중에는 협조적이고 공정하고 유쾌한 상대도 있고, 밉살스럽고 불공정한 상대도 존재한다.[13] 연구진은 참가자들의 분노뿐 아니라 상대를 벌주는 것과 다름없는 결정도 지켜보았다. 연구진은 공정한 상대와 불공정한 상대의 얼굴을 보여주면서 뇌의 기능을 평가하는 핵자기공명장치MRI 영상을 찍었는데,• 분노의 세기가 편도체 및 관자엽 활성과 상관관계가 있었다. 또 이마앞겉질을 포함해서 이마엽의 다른 두 영역, 즉 등쪽가쪽 이마앞겉질과 앞띠다발의 활성이 '불공정한 상대'

와 게임을 할 때 징벌 행동의 억제와 상관관계가 깊다는 사실도 밝혀졌다. 이는 이마엽의 이 영역들이 감정 조절, 갈등 해소, 분노가 빚어낼 결과의 억제에 중요하다는 점을 시사한다. 게다가 이마엽에 분노의 세기에 관여하는 영역들이 더 있음을 밝혀낸 연구들도 존재한다.[14] 분노와 그 세기는 편도체에서 기원하지만, 분노에 대한 우리의 반응을 가중시키는 것은 이마앞겉질이다.

공격성을 촉진시키는 호르몬

심리학 관점에서는 분노가 흥미로운 연구 대상이지만 사회적·의학적·법적 관점에서는 분노가 빚어낸 행동인 공격성이 더 중요하다. 해마다 전 세계에서 개인 간 폭력으로 약 75만 명이 사망한다고 추정되는데, 이는 분노가 아닌 공격성이 빚어낸 결과다.[15] 이 수치에는 무장 충돌로 죽은 이들이나, 사망까지 이르지는 않았지만 폭력을 입은 피해자들의 수는 포함되지 않았다. 내가 진료한 극심한 뇌 손상 환자들 중 상당수는 공격의 희생자였다. 주먹, 발, 야구 방망이에 머리를 맞아서 뇌가 손상된 이들이다.

● 기능적 영상 촬영법. 뇌의 구조가 아닌 기능을 찍는 기법으로, 흔히 기능적 MRIfunctional magnetic resonance imaging, fMRI를 가장 많이 사용한다. 강력한 자기장을 이용해 뇌의 혈류 활동을 측정하고, 이를 신경 활동의 대리 지표로 삼는다. 특정 과제나 행동에 변화를 나타내는 영역을 찾아내는 데 쓰인다. 대사가 활발한 영역일수록 그쪽으로 산소 공급을 하기 위해 혈류가 더 많이 증가한다.

공격성은 연구하기에도 수월하다. 감정이라는 내면 경험보다 결과가 더 뚜렷하고 객관적으로 드러나기 때문이다. 당사자가 하는 말에 의존하지 않고 겉으로 명백히 드러나는 행동을 측정하면 된다.

어떤 이들은 남들보다 공격성에 더 쉽게 반응한다. 거리를 걷다가 주변을 둘러보거나 신문 속 뉴스만 들여다봐도 알 수 있다. 분노를 유발하는 사건에 말로 근엄하게 대응하거나 아예 꾹 참고 넘기는 사람도 있는 반면, 주먹이나 칼로 반응하는 사람도 존재한다. 공격성이 개인의 삶부터 사회 전반에 영향을 미치므로 법학자부터 정신의학자, 철학자, 교사까지 모두 이런 차이가 생기는 이유를 알고 싶어 했다.

남성성을 가장 강한 요인이라고 보는, 즉 테스토스테론으로 공격성을 설명하려는 이론이 가장 흔히 나오는 답 중에 하나다.[16] 거의 모든 포유동물에서 수컷은 암컷보다 더 공격적이다(여우원숭이와 점박이하이에나는 두드러진 예외 사례다). 테스토스테론은 공격성과 위협을 처리하는 데 관여하는 뇌 중추들을 활성화시켜 사회적 위협에 민감하게 반응하게 한다.

테스토스테론은 경쟁이나 위협 앞에서 공격성을 촉진시켜 효과적으로 대처하게 돕는다.•• 사실 테스토스테론 수치가 남성들의 경쟁에 직접적으로 영향을 미친다는 연구 결과가 다수 보고되어 있다. 경

•• 공격성과 관련된 호르몬이 테스토스테론만 있는 것은 아니다. 스트레스를 주는 환경에서 생산되는 코르티솔도 공격성을 증가시킨다. 사회적 유대감을 증진시키는 옥시토신은 공동의 목표를 위한 주도적 공격성에서 행동을 조정한다고 알려져 있다.

쟁 전에 충돌을 예상하면 수치는 증가하며, 결과에 따라 크게 요동친다. 레슬링이나 테니스, 심지어 성적 매력과 무관해 보이는 체스에서도 이기면 테스토스테론 수치가 올라가고, 지면 떨어진다. 이를 토대로 일부 연구자는 테스토스테론의 진화적 기능이 남성들의 경쟁과 관련되며, 여성이 이 경쟁에서 승리한 남성에게 끌린다고 주장하기도 한다. 정말로 그렇다면, 즉 짝짓기 성공이 테스토스테론과 공격성 관계의 핵심 결과라면, 짝짓기를 하고 나면 테스토스테론 수치는 떨어져야 마땅하다. 테스토스테론과 짝짓기 사이의 이 관계는 맞다고 입증되었다. 남성은 혼인하면 테스토스테론 수치가 떨어지며, 이혼 이후 여성의 주의를 끌기 위해 다시 경쟁할 때면 올라간다.[17]

테스토스테론과 공격성의 관계는 출생 전에도 중요한 역할을 하는 듯하다. 태아의 뇌가 테스토스테론에 노출되는지 여부는 성별 분화에 핵심 역할을 한다. 그러나 동성이어도 자궁 안에서 테스토스테론에 노출되는 정도는 각기 다르다.

태아가 테스토스테론에 노출된 정도를 알려주는 강력한 지표 중 하나는 집게손가락과 약손가락의 길이 비이며 특히 오른손에 두드러지게 나타난다. 이는 사람뿐 아니라, 생쥐, 개코원숭이 등에도 들어맞는다. 집게손가락보다 약손가락이 길면 태아일 때 더 높은 농도의 테스토스테론과 더 낮은 농도의 여성 성호르몬인 에스트로겐(에스트라디올·소포호르몬)에 노출되었음을 시사하며, '남성답게' 행동할 가능성이 높다. 손 발달에 차이가 나는 이유는 불분명하지만, 유전적 요인일 가능성도 존재한다.•

손가락 길이 비를 언어 지능, 수학 지능, 호감 등 다양한 특징과 연관 짓곤 한다. 성별과 상관없이 이 손가락 길이 비가 전쟁 게임에서의 공격성이나[18] 강렬하고 공격적인 노래의 뮤직 비디오를 시청한 후 공격성 수준과 관련이 있다는 연구도 있다.[19] 또 적어도 남성의 전반적인 공격성 수준과 관련 있다고 본 연구도 존재한다.[20] 집게손가락보다 약손가락이 길수록 공격성을 띨 가능성이 더 높다.

이런 이야기들은 적어도 태아 발달기에 고농도의 테스토스테론에 노출되면 나중에 더 공격적인 성향을 드러낼 수 있음을 시사한다. 반면에 성년기의 테스토스테론 수치와 공격성의 관계는 더 복잡하다. 수치 변동이 공격성과 연관될 수는 있지만, 절대 농도에는 큰 상관관계가 없다.

따라서 엄마 자궁 내 테스토스테론 농도는 태아의 공격성에 직접적인 영향을 미치는 반면, 성년기에는 그 관계가 불분명하다. 또한 비록 테스토스테론이 '남성' 호르몬이라 불리지만 여성도 일정 부분 노출된다.

남성이라는 점이 분노 표출의 가장 중요한 요소 중 하나이지만, 공격성이 거의 전적으로 남성의 영역이라는 견해는 최근 들어 도전을 받아왔다. 언어적 공격성 비율에는 성별에 큰 차이가 없다. 그리고 여성은 심리적·사회적으로 해를 끼치려는 의도를 직간접적으로 훨씬 더 자주 드러낸다.[21] 이런 간접 공격성은 만 네 살 아이들에게서도 관찰되

● 일부 유전자는 정소精巢와 양쪽 손 발달에 관여한다고 밝혀졌다. 게다가 테스토스테론 수용체를 만드는 유전자들의 변이체도 손가락 길이 비에 영향을 미친다고 알려졌다.

며, 나이를 먹으면서 빈도가 증가한다. 여기에는 주변 상황을 분석하고 조작하는 사회 지능이 어느 정도 필요한 영역이기 때문이다.

사이코 유전자

반응적 공격성(위협이나 좌절에 충동적으로 나오는 반응, 즉 열이 뻗쳐서 순간 나타나는 폭력)을 단지 테스토스테론의 문제로 돌릴 수만은 없다. 유전자도 분명히 한몫한다. 동일한 환경에서 자란 이란성 쌍둥이와 유전적으로 동일한 일란성 쌍둥이를 비교한 한 연구는 공격 성향의 40~70퍼센트가 유전자에서 비롯된다고 밝힌다.[22] 이런 유전적 영향을 규명한다면 공격성 형질의 화학적 기반을 밝힐 가능성이 높아진다.

연구자들이 최초로 공격성과 연관 지은 유전자 중에 모노아민산화효소MAOA가 있다. 뇌에서 화학물질을 분해하는 효소를 만드는 유전자다. 뇌에는 신경 세포 사이에 신호를 전달하는 신경전달물질이라는 화학물질이 많다. 이 효소는 특히 세로토닌과 도파민, 노르아드레날린(노르에피네프린) 같은 신경전달물질을 제거한다. 특히 노르아드레날린은 뇌뿐 아니라 몸 전체에서 도피·공포·투쟁 반응을 일으킨다. 이 효소가 활성화되면 몸과 뇌에서 이런 신경전달물질들이 더 빨리 분해되어 화학물질의 농도가 보다 낮아진다. 효소 활성이 낮을 때에는 이 화학물질들이 쌓여서 농도가 더 높아진다.

이 유전자에 심각한 돌연변이가 일어나면 모노아민산화효소가 활성화되지 않을 수 있다.● 그러면 이런 신경전달물질들의 농도가 대폭 증가해 브루너 증후군brunner syndrome이 나타난다. 해당 유전자가 X염색체에 있기 때문에 이 증후군은 남성에게서만 나타난다. 여성은 돌연변이 유전자와 정상 유전자를 하나씩 지닌 보인자가 될 가능성이 높다. 이 효소가 전혀 없거나 극히 적은 남성은 좌절이나 분노, 두려움이 방아쇠가 되어 쉽게 폭력적으로 행동하며, 그런 행동이 성폭행이나 살인, 방화 같은 범죄로 이어지는 일도 흔하다.[23] 사람과 마찬가지로 생쥐도 이 유전자를 침묵시키면 공격성이 극대화되며, 특정한 신경전달물질의 농도가 대폭 증가한다. 세로토닌은 열 배까지 증가한다.

모노아민산화효소 유전자를 심하게 손상시킨 돌연변이가 극단적인 폭력으로 이어질 수 있다면, 그 유전자의 더 흔한 변이체들도 행동에 영향을 미칠 가능성이 있다. 사실 희귀한 돌연변이만이 아니라 이런 흔한 변이체들도 분명 영향을 미친다. 이 유전자에서 나타나는 비교적 덜 심각한 유전적 변화들, 즉 효소의 생성을 완전히 중단시키는 것이 아니라 유전자가 효소를 얼마나 효율적으로 만들어내는지를 바꾸는 변화들 역시 적대감, 반사회적 성격, 범죄 조직에 가담할 위험 증가, 싸움에서 무기를 사용할 위험 증가, 그리고 충동성 증가 등 공격적 행동의 여러 측면과 직접적으로 연관되어 있다.[24]

덕분에 모노아민산화효소는 '전사 유전자warrior gene'라는 별명을 얻었다. 때로는 더 모욕적으로 '사이코 유전자'라고도 부른다. 살인이

● 유전자 돌연변이는 세포의 분열과 복제 때 생기는 DNA 서열 변화를 뜻한다. 돌연변이는 그 변화의 중요도에 따라서, 또 특정한 유전자 산물의 구조와 기능에 중요한 결과를 미치느냐에 따라서 질병을 일으킬 수도 있고 그렇지 않을 수도 있다.

나 살인 미수로 기소된 이들을 대상으로 해당 유전자 서열을 분석한 사례도 있다. 형량을 줄이려는 노력의 일환이었는데, 어느 정도 성공을 거두었다.[25] 미국에서 한 일급 살인이 우발적 살인으로 선고 결과가 바뀌었고, 이탈리아에서는 한 사건의 형량이 종신형에서 20년형으로 낮아졌다. 본질적으로 피고 측은 피고인의 유전자 구성이 범죄의 책임을 경감하는 근거가 된다고 주장한다.

공격성의 유전적 기원과 관련된 유전자는 모노아민산화효소 외에도 여러 가지가 있다. 세로토닌 조절에 관여하는, 즉 세포 내외로의 이동과 검출, 생산에 관여하는 유전자의 변이도 공격성뿐 아니라 더 다양한 감정 조절에 관여한다고 밝혀졌다. 도파민 대사나 도파민 수용체 기능을 조절하는 다른 유전자들은 충동성, 폭력 행위, 심지어 살인 행위와도 관련이 있다는 연구 결과도 보고되었다.[26]

유전자에 깊이 새겨진 폭력

따라서 우리의 공격성은 어느 정도는 유전적 유산의 일부다. 우리의 폭력 성향은 머리 색깔이나 코 모양처럼 일부분 부모로부터 물려받는다. 그러나 이런 유전적 요인들, 특히 우리가 알고 있는 유전자들은 빙산의 일각일 뿐이다. 생물학의 모든 분야가 그렇듯이, 여기서도 본성 대 양육이라는 질문이 제기된다. 부모는 유전자뿐 아니라, 다른 방식으로도 기여할 수 있다.

경계성 인격 장애borderline personality disorder, BPD는 정서 불안 인격 장애라고도 부르는데, 이 환자들은 분노 관리 문제를 흔하게 겪는다.

인격 장애의 본질은 정상적인 인격 특성이 극단적으로 나타나는 사례이며, 자신이나 주변 사람에게 해를 끼치거나 심각하게 고통을 안겨주기도 한다. 경계성 인격 장애는 자아상과 대인 관계에서 긍정적인 감정과 부정적인 감정이 빠르고 극적으로 오가는 특징이 있다. 현실에서는 불안, 짜증, 기분 장애뿐 아니라, 강박적 쇼핑과 도박, 과식, 성욕과다증 등 매우 충동적인 행동으로 표출된다.[27]

경계성 인격 장애는 값비싼 결과를 초래한다. 이 장애를 지닌 사람은 한 직장에 오래 있지 못하고, 다른 정신 건강 문제들의 비율도 높고, 자살율도 극도로 높다(최대 6퍼센트에 달한다는 연구도 있다). 경계성 인격 장애를 앓는 사람 중 약 75퍼센트는 자살 시도를 경험했다고 보고한다. 이들의 기대수명은 상당히 짧다. 그리고 경계성 인격 장애는 성인의 약 1~3퍼센트가 앓고 있을 정도로 드물지 않다.

경계성 인격 장애의 또 다른 특징은 부적절한 상황에서 심한 분노를 느끼고 공격성을 억제하지 못하고 자주 화내거나 몸싸움을 벌인다는 것이다. 충동적으로 폭력을 저지르는 이 성향은 사소하지 않다. 한 연구에서는 경계성 인격 장애를 겪는 사람 중 73퍼센트가 그 전 해에 폭력 사건에 연루되었다고 보고한다.[28] 다른 정신 질환 환자들에 비해 경계성 인격 장애 환자는 심각한 폭력 행위를 저지를 확률이 62퍼센트, 공격적으로 행동할 가능성은 두 배 이상 높다. 해당 연구진은 스펙트럼의 한쪽 끝에는 주먹이나 물건으로 때리거나 밀치는 행위가, 다른 쪽에서는 치명적인 무기를 활용한 공격이나 성폭행을 언급했다. 그러나 경계성 인격 장애와 다른 반사회적 성향 사이에 겹치는 부분이 상당히 많다고도 지적했다.• 진료실에서 더 자주 마주하는 문제는 나를 향한 내면적 공격성이며, 그 결과 자해와 자살 시도율이 높다.

인격 장애의 기원은 아직 명확하지 않지만, 이 장애를 약화시키는 주요 위험 요인으로는 '유아기의 역경childhood adversity'을 들 수 있다. '유아기의 역경'은 신체적·성적·정신적 학대 등 아동기 트라우마를 완곡하게 표현할 때 종종 쓰는 용어이지만, 인격 장애라는 더 폭넓은 맥락으로 본다면 학교 내 따돌림이나 폭력도 포함된다.[29] 경계성 인격 장애는 다른 인격 장애들보다 학대·방임과 관련이 깊으며, 한 연구에 따르면 30~90퍼센트 사례에서 학대 및 방임이 관찰된다.[30] 나는 진료실에서 매일같이 이런 사례를 접한다. 그들은 아동기에 뇌에 새겨진 지워지지 않을 흔적 때문에 성년이 되어서도 자신과 주변 사람들의 삶을 훼손한다. 실제로 유아기의 역경이 구조적·기능적·신경화학적 수준에서 뇌 발달에 근본적인 영향을 미친다고 밝힌 연구가 점점 늘어나고 있다.

유년기 경험은 우리를 극심한 급성 및 만성 스트레스에 노출시킨다. 스트레스를 받을 때 통상적으로는 시상하부-뇌하수체-부신 축hypothalamic-pituitary-adrenal(HPA) axis이라는 몸과 뇌의 한 주요 계통을 통해 반응이 전개된다. 급성 스트레스를 받으면 시상하부에서 궁극적으로 부신을 자극할 호르몬을 분비한다. 부신은 콩팥 위에 위치한 작은

● 폭력적·공격적인 이들 중 상당수는 반사회적 인격 장애antisocial personality disorder, ASPD의 특성을 함께 지닌다. 반사회적 인격 장애는 충동성과 짜증, 분노 측면에서 경계성 인격 장애와 상당 부분 겹치기에 경계성 인격 장애, 반사회적 인격 장애, 공격성 사이의 관계는 여전히 불분명하다.

호르몬 생산 조직으로서 코르티솔을 생산한다. 이 호르몬은 뇌와 몸 전체를 스트레스에 대처하도록 준비시킨다. 코르티솔이 분비되면 우리의 대사, 면역 기능, 사고와 행동은 모두 부상이나 위협, 도피 상황에 대비하는 방향으로 전환된다. 급성 스트레스나 위협에 효과적으로 반응하기 위해서다. 그러나 학교나 집 등 학대와 같은 스트레스를 주는 환경에 장기적으로 노출되면 결국 감정 조절에 관여하는 뇌 구조에 변화가 일어난다.

아동기 트라우마는 신경전달물질의 농도나 뇌에서 신경 세포들이 연결되는 부위인 시냅스의 형성 양상에도 영향을 미칠 가능성이 있다. 이 화학물질 가운데 몇 가지는 앞서 이미 살펴본 바 있다. 노르아드레날린과 도파민, 세로토닌 등이다. 경계성 인격 장애를 앓는 사람들은 시냅스 발달을 조절하는 성장 인자를 비롯한 여러 화학적 변화도 겪었다. 예를 들어, 경계성 인격 장애 환자의 뇌는 뇌 유래 신경영양인자brain-derived neurotrophic factor의 농도를 바꾼다. 뇌 발달을 매개하고 스트레스와 관련된 중요한 분자다.

아동기의 환경이 발달에 근본적으로 어떤 영향을 미치는지 설명하는 방식이 또 있다. 본질적으로 환경은 유전자 구조를 바꾸지는 않지만 유전자 활성을 증가 혹은 약화시킴으로써, 심지어 켜거나 끔으로써 유전자의 행동 방식을 변화시킬 수 있다. 환경 요인은 유전 암호가 우리의 생리와 해부학적 구조로 번역되는 방식에 영향을 미칠 수 있다. 유전 암호 서열은 건축의 청사진과 같다. 지워지지 않는 잉크로 적혀 있지만, 현장에서 시공자가 틈틈이 휘갈겨 적는 내용으로 이 청사진이 서서히 빽빽하게 뒤덮인다. 이러한 현상을 후성유전이라고 한다.●●

설치류·영장류·인류가 생애 초기에 받는 스트레스가 유전자에 화학적 변화를 일으켜 행동과 뇌 발달에 영향을 미친다는 증거가 점점 늘어나고 있다. 설치류에게서 어미 양육의 질은 뇌 발달에 중요한 한 유전자인 NR3C1 유전자의 변화와 연관되어 있다. 이런 변화는 해당 유전자의 활성 양상을 조절하는 이른바 조절 영역에서 일어난다. 따라서 쥐 어미의 양육은 본질적으로 자식의 유전 기구에 직접적인 영향을 미친다.

생애 초기에 역경을 겪은 사람도 같은 유전자에 비슷한 변화가 일어났다.[31] 경계성 인격 장애를 앓는 사람들의 유전 암호를 분석하니, 대조군에 비해 뇌 발달에 관여하는 몇몇 유전자에 후성유전적 변화가 있었다. 이는 아동기 트라우마가 경계성 인격 장애 발달에 기여할 가능성을 시사한다.[32]

역경은 아동기 뇌의 화학과 발달에 변화를 일으키는 것으로 보인다. 그런데 성인에게도 같은 현상이 일어날까? 스트레스가 매개하는 이러한 뇌 발달 변화는 경계성 인격 장애 환자의 뇌 영상에서 발견

●● 환경 요인은 여러 방식으로 유전자에 영향을 미칠 수 있다. 한 가지 주요 후성유전학적 메커니즘은 DNA 메틸화다. 특정한 유전 암호 서열에 탄소·수소로 이루어진 메틸기가 결합해 DNA 구조를 이루는 염기의 분자 구조를 변형시킨다. 메틸화는 유전자의 해독과 발현을 조절한다. 메틸화와 탈메틸화 과정은 환경 요인에 영향을 많이 받는다. 메틸화는 세포의 노화에도 중요한 역할을 하는 것으로 보인다. 이 외에도 후성유전의 주요 메커니즘은 더 있다. DNA는 히스톤이라는 단백질에 감겨 있는데, 히스톤의 구조는 환경 요인에 따라 변형될 수 있다. 한번 변형이 일어나면 유전자 발현 기구가 유전자에 접근하는 양상이 달라지기도 한다. 비암호 DNA와 전령 RNA 같은 유전물질도 환경 요인에 따라 변형될 수 있으며, 이러한 분자도 DNA 서열에서 단백질이 만들어지는 과정에 영향을 미친다.

되는 미묘한 차이를 설명하는 데 도움이 될지도 모른다. 예상했겠지만 이런 변화는 주로 둘레계와 이마앞겉질에서 일어난다. 각각 감정 반응, 충동성과 가장 관련이 깊은 영역이다. 가장 일관되게 변화하는 영역은 공포 중추인 편도체 및 관련 구조들이다. 대체로 경계성 인격 장애 환자들은 이 기관이 더 작다.

신경과학은 경계성 인격 장애 환자의 아동기 방치와 학대가 유전자와 뇌 구조 및 기능과 어떤 연관성이 있는지 서서히 밝혀내는 중이다. 그러나 공식적으로 인격 장애 진단을 받은 이들뿐 아니라, 인격 장애는 없으나 험악한 동네 분위기에서 어릴 적 방치된 경험, 학대, 가정 내 폭력 같은 환경에 노출되어 공격적인 성향이 생긴 사람들도 같은 뇌 영역에서 차이를 보인다. 다양한 뇌 영상 기법을 활용한 몇몇 연구에서 감정 조절이나 행동 억제에 관여하는 둘레계와 이마엽에 차이가 난다고 밝혔다.[33]

이런 연구 결과들은 지극히 이치에 맞는다. 폭력적인 세계에서 자란다면 폭력의 징후에 민감해지고, 폭력을 경계하고, 선제적으로 대처하고, 폭력에 폭력으로 대응하는 것이 생존하는 데 매우 바람직한 대처로 보인다. 신경계의 이런 측면들을 강화함으로써 환경에 적응하는 것은 자연스럽다. 분노 측면에서 보면 양육은 본성만큼 중요할 수 있다.

내 머릿속에 일어나는 끝없는 전투

이 모든 이야기는 다음과 같은 의문을 불러일으킨다. 왜 어떤 이들은 유전적·환경적 위험 요인들에 노출되었을 때 공격적이 되거나 인격 장애를 일으키는 반면, 다른 이들은 지극히 정상적으로 살아가는 것일까? 이는 양쪽 요인들 사이의 상호작용으로 설명 가능하다. 환경은 유전적 배경에 따라 영향을 끼칠 수도 있고 아닐 수도 있다는 것이다.

유전자는 양육의 영향으로부터 우리를 보호하고, 더 나은 영향을 받게 만들 수도 있다. 예를 들어, 어릴 때 학대를 경험했지만 활성이 높은 모노아민산화효소 변이체를 지닌(분노를 매개하는 신경전달물질들을 더 빨리 분해해 농도를 낮추는) 남성은 성년기에 반사회적 성향을 띨 가능성이 상대적으로 낮다. 반면에 활성이 낮은 변이체를 지닌 이들은 폭력 범죄로 유죄를 받을 가능성이 훨씬 더 높다.[34]

세로토닌과 도파민 전달에 관여하는 유전자들의 변이체도 환경 요인들과 상호작용해서 공격 성향에 영향을 미친다고 밝혀졌다. 이 상호작용의 양상은 대체로 좀 복잡하다. 폭력과 관련된 또 다른 유전자(세로토닌 조절에 관여하는 유전자)의 변이체가 과거에는 총기 소지와 관련이 있었지만, 미국 9.11 테러 이후에는 더는 연관성이 나타나지 않았다는 흥미로운 연구도 있다.[35] 이는 스트레스나 폭력 등의 환경 요인이 유전적 성향을 지닌 사람들에게 공격성을 유발할 수 있지만, 그 특성과 규모, 심각성에 따라 유전자가 행동에 미치는 영향이 완화될 수도 있다는 의미다. 9.11 테러 이전에는 총기 휴대 확률이 더 높았던 이 유전자 변이체를 지닌 이들은 일상에서 자신을 지키려는 욕구에 따를 가능성이 더 높다. 그러나 사회 전반이 일상을 넘어서는 위협을 느끼는 상황에서는 그 변이체가 없는 이들도 똑같이 행동한다.

공격성이 이른 나이에 공격에 노출된 결과이자, 신경생물학적으로 신경학적 갈등의 한 유형이라는 사실은 아이러니하다. 감정과 행동을 부추기고 조절하는 뇌 영역들 사이에 벌어지는 끝없는 전투의 산물인 것이다. 공격성이라는 맥락에서 볼 때, 뇌의 회로 중 하나인 둘레계는 분노에 관여하며, 좌절·위협 같은 자극에 분노로 대응한다. 반면에 이마엽, 더 구체적으로 이마앞겉질은 감정과 관련된 행동을 억제한다. 일반적으로 이 두 체계가 완벽한 균형을 이루기에, 우리는 공격성이나 폭력에 의존하지 않으면서 분노를 동기 부여의 원동력으로 삼을 수 있다. 그러나 이마앞겉질의 활성이 떨어지거나 둘레계의 활성이 높아져서 억제할 수 없거나, 감정 반응이 지나치게 커져 이 균형이 어긋날 때 공격성과 폭력성이 고개를 내민다.[36]

뇌 영역들 사이에 생긴 불균형은 유전자 때문일 수도 있고 환경 탓일 수도 있다. 원인이 더 명백하고 뚜렷하며 즉각적일 때도 있다. 다짐봉이 이마엽을 뚫어버린 게이지나, 신경계의 기능에 확연히 이상이 생긴 많은 사람들이 그런 사례다.

뇌 속에 각인된 시한폭탄

톰의 삶을 예기치 않게 흔든 건, 심한 머리 부상이 아닌 운동이었다. "아침 일찍 안뜰에서 줄넘기를 하다가 갑자기 지독한 두통이 찾아왔어요. '맙소사, 정말 안 좋은데'라고 직감했죠. 나는 통증에 둔감한 편이에요. 그런데도 정말 지독하게 아팠어요. 곧이어 구역질이 나기 시작했고, 머리가 아픈 가운데 계속 토했어요. 엄마가 밖으로 나왔다가 이런 나를 발견했고, 그제야 비로소 구급차를 불렀어요."

2017년 4월, 당시에 톰은 20대 후반이었고 음악 일을 하고 있었다. 그는 10대 초부터 늘 밴드에 들어가고 싶었고, 드럼과 기타를 배우기 시작했다. "아빠는 나에게 열여섯 살은 지나야 밴드 가입을 허락해 주신다고 했죠. 그래서 열여섯 번째 생일이 지난 직후에 밴드에 합류했어요. 멤버 모두 나보다 나이가 많았죠. 미성년자일 때도 주말이면 몰래 공연장을 다니면서 영국 전역에서 공연을 했죠. 처음에는 록 음악, 이어서 펑크 음악을 추구했어요. 흥미로운 사람들을 많이 만났어요. 각질이 잔뜩 일어난 사람들, 목욕을 꽤 오랫동안 안 한 듯한 사람들도 있었고요. 알록달록하게 차려입은 이들도 많았죠. 그 세계에 푹 빠졌어요. 제정신이 아닌 양 비치기도 하고 음악 분위기도 점점 거칠어졌지만 다들 아주 친절했고, 정말로 의지가 되었죠. 선생님도 아마 함께했다면 이 폭넓은 공동체의 일원이 되었을 거예요."

톰은 대학에서 일러스트레이션을 전공했지만 입학하기 위한 꼼수였다고 밝혔다. 첫해의 대부분을 밴드 생활과 공연 여행으로 보냈기 때문이다. 결국 2년째에 음악으로 성공하겠다는 꿈을 위해 자퇴했고, '부업'으로 음반 재킷을 디자인해서 다른 밴드에 팔기 시작했다. 그렇게 몇 년간 밴드에서 순회공연을 하던 톰은 보다 안정적인 일자리를 찾기로 결심했다. 스물세 살에 그는 음악 스튜디오에 자리를 얻었다. 처음에는 청소와 서빙 등 잡일을 하는 조수로 일했다. "잠은 피아노 밑에서 잤어요. 로큰롤처럼 신나게 들리지 않나요?" 그는 양손의 손가락으로 따옴표 표시를 하면서 비꼰다. "지금은 낭만적으로 보이기도 하지만 당시에는 정말 힘들었어요. 그럼에도 정말로 즐거웠어요. 역경을 이겨내는 기분이었거든요."

그는 빠르게 승진했고, 곧 밴드의 세션 음악가이자 음향 기술자로서 앨범 녹음에 참여하기 시작했다. 톰은 모든 일에 참여하려고 애썼고, 밴드와 콘서트 사진 촬영도 맡았다. 이 시절을 떠올리는 그의 목소리에는 자부심이 묻어나지만, 자기 분석도 얼마간 담겨 있음이 드러난다. "이렇게 생각했죠. '이게 실제 삶이야. 여기서 진짜 삶을 살고 있는 거야.' 솔직히 말하면, 그때의 저는 좀 밥맛이었을 거예요." 그는 출퇴근을 반복하면서 그저 쳇바퀴를 돌고 있는 다른 사람들을 보며 정당성과 일종의 우월감을 느꼈다고 말한다. "너무나 파괴적이고, 남들을 용납하지 않는 태도에서 벗어나는 데 오래 걸렸지요."

그의 '진짜 삶'은 구급차가 온 뒤에 일어난 일들로 인해 갑작스럽게 끝났다. 응급실에서 찍은 뇌 영상에 출혈이 보였다. 뇌 자체가 아니라, 뇌를 둘러싸고 있는 뇌척수액으로 피가 흘러나왔다. 거미막밑 출혈로, 대개 동맥자루(동맥류)가 파열되면서 일어난다. 동맥자루는 동맥의 혈관 벽이 약해져서 풍선처럼 부풀어 오른 곳을 말하는데, 높은 압력에 터지면서 출혈이 일어나는 현상이다. 머리뼈 안쪽의 압력이 갑자기 증가해서 뇌 자체에 손상을 입히고, 뇌의 호흡과 심박수 조절이 어려워지고, 뇌에 물질을 공급하는 동맥이 피에 잠기면서 일어난 혈관 경련으로 이차적으로 뇌졸중이 일어나기도 한다. 자칫하면 목숨까지 잃을 수도 있다. "큰 소동도 있었어요. 의료진이 실수로 이부프로펜을 투여했거든요. 출혈을 유발할 수 있는 약인데 말이죠." 톰은 서둘러 신경외과 의료진이 대기 중인 가장 가까운 대학병원으로 이송되었다. "이후로는 차분해졌어요. 의사가 내게 몸을 굽히더니 이렇게 속삭였던 것도 기억해요. '사망할 수도 있어요.'" 의료진은 머리의 동맥 영상을 여러 차례 찍었지만 출혈 지점을 찾는 데 실패했다. 거미막밑 출혈 환자들 중 소수에 해당하는 사례다. 출혈 지점을 찾지 못한 의료진은 수술을 포기하고 약물을 투여하면서 경과를 지켜보기로 했다.

톰은 신경외과 병동에 누워 있었는데, 자신보다 상태가 심각한 주변 환자들을 보면서 겁에 질렸다. 심각한 뇌 외상을 입거나 뇌종양에 걸린 사람, 생사의 기로에 놓인 환자, 부상이 심해 혼수상태에 빠졌거나 공격성을 보이는 이들도 있었다. 그는 집에 가고 싶어서 안달했다고 떠올린다. 두 주 뒤에 그는 퇴원해도 된다는 말을 들었다. "그때 생각했죠. '더는 못 있어. 당장 퇴원할 거야.' 내 몸 상태가 실제로 얼마나 '안 좋은지'는 아예 고려하지 않았어요. 의료진은 내가 퇴원한다니 그냥 보내주었지요." 톰은 너무 일찍 퇴원한 것을 후회했다. 회복기를 좀 더 가지면서 더 많이 배울 기회를 놓쳤던 것 같다고 한다. 몇 주 뒤 예약일에 맞추어 다시 병원을 찾았으나 의사는 한 마디만 했다. "'오, 괜찮아 보이네요.' 그게 다였어요."

톰은 괜찮지 않았다. 그는 잘 걷고 말도 잘하고, 지극히 정상이었다. 그러나 톰은 예전과 전혀 다른 사람이 되었다. "몇 주 사이에 스스로를 잘 알던 사람이, 생각조차 제대로 가다듬지 못하는 사람으로 변했어요. 처음으로 거울을 봤을 때 정말로 이상했어요. 제가 완전히 딴 사람처럼 느껴졌어요." 그는 빛과 소리에 아주 민감해지고, 일상 소음이나 아침 햇살조차 도저히 견딜 수 없는 지경에 이르렀다고 말했다.

그는 다른 것에도 예민해졌다며, 잠시 말을 멈추었다가 낄낄거리며 말했다. "너무 이상하게 들릴까 봐 우려되는데요…." 톰은 대화 틈

틈이 농담을 끼워 넣곤 한다. 자신의 상황을 이해하려고 애쓰면서도 가볍게 넘기고 싶은 마음을 드러낸다. "미친 소리처럼 들릴까 봐 지금도 말하려니 조심스러운데요, 타인의 감정에 정말로 민감해졌어요. 누군가 공격적으로 말한 것도 아니고 그저 다급하게만 들려도 즉시 공포에 사로잡히곤 해요." 사례를 들어줄 수 있냐고 묻자, 그는 말했다. "어머니가 커피에 우유를 탈지 오트밀크를 탈지 고민하고 계셨어요. 저희 어머니는 생각도 걱정도 많은 편이에요. 저 때문이라는 걸 아니까, 어머니의 예민함이 느껴질 때마다 정말 견디기 힘들어요. 어머니의 그런 사소한 행동 하나조차 나를 몹시 걱정하는 양 느껴진 거예요. 그런데 사실은 그냥 우유를 잘못 샀을 뿐이었어요."

남들은 모르는 이런 좌절은 톰에게 여전히 이해하기 힘든 감정을 촉발시키곤 한다. "왈칵 화가 치밀곤 해요. 아들을 좀 배려해서 곁에 있을 때는 걱정하는 모습을 감출 수는 없나? 옳지도 않고 말도 안 되는 생각이죠. 어떻게 그런 생각을 할 수 있을까요." 그렇게 왈칵 화가 치밀어오르는 초기에는 공포도 느꼈다고 했다. 무슨 일이 일어나고 있는지 모른다는 생각 때문이었다. 이렇게 두려움에 사로잡히면 대처 능력은 지극히 제한될 수밖에 없었다.

처음 몇 달 동안 톰은 상당히 나아지고 있다고 느꼈다. 지금은 그저 현실 회피에 불과했다고 말하지만. "내가 달라졌다는 사실을 인정하지 않은 채 일상으로 돌아오려고 했어요. 그냥 밀어붙인 거죠. 그러다가 몇 달 뒤 고꾸라지고 말았어요. 많은 인간관계가 파탄 났고요. 난 인간 쓰레기였죠."

톰의 행동 변화는 약물이 아닌 구조적 뇌 손상 때문일 가능성이 높지만, 그가 겪는 분노와 조노의 케프라 분노 사이에는 분명히 비슷한 점이 있다. 톰은 내면 깊숙한 곳에서 용솟음치는 분노를 "고요했던 주변이 순식간에 붉은 연무에 뒤덮인다"고 묘사했다. 톰은 뇌출혈 이전에는 자신이 "몸을 사리는 사람"이었다고 말했다. "나는 겁이 좀 많았어요. 남과 싸움박질한 적도 없어요. 사실 공격적인 음악 스타일을 추구하는 이들 중에는 공격적이지 않은 사람이 많아요. 아마 분노를 음악으로 해소하는 것이겠죠."

그러나 뇌출혈 이후에는 진정한 분노가 타고난 '소심함'을 잡아먹은 듯하다. 다시 일을 시작한 지 얼마 되지 않았을 때 사건이 벌어졌다. 새 직장은 티셔츠 인쇄 회사였고 근무 환경도 좋았다고 한다. "자유분방한 온갖 별난 사람들이 가득했어요. 나 같은 사람에게 적합한 곳이었어요." 분명 뇌출혈 이후에 그의 인지 기능이 완전히 회복되지 않았고, 그는 사소한 실수들을 저지르고 있었다. 자신이 매우 유능하다는 자부심으로 일해왔기에 그 실수 앞에 굴욕감을 느꼈다. 상사가 남들에게 자신을 깎아내렸다는 사실을 알아차렸을 때 이 굴욕감이 몇 배나 더 커졌다. "피가 마구 끓어올랐어요. 그의 사무실로 찾아가서 따졌죠. '한 번만 더 그딴 식으로 말하면, 나한테 흠씬 두들겨 맞을 겁니다.' 때릴 만한 게 없는지 사무실을 둘러본 것도 기억해요. 그는 나보다 덩치가 훨씬 컸고, 논리적으로도 좋은 대처가 아니잖아요. 하지만 그 순간에 자제가 불가능했죠." 톰은 나중에 그 일을 끔찍했다고 묘사한다. "내가 악당 같았어요. 게다가 원래 그 상사와는 관계가 원만했거든요." 그는 씁쓸하게 웃는다.

분노 때문에 폭행당할 뻔한 적도 있었다. 그가 차를 대려는 자리에 근처에서 일하는 건축 인부 여섯 명이 모여 있었다. "그 순간 폭발했죠. 고래고래 소리를 지르면서 위협했어요. '이 자리가 당신들 거야? 여기서 뭐든 해도 된다고 생각하냐고! 내가 같잖아 보이겠지! 뭐든 할 테면 해보라는 거지? 그래, 당신들 차 타이어를 찢어버리겠어.' 정말 어처구니없죠." 그들은 톰을 죽기 직전까지 팰 수도 있었겠지만, 다행히도 무심하게 쳐다보고는 말았다. 이후 화가 가라앉은 톰은 당혹감과 수치심에 휩싸였다. "그냥 최대한 숨어 지냈어요. 그렇게 공격적으로 행동한 것은 정말 잘못이잖아요."

그놈의 술, 술, 술!

톰은 뇌 부상 이후 심오하면서 섬뜩하게 행동하기 시작한 환자들에게 둘러싸여 몸을 추스렀다. 다른 환자들은 외상을 입어서 뇌가 손상된 반면, 톰은 뇌 손상이 내부에서 일어났다는 점에서 그들과 달랐다. 즉 톰의 뇌는 혈관이 파열되고 동맥에서 나온 피가 주변으로 퍼져 피해를 입었다. 물론 어떤 방식으로 뇌가 손상되었든 결과는 비슷했다. 분노를 유발하는 영역과 억제하는 영역 사이의 섬세한 균형이 통째로 파괴되었다.

분노는 유전적 요인과 환경적 요인 가운데 어느 쪽으로든 생길 수 있지만, 신경학 관점에서는 뇌 손상이 주요 원인으로 손꼽힌다. 특히 뇌 손상은 외상의 결과다. 내 진료실 환자들 중에는 외상성 뇌 손상traumatic brain injury, TBI을 입은 이들이 많다. 미끄러지거나 계단에서 굴러 뇌진탕을 일으킨 이들도 있고, 교통사고로 일어난 다발성 골절로 신경외과 수술을 병행하면서 몇 주 동안 집중 치료실에서 보내는 이들도 있다. 외상성 뇌 손상은 진료실 바깥에서도 흔하다. 아동과 청년층에서 사망과 질병을 유발하는 가장 큰 원인이기 때문이다.

다섯 살 이전까지는 성별과 상관없이 위험도는 동일하지만, 청소년기부터 청년기 사이에는 남성의 위험도가 여성의 두 배에 달한다. 뇌의 해부 구조와 역학(머리에 충격이 가해지면 뇌의 특정 부위에 전단 응력, 즉 층끼리 미끄러지며 발생하는 힘이 생긴다. 머리뼈 바닥의 돌출된 부위에는 멍이나 작은 파열이 더 잘 생긴다) 때문에 이마엽은 특히 손상에 취약하다. 가벼운 손상도 주의력과 자제력을 떨어뜨리고, 충동성을 높이며, 사회적 판단 능력을 약화시킬 수 있다.

정신 기능의 이런 변화는 매우 유독한 조합일 수 있다. 충동성과 부적절한 행동을 자제하지 못하고, 사회 규범을 판단하는 능력이 약화되었다고 생각해보라. 이런 성향이 왜 공격적인 태도로 이어지는지 알 만하다. 사실 외상성 뇌 손상과 관련된 인지 장애가 공격성·폭력성·범죄와 연결된다고 해도 놀랍지 않다.[37] 특히 아동기의 외상성 뇌 손상은 정상적인 뇌 발달을 교란할 수도 있다. 또한 사회적 상호작용에 영향을 미치는 회로를 교란해서 더 공격적으로 만들 수도 있다. 외상성 뇌 손상 아동들을 추적 관찰한 연구들은 가벼운 머리 부상만으로도 쉽게 성격이 변화된다고 밝혔다. 기분이 오락가락하고, 부적절한 행동을 자제하지 못하고 결과를 고려하지 않은 채 충동적으로 행동해 만족을 추구하며(탈억제), 공격성이 강해지는 등은 모두 이마앞겉질의 손상과 관련이 있었다.[38] 아동기에 머리 손상을 겪으면 퇴학 가능성과 폭력 위험이 증가하며, 이는 다른 요인들을 감안해도 유의미하게 나타난다

(본래 충동적이고 위험한 행동을 하는 아이일수록 머리 손상을 입을 위험이 더 높다는 이론도 있다).[39] 성년이 된 이후에 뇌 손상을 입은 경우에도 마찬가지다. 베트남전쟁 참전 용사 가운데 이마엽이 손상된 이들은 그렇지 않은 경우보다 더 공격적이고 폭력적이었다.[40] 아동기나 성인기에 이마엽에 선택적 손상이 발생하면 폭력 억제 기능에 장애가 생겨 공격적인 성향을 보일 수 있다.

한 연구에 따르면 일반적으로 외상성 뇌 손상과 범죄 사이에는 연관성이 있다. 영국·뉴질랜드·핀란드 등 몇몇 나라에서 이루어진 이 연구는 스웨덴에서 35년에 걸친 환자 기록을 표본으로 삼았다. 그들은 외상성 뇌 손상이 정신건강 장애, 약물 남용, (폭력) 범죄와 연관성이 있다고 밝혔다.[41] 폭력 범죄자는 전체 인구의 2.3퍼센트인데, 외상성 뇌 손상을 겪은 이들만 대상으로 하면 이보다 세 배 이상 높았다. 형제자매와 비교했을 때에도 외상성 뇌 손상을 겪은 사람들이 아닌 사람들보다 폭력 범죄를 저지를 확률이 두 배 더 높았다.[42] 교도소에 수감된 성인 범죄자들은 일반 집단에 비해 외상성 뇌 손상의 비율이 훨씬 더 높으며, 폭력 범죄자는 뇌 영상에서 이상 소견이 나타날 확률이 유의미하게 높다.[43]

외상성 뇌 손상과 범죄 및 폭력 사이의 관계가 뚜렷하게 밝혀진 것은 아니다. 외상성 뇌 손상은 단지 원래 더 충동적이거나, 쉽게 위험을 감수하며, 폭력 성향이 있는 사람들을 나타내는 표지에 불과할 수도 있다. 폭력 범죄자는 이러한 성향 때문에 뇌 손상을 입을 위험이 더 클 것이다. 그러나 일부 아동 데이터는 이 설명이 충분치 않다는 사실을 가리킨다. 외상성 뇌 손상을 겪은 이후 성격이 변한 이들의 사례는 외상성 뇌 손상이 범죄 행동을 촉발할 수도 있다는 견해를 뒷받침한다.

이 연구 분야는 중요하다. 2016년 젊은 층을 대상으로 증세가 중등 이하인 외상성 뇌 손상의 경제적 비용을 분석한 결과 1인당 약 19만 5,000달러(물가 상승을 반영한 오늘날 한화 가치로 약 3억 7,000만 원)였고, 그중 범죄와 관련된 비용은 7만 5,000달러(약 1억 4,000만 원)였다. 이미 법적 처벌을 받은 경우, 예상 비용이 44만 달러(한화 약 8억 5,000만 원)에 달했다.[44] 재활 치료로 외상성 뇌 손상이 범죄 행동에 미치는 영향을 누그러뜨릴 수 있다면, 또는 사전에 예방한다면 개인적·경제적 비용은 대폭 줄어들 것이다.

여기서 불을 더욱 지피는 추가 요인이 하나 있다. 바로 술이다. 술, 외상성 뇌 손상, 공격성의 관계는 애매모호하다. 과음은 충동성, 인격 장애와 관련이 있다. 과음하는 사람은 공격적이거나 위험을 자초할 가능성이 더 높다. 만취 신호인 판단력 장애는 넘어지거나 교통사고 위험을 높이며, 이는 곧 외상성 뇌 손상으로 이어질 가능성을 증가시킨다.

정확한 상관관계는 알 수 없지만 술이 폭력에 끼치는 영향은 결코 과소평가할 수 없다. 2011년 미국과 러시아의 살인 범죄율 통계를 보면, 술과 관련이 있는 경우가 각각 73퍼센트, 53퍼센트에 달했다.[45] 또 술은 가정 내 학대나 비치명적 폭력과도 연관성이 높다. 특히 뇌에 해로운 영향을 미쳐, 억제하지 못하는 동시에 감정 조절 능력도 잃는다. 또 술은 대결의 촉매이자 자기 조절 능력의 부식제다. 과음은 화를 잘 내는 성격과 상관없이, 이마앞겉질의 기능도 직접 교란한다.

술이 폭력을 일으키는 것인지, 아니면 취약한 사람의 폭력성을 높이는 것인지 현재로서는 불분명하다.[46] 그러나 만성적인 알코올 의존성은 이마엽을 취하게 할 뿐 아니라, 편도체에 화학적 변화를 일으킴으로써 이 영역이 더 잘 흥분하게 만든다. 만성적인 과음이 직접 뇌를 변화시켜 급성 만취에 상관없이 공격성을 높일 수 있음을 시사한다.

나에게 가장 가혹한 나

톰이 뇌출혈 이후 달라진 삶, 감정 상태, 성격 등을 이야기하는 동안, 여자 친구인 한은 조용히 옆에 앉아 있었다. 둘은 함께 산 지 3년쯤 되었다는데, 그녀는 뇌출혈을 겪기 이전의 톰을 만난 적이 없다. 그가 뇌출혈을 일으킨 지 몇 달 뒤에 만나기 시작했기 때문이다.

톰에게도 조노의 케프라 같은 방아쇠가 있다. 한에 따르면 톰의 분노 방아쇠는 주차와 운전이라고 한다. 그들은 굽이치는 들판 한가운데 목가적인 시골집에 산다. "은퇴해서 연금으로 생활하는 노인들이 주로 거주하는 동네예요. 어떻게 그런 노인들에게 폭언을 퍼부을 수 있냐고요? 주차는 확실한 방아쇠지요. '꺼져. 영감탱이야!'" 그의 분노는 둘의 관계에도 영향을 미쳐왔다. "톰이 내게 폭력을 행사할 거라 생각하진 않아요. 하지만 입에 올리지 않는 말들이 생겼어요. 감정이나 화를 확 드러내면 문제가 생길 것 같아서요. 그래서 꾹 참고 좀 더 차분해질 때까지 생각할 시간을 가지곤 해요. 여전히 감정적으로 굴 때도 있지만, 꽤 논리적인 상태로 대화하려 애쓰고 있어요."

그러나 조노의 사례와 몇 가지 중요한 차이점도 있었다. 톰은 과도한 공포 반응과 함께 강한 수치심도 느낀다. 분노를 터뜨렸다는 사실을 몹시 치욕스러워하고, 역경에 제대로 대처하지 못한다는 사실에 굴욕감을 느낀다. 톰이 분노할 때에도 남에게 폭력을 가하거나 분노가 타고난 성격을 뒤엎는 수준까지 이르지 않는다는 사실이 인상 깊다. 그의 분노는 사람 대신 벽이나 휴대전화 등의 물건을 향한다. "대여섯 대는 부쉈을 거예요."

자기 파괴적인 폭력은 나타났다. 자기혐오는 변화한 성격에 대한 반응이며, 본질적으로 수치심과 얽혀 있다. 그는 '정상'으로 회복하기 위해 애쓰면서, 자살 위험에 처한 이들을 돕는 자원봉사 단체인 '사마리탄'에서 봉사자로 일했다. 첫 상담 전화는 자살을 시도하려던 사람이 건 것이었다. "상담 자체는 괜찮았어요. 하지만 내가 불안정하다고 말하지 않았다는 사실이 너무 부끄러웠죠. 정말로 당황스럽고 화도 났어요. 그 바람에 손에 쥐고 있던 유리컵으로 머리를 쾅 내리쳤어요. 컵은 부서졌고 머리가 찢겼죠."

한번은 국제 음악 순회공연에 참여하겠다고 서명했지만, 막판에 포기하고 싶어졌다. 스스로에게 화도 나고 자신이 미흡하게 대처했다는 사실이 치욕스러웠던 그는 갑자기 칼을 집어서 자기 손목을 베었다. 열네 바늘을 꿰맬 정도로 큰 상처였다.

우리가 죄악이라고 부르는 행동의 중심에는 행동 자체로 평가받는다는 개념이 있다. 그러나 톰에게 가장 혹독한 심판자는 바로 자기 자신이다. 나쁜 행동을 뇌 손상 탓으로 돌릴 수 있음에도 그는 여전히 스스로를 탓했고, 자신이 도덕적으로 실패했다고 확신했다. "내게도 논리적이고 비판적으로 사고할 능력이 있죠. 헌데 그 상태를 지속하기 어려우니까 스스로에게 실망하는 거예요. 더 잘할 수 있었을 거 같으니까. 그래서 수치심을 느끼는 거죠."

몇 달 만에 톰은 자신의 상황을 더 잘 받아들이게 되었다. "그래도 여전히 수치심을 느끼기도 해요. 상실감이 엄청나죠. 슬퍼도 싸다는 생각이 들기도 해요." 나는 과거의 톰이 사라진 것 같아 슬픈 것인지 묻는다. "맞아요. 전에는 내 미래를 그려보곤 했죠. 내면의 목소리를 두려움 없이 따를 수 있었어요. 하지만 이제 그 목소리는 사라졌어요." 자신의 환경을 통제하고, 민감한 감정을 자극하는 요인을 다 피하다 보니 그의 세계는 좁아졌다. "지금은 거의 은둔 생활을 해요. 아마 지난 몇 달 동안 여자 친구와 가족들하고만 말을 섞었을 거예요. 친구들과 어울리기가 정말 힘들어졌죠. 언뜻 보면 나는 전과 똑같지만 집 밖을 나서면 모든 것이 통제 불능이에요. 슬프지만, 세상과 떨어져 있는 편이 내겐 더 나아요."

조노와 톰 사이에는 어느 정도 유사점이 있지만, 삶에 미치는 영향에서는 차이가 명백하다. 조노는 가끔씩 벌컥 화를 내긴 해도 별로 달라진 것이 없다. 그는 일을 계속하고, 사회생활을 하고, 주변 세계에 온전히 참여한다. 톰은 정반대다. 자신의 행동이 미칠 영향을 줄이기 위해 숨기로 했다. 나를 통제하지 못하니 수치스럽고 당혹스러워 나타나는 반응이다. 조노가 강인해 보이는 반면 톰은 더 예민하고 허약해 보인다. 톰이 뇌출혈 전부터 그랬는지, 뇌출혈의 결과인지 알기 어렵다. 일부 약물이 특정 영향을 미칠 수도 있고, 출혈이 분노와 기분, 불안 등 성격의 다른 측면에 직접적인 영향을 끼칠 가능성도 존재한다.

거미막밑출혈로 톰의 뇌가 심각하게 변형된 것은 분명하다. 뇌출혈을 일으킨 지 얼마 되지 않았을 때 신경정신과의사를 만났지만, 당시의 진료 초점은 인지 능력(기억력과 정신이 흐릿한지 여부)에 맞추어져 있었다. 그는 그 뒤로 뇌 영상을 한 번도 찍지 않았다고 했다. 그 말이 내게 충격적이었다. 영상을 찍지 않았기 때문이 아니다. 보건의료 체계는 보다 가시적인 질병을 진단하고 치료하는 일을 훨씬 더 잘한다. 덜 명확한 질병에는 제도도 자원도 미흡하다. 톰의 증상 중 일부는 분명히 젊은 나이에 뇌출혈을 겪은 정서적 외상 탓으로 돌릴 수 있겠지만, 내게 그의 이야기는 뇌 손상을 시사한다. 시각 및 청각 처리, 문제해결 능력, 주의와 처리 속도 등 다양한 고차원적 신경 기능에 이상을 느끼는 인지 기능 장애와 빛과 소리에 민감하게 반응하는 모습은 모두 뇌출혈 이후에 갑자기 생겼다. 그의 과한 분노와 억제력 부족은 서로 동떨어져 있지 않다. 그의 공포 반응은 그를 가장 사소한 자극에도 취약하게 만든다. 위협이나 위험 같은 근본 원인에 반응적 공격성이 더 쉽게 촉발되는 한편으로, 그 공격성을 억누르기가 어렵다. 그러나 그의 변화의 진정한 특성을 이해하려면 후속 연구가 필요하다.

톰은 통제력을 온전히 회복하려는 시도를 포기했다. 그 대신 그는 지금 자신이 있는 그대로 받아들여지도록 세상을 이해하는 방식 자체를 바꾸려고 몇 년 동안 노력해왔다. 자신을 바로잡거나 주변 세계를 통제하기보다는 내면의 평화를 찾아 분노를 잠재우려 했다. “명상을 만나면서 평온해졌어요. 덕분에 좀 더 행복해졌고 일상생활도 즐길 수 있지요. 나는 함께 무언가를 만들어내는 집단에서 하나 된 기분을 느끼고 싶어요. 예컨대 종교 같은 거죠. 같은 세계관에서 주변 세계에 공감하고, 무언가의 일부인 양 느끼게 되잖아요. 예전의 나든 지금의 나든 수치심에 휩싸이지 않게 해줘요." 그는 잠시 머뭇거리다가 웃음을 터뜨렸다. "이렇게 말하니, 이상한 놈처럼 들릴 수도 있겠네요!"

차가운 분노, 진화적 명령

톰과 조노의 공격성은 당면한 위협이나 스트레스에 대한 반응으로, 반응적 공격성이라 한다. 충동적·방어적이며, 감정적인 것이 특징이다. 지금 당장 대응하는 것 외에는 그 어떤 보상도 없다. 자신이나 집단, 자원을 방어하는 것 말고는 그 어떤 혜택도 없다. 침입자에 맞서 폭력을 쓰고 욕설을 내뱉거나 난폭하게 군다거나, 상대 영역을 침해하는 자극 유발은 반응적 공격성의 대표적인 사례다.

여기서 지금껏 거의 다루지 않은 분노의 또 다른 측면을 살펴보자. 피해를 끼치는 사람은 반응적 공격성과 주도적 공격성을 모두 드러낼 수도 있다. 많은 폭력이 본질적으로 양쪽 요소를 포함한다.

주도적 공격성은 반응적 공격성과 달리 '열 받은 순간'이라는 방아쇠가 없다. 위압적이고 공격적이며 미리 세워둔 계획에 따라 이루어진다. 딱히 분노하지 않아도 나타날 수 있으며, 주로 계획, 전술, 상대방의 취약 시점 계산, 공격자와 희생자 사이 힘의 불균형 등 인지적 요소에 좌우된다. 전쟁, 괴롭힘, 성적 강요, 가정 내 학대, 계획된 살인, 유아 살해 등이 이에 해당된다. 중요한 점은 이 공격성이 단순히 위협 제거 차원을 넘어 더 나은 지위, 권력, 부, 성적 기회 등 같은 보상을 가져다준다는 것이다. 더 큰 목적을 위해 행사되는 완고하고 냉정한 폭력은 단순한 생존의 범위를 뛰어넘는다.

대체로 인간은 평화로운 종이며, 비폭력적인 방식으로 대규모 공동체를 이루어 함께 살아가곤 한다. 다른 한편으로는 폭력이나 살인, 상해를 저지르는 섬뜩한 성향도 있다. 이 명백한 모순은 많은 논쟁을 불러일으켰다. 인류가 본질적으로 평화주의자이며 폭력은 문화의 한 기능이라는 주장도 있는 반면, 정반대 주장도 존재한다. 즉 문화적 제약이 폭력적 본성을 억제한다는 주장이다. 그러나 이 이중성은 좀 더 복잡한 양상을 띠는 듯하다.

인류가 대량 살인을 저지르고 체계적으로 협력해 남을 죽이고 파괴시킨다는 면에는 의문의 여지가 없지만, 일부 연구자는 인류의 선천적인 반응적 폭력이나 폭력 성향이 사실 매우 낮다고 주장한다. 산업화 이전 사회들을 관찰한 연구에서도 반응적 공격성의 증거는 미미하다. 예를 들어, 파라과이 아체족을 수십 년 동안 관찰한 민족지학자들은 반응적 폭력의 매우 사소한 사례조차도 접하지 못했다.[47]

인간의 가장 가까운 친척인 침팬지·보노보와 비교하면 인류의 폭력 양상은 전혀 다르다. 침팬지는 성별에 상관 없이 반응적 폭력 성향이 강하다. 또 먹이를 사이에 두었을 때 사람처럼 주도적 공격성을 드러내며, 때로는 힘을 합쳐 다른 침팬지 집단과 맞서다가 사망하기도 한다. 반면에 보노보는 반응적 폭력 성향이 약하며, 적어도 수컷이 암컷에게 가하는 폭력에서는 특히 그렇다. 보노보 집단 사이에 치명적인 전쟁을 벌이는 사례도 찾아볼 수 없었다.

침팬지는 반응적·주도적 공격성의 성향이 강한 반면, 보노보는 반응적 공격성은 중간 수준, 주도적 공격성은 낮은 수준을 보인다. 한편 인간은 반응적 공격성은 낮은 수준을, 주도적 공격성은 매우 높은 수준을 보인다. 이처럼 유연관계가 매우 가까운 종들의 폭력성 차이는 이 특징들이 어떻게 진화된 것인지 의문을 불러일으킨다. 인류와 영장류 사촌들의 행동이 다르게 나타나게 된 진화 압력, 즉 환경 차이는 무엇일까?

이를 설명하는 한 가지 흥미로운 이론이 있다.[48] 인간 이외의 영장류에게는 반응적 환경에서 공격성을 띠는 것이 분명 유리하다. 반응적 공격성 수준이 높을수록 지위 경쟁에서 유리하며 짝짓기에 성공할 확률이 높다. 특히 수컷에게 유리하므로, 반응적 공격성을 더욱 부추기는 유전자가 퍼지게 된 것이다. 그렇다면 이 성향이 침팬지의 친척인 인류에게서는 왜 서서히 사라졌을까? 어떤 진화 압력이 인류에게서 이런 유전자를 감소시켰을까?

그에 대한 답은, 포학하고 낭비가 심해 암살당한 로마 황제 칼리굴라Caligula, 혁명으로 아내와 함께 처형당한 루마니아 전 대통령 니콜라에 차우셰스쿠Nicolae Ceausescu, 리비아를 42년간 장기 집권해왔던 무아마르 알카다피Muammar al-Gaddafi 같은 역사상 공포와 증오의 대상이었던 많은 독재자 알파 남성에게서 찾을 수 있다. 궁극적으로 알파 남성은 약한 남성들에게 굴복당한다. 그들은 동맹을 맺고, 협력하는 집단을 형성하고, 살해도 할 수 있기 때문이다. 언뜻 들으면 직관에 반하는 듯하지만, 사람이 사람을 죽이는 능력은 공격성을 약화시키는 결과를 낳는다.

이 이론에 따르면, 사형·처형은 인류 역사 내내 사회를 특히 불안정하게 만드는(유아 살해, 성적 강요, 자원 약탈 등) 반응적 공격성과 그보다 덜하지만 주도적 공격성을 띠는 남성을 통제하는 도구로 쓰였다. 이 제도가 모든 문화에서 보편적으로 나타난다는 사실은 적어도 6만 년 전부터 인류 사회의 일관된 특징이었음을 시사한다. 공격성 수준이 사회적 협력과 안정성을 방해할 정도로 높은 남성을 처형하는 사형 제도는 남성의 반응적 공격성을 약화시키는 효과가 있었던 것으로 입증되었다.● 침팬지는 작당하고 협력해서 이웃 집단에 폭력을 행사하지만, 자기 집단 내의 알파 수컷을 죽이지는 못한다. 집단 내 알파 수컷을 제거하려면 의사소통을 통해 의견을 조율할 필요가 있기에 침팬지에게는 어려운 과제일 것이다. 침팬지도 소리를 내어 다른 집단을 상대로 사냥이나 싸움을 조율하지만, 조직적인 살인에는 보다 정교한 조율이 필요한 법이다.

사이코패스의 뇌

그러나 놀라울 정도로 주도적 공격성이 높은 인류에게서도 극단적인 사례가 일부 존재한다. 그들은 감정 없이도 폭력을 일삼을 수 있다. 흔히 사이코패스(정신병질자)라고 하면 정신 질환을 앓고, 분노를 쏟아내며, 미친 짓을 저지르는 모습을 상상하곤 한다. 그러나 정신병질은 환각이나 망상을 수반하는 정신증이 아니라, 경계성 인격 장애나

● 다행히 현대 사회는 사형을 대안할 제도들을 갖추고 있다.

자기애적 인격 장애narcissistic personality disorder, NPD와 마찬가지로 인격 장애의 일종이다. 인격의 특정 측면이 극단적으로 드러나 자신과 주변에 문제를 일으킨다. 이 확대된 인격 형질이 사이코패스에게서 특히 파괴적인 양상을 나타낸다.

사이코패스는 반사회적 행동을 하고, 이기적이며, 무정하고, 공감 능력이 떨어지고, 죄책감이나 후회를 느끼지 못한다. 남에게 얄팍하고 기만적이고 교묘한 술수를 쓰며, 자아가 비대해 오만하게 행동할 때가 많다. 대개는 어릴 때부터 이들은 반사회적으로 행동하고 미리 계획한 공격성을 드러내지만, 반응적 공격성도 드러낼 수 있다.

놀랄 일도 아니지만, 교도소에는 사이코패스 비율이 매우 높다. 미국 교도소 수감자 가운데 남성은 최대 25퍼센트, 여성은 17퍼센트에 이른다고 추정된다. 일반 집단에서는 그보다 훨씬 낮아서 성인 중 약 1퍼센트가 사이코패스라고 한다.

다른 인격 장애들과 마찬가지로, 정신병질도 유전적 요인과 환경의 복잡한 상호작용의 결과다.[49] 여기에서도 여러 화학적 신호 관련 유전자 변이체가 관련되지만, 현재까지 밝혀진 바로는 각 변이체가 무정함, 감정 결여 등 심리에 미치는 영향은 미미한 것으로 보인다. 가정환경도 중요하다. 가혹하면서 중구난방으로 훈육을 받았다거나, 부모와 갈등이 심각하다거나, 부모의 온정과 책임감이 부족한 경우, 어긋난 가족 관계 등이 영향을 끼친다. 정신병질을 가진 부모는 특정 방식으로 육아를 할 가능성이 높으므로 유전적 요인과 환경 요인을 구별하기란 쉽지 않다.

그 결과 두려움과 공감, 우호 관계 형성 같은 일부(전부는 아니다)

감정이 무뎌지고, 타인의 두려움이나 고통을 알아차리지 못하게 된다. 사실 사이코패스는 남의 고통을 보거나 공포·통증 등의 부정적인 감정 자극을 통해 학습할 때, '공포 중추'인 편도체의 활성이 약하다. 감정을 수반하는 도덕적 판단 능력에도 문제가 있다. 다른 인격 장애와 마찬가지로 뇌 구조에도 변화가 나타날 수 있다. 주로 공포를 통해 학습하고 보상·처벌 영역들에서 변화가 나타나지만, 뇌 전체에도 폭넓게 나타난다.

죄수들의 정신병질 심각성은 관자엽과 둘레계의 회색질 부족과 높은 상관관계를 보인다.[50] 게다가 사이코패스는 여러 뇌 영역의 연결에도 차이가 나타난다. 특히 감정과 의사 결정을 조율하는 이마앞겉질과 편도체를 연결하는 백질 통로에서 그 특성이 뚜렷하게 나타난다.

그러나 인간성의 이런 측면들은 누구에게나 관련 있다. 타인의 입장에서 공감할 수 있는 능력은 잔혹함을 누그러뜨리고 친절을 베풀게 한다. 이 인간적 형질인 공감 능력이 사라지는 것이야말로 남을 해치고 무장하는 능력의 핵심이다. 공감 능력을 버리는 가장 쉬운 방법은 적을 인간이 아니라고 보는, 즉 타자화하는 것이다. 누구나 상대를 자신과 비슷하다고 느낄수록 그에게 공감한다. 적 사살은 군인 훈련 중에 가장 힘든 편에 속한다. 교전 상황에서 적을 빗맞히는 군인의 비율이 엄청나게 높다.[51] 그래서 전투를 대비해 적을 인간으로 보지 않는 연습을 한다. 예컨대 밀짚 인형을 앞에 두고 총검술을 연습하거나 단순하게 묘사된 인간 형체를 표적으로 훈련한다. 살상이라는 특수 상황을 앞에 두고 정신병질과 유사하게 공감 능력을 약화시키는 것이다.

난발하는 화를 통제하는 법

화에도 분명 긍정적인 측면이 있다. 분노가 없다면 무언가를 추구하거나, 스스로를 방어하거나, 집단을 지키려는 의욕도 없을 것이다. 화와 공격성은 분명히 생물학적 토대를 가지며, 뇌에는 이 감정과 반응에 영향을 미치는 기본 회로가 존재한다. 뇌는 생존을 돕는지 아니면 방해하는지에 따라 선택된 유전 인자들이 진화하면서 발달한다. 또한 환경, 성장 배경, 가정, 주변 사회망의 영향도 받는다. 우리는 유전자를 바꾸지는 못하지만, 그 밖의 모든 것은 통제 가능하다.

여기서 통제는 개인이 아닌 사회를 가리킨다. 사회 전체적으로 보자면, 주어진 환경 내에서 부정적 감정을 누그러뜨리고 신체적 폭력을 줄이는 방식은 개인의 분노 성향에도 영향을 미친다. 예를 들어, 법규와 도덕 규범, 종교 등이 이에 해당한다. 자동차 안전띠도 외상성 뇌손상 위험을 줄인다. 이런 수단들은 가족과 사회와 세계에 이런 정상적이고 유용한 감정이 흘러넘치게 해 고통과 비참함과 갈등과 전쟁을 막기에 매우 중요하다.

그러나 톰과 조노 같은 사례는 우리 중 일부는 선천적 성격보다 분노에 더 강하게 사로잡힌다는 점을 보여준다. 나의 행동이 반드시 나와 내 '영혼'을 반영하지는 않는다는 뜻이다. 우리의 가치 기준이 아니라 약물, 뇌 손상, 기능 교란 같은 외적 요인이 도덕 규범을 어기게 할 수 있다. 정상과 병리의 경계는 모래 위에 그어져 있다. 그 선은 도덕과 법, 철학, 의학적 관점에 따라 흐려진다.

조노의 아내 해나는 형사 전문 변호사로 일하면서 많은 사람을 만났다. "내 일에서 배운 것 중 하나는 인내심을 가지라는 거예요. 나는 늘 범죄를 저지르는 사람들도 만나고, 딱 한 번 법을 위반했다가 자기 세계가 갑자기 무너지는 사람들도 봐요. 순수한 악 자체인 사람은 극히 드물어요. 대개는 뒷이야기가 있지요. 정신건강 문제일 수도 있고, 살면서 겪은 외상 때문일 수도 있으며, 때로는 의학적 질환일 수도 있어요. 우리는 빨리 판단을 내리곤 해요. '아, 그냥 나쁜 사람이야.' 그 약을 먹기 훨씬 전부터 조노를 봐온 내 입장에서 말한다면 그는 나쁜 사람이 아니에요. 오히려 정반대죠. 누구나 사람을 쉽사리 판단하는 실수를 저질러요. 자신의 판단이 반드시 옳을 수는 없어요."

Gula

탐식

— 게걸스럽게 음식물을 끌어당기는 혀 —

나는 곰을, 그의 씨족에서 마지막으로 남은 자를 생각했다.

나는 그의 공포를 직감적으로 알아차렸다.

남쪽으로, 고속도로와 거리를 따라, 결코

가지 말아야 한다는 것을 본능적으로 알면서도

오로지 자신을 해치려는 동물에 둘러싸일 곳으로,

필연적으로 죽음을 안겨줄 곳으로 자신을 내모는 극도의 허기,

미칠 것 같은 굶주림을 알아차렸다. 알고 있음에도, 갈 수밖에 없었다.

허기를, 그 허기를 멈추는 것이 자기 보호보다 더 중요하니까.

삶보다 더 중요하니까.

—

한야 야나기하라Hanya Yanagihara, 《투 파라다이스》 중에서

내가 수련의로 일하던 병원은 런던의 아주 가난한 지역에 있었다. 정신없이 바쁘고 혼란스럽게 돌아가는 곳으로 유명했는데, 그날 밤도 바쁘기 그지없었다. 내과 당직을 서다가 막 구급차에 실려 온 환자를 봐 달라는 연락을 받았다. 응급실의 칸막이 커튼을 젖히자 몸집이 산처럼 거대한 남자가 누워 있는 모습이 눈에 들어왔다. 대개 작은 병실의 통상 사용하는 이동식 침대 대신에 훨씬 더 크고 튼튼한 침대를 들여놓았음에도, 그의 거대한 몸 앞에서는 인형 놀이용처럼 보였다. 제임스는 자신의 거대한 몸집 때문에 아기처럼 무력하게 누워 있었다.

30대 후반인 제임스는 해마다 적어도 6킬로그램 이상 체중이 늘었다. 한번은 집 안 화장실에서 미끄러지면서 샤워 칸막이 안으로 넘어졌다. 이 바람에 그는 벽과 칸막이 사이에 코르크 마개처럼 꽉 끼고 말았다. 그는 수치스럽다며 동거인에게 도움을 요청하지 말라고 했지만, 사흘이 지나도록 도무지 빠져나올 수 없었다. 결국 절실함이 수치심을 이겼고, 제임스는 구급대에 전화를 걸었다. 구급대원들은 결국 화장실을 부수고 그를 꺼내어 대기하고 있던 구급차로 옮겼다. 그로서는 여러 달 만에 처음 집 밖으로 나온 것이기도 했다.

그는 자기 무게에 허파가 눌려서 숨을 쉬지 못해 헉헉대고 있었고, 이 때문에 심장도 제대로 뛰지 못했다. 피를 채취하기 위해 주사기를 들었지만 정맥을 찾기가 불가능해 보였다. 그의 피부는 곳곳이 짓뭉개져 있었다. 몸을 움직일 수 없어서 한 자세로 오랫동안 누워 있다 보니 짓눌려 욕창이 생긴 곳도 있고, 훨씬 더 만성적으로 짓눌린 부위도 있었다. 나는 정맥을 찾으려고 피부와 지방을 옆으로 젖히고 밀어내다가, 살이 접혀서 주름진 습한 피부가 곰팡이에 감염되어 벗겨지고 염증이 나 있는 것을 보았다.

그렇게 제임스의 기나긴 입원 생활이 시작되었다. 처음에는 화장실에 갇혀 있던 동안에 생긴 탈수 증세로 손상된 콩팥 기능을 회복하는 것이 목적이었다. 그 뒤에는 심장 문제, 당뇨병, 혈압, 수면무호흡증, 피부 치료를 병행했다. 입원한 동안 그는 병원에서 제공하는 음식으로 지냈다. 그런데 정상적인 양을 먹는데도 몇 주가 지나도록 체중이 줄어들지 않았다.

나는 짬짬이 그나 그의 동거인과 대화를 나누었다. 그녀는 제임스가 왜 이렇게 살이 쪘는지 도무지 이해할 수 없다고 했고, 둘 다 그의 '분비샘' 문제라고 의심했다. 대화를 나누다 보니 두 사람이 학습 장애를 앓고 있다는 게 명백해졌다. 또한 둘 다 건강한 식습관과 생활습관에 대한 이해도가 떨어졌다. 제임스는 극심한 우울증과 불안, 광장 공포증도 앓고 있었다. 병원에서 체중이 줄어들지 않던 이유가 제임스의 부탁으로 그녀가 몰래 들여온 피자, 초콜릿, 칩, 카레 때문이었음이 밝혀졌다. 제임스가 그 많은 음식을 몰래 다 먹어치웠던 것이다.

제임스의 상황은 암울했다. 지금 생각하면 몹시 부끄럽지만, 당시 그의 곤경은 그를 돌보는 수련의들 사이에 블랙 유머 대상이었다. 우리는 비만, 즉 '탐식'이 게으름을 보여주며, 이는 곧 도덕적 실패, 자제력 부족 때문이라는 일반적인 견해를 무비판적으로 받아들이고 있었다. 우리의 도덕적·성적·지적 가치조차도 결국 체중의 함수로 취급되었다.[1]

병원이라는 정신없는 전쟁터에서 우리는 그를 이렇게 만든 원인을 이해하기보다는 당면한 신체적 문제들을 파악하는 데 집중했다. 전자는 대체로 정신과의사에게 떠넘겼다. 사실 상세한 검사가 없어도 제임스와 음식의 관계가 지극히 병적이라는 점은 명백했다. 동거인이 들여온 음식은 그의 좋지 않은 정신 건강에 하나의 위안이었다. 그리고 식욕은 단순히 열량을 채우려는 욕구를 넘어서 여러 요인으로 조율된다.

제임스의 곤경은 우리와 음식이 감정적으로 복잡한 관계에 있다고, 불행이나 심각한 심리적 고통을 겪는 상황에서 위안이나 즐거움을 줄 때가 종종 있다고 말해주지만, '탐식'에는 다른 이유들도 있다. 심리적 요인들과 전혀 상관없이, 우리의 유전자·창자·뇌 깊숙한 곳에서 유래하는 것들이다. 그리고 뒤에서 살펴보겠지만, 식욕을 규정하는 이 요소들은 의외의 곳에서 단서를 제공한다.

비만임에도 당뇨 위험에서 벗어난 동물

회색곰*Ursus arctos horribilis*은 자연에서 가장 요요 없이 다이어트에 성공한 동물이다.[2] 가을에 회색곰의 식욕은 거의 만족을 모르는 수준으로 높아진다. 매일 2만 킬로칼로리 이상을 섭취하고, 하루에 최대 4킬로그램까지 체중을 불린다. 가을 한 계절 동안 체중을 50퍼센트까지도 늘린다. 그러나 곰의 폭식은 먹는 즐거움을 위한 것이 아니다. 오로지 단 하나의 목적, 길면 일곱 달까지 먹지도 마시지도 않고 지내는 겨울잠을 준비하기 위해서다. 겨울잠을 자는 동안에는 저장된 지방으로만 산다. 지방이 분해되는 대사 과정에서 부산물로 물도 생긴다. 녀석에게 혹독하고 야만적인 겨울에 굶어 죽지 않고 생존할 수 있는 유일한 방법은 지방을 쌓는 것뿐이다.

그러나 이렇게 병적으로 비만(적어도 인간의 기준으로는 병적이다)이 되어도 곰은 그 어떤 나쁜 영향도 받지 않는 듯하다. 인간과 달리 심한 체중 증가에 따른 호흡 곤란, 순환계나 대사의 이상을 보이지 않는다. 회색곰은 포도당을 지방으로 바꾸고 다시 분해하는 과정을 조절할 뿐 아니라, 1년 내내 혈당을 안정시키는 중요한 생리적 적응 특성들도 지닌 듯하다. 사람이라면 이미 심각한 당뇨 환자일 텐데, 어째서 회색곰들은 멀쩡할까?

포도당을 지방으로 바꾸어 저장하는 인슐린과, 그 반대 작용을 하는 글루카곤이 조절하는 생화학적 경로를 보면, 회색곰의 체중 변화가 어느 정도 설명된다. 이는 그저 음식 에너지를 어떻게 저장하고 태우는가의 문제만은 아니다. 회색곰은 계절 변화에 따라 식욕이 대폭 증가한다. 식사량 증가는 식욕을 조절하는 생물학적 체계들 중 어느 하나가 변화하면서 시작된다. 그리고 이 체계는 회색곰과에게만 해당되는 것이 아니다. 사람과도 관련이 있다.

온종일 배고픈 뇌

나는 알렉스를 만나러 그의 집을 찾아갔다. 그의 집은 런던에서 한 시간쯤 떨어진 소도시에 있었다. 우리는 식당에 앉아서 대화를 나누었다. 알렉스는 스물여덟 살이며, 오늘 아침 미용실에서 머리를 단정하게 손질하고 왔다. 옆과 뒤는 짧게 다듬었고 앞쪽은 거의 안경에 닿을 만치 옅은 금발이 풍성하게 내려와 있다.

그러나 이곳이 결코 평범한 가정집이 아님을 드러내는 단서들이 금방 눈에 띈다. 주위에는 음식물을 거의 찾아볼 수 없다. 무가당 농축과일 주스가 가득 든 통 두 개만 보일 뿐이다. 하나는 자주색, 다른 하나는 오렌지색이다. 주방으로 향하는 문은 굳게 잠겨 있다. 아니, 사실상 집 후문에도, 음식물 쓰레기통에도 커다란 자물쇠가 채워져 있다. 이 집은 공유 주택이고, 알렉스 외에도 여섯 명이 더 산다. 모두 같은 유전병을 앓고 있으며, 도움이 필요한 상황이다. 우리가 있는 방 뒤쪽 사무실에 돌봄 활동 보조인이 두 명 앉아 있다. 쓰레기통과 주방문의 자물쇠는 이 유전 장애의 주요 발현 양상을 보여준다.

알렉스는 살짝 웃으면서 말했다. "나는 프래더-윌리 증후군prader-willi syndrome, PWS이 있어요. 여기 사는 사람들 모두 마찬가지예요. 2형 당뇨병을 앓는 사람도 있고요." 그녀에게 그 병이 무엇인지 물었다. "유전자 문제예요. 주로 음식 쪽이죠. 식욕 조절이 안 되는 병이에요."

프래더-윌리 증후군은 인종·성별에 상관없이 세계 인구 1만~3만 명에 한 명꼴로 나타나는 희귀한 유전 질환이다.[3] 그리고 과도한 식욕이 프래더-윌리 증후군의 가장 뚜렷한 특징이라는 알렉스의 말은 절대적으로 옳다. 일종의 탐식이지만 도덕과는 전혀 무관하며 오로지 질환과 관련이 있다. 이 끝없는 허기는 그저 그 장애의 한 측면일 뿐이다.

알렉스의 부모인 케이트와 존을 보면 프래더-윌리 증후군이 알렉스에게 어떤 영향을 미쳤는지 전반적으로 이해할 수 있게 된다. 케이트는 미국 동부 해안, 존은 중서부 출신인데 현재 30여 년째 런던에서 살고 있다. 원래는 직장에서 파견 근무가 끝나는 2~4년쯤 뒤에 돌아갈 예정이었다. 화창한 날씨에 혹해서 남은 건 아니냐는 내 농담에 존은 약간 비꼬는 투로 덧붙였다. "물론 음식에도 혹했죠."

알렉스는 네 아이 중 맏이다. 막내는 스물두 살이다. 케이트는 말한다. "첫 임신이었으니까 정상적인지 아닌지 알기 어려웠어요. 양수천자와 초음파 검사상으로 모두 정상처럼 보였죠. 그런데 출산일이 가까워지자 의료진이 아기가 작아 보인다고 걱정하는 거예요. 예정보다 덜 자라고 있다고요." 존은 키가 203센티미터, 케이트는 183센티미터다. 부모를 닮아 아기도 클 것이라고 예상했다. "아기의 움직임도 약했어요. 그래서 의료진은 초음파 촬영을 몇 차례 더 했어요. 그리고 자연분만을 기다리는 대신에, 분만 예정일에 유도 분만을 하겠다고 했죠."

출산 자체도 순탄하지 않았다. 의료진은 아기의 머리를 잡아 꺼내는 기구인 진공 흡착기에다가 분만용 도구인 겸자까지 써야 했다. 마침내 알렉스가 태어났다. 처음에는 모든 면에서 정상처럼 보였다. 그러나 두 번째 검사 때에는 아기가 울지도 않고 팔다리도 움직이지 않았다. 곧 알렉스는 신생아 집중 치료실로 옮겨졌다. 케이트의 노력이 무색하게도 알렉스는 젖을 빨지 못했다. 그래서 의료진이 아기에게 영양관을 삽입해서 필요한 영양소를 공급해야 했다. 아기는 3주 뒤에야 퇴원했다. 그사이에 케이트와 존은 영양관으로 모유 주는 법을 배웠다.

의료진은 알렉스에게 근육 긴장 저하증hypotonia이 있다고 적었다. 근육에 힘이 부족해 흐느적거리는 증상이다. 처음에는 그저 '성장 부전failure to thrive'이라고만 했다. 또래에 비해 체중이 적거나 체중 증가율이 뒤처지는 아이를 가리키는 소아과 용어다. 케이트는 말했다. "심란했죠. 정상적인 성장 단계에 도달하지 못했어요. 흐느적거리고 젖도 빨지 못했죠. 고개를 들고, 기고, 앉는 것도 또래보다 훨씬 늦었어요. 초산인 부모를 도와주는 자선단체 사람들을 만나러 간 적이 있어요. 거기에 온 다른 아기들은 모두 앉거나 깔깔거리거나 방긋방긋 웃고 있었죠. 반면에 알렉스는 덩어리나 통나무에 더 가까웠달까요."

처음에는 존과 케이트도 낙관적으로 생각하려 노력했다. "시간이 흐르면 아기가 저절로 나아질 거라고 믿었어요. 첫 아이라서 비교군이 없다 보니 그런 것 같아요. 또래보다 더디다는 게 그다지 와닿지 않았어요." 케이트는 웃음을 지었다. "사소한 좋은 점도 하나 있었죠. 프래더-윌리 증후군이 있는 아기는 정말로 잠을 잘 자요. 잘 울지도 않지요. 마치 신이 웃으면서 이렇게 말하는 것 같아요. '흠, 이 부모에게 쉴 시간도 좀 줘야지.'"

알렉스는 놀라울 만치 이른 시기인 생후 약 7개월에 전문 병원에서 진단을 받았다. 소아과의사는 프래더-윌리 증후군의 특징들을 즉시 알아차렸고, 유전자 검사 이후 병명을 확진했다. 케이트는 말했다. "돌아보면 아주 미묘한 징후들이 있었어요. 손발이 작고, 눈이 아몬드 모양이라는 것 등이죠." 나중에 프래더-윌리 증후군 아동과 가족을 위한 모임에서 경험담을 공유했는데, 그들은 프래더-윌리 증후군 아이들에게서 비슷한 점이 발견된다고 말했다. 눈과 손이 닮았을 뿐 아니라, 키가 작고 안경을 쓰고 이마가 유달리 넓은 경우가 많고, 걸음걸이가 독특했다. "체중이 늘기 시작하면 체형도 달라져요. 피부색도 부모들보다 밝고, 대체로 옅은 금발이에요."

진단을 받은 가족들은 충격과 혼란에 휩싸였다. 병원에서 간략한 설명을 들은 부부는 동네 도서관에서 의학책들을 빌렸다. 인터넷이 없던 시대였다. 존은 회상한다. "교과서에 실린 사진들은 너무나도 전형적이었어요. 두꺼운 책을 펼치면 병적으로 살진 세 살 아이의 눈만 가린 사진들이 나와요. 전혀 위로가 안 되었죠." 그들은 책에 실린 모든 문제들이 알렉스에게 한꺼번에 나타날지도 모른다는 두려움과 걱정으로 가득했다. 자라면서 차츰 드러나거나 한꺼번에 나타나지 않을 수도 있다는 확답을 받고 싶었다. 그래서인지 모임에서 다른 프래더-윌리 증후군이 있는 아이들을 만난 이후 그들은 크게 안도했다.

진단을 받은 직후 두 사람은 알렉스에게 주던 영양 보충제를 끊었다. 미래가 예상되었기 때문이다. 아이가 잘 빨거나 삼키지 못해서 체중이 정체되었다가 자제 불가능할 정도로 살이 찌는 상태가 될 수 있다고 말하면, 이상해 보인다. 알렉스가 두세 살이 될 때까지는 비교적 쉽게 식이를 조절할 수 있었다. 그러나 시간이 지날수록 아이의 식욕이 지나치다는 증거가 점점 뚜렷이 드러났다. 아이는 이따금 극단적으로 음식을 먹었다.

케이트는 말했다. "딸은 늘 먹는 생각만 하는 듯해요. 다음 식사 때 뭐가 나오는지 항상 미리 알고 싶어 해요. '우리 뭐 먹어? 전채 요리는 몇 가지야? 사람이 몇 명 와? 그럼 내 몫은 얼마나 되는 거야?' 마약 중독과 비슷해요. 딸은 그냥 자제할 수가 없는 거예요. 뇌가 늘 배고프다고 하니까요."

왜 식탐을 자제하지 못하는가

체중이 먹는 양과 움직이는 양만으로 결정된다는 생각은 수많은 다이어트와 운동 프로그램을 부추긴다. 그러나 생명, 사실상 생물학은 그렇게 단순하지 않다. 1920년대부터 개나 원숭이, 쥐를 대상으로 한 연구들은 뇌의 특정 영역이 식욕과 체중 조절에 매우 중요하다고 말한다.[4] 눈 뒤쪽 뇌 한가운데 깊숙이 자리한 작은 영역인 시상하부가 손상되거나 종양이 생기면 체중이 급격히 증가하고 식욕을 억제하지 못했다(그림 4). 이런 연구 결과들을 토대로 일부 연구자는 해당 영역에 음식 섭취량을 적절히 제어하는 신경 중추가 있다고 봤다. 이 신경 세포 집단이 어떻게 그런 기능을 수행하는지를 두고 논쟁이 벌어졌다.

> 그들이 어떻게 특정 기간의 열량 소비량을 직접 측정하고, 그에 맞추어 먹이 섭취량을 조절한다는 것인지 잘 납득이 안 간다. 그게 아니라, 조절 중추가 에너지의 들고 나는 변화를 민감하게 감지해서 정상으로 돌아올 때까지 먹는 것을 제한하거나 부추기는 것일 수도 있다. 이를 피드백 제어 시

스템이라 한다. 제어 중추는 말초 신경으로부터 피드백을 받아 변화량을 평가하고, 그에 따라 행동을 조절한다.[5]

1950년대에 케임브리지대학교에서 연구했고 위 인용문의 화자인 G. R. 허비G. R. Hervey는 신경 세포 덩어리가 열량 소모를 측정하여 그에 따라 식욕을 조절하는 것이 아니라, 다른 가능성이 더 높다고 보았다. 그는 시상하부가 몸에서 뇌로 향하는 정보의 '피드백'을 통해 동물의 전반적인 에너지 상태를 추적·관찰한다고 주장했다. 피드백 제어 시스템을 밝혀내기 위해 허비는 생쥐를 수술로써 서로 연결하는, 섬뜩한 일련의 실험을 했다. 한 배에서 태어난 같은 성별에 체중이 비슷한 쥐 두 마리의 배를 가른 다음 서로 꿰매어 붙였다. 그리고 한 쥐의 넙다리(넓적다리) 동맥에는 파란 물감을 주사하고 두 시간 뒤 다른 쥐의 혈액에 물감이 함유되어 있는지 조사해 두 동물의 혈장이 교환되는지 확인했다.

그다음 이 '개체 결합parabiosis'된 두 동물 가운데 한쪽의 시상하부를 수술로 제거했다. 시상하부가 제거된 쥐는 식욕이 왕성해지고 체중이 대폭 늘어났다. 너무 게걸스럽게 먹다가 목이 메어 죽기도 했다. 반대쪽 생쥐는 덜 먹어서 사실상 바짝 마를 지경이었다. 허비는 이렇게 말했다. "과식으로 지방이 쌓인 동물의 몸에는 필요한 양보다 많은 영양소가 순환하고, 그중 일부는 교차 순환을 통해 반대편 쥐에게로 넘어갔을 것이다. 따라서 연결된 쥐도 정량보다 덜 먹지 않는다면 체중이 늘어났을 것이다." 그는 온전한 개체는 시상하부가 섭취량을 줄였기 때문에 말라갔다고 주장했다. 본질적으로 과식하는 동물의 몸은 연

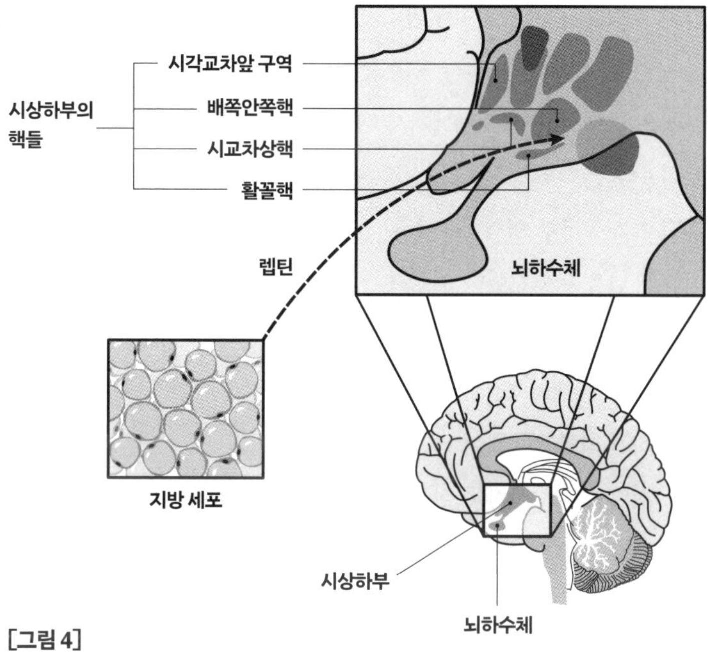

[그림 4]

시상하부는 눈 뒤쪽 뇌 깊숙이 위치한다. 허기, 갈증, 수면, 성적 행동 등 생존에 중요한 행동들을 지원하는 전문 기능을 지닌 작은 핵(동일한 기능을 하는 비슷한 연결망을 갖춘 신경 세포 집단)이 위치한다. 활꼴핵, 배쪽안쪽 시상하부 등의 핵들은 지방 세포가 지방 저장 상태를 알리는 표지이자 식욕의 조절자로서 생산하는 화학물질 신호인 렙틴leptin을 검출한다. 시각교차앞 구역에는 성적 이형 핵이 있는데, 이 핵은 성별에 따라 크기가 심하게 다르다. 시교차상핵은 우리의 하루주기 시계가 들어 있는 곳이다. 시각교차앞 구역은 수면과 체온을 조절한다. 그 밖에도 호르몬 분비, 갈증, 혈압과 성적 행동의 조절을 담당하는 영역들도 있다.

결된 쥐의 온전한 시상하부에 그만 먹으라는 신호를 보냈고, 이 신호를 받은 온전한 뇌는 섭식 욕구를 억눌렀다. "이 해석에 따르면, 해당 실험은 정상적인 한 개체에게서 어떻게 피드백 체계가 구성되는지 잘 보여준다."[6] 허비의 연구는 섭식 행동이 몸에 저장된 지방에 따라 조절되고 시상하부 영역이 저장된 지방에서 유래한 화학물질에 민감하다는 개념을 뒷받침했다.

허기 화학물질 탐색

지방을 저장하라고 신호하는 이 화학물질의 정체는 오랫동안 수수께끼로 남을 뻔했지만, 다른 설치류가 새로운 깨달음을 제공했다. 이번에는 생쥐였다. 1949년 여름 한 생쥐 육종 연구진은 한 배에서 나온 새끼들이 적어도 생후 4~6주에 다다를 때까지 거의 분간이 안 되다가 이후 몇 주간 일부 개체의 식욕이 넘치면서 체중이 훨씬 빨리 불어난다는 것을 발견했다. 이 개체들은 3개월 즈음에는 체중이 일반 생쥐의 두 배에 달했다.[7]

해당 논문에는 나란히 놓인 정상 생쥐와 비만 생쥐의 흑백 사진이 실려 있다. 생후 21일째에도 왼쪽에 놓인 생쥐는 이미 약간 더 통통한데, 열 달 정도가 지나면 천지 차이가 난다. 한쪽 생쥐는 뾰족한 주둥이와 작은 귀가 묻힐 만치 지방이 잔뜩 끼었고, 꼬리에도 둥근 지방 덩어리가 달라붙어서 울퉁불퉁했다. 체중이 일반적인 형제자매의 세 배가 넘었다.

생쥐 212마리 중 마흔세 마리가 비만이었다. 이는 정상적으로 보이던 부모가 비만을 부르는 결함 있는 유전자를 하나씩 가지고 있었음을 시사한다. 부모가 하나씩 가졌을 때는 그 유전자가 가려져서 드러나지 않았지만,• 자식들 중에는 해당 돌연변이 유전자를 쌍으로 가진 비율이 4분의 1에 달했다. 돌연변이 유전자를 쌍으로 지닌 이 비만 생쥐는 *ob/ob*라고 했다. 하지만 1970년대에 개체 결합, 즉 허비의 말처럼 수술로 두 생쥐 개체를 결합한 후속 연구들은 유전적으로 비만인 생쥐들의 혈액에서 체중을 조절하는 인자를 발견하지 못했다.

그 뒤로 수십 년 동안 어렵게 연구한 끝에 비로소 과학자들은 이 수수께끼 같은 물질의 정체를 알아냈다. 1994년 생쥐의 이 돌연변이 유전자와 상응하는 인간 유전자의 정체가 완전히 밝혀졌다. 이어서 이 *ob* 유전자가 만드는 단백질인 렙틴도 찾아냈다. 이 화학물질은 허기와 포만의 주된 조절 인자 중 하나로, 지방 세포에서 분비되어 몸에 지방이 얼마나 저장되어 있는지 시상하부에 직접 알린다. 뇌는 혈액의 렙틴 농도를 표본 조사하여 지방 저장량의 변화를 계속 감시한다.

따라서 이 실험은 체중 조절이 단순히 의지력 문제이고, 체중은 죄스러운 탐식이나 고결한 성품의 지표라는 편견을 명확히 논박했다. 대신에 섭식 행동과 체중이 잘 정의된 생리 체계를 통해 결정된다는

• 부모 모두 건강할 때 새끼 넷 중 하나가 병에 걸리는 비율은 열성 유전 모형의 특징이다. 부모 양쪽에게서 비정상적인 유전자를 하나씩 물려받아야 자녀가 병에 걸린다는 뜻이다. 부모 양쪽에게 우성과 열성 유전자가 하나씩 있다면 자식 중 4분의 1은 우성 유전자를 쌍으로 받고, 2분의 1은 우성과 열성 유전자를 하나씩 받으며(따라서 병에 걸리지는 않지만 보인자가 된다), 4분의 1은 열성 유전자를 쌍으로 받을 것이다. 열성 유전자를 쌍으로 받은 자식만 이 병에 걸릴 것이다. 물론 이 병이 출산 전 태아의 사망 위험을 높인다면 비율은 달라질 수 있다.

것을 확인했다. 또 지방이 단지 열량을 수동적으로 저장하는 창고가 아니라, 다른 신체에 신호를 전달하고 그 자체로 조절에 관여하는 능동적인 부위라는 것도 보여주었다.

렙틴 체계는 식욕을 조절하는 기본 시스템이다. 쥐나 생쥐, 사람뿐 아니라 다른 종들에게서도 마찬가지다. 같은 환경에서 똑같이 열량을 섭취했음에도 사람마다 살찌는 정도가 다른 이유는 렙틴 '조절 장치'가 개인마다 다르기 때문이다. 더 먹는 것에서 덜 먹는 것으로 전환되는 지점이 각자 지방을 얼마나 가졌는지에 따라 달라진다. 회색곰처럼 한 동물 개체에서도 시상하부의 민감성은 조절될 수 있다. 회색곰의 뇌는 가을에는 렙틴에 둔감해지고, 포만감을 잘 느끼지 못한다. 그러나 겨울잠에 들 즈음에는 렙틴이 뇌에 효과를 미치기 시작하면서 식욕을 억누르고 긴 겨울을 대비한다.

렙틴과 시상하부는 프래더-윌리 증후군 질환자들과도 어느 정도 관련이 있다. 알렉스의 허기는 계속되며 식욕은 결코 꺼지지 않는다. 이는 최대치로 설정된 허기 조절 장치의 산물이다.

인간의 체중에 관여하는 것들

ob 유전자와 렙틴만 인간의 식욕을 조절하지는 않는다. 다른 많은 유전자들도 관여한다. 개인의 비만 성향의 40~70퍼센트는 유전된다. 하지만 유전적 기여 요인들은 대부분 아직 밝혀지지 않았다.[8]

한 유전자 돌연변이로 인해 가족 전체가 초비만인 경우도 있는데, 이를 통해 렙틴이 유일한 유전적 요인이 아님을 알 수 있다. 비정상적인 유전자가 쌍으로 있는 돌연변이 유전자 때문에 병적인 양상을 드러내는 *ob/ob* 생쥐 같은 사람은 전 세계에서도 손에 꼽을 정도다. 파키스탄에서 두 가족, 터키에서 한 가족.[9] 렙틴이 결핍된 생쥐처럼, 이런 집안의 아이는 태어날 때 체중은 정상이지만, 생후 3개월 사이에 깜짝 놀랄 정도로 불어나며 첫 돌 무렵에는 20킬로그램, 다섯 살 무렵에는 50킬로그램을 넘는다.

극소수지만, 렙틴 수용체에 돌연변이가 일어나 렙틴의 생산이 아니라 검출이 어려운 사람도 있다. 그들은 체지방에서 렙틴이 얼마나 생산되든 간에 뇌가 검출하지 못한다. 생산이 문제든 검출이 문제든, 영향은 동일하다. 허기가 끝없이 밀려와 체중이 주체할 수 없을 정도로 증가한다. 시상하부의 렙틴 감지 뉴런•에 필요한 유전자들에 돌연변이가 있으면 그 집안은 어린 시절부터 비만이 생길 수도 있다.[10]

이 유전자들은 대부분 양쪽 부모에게서 돌연변이 유전자를 하나씩 물려받아서 쌍으로 가질 때 *ob/ob* 생쥐처럼 비만을 일으킨다. 예전에는 돌연변이 유전자가 하나뿐이라면 별다른 영향을 받지 않는다고 봤는데, 하나만 있다 해도 보통의 경우보다 체지방 지수body-mass index, BMI가 높고 체지방량이 더 많아진다는 증거도 일부 존재한다. 이는 이러한 유전자가 비만에 더 폭넓은 역할을 하는 유전적 원인일 수도 있음을 시사한다.

• 시상하부 뇌실곁핵paraventricular nucleus, PVN에 있다. 다른 가족들에서 찾아낸 POMC, PC1/3, MC4R 유전자들은 렙틴 신호 전달 기능이 정상적으로 작동하는 데 매우 중요하다.

그러나 우리 대다수에게서는 식욕과 체중의 유전적 결정 요인들이 좀 더 복잡한 양상을 띤다. 일반적으로 체중에는 희귀한 유전자 돌연변이가 아니라, 유전자의 정상적인 변이체가 영향을 끼친다. 거의 34만 명을 대상으로 한 대규모 연구에서는 체지방 지수와 관련된 유전자가 아흔일곱 개 발견되었다.[11] 사람 체지방 지수의 차이 중 최대 21퍼센트는 이런 유전자들에 있는 흔한 변이체(다형성)로 설명할 수 있다.• 즉 부모로부터 물려받은 이 아흔일곱 가지 유전자의 변이체 조합이 체중을 어느 정도 결정한다.

렙틴 유전자에 일어나는 돌연변이와 흔한 유전자 변이체 사이에는 한 가지 중요한 차이가 있다. 돌연변이는 유전 암호에 드물게 변화가 생기는 것으로, 때로 유전자의 기능에 극적인 변화를 일으키는데 그럴 때면 거의 예외없이 병으로 이어진다. 이와 달리 유전자의 흔한 변이체는 질병이나 장애를 불러오는 치명적인 효과를 일으키지 않는다. 각 변이체는 생물학에 미묘한 변화를 일으키는데 그럴 때면 거의 예외없이 병으로 이어진다. 이 모든 사소하고도 미세한 결과들이 모여 이런 특정한 형질을 만들어내거나 질병 위험을 높인다.

비만과 관련된 이 흔한 변이체들 중 상당수는 시상하부 기능에

• 유전자의 염기 서열에 돌연변이가 일어나지만 영향이 미미하거나 어느 정도 혜택까지 제공한다면 대물림될 수도 있다. 시간이 흐를수록 이 돌연변이는 집단에 더 흔해지면서 돌연변이가 아니라 흔한 변이체가 된다. 이렇게 유전자의 흔한 변이체들이 공존하는 것을 다형성이라고 하는데, 건강에는 전혀 영향이 없지만 특정한 질병에 잘 걸리는 성향을 부여하거나 거꾸로 건강 혜택을 제공할 수도 있다.

영향을 미치는 유전자들에 있다. 허기를 조절하고 체중이 얼마일 때 그만 먹을지 결정한다.

흔한 유전자들이 주는 혜택

렙틴이나 그 수용체에 문제가 있는 집안이 극소수인 것처럼, 희귀 돌연변이로 생기는 유전 질환이 드문 이유는 분명하다. 이들 중 상당수는 불임이기 때문이다. 그럼에도 이런 돌연변이가 사라지지 않는 이유는 새로운 돌연변이가 생기기 때문이다. 이러한 돌연변이들은 세포가 복제될 때 유전 암호에서 생긴 우연한 오류로 발생한다.

그러나 보통의 사람들, 즉 희귀하고 심각한 돌연변이 때문이 아니라 흔한 유전자 변이체에 영향을 받아 비만이 되곤 하는 이들은 자연스럽게 이런 의문을 품는다. 어떤 유전자 변이체가 널리 퍼져 있다면, 그 이유가 분명 있지 않을까? 이 변이체가 생존하는 데 부정적인 영향을 미친다면 세대를 지날수록 더 희귀해졌어야 한다. 뒤에서 살펴보겠지만 이 질문은 '탐식'뿐 아니라 다른 죄악들에도, 나아가 유전적 영향을 받는 모든 인간 형질에 적용된다.

이런 흔한 변이체도 분명 정자나 난자가 만들어질 때 DNA 복제 오류, 즉 돌연변이로 생겨났을 것이다. 이 돌연변이가 심각한 질병을 일으킬 정도로 유전자를 훼손한다면, 해당 돌연변이를 가진 사람이나 그 자녀는 질병이나 난임 등의 이유로 자신의 유전자를 후대로 전하기가 어려웠을 것이다.[●●] 따라서 렙틴 유전자 돌연변이를 가진 사람들처럼, 이렇게 심각하게 기능을 훼손하는 돌연변이도 드물었을 것이다. 그러나 이 유전자 서열 변경이 질병을 일으킬 가능성이 낮고 사실상 생존에 유리하다면, 이 돌연변이는 자손에게 유전되었을 가능성이 더 높다. 시간이 지날수록 흔한 변이체가 될 것이다. 따라서 생존에 유리하도록 돕는 유전자 변이체는 우연히 출연한 이후 인류 진화 과정에서 불어난 것이다.

이 변이체가 비만과 관련 있다면? 해당 변이체는 분명 생존에 도움을 주었기에 대물림되었을 것이다. 다른 한편으로 체중을 늘리기도 했다. 인류 역사를 생각해보자. 인류는 약 500만 년 전에 처음 출현했고, 약 1만 년 전에 농경 사회를 이루었다. 산업화가 시작된 것은 채 200년도 되지 않았다. 비만이 인류 사회의 유행병 취급을 받은 것은 지난 100여 년 사이의 일이다. 거의 500만 년에 걸친 인류 역사 전체를 따지면, 진화는 수렵채집인과 농경 사회 조상들의 식생활을 선호했을 수도 있다.

비만을 향한 여러 가지 가설

따라서 이 증거들은 체중 형성에 유전자가 주요한 역할을 한다는

●● 이 논리는 병을 일으키는 것이 분명해도 번식 이후에 발병하는 돌연변이에는 적용되지 않는다. 예를 들어 유방암 위험을 높이는 BRCA1 유전자가 그렇다. BRCA1 유전자를 가진 여성은 70~80대에 유방암에 걸릴 확률이 55~72퍼센트다. 여성 400~500명에 한 명꼴로 이 돌연변이를 가지는데, 그나마 드문 편이다. 아마도 이 돌연변이가 생존에 특별한 이점을 제공하지 않기 때문일 것이다.

점을 시사한다. 내게 인간을 만들 전지전능한 능력이 있다면, 자원이 풍족한 시기에는 가능한 한 열량을 많이 섭취해서 지방을 저장하고, 음식 에너지를 최대한 효율적으로 쓰도록 했을 것이다. 대사 효율을 높이는 유전자는 조상들에게 크나큰 이점을 제공했을 것이다. 늘어난 체중이 기근을 견디도록 도왔을 것이다. 하지만 지금의 풍족한 세계에서는 이 유전자(또는 유전자 집합)가 비만과 당뇨병을 초래한다. 그렇다면 이 에너지 절약을 촉진하는 유전자, 즉 이른바 '절약 유전자thrifty gene'가 오늘날 비만 유행의 원인이 아닐까?[12]

타당한 가설이지만 그런 유전자가 존재한다는 증거는 희박하며, 이 가설은 많은 비판을 받아왔다.[13] 인류학 증거에 따르면, 태평양 섬 주민들처럼 현재 비만과 당뇨병에 시달리는 비율이 매우 높은 집단 중 상당수는 과거에 기근이나 기아를 경험한 적이 없다. 물고기로 가득한 따뜻한 바다에 둘러싸인 열대 섬에서는 언제나 열량을 풍족하게 얻을 수 있다. 그러나 이는 인류가 아프리카를 떠난 후, 이러한 집단들의 유전자가 새로운 환경에 적응할 시간이 충분했다는 것을 전제로 한다.

두 번째 비판은 현대 수렵채집인이 기근을 겪지 않을 때 체중이 쉽게 불어나리라 예상하겠지만, 실제로는 그렇지 않다는 것이다. 물론 이런 유전자가 산업화 이전 시대 식단에서는 매우 한정된 체중 증가만을 허용했고, 맛있는 고열량 식품이 끊이지 않는 오늘날에만 과잉 양상을 보이는 것일 수도 있다.

기근 자체는 현재 사회의 비만율 20-30퍼센트를 설명할 수 있을 만큼 강한 진화 선택압이 아닐 수도 있다. 농경 사회 이전에는 식량 공급원이 다양했기에 치명적인 기근이 드물었다. 농경 사회로 공급원이 일원화되면서 기후로 작물이 전멸될 때에 기근이 발생할 가능성이 높아졌다. 그런데 인류가 농경에 의존한 시기는 약 400~600세대 전으로, 기근이 최근에 생긴 압력이라면 절약 유전자가 인류 전체로 퍼질 시간이 충분하지 않았다.

절약 유전자 가설이 미심쩍다면, 비만의 다른 요인들이 뭐가 있을까? 아마 기근(너무 마르면 식량 부족 시기에 생존율이 떨어진다)뿐 아니라 포식(너무 살찌면 포식자에게서 달아나기 어렵다)도 조상들의 체질량에 중요한 진화적 영향을 끼쳤을 것이다.[14] 기근의 진화적 영향 여부를 두고 논쟁하는 와중에, 일부 과학자는 포식이 더 중요하며, 우리가 지나치게 커지지 않도록 조절해왔다고 주장한다. 그 뒤로 무기와 불로 포식자를 물리치면서 우리는 몸집을 제한할 필요가 없어졌고, 더 나은 운명을 맞이했다. 막대기와 창이 생기자 포식자로부터 빨리 달아날 필요가 줄어들었고, 몸집이 커지고 지방이 늘어나도 생존에 불리하지 않았으니까. 예전이라면 미처 도망가지 못하고 야생 짐승의 먹이가 되었을 만큼 덩치 큰 이들도 지금은 살아남아서 더 많은 자식을 본다. 그 결과 이 유전자들은 서서히 인류 집단 전체로 퍼졌다.

과학자들은 인류의 체중이 시대에 따라 변해왔다고 말한다. 200~400만 년 전 사하라에 살던 오스트랄로피테쿠스는 체중이 29~52킬로그램이었고, 고양잇과 동물인 검치류*Dinofelis*의 먹잇감이었다. 약 140만 년 전 호모 에렉투스는 무기와 불을 썼고, 몸집이 훨씬 더 컸다. 그 무렵 검치류는 멸종했다.

또 다른 가능성도 존재한다. 본질적으로 비만 관련 유전자가 추위를 견디는 능력을 키우다가 생긴 부수적인 효과라는 것이다. 이 개념은 환경, 교육, 경제적 요인을 고려한다 해도 지역별 비만율에 차이가 있으며, 비만 관련 유전자도 지역마다 차이가 난다는 연구 결과에서 비롯되었다. 이 이론의 핵심은 비만, 2형 당뇨병 등과 관련된 많은 유전자가 기후에 생리적으로 적응하다가 생긴 결과라는 것이다. 앞서 말한 기근과 포식 이론들과 달리 이 이론은 대사율과 지방을 얼마나 태울지 결정하는 유전자를 기후가 선택한다고 본다.[15] '부적응 가설 maladaptation hypothesis'이라 부르는 이 견해를 옹호하는 사람들이 제시하는 증거는 많다. 스칸디나비아 국가들은 식단이 비슷한 다른 유럽 국가보다 비만율이 훨씬 낮다. 백인과 동아시아인은 아프리카계 미국인보다 비만율이 더 낮다. 이누이트는 아프리카계 미국인보다 대사율이 더 높다. 기본적으로 추운 환경에 적응한 조상의 후손일수록 더 빨리 지방을 태워 더 많은 열을 생산한다. 예컨대, 갈색 지방 조직brown adipose tissue, BAT에서 활성화되는 *UCP1* 유전자가 있다. 이 *UCP1*의 산물은 갈색 지방 조직을 분해해서 체열을 만드는 핵심이다. 이 유전자의 변이체들은 체지방량과 관련이 있음을 보여준다.[16]

극단적인 식욕, 극단적인 대응

알렉스의 끝없는 허기와 체중 증가 위험도 유전자에서 원인을 찾을 수 있다. 그러나 대부분의 경우와 달리 흔한 유전적 변이체와 관련이 없다. 즉 에너지를 아끼기 위해서라든가, 포식자가 줄어들었다거나, 추운 기후에서 살아남기 위해 에너지를 내는 문제와는 무관하다. 알렉스의 질환은 유전자 하나가 돌연변이라 생긴 것도 아니다. 프래더-윌리 증후군은 임상적으로도 유전적으로도 훨씬 더 복잡하다.

앞서 살펴보았듯이 프래더-윌리 증후군은 식욕 외에도 키, 체형, 근육 긴장도에 영향을 미친다. 또 한 가지 특징은 지적 장애다. "프래더-윌리 증후군이 있는 성인의 정서 발달은 대부분 아홉 살 내외 수준이에요." 알렉스의 모친인 케이트의 말이다.

알렉스는 유창하게 말하는 젊은 여성이지만, 자신과 음식의 관계를 알고 난 뒤로 자기 감정을 설명하기 어려워했다. 그녀는 자신에게 식단 조절이 필요하다고 명확히 이해하고 있다. "프래더-윌리 증후군인 사람은 체중 관리를 안 하면 빨리 죽을 수도 있어요." 늘 배가 고픈지 묻자, 그녀는 이렇게 답한다. "늘 그런 건 아니죠. 실컷 먹은 뒤에는 배불러요." 그러나 이후 독립했을 때에는 식사 시간 직전에야 냉장고에 음식을 갖다놓았다고 한다. 세 끼 음식을 한번에 냉장고에 넣어두면 어떻게 되었는지 물었다. "아마 한꺼번에 다 먹어치웠겠죠." 나는 그녀가 허기를 채우는 데 필요한 식사량이 남들과 전혀 다르리라 예상한다. 그녀의 부모는 딸이 음식을 조절해야 한다는 걸 알면서도 끊임없이 먹는다고 말한다. 섭취량을 조절할 수가 없다. 알렉스의 실제 기분을 이해하기 어렵게 하는 측면이 하나 더 있다. 알렉스의 허기가 그저 포만감을 느끼지 못하는 것인지, 비정상적으로 허기를 느끼는 것인지 여부다.

프래더-윌리 증후군은 이중으로 문제를 안고 있다. 식욕이 지나칠 뿐 아니라, 근육 문제와 이동이 어렵기 때문에 사실상 다른 이들보다 필요한 열량이 낮다. 끝없는 허기에는 다른 위험들도 존재한다. 구토 반사에 문제가 있는 경우가 많아서 과식으로 토를 하다가 목이 막혀 사망하기도 한다. 또 엄청난 양의 음식이 들어오는 바람에 위장이 늘어지다가 못해 구멍이 나 사망에 이를 수도 있다. 때로는 상한 음식이나 심지어 사람에게 위험한 것을 먹었다가 심각한 피해를 입을 수도 있다. 알렉스의 부모는 딸이 고양이 건조 사료를 먹은 적도 있다고 했다. 어떤 환자는 카페트 조각을 먹었다.

극단적인 식욕에는 극단적으로 대응해야 한다. 존과 케이트는 딸의 식사량을 조절하기 위해 온갖 방법을 다 써왔다. 집에 주전부리를 없앤 지 오래다. 알렉스는 어쨌거나 음식을 가리지 않는다. 존과 케이트는 열량 섭취를 줄이기 위해 과일과 채소를 중심으로 식단을 짠다. 한번은 생일에 귤에 초 하나를 꽂은 채 축하한 적도 있다.

정작 이런 방법들로는 부족하다. 그들은 딸에게 '음식 탐색 본능'이 있다고 했다. 집 주방의 찬장과 서랍과 통에 자물쇠를 달았던 흔적이 있다. 몇 년 전부터 그들은 딸이 집에 올 때마다 그냥 주방문을 잠가버렸다. 식사하기 위해 외출할 때면 다들 긴장한다. 알렉스의 식욕을 자제시켜야 하고, 일면은 주변 사람들의 반응 때문이기도 하다. "부모로서 날카로운 감시자 역할을 해야 해요. 사람들은 아이에게 친절을 베풀죠. '와, 너무 귀여워. 막대사탕 줘도 돼요?' 매번 거절하기 어려워 그냥 딸에게 당뇨가 있다고 말한 적도 있어요." 파리의 한 미술관에서는 이런 일도 겪었다고 한다. 배고픈 알렉스의 짜증이 극에 달하자 누군가가 케이트를 향해 애 좀 어떻게 하라고 한 소리를 했다. 그 말에 격분해 단호하게 대응했다고 한다. 상점이나 식당에서도 마찬가지였다. 딸이 음식을 더 달라고 졸라댈 때, 주변에서 자신을 아이에게 박하게 구는 엄마로 쳐다보는 시선을 느끼곤 한다(이런 면에서는 신체적 장애가 있는 아이를 키우는 것도 나름 이점이 있다고 그녀는 생각한다. 사회가 더 배려하고 연민으로 배려해줄 가능성이 더 높으니까).

케이트는 딸이 '자신이 받을 몫'에 집중할 때가 많다고 한다. 주문한 음식을 알렉스 바로 앞에 놓지 말아야 한다. "그러면 주걱을 움켜쥐고 이렇게 말할 거예요. '더 먹을 거야.' 대형 식당에서 메인 요리가 세 접시 나오면 딸은 이를 조금씩 덜어 먹는다고 생각하지 못하고 왕창 가져가려 해요. 그럴 때마다 말려야 하고요. 그냥 먹게 두라고 말하는 사람도 있을 것이고 주의를 주는 사람도 있겠죠. 결국 긴장감이 흐를 테고요."

딸도 창피함을 느끼는 것 같은지 물어봤다. 알렉스는 사회가 어떻게 판단하고 과식을 어떤 시각으로 보는지 인식할까? 케이트는 말한다. "그런 면에서는 아이큐가 낮아 다행이라고 할까요. 커서도 딸이 창피라는 감정을 이해할지 잘 모르겠어요. 그리고 삶이나 감정을 단순하게 이해하는 편이 딸에게도 나을 것 같아요." 알렉스에게 부모가 음식을 통제하는 게 부당하다고 느끼는지 물어보았다. 그녀는 아니라고, 자기가 봤을 때도 음식을 제한할 필요가 있다고 답했다. 하지만 부모의 말에 따르면 그녀는 때때로 부당하다고 투덜거린다고 한다. 그럴 때에도 주된 감정은 그저 '허기'다.

케이트와 존은 음식을 얻기 위해 딸이 한 온갖 창의적인 행동들을 들려주었다. 지금도 부모의 집에 온라인으로 간식들을 배달시켰다. 부모는 대개 이미 이 수법을 꿰고 있다. 알렉스는 프래더-윌리 증후군이 있는 사람들과 함께 사는데, 활동 보조인들은 택배를 자기 눈앞에서 뜯어보라고 해서 내용물을 확인하며, 외출해서 물품을 사면 영수증을 보여달라고 한다. 이런 조치는 취약한 성인이 재산 피해를 입지 않도록 지키려는 것일 뿐 아니라, 몰래 음식을 사서 먹지 못하게 하려는 것이다. 알렉스에게 허용되는 간식은 일주일에 막대 초콜릿 한 개, 주말에 음료 한 캔이다. 입주한 사람마다 체중과 필요한 열량을 계산해 이를 토대로 식사량을 정해준다.

이런 제한은 분명 효과적이었다. 현재 알렉스의 체중은 위험 수준에서 벗어났다. 그러나 식단 조절을 중단하면 어떤 결과가 나타날지도 뚜렷하다. 존은 딸의 체중 기록표를 보여준다. 지난 몇 년 동안 대체로 75~80킬로그램을 안정적으로 유지하고 있다. 고등학교 졸업 후 대학에 들어갔을 때, 처음 2년 동안은 식단 조절에 소홀했더니 체중이 110킬로그램으로 급증했다.

나는 직업상 희귀한 유전 장애가 있는 아이를 키우는 부모를 많이 만났다. 그들은 다른 자녀도 같은 병에 걸릴까 봐 늘 두려워하면서 산다. 그러나 프래더-윌리는 유전자에서 비롯되는 것이지만 대개 유전되지는 않는다. 이 유전 질환은 각인imprinting이라는 유전적 현상에 의존한다는 점에서 특이하다.●

● 각인을 통한 유전자 조절은 대부분 포유류와 유대류에서만 나타난다. 이 유전적 메커니즘이 진화한 이유는 불분명하지만, 일반적으로 부모 갈등 가설parental conflict hypothesis이 가장 힘을 받고 있다. 유전자의 진화 적합도 측면에서 양쪽 부모의 이해관계가 서로 달라 각인이 출현했다는 가설이다. 엄마의 관점에서는 뱃속 아기에게 충분한 영양을 제공하고, 생존에 무리가 없도록 돕는 것이 진화 원동력이다. 아빠의 입장에서는 엄마를 희생시켜서라도 아이의 생존을 위해 가능한 한 많은 자원을 몰아주는 것이 우선순위일 게 분명하다. 부계에서 발현되는 유전자는 성장을 촉진시키는 반면, 모계에서 발현되는 유전자는 억제하는 편이다. 이 때문에 각인을 유전적 부모 줄다리기parental tug-of-war라고도 한다.

대개 엄마와 아빠로부터 물려받은 유전자들은 양쪽 다 활발하게 이용되지만, 한쪽에게서 물려받은 유전자들 가운데 일부인 약 100개는 침묵한다. 이 유전자 침묵 현상을 설명하는 것이 바로 각인이다.[17]

세포 분열이 일어나려면 유전 암호가 복제되어야 한다. 그러나 사람의 유전체에는 본래 불안정한 영역도 있다. 이 영역은 복제 과정에서 오류가 발생하기 쉽다. 15번 염색체의 한 작은 영역도 그러하다. 여기의 몇 가지 유전자는 세포 분열과 복제 과정에서 누락되곤 한다. 난자나 정자 생성 시 이런 일이 일어난다면 수정된 배아에는 이 영역의 유전자가 한 쌍이 아닌 하나만 존재할 것이다. 일부 사람들은 이 결실이 있어도 아무런 영향을 받지 않는다. 그러나 이 유전 암호 영역의 유전자들에 각인이 일어날 수도 있다. 특히 난자를 통해 물려받은 유전자들은 각인으로 침묵한다. 따라서 수정 시 정자에는 이 유전자들이 누락되어 있고, 난자에서는 각인으로 침묵하고 있다면, 태아에게서는 이 유전자들이 사실상 제 기능을 하지 못하는 것이다. 프래더-윌리 증후군은 주로 이 영역의 유전적 이상으로 생기는데, 환자의 약 70퍼센트가 이에 해당한다. 부계 15번 염색체에서 이 영역 결실은 정자가 생산될 때 우연히 발생한다. 따라서 첫째에게 프래더-윌리 증후군이 있다고 해서 둘째도 이 장애에 걸릴 위험이 더 높은 것은 아니다.

프래더-윌리 증후군에서 이러한 유전적 변화가 어떻게 식욕을 극적으로 증가시키는지 구체적인 메커니즘은 아직 명확히 규명되지 않았다. 이 염색체 결실은 해당 영역의 아홉 개 유전자에 영향을 미치므로, 각 유전자의 기능이나 기능 이상이 정확히 어떤 일을 하는지 확실히 알기가 어렵다. 프래더-윌리 증후군에서는 렙틴은 물론이고 대사와 포만감에 영향을 미치는 다양한 호르몬 변화가 일어난다. 게다가 프래더-윌리 증후군 환자에게는 허기 중추가 위치한 시상하부를 비롯한 여러 뇌 영역에서도 변화가 나타난다. 프래더-윌리 증후군에서 침묵하는 유전자들은 시상하부의 정상적인 발달에 나름대로 일조하는 듯하다.• 뇌 영상 연구에 따르면, 프래더-윌리 증후군 환자에게는 음식 자극이 시상하부와 둘레계를 활성화시켜 식욕과 음식에 대한 갈망을 높이는 반면, 억제 기능을 담당하는 중앙 이마앞겉질을 비롯한 이마엽 영역의 활성을 낮춘다고 한다. 알렉스의 경우처럼 섭식 행동을 억제하는 능력이 약해지는 것이다.[18]

케이트와 존은 프래더-윌리 증후군의 유전적 토대와 그것이 유전되는 것이 아님을 알게 되자, 자녀를 더 낳기로 했다. "우리처럼 특별한 도움이 필요한 아이를 둔 부모들은 너무나 슬픈 나머지 자녀를 더 낳지 않기로 결정하거나 아예 갈라서곤 해요." 그들은 언젠가 자신들이 더는 세상에 없을 때 알렉스가 혼자 살아가야 한다는 사실을 명확히 인식했다. 아주 어릴 때에도 알렉스의 동생들은 놀라울 만큼 의지

• 체중 증가와 과도한 섭식이 임상 증상의 일종인, 보다 포괄적이면서 복잡한 몇몇 유전 질환(지능 장애, 해부 구조 이상 등)에서는 하나의 공통된 연결고리가 존재하는 경우가 많다. 아직 프래더-윌리 증후군에까지 적용되는 것으로 보이진 않지만. 그 원인인 유전자들이 사람 세포의 특정 측면과 연결되어 있다는 점이다. 핵이 있는 거의 모든 세포는 표면에서 뻗어 나온 작은 털 구조인 일차 섬모primary cilium를 지닌다. 일부 섬모는 이동하기도 하지만, 이 일차 섬모는 화학물질과 기계적 자극을 검출하고 세포 내부에서 신호를 전달하는 데 중요한 역할을 하는 듯하다. 특히 시상하부에 있는 이 섬모는 섭식 행동의 조절에 중요한 정보를 전달하는 데 핵심적인 역할을 하는 듯하다. 유전적 방법으로 시상하부에 있는 일차 섬모를 파괴하는 것만으로도 비만을 일으킬 수 있다. PWS에서 돌연변이는 시상하부에 있는 일차 섬모의 기능뿐 아니라 온몸에 영향을 미침으로써, 다양한 해부학적 및 지적 증상을 일으킨다.

할 만한 가족이자 알렉스의 친구였다. 또한 알렉스에게 기고 걷는 법을 배우도록 동기 부여하는 존재이기도 했다. 그러다가 10대가 되자 자매들은 알렉스의 행동에 당혹감을 드러냈고, 먹을 것을 알렉스가 다 먹어치우는 바람에 좌절감도 느꼈다. 케이트는 말했다. "알렉스가 없을 때에는 다른 아이들에게 온 정성을 쏟았어요. 동생들이 학교 행사 때 나서서 특별한 도움이 필요한 언니가 있다고 발표하고 케이크를 팔아서 자선기금을 모금하는 모습에 뿌듯함을 느끼기도 했지요." 이제 20대가 된 자매들은 여전히 든든한 버팀목이다. 존과 케이트는 말한다. "동생들이 일찍 철들었죠. 덕분에 인성도 좋고 또래에 비해 정서적 공감력도 훨씬 높고 관대해요. 언니의 폭발 전조 증상을 금세 알아차리고 신경을 분산시키거나 긴장을 풀어주고 감정적 부담을 나누어지기도 하고요."

이 시대 진정한 유행병

우리 대다수의 과식과 체중 증가는 돌연변이 유전자 하나로, 심지어 알렉스 사례처럼 몇 개의 유전자로 설명되지 않는다. 흔한 유전자 변이체는 비만의 40~70퍼센트를 설명하지만, 나머지 30~60퍼센트에는 해당되지 않는다. 같은 쌍둥이도 체중이 서로 다를 수 있으며, 떨어져서 자란다면 더욱 그렇다.[19] 인간의 유전자에 큰 변화가 없었음에도 겨우 몇 세대만에 비만율이 대폭 증가했다는 것은 유전자만이 아니라 환경도 중요하다는 점을 명확히 보여준다.

이 환경 요인들 중 일부는 좀 놀라울 수도 있다. 2007년 하버드 연구자들은 1971~2003년간 1만 2,000명을 추적 관찰한 연구 결과를 발표했다. 32년 동안 체중 증가와 비만 양상을 추적했고, 체중 변화를 이들 사이의 인간관계와 연관 지어 분석했다.[20] 결과는 놀라웠다. 비만은 사회적 연결망을 통해 퍼지며, 전파 양상은 어떠한 식으로 사회적 결속이 이루어졌는지에 따라 달라진다고 했다. 지리적 근접성, 즉 이웃은 큰 영향을 미치지 않았으나 친구나 형제자매가 비만일 경우에는 비만일 확률이 월등히 높았다. 무엇보다 배우자의 비만보다 친구의 비만에 훨씬 영향을 많이 받았고, 친구가 동성일 때 더 많은 영향을 받았다. 이는 반드시 같은 물리적 환경을 공유할 필요가 없음을 시사한다. 대신에 자신과 닮았다고 느끼는 이들에게 영향을 많이 받는다는 것을 시사한다.

또 연구자들은 이러한 비만의 전파 양상을 비만인들이 서로 결속하려는 경향이 있다거나 알 수 없는 어떤 요인에 함께 노출되어 다 같이 비만이 되었다고 볼 수는 없다고 결론지었다. 내가 비만이라고 해서 비만인 친구를 찾아다니게 되는 것은 아니다. 다만 가까운 친구가 비만이라면 훗날 자신도 비만이 될 위험이 증가한다.

연구진은 본질적으로 사회적·심리적 요인으로 비만이 감염된다고 추정했다. 이 결과는 비만 전파의 가장 중요한 요인 중 하나가, 가까운 사람이 살찌는 모습을 지켜보는 것임을 시사한다. 길에서 마주치는 불특정 비만인보다 내가 동일시하는 사람의 변화가 훨씬 더 큰 영향을 끼치는 것으로 보인다. 연구진은 비만의 전파가 섭식 행동에 직접 영향을 미쳐서가 아니라, 자신이 비슷하다고 여기는 사람들이 무엇을 정상이라고 지각하는지와 더 관련이 깊을 수 있다고 주장했다.

비만이 감염병처럼 행동한다니 좀 낯설다. 대다수 사람들의 상식과 들어맞지 않는다. 대개는 체중이 내 몸에 에너지가 들고 난 결과이고, 개인의 식욕과 식사, 신체 활동에 좌우된다고 본다. 그러다 보니 비만을 '탐식의 죄악'이라고 보고, 비만이라면 수치심을 느껴야 하며, 도덕적으로 잘못되었다고 여기게 된다. 반면에 앞선 관점은 이러한 개념이 지나치게 단순하며 실제로는 이보다 훨씬 복잡한 요소들이 엮여 있음을 명확히 보여준다. 연구진의 가정이 옳다면 비만은 비만의 수용성이 전파에 관여하는 요소임을 보여줄 수 있을 것이다. 도덕적으로든 다른 방식으로든 간에 암묵적으로 비만을 수용할 수 없게 만든다면, 감염 가능성이 줄어들 것이다.

그러나 비만을 마치 감염병처럼 행동하게 만드는 것이 단순히 사회적·심리적 요인에만 국한되지 않을 수도 있다. 비만은 실제로 감염병의 일부일 수도 있다. 가장 진정한 의미에서의 유행병일 수 있다.[21]

섭식에 이상이 없는 동물에게서도 비만을 유발하는 바이러스가 다수 발견되었다. 특히 SMAM-1이라는 조류 아데노바이러스는 감염된 닭의 식욕을 증가시키지 않으면서도 체지방을 축적시키는 원인이었다. 뭄바이 연구진은 비만인들을 대상으로 이 바이러스의 항체가 있는지 조사했는데, 양성 즉 이 바이러스에 감염된 적이 있는 이는 음성인 이들보다 체중도 더 많이 나가고 체지방 지수도 보다 높았다.[22]

미국에서는 수련의 502명을 대상으로 사람 아데노바이러스인 Ad-36 항체를 조사했다.[23] 나이나 성별과 무관하게 바이러스에 감염된 적이 있다는 표시인 항체를 확인했다. 항체의 존재 여부는 비만 정도에 따라 상당한 차이를 보였다. 비만인 가운데 30퍼센트가 Ad-36 항체를 지녔지만, 비만이 아닌 사람들 중에서는 11퍼센트만 해당 항체를 지니고 있었다. 쌍둥이 중 한쪽은 양성이고 다른 쪽은 음성일 때, 양성인 쪽이 음성인 쪽보다 더 무겁고 살졌다.

어떻게 이 바이러스가 체중을 증가시키는 것일까? 동물의 비만을 유발하는 바이러스 중 상당수는 중추 신경계로 침투하지만, 비만을 유발하는 과정은 지금까지 명확하게 설명되지 않았다. Ad-36은 지방 세포 자체에 직접 침투하는 듯하며, 지방 세포를 급속히 발달시키고 트라이글리세라이드(체지방의 주성분이다)를 축적하게끔 자극하는 것으로 보인다. 게다가 시험관이나 배양 접시에서 진행된 연구들은 Ad-36과 일부 아데노바이러스가 지방 세포에서 생산되는 렙틴의 양을 심할 경우에는 5분의 1까지 감소시킬 수 있음을 보여주었다.[24] 따라서 이 바이러스는 지방 세포의 발달과 성장도 촉진하고, 또 렙틴 생산도 억제해 식욕을 증가시키는 이중효과를 내는 것일 수도 있다.

미생물과 항생제를 둘러싼 오해와 환상

지방 세포에 침투한 바이러스가 체중에 영향을 미칠 수도 있다니 놀랍다. 그런데 최근 미생물이 이보다 더 믿기 어려운 방식으로 비만을 유발하기도 한다는 연구 결과들이 나오고 있다.

내 수련의 생활의 첫 근무지는 런던 북서부에 위치한, 바삐 돌아가는 병원의 일반외과 병동이었다. 병원은 죄악처럼 추한 괴물을 닮은 콘크리트 건물이었는데, 인상적인 몇 가지 특징이 있었다. 첫 번째는 순환식 엘리베이터가 있었다는 것이다. 승강기 여러 대가 줄줄이 이어져 있고 위아래로 쳇바퀴처럼 계속 도는 방식인데, 천천히 움직이나 멈추지 않기에 빠르고 효율적으로 층을 오르내릴 수 있는 장점이 있다. 다만 휠체어를 탄 환자가 엘리베이터 사이 통로에 떨어지는 바람에 기계에 짓눌려 죽었다는 소문도 돌았다. 두 번째 특징은 구내에 다른 병원이 존재했다는 것이다. 치루 등 항문·직장 질환 전문인 성마크병원이었다. 1835년에 설립된 그 병원의 원래 이름은 '치루 등 직장 질환을 앓는 극빈자 자선 진료소'였다. 본 병원 의료진 다수에게는 수수께끼 같은 곳이었다.

'성마크병원의 창자 깊숙한 곳에서는 온갖 기이한 진료가 이루어지고 있다'는 소문이 돌았다. 오트밀 관장을 한다고도 했고, 변기에 카메라를 설치해서 환자가 배설하는 모습을 동영상으로 촬영한다고도 했다. 가장 속이 거북해지게 하는 소문은 '대변 이식'이었다. 건강한 사람의 대변을 믹서기로 갈아 액상으로 만든 뒤, 이 대변 셰이크를 관장이나 코위관을 활용해 다양한 대장 질환을 앓는 환자들의 창자에 주입한다는 것이었다. 다 실제 있었던 진료인지, 아니면 그저 병원에서 떠도는 도시 괴담이었는지 진실은 알 수 없지만, 역사적으로 대변 이식이 실존했다는 점에는 논란의 여지가 없으며, 기원도 오래되었다.

항생제의 출현과 제2차 세계대전 이후에 이런 약물이 널리 퍼지면서 학계와 의료계에서 병균 없는 삶의 가능성을 내다보았고, 항생제가 본질적으로 감염병을 종식시켰을 때 인류의 삶이 어떻게 달라질지 활발하게 논의가 이루어졌다.[25] 오늘날 항생제 내성이 심각한 문제를 야기하고 있다는 점을 떠올리면 순진한 생각이었다. 저명한 과학자, 의사, 노벨상 수상자 사이에서 감염과 병균에 대한 공포에서 우리를 해방시킬 것이라거나, 사실상 면역계를 약화시켜 치명적인 결과로 이어질 수 있다는 전망을 놓고 열띤 논쟁이 벌어지기도 했다. 이런 지적 환경 아래에서 연구자들이 멸균 상태가 생물에 미치는 영향을 살펴보는 것도 당연했으며, 1940년대부터 과학자들은 몸에 미생물이 전혀 없는 동물을 만들어내기 시작했다.

1960년대 중반, 미생물이 없는 쥐와 닭을 연구하던 이들은 장내 미생물이 지방 흡수를 방해한다는 것을 발견했다. 장내 미생물, 즉 마이크로바이옴microbiome(엄밀하게 말하면 창자에 사는 미생물은 장내 미생물군gut microbiota이라고 불러야 한다)이 체중 조절과 관련 있다는 사실을 시사하는 최초의 증거 가운데 하나였다. 사실 동물과 인간을 대상으로 한 후속 연구들은 대변 속 세균 구성 비율과 비만의 상관관계를 보여준다.[●26]

나는 대변과 우리 안의 생명체에 관한 연구를 처음 들었을 때 몹시 회의적이었다. 그 이후 장내 미생물군이 건강에 영향을 미친다는 연구 결과들이 잇따라 발표되면서, 장내 미생물 조성이 식습관과 생활방식, 유전자 요인 등 다양한 요소에 크게 좌우될 가능성이 높다는 사실이 분명해졌다. 나는 식사가 건강과 연관되어 있으며, 장내 미생물군이 그저 식사의 산물일 가능성도 생각했다. 프리바이오틱스, 프로바이오틱스 등에 관한 온갖 주장들이 그저 열정 넘치는 마케팅 부서들이

● 특히 비만인과 마른 사람은 의간균Bacteroidetes과 후벽균Firmicutes의 비율이 상당히 달랐다.

쏟아낸 과장 광고가 아닌지 의심하기도 했다.

내 추측은 어느 정도 옳았다. 지금 우리는 장내 미생물군이 창자에서 생성된 다양한 화학물질과 출생 방식 등 여러 요인에 영향을 많이 받는다는 것을 안다.[27] 아기가 자연 분만으로 태어났는지, 제왕 절개로 태어났는지에 따라 장내 미생물군은 전혀 다르게 구성될 것이다. 식단도 근본적인 역할을 한다. 모유와 분유 중 무엇을 먹었는지, 프리바이오틱스와 식이 섬유를 섭취했는지, 복합 탄수화물과 단순 탄수화물 중에 무엇을 더 많이 섭취했는지, 주로 섭취한 지방의 종류, 항생제 사용 유무 등은 모두 소화관 내 세균 조성에 영향을 미친다.

한편으로 내 생각이 틀린 부분도 있다. 돌이켜보면 몸속에 사는 약 10~100조 마리의 생물(몸속 세포가 약 30조 개다)이 생리에 직접 영향을 미친다는 말에 놀랄 이유가 없었다. 사실 세균을 알지도 못하던 수백 년 전부터 장내 세균 조성을 바꾸어 특정 질병을 치료하기도 했다. 앞서 언급한 대변 이식이 기록된 가장 오래된 문헌은 4세기에 나온 것인데, 의사가 심한 식중독이나 설사 환자를 치료할 때 '노란 수프'라는 대변 섞은 물을 입으로 먹였다.[28] 현대 의학에서도 대변을 이식한 기록이 있다. 클로스트리듐 디피실*Clostridium difficile*이라는 매우 해로운 균이 유발하는 대장 염증 치료뿐 아니라, 궤양성 대장염 같은 자가면역 장질환에도 사용되며, 다발성 경화증부터 혈액 질환에 이르기까지 다양한 질환에도 실험적으로 적용되었다.[29] 지금은 '노란 수프' 대신 덜 혐오스러운 방법을 쓴다. 바로 대장 내시경, 관장, 코위관(일명 콧줄), 캡슐 등이다.

장내 미생물군이 장내 감염이나 염증에 영향을 미친다는 설명은 직관적으로 와닿는다. 우리는 병원성 세균으로부터 몸을 보호하는 좋은 세균이 우리 피부에 있다는 것을 오래전부터 알고 있었다. 심지어 수천 년 동안 이 원리를 식품에 적용해왔다. 해로운 미생물을 몰아내기 위해 '유익한 세균'으로 발효시킨 식품이 많다. 그러나 장내 세균이 체중과 몸에 어떻게 영향을 미치는 것인지는 아직 수수께끼다. 내가 처음에 가정했던 것처럼, 단순히 식단이 체중과 장내 미생물에 영향을 미치는 것 같지는 않다.

장내 미생물 조성을 의도적으로 바꾸면 음식물 처리 방식과 에너지 조절 메커니즘에 근본적인 변화가 생긴다는 사실이 점점 명확해지고 있다. 2004년 무균 환경에서 자란, 장내 세균이 없는 생쥐가 일반 생쥐보다 체중 증가도 적고 체지방 비율도 낮다는 선구적인 연구 결과가 발표되었다.[30] 나아가 장내 세균이 없는 생쥐에게 미생물을 집어넣자, 지방 저장량이 늘었을 뿐 아니라 포도당, 인슐린, 렙틴 수치도 모두 올라갔다. 생쥐를 대상으로 한 또 다른 연구에서는 새끼 때 체내에 항생제가 저농도로 있으면 체중도 더 늘고 체지방량도 증가하게 된다고 발표했다. 출생 과정에서 항생제를 투여했다면 그 성향은 더욱더 뚜렷해졌다. 항생제를 투여한 생쥐의 장내 미생물을 무균 생쥐에게 이식한다면, 비슷하게 체중이 불어난다. 이는 장내 미생물군이 비만과 연과관계가 아닌 인과관계가 있음을 강하게 시사한다.[31]

장내 세균이 에너지 대사에 어떻게 직접적으로 관여하는지 아직 명확하지 않다. 그러나 장이 흡수할 수 있는 열량을 변화시키는 직접적인 작용과, 미생물이 생산하는 화합물이나 화학물질이 인간의 대사 경로에 영향을 미치는 간접적인 작용이 모두 존재한다는 점은 분명하다.●[32] 일부 세균이 분비하는 화학물질은 대장에서 PYY와 GLP-1 같은 호르몬의 분비를 자극하는 직접적인 효과도 있다. 이 호르몬들은 식욕을 억제한다(위고비·오젬픽 등 최근 유행하는 비만 치료제들은 뇌를 포함한 여러 부위에서 GLP-1이 끼치는 효과를 모방한 GLP-1 유사물질이다).●● 설치류에 이런 세균을 투여하면 체중이 감소한다. 그러나 사람을 대상으로 한 연구 자료는 훨씬 제한적이다.

장내 미생물이 그토록 식욕 조절에 중요하다면, 마른 사람의 대변을 비만인에게 이식해 비만을 치료할 수도 있지 않을까? 안타깝게도 지금까지 인간을 대상으로 한 연구 결과들은 혼란스럽다. 몸의 인슐린 반응을 개선한다는 결과도 있는 반면, 체지방 지수 감소를 일관성 있게 보여주지 못한 연구도 있다. 실험실 내 생쥐와 달리 사람은 이식 후 식습관을 통제하기가 어렵기 때문이다. 또한 이식 반응은 시술 전 수용자와 기증자의 미생물 및 유전적 구성에 따라 달라질 가능성도 존재한다.[33] 안타깝게도 우리에게는 장내 미생물군을 재구성해 건강한 체중을 유지시키는 마법의 알약이 없다.

● 간접 작용 중 하나는 짧은 사슬 지방산short-chain fatty acid, SCFA이라는 화학물군을 조절하는 방식으로 이루어진다. 특정 장내 세균은 탄수화물을 발효해 짧은 사슬 지방산을 생산하며, 이 화합물들은 다양한 효과를 일으킨다. 장내 산도를 조절하고 점액 생성과 같은 국소적 효과를 일으키기도 하며, 온몸에 영향을 미치기도 한다. 예를 들어, 장을 통해 흡수되어 간의 포도당과 지방 생성을 줄인다.

●● 내생카나비노이드endocannabinoid라는 대마 화합물과 화학적으로 유사한 체내 생성 물질들은 다른 계통들에 영향을 미쳐서 식사량 조절과 에너지 소비 조절 등에서 간접적인 작용을 한다.

산모의 비만 유전자도 유전될까

이쯤 되면 유전자, 태어날 때 얻은 미생물, 주변인 등 태어날 때부터 존재한 많은 요인이 식욕과 체중에 영향을 미친다는 점을 분명히 이해했을 것이다. 이에 더해, 태어나기 전부터 우리 몸의 생물학적 핵심을 심오하게 변화시켜 궁극적으로 성인 이후 체중을 결정하는 환경 요인들도 있다.

1980년대에 의학자들은 신기한 발견을 했다. 잘사는 나라일수록 심혈관 질환자 비율이 높았다. 심장병이 부자 병이라는 의미는 아니었다. 오히려 정반대였다. 부유한 나라에 사는 가장 가난한 이들이 그 병에 걸리는 비율이 가장 높았다. 이 관찰을 토대로 바커 가설Barker hypothesis이 나왔다. 태아 시절에 불리한 환경에 노출되고, 성인기에 많은 음식에 노출되는 것이 훗날 특정 질병에 걸릴 가능성을 높이는 강력한 조합이 될 수 있다는 것이다. 자궁 내 환경이 수십 년 뒤 건강에까지 영향을 미칠 수 있다는 이 견해를 뒷받침하는 증거는 인간 본성을 살펴본 한 실험에서 나왔다.[34]

1944년 여름, 연합군은 서유럽 전역으로 빠르게 진격하면서 나치로부터 프랑스·룩셈부르크·벨기에의 상당 부분을 탈환했다. 9월 14일에는 연합군이 네덜란드로 진입했다. 이때 네덜란드인들은 주변 국가들이 빠르게 해방된 모습을 보고 자신들도 며칠 내에 점령에서 벗어날 것으로 예상했다. 네덜란드 망명 정부는 연합군을 지원하기 위해 국민들에게 전국 철도 파업을 요청했는데, 이는 뜻하지 않게 네덜란드 국민에게 큰 고통을 안겨주었다.

빠르게 진격하던 연합군은 안타깝게도 라인강 지점인 아른헴에서 다리를 탈환하는 데 실패했고, 더는 북쪽으로 올라갈 수 없었다. 독일군은 파업에 대한 보복 조치로 네덜란드로 향하는 모든 식품 운송을 금지했고, 그 결과 네덜란드는 극심한 식량 부족에 시달렸다. 11월 초 식품 운송 금지 조치가 해제되었지만, 혹독한 추위로 대부분의 운하가 얼어붙어서 동부의 농촌에서 서부의 도시로 식품을 운송하기가 불가능해졌다. 암스테르담을 비롯한 서부 지역은 기아에 내몰렸다. 공식적인 하루 식량 배급량은 1943년 1,800킬로칼로리에서 1944년 11월 1,000킬로칼로리 미만으로 줄었다. 1944년 12월부터 이듬에 4월까지는 400~800킬로칼로리로 최저 수준에 다다랐다.

배급량은 극도로 적었고, 이는 계층이나 빈부, 임신 여부에 상관없이 전 국민에게 영향을 미쳤다. 첫돌도 지나지 않은 아기들은 비교적 영향을 덜 받았고 임신부와 수유하는 여성은 식량을 추가 배급받았지만, 기근이 정점에 달한 시기에는 그마저도 중단되었다. 이른바 네덜란드 겨울 대기근dutch hunger winter이었다. 대기근 이후 네덜란드는 급속한 경제 성장을 경험했고, 식량도 풍족해졌다. 1945년 6월에는 하루 배급량이 2,000킬로칼로리를 넘었다.

그런데 대기근 이후 출생아들을 장기적으로 추적 관찰한 결과 놀라운 사실이 드러났다. 임신 중반 이후에 굶주린 산모의 아기는 출생 직후부터 성인이 될 때까지 지속적으로 저체중을 유지했다. 대기근 전후에 태어난 아기들보다 성인 비만율은 더 낮았다. 임신 초기에 대기근을 경험한 산모의 아기들은 출생 당시 체중은 정상이었지만, 임신 전후에 대기근을 경험하지 않은 산모의 아기들이나 임신 중후반에 대기근을 겪은 산모의 아기들보다 성인이 되었을 때 비만율과 심혈관 질환 발생률이 더 높았다.[35] 이런 발견은 주요 발달 시기에 친모의 자궁 환경이 인간의 건강과 생리에 영구적인 변화를 가져올 수 있음을 의미했다. 태아 발달 초기에 영양이 부족하면 출생 후 영양이 부족한 환경에서 생존할 가능성을 최대화하도록 세포와 대사 수준에서 주요 기관에 변화가 나타날 수도 있다. 우리 몸의 이러한 적응 형질은 식량이 풍족한 시기에는 오히려 건강에 악영향을 끼치기도 한다.

이 네덜란드 동일 집단을 기반으로 한 초기 연구들은 임신부의 영양 부족에 초점을 맞추었지만, 영양 과잉 역시 상당한 영향을 미칠 수 있다는 점도 점차 분명해졌다. 오래전부터 임신부의 비만은 임신 나이에 비해 더 큰 신생아를 출산한다고 알려져 있었다. 최근에는 엄마의 비만이 자식의 비만 발달에 영향을 끼친다는 증거가 점점 늘고 있다. 엄마의 임신 전 체지방 지수가 높을수록 아이의 아동기 비만 수준도 높아진다. 임신기에 임신부의 체중이 많이 늘수록 아기의 아동기 비만 가능성도 높아진다.[36] 이는 청소년기와 성인기까지 이어진다. 네덜란드 대기근 연구에서와 마찬가지로, 임신했을 당시 어느 시점에 임신부의 체중이 변화했는지에 따라 미치는 효과가 달라진다. 임신 후기보다는 초기에 임신부의 체중이 증가했을 때 태아의 성년기 비만 확률이 높아지는 것으로 보인다.[37]

물론 이런 연구에는 혼동을 일으킬 만한 다른 요인들이 많이 존재한다. 유전자가 비만에 어떤 역할을 하는지 우리가 알고 있는 내용에 비추어볼 때, 아이는 엄마로부터 비만과 관련된 유전자를 물려받을 수도 있다. 또 가정 내 식사 습관과 일상 행동 패턴으로 엄마와 아이 모두에게 비만 성향이 생길 수도 있다. 그러나 동물 연구는 단지 비만 유전자나 가정의 식습관만으로 비만을 설명할 수 없다는 점을 보여준다. 해당 실험들은 임신부의 영양 상태가 자궁 속 태아에게 영향을 끼치며, 그 결과가 아이의 일생에 걸쳐 영향을 준다는 사실을 보여준다. 설치류를 과식하게 만들어서 어미가 비만 상태가 되면, 새끼에게서 혈압 상승, 섭식 행동 변화 등 비만과 관련한 여러 변화가 나타난다.[38] 영장류 연구에서도 비슷한 결과가 나왔다. 그러나 모든 환경을 통제할 수 있는 실험실에서 수행한 동물 연구만으로는 유전자와 신체 활동, 식습관이 비만에 끼치는 영향을 충분히 설명할 수 없다.

임신 당시 임신부의 비만이나 기아가 어떻게 아동의 비만을 유발하는 것일까? 분노를 다룰 때 이미 말했듯이, 아동기 경험이 인격 장애를 유발할 수 있는 한 가지 방법은 후성유전학을 통해서다. 환경이 유전암호를 조절함으로써다.

이런 동물 연구는 비만인 어미에게서 태어난 새끼들의 시상하부에서 식욕 조절과, 에너지 균형과 관련된 유전자가 변화되는 등 후성유전적 변화가 나타난다는 점을 보여준다. 인위적으로 설치류 어미를 비만으로 만들면 새끼 시상하부의 렙틴 반응과 장기적인 식욕 조절에 영구적인 변화가 일어나는 듯하다.[39] 후성유전적 변화는 렙틴 수용체 유전자와 포만감을 조절하는 다른 유전자들의 활성에도 영향을 미치는 것으로 보인다.[40] 요약하자면, 다른 유전적 요인이나 식습관을 통제한 실험실 내 조건에서는 어미의 과식이 후성유전적 메커니즘을 통해 새끼의 식욕과 체중에 분명한 영향을 미치는 것으로 보인다.

엄마의 비만은 후성유전과 렙틴 체계에 영향을 미치는 차원을 넘어서, 시상하부가 식욕을 조절하는 다른 경로들에도 영향을 미칠 수 있다. 염증을 유발하고 세포 수·구성 등을 변화시키며, 심지어 뇌 영역에서 에너지를 생산하는 미토콘드리아의 기능 이상까지 촉발하는 등 다른 발생학적 변화를 유발해 새끼를 프로그래밍할지도 모른다.[41] 따라서 성장 발달 환경, 특히 산모의 임신 초기 태내 환경은 자녀의 식욕 조절 관련 뇌 기구가 평생 어떻게 발달하고 기능하는지에 밀접한 영향을 미치는 것으로 보인다.

이런 후성유전적 변화가 유전되어 자녀나 손주, 후손들의 식욕에도 영향을 미칠까? 이론상으로 후성유전적 변화는 DNA 서열에 직접 영향을 미치지 않으므로 유전되지 않는다. 그러나 현실적으로는 일부 후성유전적 변화가 자식에게 전달될 가능성이 있다. 일부 과학자는 후성유전적 변화가 오늘날 비만 유행에 기여할 수 있다고 본다. 후성유전을 통해 비만이 된 엄마가 비만이 될 자녀를 낳고, 그 아이도 자라서 비만이 될 자녀를 낳는다는 것이다. 식물과 균류에서는 세대간 후성유전적 유전이 분명히 일어나지만, 사람에게도 일어나는지 여부는 아직 논란의 여지가 있다.[42]

도파민과 보상욕구

화장실에서 구조된 제임스의 사례에서 보듯이, 식욕이 포만 조절 장치(유전자든 해부학적 구조든 후성유전을 통해 형성된 메커니즘이든)만으로 결정된다고 단정할 수는 없다. 일부 요인은 제임스에게도 적용되었을 수 있지만, 정신건강상 음식과 건강한 관계를 형성하지 못한 사람, 슬플 때 먹는 것에서 위안을 찾는 사람이라는 인상이 강하다.

누구나 배부르다고 중얼거리면서도 초콜릿이나 케이크 조각을 더 집어 먹어본 경험이 있을 것이다. 시상하부에 있는 회로와 그 핵심에 놓인 렙틴이 식욕과 에너지를 조절해 체중을 안정적으로 유지하지만, 우리는 단지 포만감이 아닌 다른 이유로 더 먹기도 한다. 모든 미식가가 단언하겠지만, 음식은 단순히 에너지 연료가 아니다. 쾌락과 보상, 동기를 위한 수단이기도 하다.

진화적 관점에서 볼 때 당과 지방이 풍부한 음식은 강력한 보상 효과를 일으킨다. 가능할 때 열량이 풍부한 음식을 먹게 해 굶주림에 대비해서 에너지를 저장하도록 돕는다. 학습의 촉매 역할도 한다. 예를 들어, 벌집 같은 특정 자극을 달콤한 꿀이라는 보상과 빠르게 연관지을 수 있다면 생존에 도움이 된다. 아니, '되었다'고 말할 수 있을 것이다. 이 진화적 이점이 오늘날에는 단점으로 작용하고 있기 때문이다.

지방 저장량을 추적 관찰하는 시상하부뿐 아니라 쾌락과 보상의 신경 회로도 섭식에 관여한다.[43] 시상하부의 변화가 과식과 비만으로 이어질 수 있듯이, 이 보상 체계의 변화도 마찬가지다.

요즘 '도파민 히트dopamine hit'라는 말이 흔히 쓰인다. 초콜릿을 막 깨물었을 때 밀려드는 만족감, 밤에 칵테일을 한 모금 처음 들이켰을 때 느끼는 알딸딸함은 도파민 히트의 산물이다. 도파민은 주로 생존에 필요한 행동을 학습하고 기억을 조율하는 신경전달물질이다. 쾌락은 생존에 필요한 삶의 측면들(음식이나 섹스 등)을 위한 보상이며, 도파민은 이를 추구하도록 동기를 부여하는 매개자다.

도파민을 분비하는 일부 신경 회로는 모두 중간뇌에서 시작된다.

중간뇌는 뇌줄기의 꼭대기에 위치하고, 시상하부와 인접해 있다. 이 영역은 쾌락뿐 아니라 다양한 기능을 매개하는 회로들도 포함한다.●44

그중에서 보상과 가장 관련 깊은 경로가 하나 있다. 중간둘레 경로mesolimbic pathway는 뇌 중앙에 있는 영역(배쪽뒤판 영역ventral tegmental area)에서 기원하며, 아주 폭넓게 뻗어나간다(그림 5). 여기에서 나온 뉴런은 감정의 생성 및 처리에 깊이 관여하는 둘레계의 여러 영역으로 뻗어간다. 또 관자엽 안쪽 깊숙이 위치한, 학습하고 기억하는 데 관여하는 시상하부로도 뻗어간다. 가장 중요한 점은 이마앞겉질이 시상하부 위쪽에 위치한 작은 뇌 조직 덩어리인 측좌핵nucleus accumbens과도 연결되어 있다는 것이다. 이곳은 흥분·만족·쾌락 등 보상적 자극 추구를 중개한다. 이 체계는 쾌락을 추구하도록 학습하는 곳이며, 진화 관점에서 보면 우리가 살아남아 후대에 유전자를 물려줄 수 있게 돕는다. 측좌핵은 뇌의 보상 중추다.

어떤 사건이나 활동, 대상 등 쾌락이나 행복을 주는 모든 자극은 강화 작용을 통해 해당 경험을 또다시 추구하도록 학습시킨다. 자극에 따르는 긍정적인 감정은 같은 경험을 다시 하고 싶게끔 만드는 주요 원동력이며, 때로는 값비싼 대가를 치르면서도 반복하게 만든다. 도파

● 파킨슨병을 연구한 덕분에 우리는 흑색질substantia nigra에서 뇌의 더 높은 곳에 있는 바닥핵으로 향하는 도파민이 운동 기능과 학습 기술을 조절하는 데 중요하다는 것을 안다. 흑색질에서 이마엽에서 얼굴과 가장 가까운 표면에 해당하면서 의사 결정과 계획에 중요한 역할을 하는 이마앞 겉질로 향하는 경로도 있다. 이런 회로에서 도파민이 줄어들면 조현병 경우처럼 외부 자극에 대한 반응이 약해지거나 주의력 결핍 과다 활동 장애에서처럼 주의를 집중하는 데 어려움을 겪을 수 있다.

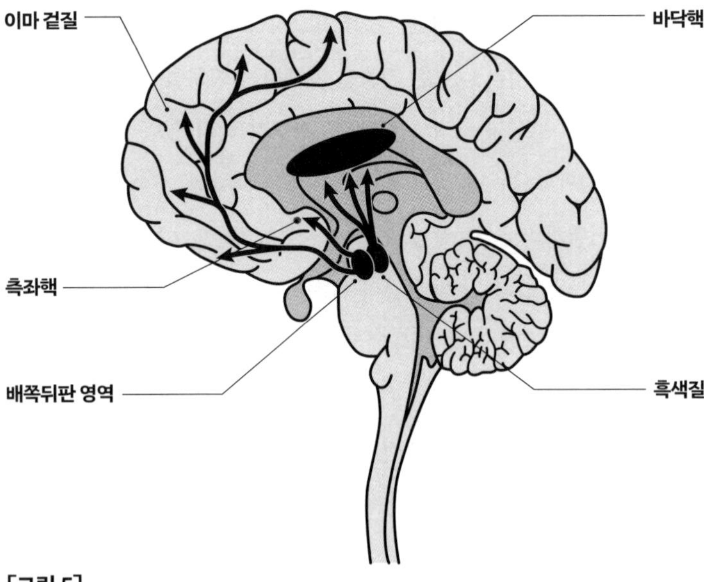

[그림 5]

화학적 전달물질인 도파민에 주로 의존하는 뇌 회로들. 한 회로는 흑색질에서 기원해서 바닥핵으로 뻗어간다. 흑색질에서 도파민을 생성하는 신경 세포가 사라지면 파킨슨병이 생기며, 움직임도 비정상적으로 변한다. 중간둘레 경로는 배쪽뒤판 영역에서 나와 '쾌락 중추'인 측좌핵으로 뻗는다. 이 회로는 보상과 쾌락에 핵심적인 역할을 하며, 중독과 섭식 조절, 섹스를 비롯한 여러 생존 행동에 관여한다.

민 농도가 증가하면 긍정적인 보상과 관련된 쾌락이 강화된다. 반대로 감소하면 쾌락도 감소하고, 무쾌감증이 생긴다.[45] 쾌락이 예상되는 환경 단서에 노출되면 도파민을 생산하는 뉴런 활성이 급증할 것이다. 반대로 처벌이 예상되는 지표는 뉴런의 활성을 억제한다.[46]

맛있는 음식을 먹으면 이 회로 내에서 도파민이 분비된다.● 그 음식을 먹어서 얻는 쾌락에 직접 비례한다.[47] 그러나 쾌락만 도파민 분비에 관여하는 것은 아니다. 특정 음식을 처음 접할 때 도파민 생산 뉴런은 왈칵 발화한다. 해당 음식에 반복 노출되면 도파민 증가 수준은 점점 낮아지며, 서서히 음식 자체가 아니라 해당 음식과 관련된 자극이 도파민을 급증시키는 쪽으로 변화한다.[48] 처음으로 초콜릿을 맛보는 아기가 등장하는 인기 있는 숏츠 영상이 있다. 도파민이 측좌핵에 차오르면서 순수한 기쁨이 담긴 웃음이 얼굴 전체로 번진다. 아기는 초콜릿에 반복적으로 노출되면 초콜릿 포장지, 포장지를 벗기는 행동, 초콜릿이 입에 들어온다는 예상이 도파민 분출과 연관이 있음을 학습한다. 시간이 지나면 보상 자체보다는 보상이 곧 이루어지리라는 예측만으로 도파민 분출과 이어진다. 이 쾌락 체계의 목적이 행동을 추진하는 것, 생존에 유용한 행동을 안내하는 것임을 고려하면, 해당 체계가 둘레계와 이마앞겉질처럼 뇌의 감정과 이성을 담당하는 뇌 영역과 긴밀하게 연결되어 있는 것도 자연스러운 일이다.

● 이 연결망에 속하면서 측좌핵과 긴밀하게 연결된 등쪽 줄무늬체dorsal striatum.

그렇다고 해서 단순히 도파민이 음식 선호를 추진한다는 것은 아니다. 보상을 예상할 때의 신호 전달은 보상 자체와 다르다. 이는 '좋아함'과 '원함'의 차이이다. 매우 이상하게 들릴 텐데, 대개는 좋아하는 것을 원하고, 원하는 것을 좋아하기 때문이다. 물론 그렇지 않은 상황도 존재한다. 마약에 오래 중독되면 마약을 강하게 원하면서도 막상 투여하면 쾌락을 얻지 못할 수도 있다. 많은 마약 중독자들이 마약을 '좋아한다'가 아니라 '원한다'고 묘사한다. 마약을 즐기는 것이 아니다. 그저 필요로 하며 어떤 대가를 치르고서라도 얻고자 하는 것이다.

다이어트만 하면 초콜릿이 먹고 싶은 이유

음식의 보상과 쾌락에 관여하는 뇌 화학물질이 도파민만 있는 것은 아니다. 특히 '원함'이 아닌 '좋아함'을 따질 때에는 다른 신경전달물질들도 중요한 역할을 한다.● 예를 들어, 편도체에서 분비되는 내생 아편 유사물질(뇌에서 저절로 생기는 화학물질로, 헤로인·모르핀·펜타닐 등이 이 물질을 모방한 것이다)은 음식의 감정적 측면을 전달하는 역할을 한다. 신기하게도 당은 사람뿐 아니라 다른 동물들에게도 진통 효과를 일으킨다. 이는 당이 보상 회로뿐 아니라 통증을 조절하는 뇌 영역에서도 내생 아편 유사물질의 분비를 직접 유도할 수 있음을 시사한다.[49]

● 아편 유사물질, 카나비노이드, GABA 같은 신경전달물질뿐 아니라 창자에서 분비되는 호르몬도 포함된다.

이를 토대로 본다면 다이어트가 그토록 어려운 이유가 어느 정도 설명된다. 다이어트는 가벼운 금단 증후군을 유발할 수도 있다. 뇌가 초콜릿을 먹을 때 모르핀 유사물질이 급격히 분비되는 상황에 익숙해지면, 다이어트로 초콜릿을 끊었을 때 금단 증상이 일어날 수 있다. 당 금단 증후군은 헤로인 금단 증후군과 비슷한 점이 있다.

날록손은 아편 유사물질의 해독제로, 전 세계 구급대원과 응급실에서 헤로인이나 펜타닐 과다 투여시 약물 작용을 차단하는 데 사용한다. 당이 풍부한 먹이를 섭취한 쥐에게 날록손을 투여하면 일반적인 쥐에게 투여할 때에는 볼 수 없던 금단 증후군이 나타난다.[50] 이는 당과 아마도 열량 높은 식품들이 일종의 중독을 유발할 수도 있다는 의미다. 불안·짜증·우울에 대한 반응으로 과식하는 현상을 감정적 섭식emotional eating이라고 하는데, 아마도 금단 증후군이 이를 어느 정도 설명해줄 수 있을 것이다. 비만인의 약 60퍼센트는 이런 현상을 보인다.[51] 당이나 지방이 풍부한 음식에 반응해서 이런 신경전달물질이 분비되면 우울이나 불안 등을 효과적으로 자가 치료할 수 있으며, 더 행복해지고 차분해지게 만들 수 있지만, 동시에 심각한 문제를 불러일으킬 수도 있다.

음식 중독자와 마약 중독자의 상관관계

도파민을 생성하는 뉴런과 아편 유사 물질이 음식을 '원하고' '좋아하는' 것을 조절한다면, 혹시 일부 비만인은 이 신경 기제에 문제가 있는 것이 아닐까? 식품과 건강한 관계를 맺지 못하는 제임스처럼 말이다. 도파민 수용체 결합 물질을 혈액에 주입한 뒤 PET 뇌 영상 기법으로 관찰하니 비만인의 뇌는 도파민 검출 능력이 떨어지며, 체지방지수가 높을수록 더 낮아졌다.[52] 즉 뇌가 도파민에 둔감해져서, 같은 효과를 얻으려면 도파민이 더 급증할 필요가 있음을 시사한다.

연구에 따르면, 마른 사람에 비해 비만이거나 건강한 수준의 체중인 사람은 보상 관련 뇌 회로, 즉 둘레계와 대뇌 겉질의 일부 영역이 음식이나 음식 사진에 더 잘 반응하는 것으로 나타났다.[53] 그러나 비만인은 먹을 것을 예상할 때 여러 뇌 영역의 활동이 증가하지만 실제로 섭취할 때는 건강 체중인 사람보다 뇌 활성이 더 낮다. 먹기를 예상할 때의 보상과 실제 음식을 먹을 때의 보상이 어긋나는 현상이 강박적인 섭식을 초래한다고 예상할 수도 있다. 케이크 조각이 쾌락을 안겨줄 줄 알았는데 막상 먹었을 때 충분히 즐겁지 않다면 한 조각을 더 먹을 가능성이 높다. 여기서도 마약 중독과 유사하다. 마약도 실제로 투여했을 때의 쾌감이 기대에 미치지 못한다.

사실 이는 제임스뿐 아니라 알렉스 및 그녀의 프래더-윌리 증후군과도 관련이 있을 수 있다. 프래더-윌리 증후군을 가진 사람들이 음식을 먹을 때 뇌에서 더 활성을 띠는 영역 중에는 보상 중추인 측좌핵도 포함된다. 이는 프래더-윌리 증후군을 가진 사람의 식욕 증가가 단순히 허기 때문이 아니라 먹기나 먹을 것이라 예상할 때 나타나는 보상 반응의 증가와 관련이 있을 가능성을 시사한다. '좋아한다'가 아니라 '원한다'에 점점 치중하는 마약 중독자와 비슷하게, 알렉스도 음식을 유달리 좋아한다고 말하지 않는다. 음식을 '즐긴다'기보다는 '무차별적으로 갈망한다'는 말이 더 어울린다. 케이트 역시 딸과 음식의 관계를 '마약 중독자 같다'고 비유한 바 있다.

앞서 임신부의 식사가 태아의 식욕 조절 장치에 영향을 미칠 수 있음을 살펴보았다. 그러나 임신부의 식사가 음식을 접할 때의 '쾌락 조절 장치hedonic thermostat', 즉 음식을 통해 얻는 쾌락이나 보상의 정도에도 영향을 미칠 수 있음을 시사하는 예비 연구 결과도 있다. 일부 연구자는 임신부의 식사가 자녀의 음식 보상 가치를 변화시키거나 단것에 대한 탐식을 증가시키고, 고열량 식품에서 얻는 쾌락을 증진시키는 등 성인기에 섭식 장애를 일으킬 가능성을 높일 수도 있다고 주장한다.[54]

왜 사람과 회색곰은 다를까

신경과학의 많은 분야와 마찬가지로, 여기서도 닭이 먼저냐 달걀이 먼저냐 하는 문제는 여전히 남아 있다. 비만인은 음식을 통해 얻을 보상에 대한 기대감, 즉 음식을 원하는 신경생물학적 동기가 더 커졌음을 보여준다. 그러나 이러한 결과가 나올 가능성은 두 가지다.

첫 번째 가능성은 변형된 뇌 회로가 식욕과 비만을 추진하는 것이다. 이런 렙틴 체계, 시상하부와 둘레계의 기능 변화는 탐식과 체중 증가, 비만의 근본 원인이다. 앞서 살펴보았듯이 이 주장을 뒷받침하는 증거는 아주 많다. 건강한 사람들뿐 아니라 해당 뇌 체계들이 손상된 환자와 동물을 통해서도 뇌가 체중을 조절한다는 사실이 논란의 여지가 없을 만치 입증되었다.

다른 설명도 있다. 반대로 비만이 뇌에 이런 변화를 일으킨 것은 아닐까? 비만인에게서 보이는 뇌 변화 중 일부가 체중의 대폭 증가에 따른 부수적인 현상은 아닐까? 보상 체계의 이런 차이가 비정상적인 섭식 성향을 부추기면서 비만을 유발하는 것일까, 아니면 이런 변화가 비정상적인 식습관의 산물, 즉 비만의 부수적인 결과일까?

비교적 잘 규명된 렙틴 체계에서도 여전히 모호한 부분들이 있다. 비만인도 가을의 회색곰도, 렙틴 수치가 정상보다 높다. 과다 체지방이 렙틴을 대량 생산하기 때문이다. 따라서 이 체계는 식욕을 적극적으로 억눌러야 한다. 에너지가 남아돌 만치 저장되어 있다고 알리기 때문이다. 그런데 비만인에게서는 이 렙틴 증가가 별 효과를 일으키지 않는다. 게다가 유사 화합물을 투여해도 식욕이 줄어들지 않는다.[55] 이는 렙틴에 상대적으로 둔감해졌음을 의미한다.

사람은 회색곰과 달리 계절에 따라 렙틴 내성이 갑자기 역전되지는 않는다. 렙틴 내성은 약해지지 않고 지속된다. 어떻게 렙틴에 둔감해지는지, 왜 렙틴이 허기를 억누르는 데 실패하는지는 아직 수수께끼다. 물론 애초에 렙틴에 상대적으로 둔감해 식욕이 왕성했고, 그 결과 비만이 되었을 가능성도 있다. 그러나 비만 자체가 기여할 가능성도 존재한다. 비만 상태가 혈액을 통해 렙틴이 뇌로 들어가는 것을 직접 차단할 수도 있다는 주장도 제기되어왔다. 이 주장이 사실이라면, 현재의 비만 유행에는 더욱 안 좋은 소식이다. 한번 체중이 늘어나 일정 수준에 이르면 예전으로 돌아올 가능성이 거의 없다는 의미이기 때문이다. 그 결과 뇌 기능 이상이 체중 증가로 이어지고, 체중 증가가 뇌 기능 이상으로 연결되는 악순환이 일어난다.

세상에서 비만을 종결시킬 힌트

알렉스의 부모에게 프래더-윌리 증후군이 있는 아이와 살아온 인생을 자평해달라고 요청했다. 그들은 국가적 안전망에 대해 이야기했다. 자신들에게 무슨 일이 벌어지든 간에 장애를 앓는 자식이 다른 나라에서보다 나은 돌봄을 받으리라고 내심 믿었다. 그들은 처음에 딸 상태를 통보받고 절망했던 일도 들려주었다. 그 통보 방식이 고통을 더해주었다는 것이다. 현재 케이트는 해마다 의대생들을 대상으로 어려운 소식을 환자들과 그의 가족에게 어떻게 전하면 좋은지에 대해 강연을 하고 있다. 또한 특수 교육이 필요하거나 장애인 자녀와 그 부모를 돕는 단체를 운영하면서 그들을 지원하고 필요한 정보를 전달하기 위해 정기적으로 모임을 연다. 존과 케이트는 과거에 비해 지금은 인터넷이나 비영리 단체를 통해 양질의 정보를 쉽게 얻을 수 있다고 했다.

그리고 현재 프래더-윌리 증후군 진단을 받은 사람들이 예전보다 더 희망을 품을 이유들이 있다. 과거에 이런 질병을 앓는 이들은 대부분 비만 합병증으로 이른 나이에 사망하곤 했다. 알렉스는 어릴 때부터 정기적으로 성장 호르몬 주사를 맞았으며, 원래는 당뇨병 치료제로 개발되었으나 지금은 체중 조절제로 많이 사용되는 GLP-1 작용제 등 많은 새로운 약이 출시되었거나 임상시험 중이다.[56] 케이트의 지적처럼, 프래더-윌리 증후군이 있는 사람들의 포만감 신호에 이상이 생기는 현상을 이해한다면, 사회적으로 점점 심해지는 비만을 억제하는 데에도 큰 도움을 줄 수 있다. 인간 경험의 경험의 양극단을 규명하는 일은 인간 본성의 더 폭넓은 이해에 기여한다.

그러나 이 책을 쓰는 동안 안타까운 소식들도 접했다. 앞으로 프래더-윌리 증후군을 가지고 태어나는 사람들에게 도움이 될 더 나은 치료제가 나올 것이라는 낙관론이 알렉스에게는 너무 늦었다. 나와 만난 직후인 2023년 여름에 그녀는 예기치 않게 세상을 떠났다. 가족과 함께 있을 때였다. 사망 원인은 위장 파열이었다. 프래더-윌리 증후군을 지닌 사람들에게서 때때로 발생하는 질병으로, 대개는 과식으로 위장이 심하게 늘어날 때 일어난다. 알렉스는 그렇지 않았다.

비만을 낙인찍는 일은 흔하다. 인격 결함, 도덕성 결핍, 신체적·정신적으로 나태하다는 증거라는 식이다. 물론 대다수의 비만·식욕·식습관은 한두 가지 신경 또는 호르몬 회로만으로 설명하기 어렵다. 비만은 유전자, 환경, 심리적·사회적 요인이 관여하는 복잡하면서 다면적인 과정이다. 나는 비만 수술을 받은 이들에게서 그런 사례를 본다. 그들은 수술로 갑자기 체중이 크게 줄어들지만, 그 뒤로 몇 년에 걸쳐 다시 서서히 체중이 늘곤 한다. 이 요인들의 복합체 중 어느 한 측면만 살펴본다면 실패할 때가 많다. 이런 수술을 받는 이들은 대부분 영양학자, 심리치료사, 심리학자, 정신과의사뿐 아니라 수술 칼을 쥔 외과의사와도 상담하지만, 그들이 장기적으로 건강한 체중을 유지하기는 놀라울 만치 어렵다.

같은 사회에서 똑같은 음식을 먹고 같은 열량을 태우는데 왜 사람마다 식욕과 체중이 전혀 다를 수 있는지를 놓고서는 의견이 분분하다. 진화적 명령들, 즉 에너지를 효율적으로 태우라거나 식량 부족이나 추위를 대비해서 배가 불러도 더 먹거나 고열량 음식을 섭취하라는 등의 명령은 오늘날 우리 모두를 안 좋은 쪽으로 이끌고 있다. 특히 오늘날 세계는 일부에게 더 불리한 방향으로 공모를 하고 있다. 체중 감소는 의지력을 발휘해서 먹는 것을 줄이면 된다는 식의 단순한 문제가 아니다.

진실을 말하자면, '탐식'은 도덕적 행위도, 인간 '정신'의 실패도 아니다. 식욕은 유전자·장·허기를 조절하는 기능, 음식의 보상을 매개하는 뇌 기능의 산물이다.

색욕

— 감춰지지 않는 음탕한 속내 —

음탕함이 천상의 모습으로 구애해도
정숙함은 결코 흔들리지 않는 것처럼,
색욕이 빛나는 천사와 몸을 섞는다 해도
천상의 잠자리에 싫증을 내고
쓰레기를 뒤적거리기 마련이다.

—
윌리엄 셰익스피어, 《햄릿》, 1막 5장 중에서

"아들이 군대에 다녀온 뒤로 음란한 말을 쏟아내요. 섹스 이야기밖에 안 하죠. 병원에서 간호사들을 모두 창녀라고 하더라고요."[1] 1944년 8월 6일 부상을 입은 열아홉 살 영국군 사병의 부친이 한 말이다. 이 군인은 전투 중에 총알이 이마를 뚫고 들어갔고, 오른쪽 이마에 큰 상처가 남았다. 총알은 머리뼈 안쪽에 박혔고, 엑스선 사진에 뚜렷이 보였다. 뇌의 오른쪽 이마엽 깊숙이 길이 약 3센티미터짜리 이물질이 틀어박혔다.

부상을 입은 지 사흘 뒤 병원에 실려왔을 때쯤 그의 몸의 왼쪽이 마비된 상태였고, 계속 졸고 있었으며, 물음에도 한 단어씩만 내뱉곤 했다. 그런데 놀랍게도 며칠 사이에 그는 온전히 의식을 회복했고, 자신이 어디에 와 있는지 알았고, 자기 집과 소속 부대와 병과를 정확히 말할 수 있었다. 비록 최근에 일어난 일들을 이야기할 때는 좀 혼란을 느끼긴 했지만 말이다. 8월 21일 이루어진 총알을 빼내는 수술은 성공했고, 그는 때때로 소변을 자제하지 못하기도 했지만, 몸이 꽤 회복되었기에 약 석 달 뒤에 퇴원했다.

신체적으로는 분명히 회복되었지만, 정신적으로는 딱히 그렇지 못했다. 1947년 그는 몇 건의 절도죄로 집행 유예를 선고받았고, 부친은 아들의 성격이 확연히 달라졌다고 했다. "좀처럼 가만히 있지 못해요 비정상적일 정도로 오래 자고 폭식도 하고요. 머릿속으로는 온통 섹스 생각만 하죠. 여자를 쫓아다니는 데 열의나 관심은 전혀 없다는 게 그나마 다행이라고나 할까요."

1951년 옥스퍼드의 래드클리프병원 및 머리 부상 전문 군병원의 신경과의사인 휴 자비Hugh Jarvie는 그와의 첫 만남을 서술했다. 환자는 몇 분 동안 침묵하다가 먼저 '섹스 이야기'로 포문을 열었다. 그는 '성격이 마음에 안 드는 여자'와 만난 이야기를 꺼냈고, 미국 군인들의 성적 취향 이야기에 집착하는 듯했다.

자비는 환자가 머리 부상을 입기 전에는 '세상 물정을 잘 아는 사람'이라고 할 수 없었다고 적었다. 환자는 열다섯 살에 처음으로 성적 경험을 했는데, '한 여자애가 자기 가슴을 만지게 허락'했다고 한다. 그는 그 애가 임신했다고 자기 부모에게 말할까 봐 겁이 나서 안절부절못했다. 그녀가 생리 중이라고 밝히며 그의 생물학 지식이 형편없다고 비난하자 두려움은 더 커졌다. 열일곱 살 때 그는 해외 파병을 간 어느 군인의 아내가 '꼬시는 바람에' 섹스를 했다. 그 외의 성적 경험이라고는 1950년대 영국 어법을 빌리자면, "성행위를 묘사한 싸구려 미국 잡지"에 국한되어 있었다.

그의 머리 부상은 행동에 지속적으로 영향을 끼쳤다. 그는 정제되지 않은 언어로 섹스 이야기를 마구 쏟아냈다. "양키들은 짐승이에요. 모든 여자가 (…) 양키 아이를 배고 있어요. 그 자식들이 열다섯 살 여자애를 강간했대요. 내 주특기는 섹스예요. 난 섹스 책이 좋아요. 《차탈레 부인의 사랑》의 차탈레 부인이 실존 인물이었다면 가장 음란한 생각을 하는 여자였을 거예요. 행크 잰슨Hank Janson(싸구려 종이에 인쇄된 삼류 소설을 쓰던 작가)의 책도 읽어요. 선생님한테는 낯설 수도 있어요. 여자가 잔뜩 나오니까요. 등장하는 남자들은 늘 어떤 여자의 블라우스나 허벅지와 뒤엉켜 있어요. (…) 내가 짜증나게 하죠. 저도 알아요. 그런데 섹스 이야기를 멈출 수가 없어요."

입으로는 지저분한 말을 쏟아내도, 즉 주제는 바뀌었어도 그의 성적 행동에는 변화가 없다는 점도 분명했다. 그는 부상 전후로 성적 경험을 했지만, 신체적 자제력을 잃은 경우는 전혀 없었다. 정상적으로 상호작용하는 동안 판단하고 자신의 생각을 숨기는 데에는 전혀 문제가 없었다. 그의 부친은 이렇게 설명했다. "입으로만 걸지 실제로는 꽤 얌전해요. 극장에서 외설적인 장면이 나오면 안절부절못하다가 그냥 나와버려요. 평소에도 얌전한 아이였어요. 제 누이가 욕실에서 씻고 있거나 노출이 예상되는 곳에는 근처도 안 갔어요."

즉 그는 말만 거칠었을 뿐 행동으로 옮기지는 않았다. 자비는 그의 말 대부분이 실제로는 육체적 성행위에 대한 항의라고 추측했다. 여성과 남성의 '짐승 본성'에 대한 일종의 도덕적 항의라는 의견이었다. 그는 환자가 전쟁 이전에도 포르노 잡지에 관심이 있었고, 그저 오랫동안 간직했던 성적 관심이 머리 부상 이후 드러났을 뿐이라고 주장했다. 예전에는 사회 규범에 따라 억눌려 있던 감정이 뇌 손상 이후로는 숨겨지지 않았다. 환자의 성적인 생각을 오랫동안 억눌러오던 제동장치가 총알에 부서지면서 그동안 잠겨 있던 생각이 수면 위로 떠오른 것이다.

자비의 논문에는 더 극적인 사례들도 등장한다. 한 스물네 살 군인도 비슷한 시기에 머리에 부상을 입었다. 포탄 파편이 머리뼈를 부수고 이마엽을 파괴하면서 죽 긁고 나아가다가 오른쪽 눈 바로 뒤에서 멈추었다. 그쪽 눈알은 뇌 물질에 뒤덮이는 바람에 빨아내어 제거해야 했다. 옥스퍼드의 그 병원으로 후송되었을 때 그는 졸음에 취하고 버럭 짜증을 내곤 했는데, 프랑스 전선으로 간 것도 부상을 입은 것도 전혀 기억하지 못했다. 회복 과정은 파란만장했다. 여러 감염증에 시달리고 발작도 일어났으며 수차례 재수술도 받았다. 그래도 그는 부상을 입은 지 약 여섯 달 만에 퇴원했다.

1951년 이 전역한 군인은 다시금 의료계의 주목을 받았다. 그의 아내가 받은 고통 때문이었다. 아내는 남편의 행동이 확연히 달라졌다고 했다. 전쟁 전에는 꽤 내성적이고 조용한 사람이었다고 했다. 그는 엄마 중심의 가정에서 자랐고, 학교에서는 따돌림을 당했다. 가정에서 '섹스'라는 주제는 금기시되었기에 아예 입 밖으로 꺼낸 적이 없었다. 그런데 이제는 아내와 자식을 때리고, 직장에서 소소한 물건들을 훔치고, 대체로 무례하고 다가가기 어려운 사람이 되었다.

아내를 가장 심란하게 만드는 측면은 그의 폭행이나 절도가 아니었다. "남편이 섹스에 집착하는 게 가장 고역스러워요. 한 번으로 만족하지 못하고 밤새도록 시도해요. 때로는 나를 창녀 취급하면서 성폭행하고 싶다고도 해요." 자비는 이렇게 적었다. "아내는 남편이 이전에도 성적 욕구가 강한 편이었지만 지금은 정도가 심하다고 했다. 그는 퇴근하면 집에 오는 대신에 동네 술집에 가서 아내와의 잠자리를 떠벌인다. 또 아내 앞에서 대놓고 자위를 하고 열일곱 살짜리와 연애를 해야겠다고 떠들곤 한다."

남편은 아내의 말을 부정하지 않았다. 그저 뇌를 다친 뒤로 성행위도 성질도 자제하기가 힘들어졌다고 말할 뿐이었다. 그러나 뇌 손상이 심각했음에도, 그의 지능은 전혀 영향을 받지 않았다. 앞서 말한 사례와 마찬가지로, 자신의 강한 성적 욕구를 지나치게 억제하다가 이마엽이 손상되자 그 억눌려 있던 욕구가 해방되는 듯했다.

자비는 세 번째 사례로 또 다른 퇴역 군인을 소개했다. 1945년 2월 전쟁 막바지에 부상을 입은 스물다섯 살 부사관이었다. 왼쪽 눈으로 들어간 파편이 뇌를 뚫고 뇌 뒤쪽 윗부분인 오른쪽 마루엽에 박혔다. 이 부상으로 그는 몸 왼쪽이 약해지고, 시시때때로 졸았다. 몇 달 뒤 꽤 회복되었기에 퇴원했으나 얼마 지나지 않아 그는 미풍양속에 위배되는 신체 노출로 두 차례 법정에 섰고, 이후에도 전국 각지에서 유사한 경범죄로 여러 차례 구류 선고를 받았다.

그는 부상 전에는 '노출증'이 전혀 없었고, 앞서 사례처럼 그도 '섹스'라는 말 자체를 금기시하는 엄격한 가정에서 자랐다고 의료진에게 말했다. 또 스스로를 '여자들 앞에서 수줍어하는' 사람이라고 설명했다. 그러나 퇴원한 뒤에는 자신의 성적 행동을 자제하지 못했고, 사실 자비는 그가 자신이 그런 사건들을 저질렀다는 사실을 창피해했다. 그의 부친은 이렇게 말했다. "부상 이후 전혀 딴사람이 되었어요. 전에는 늘 다정다감했거든요. 우리 부부에게 걱정 한 번 안 일으키는 착한 아들이었어요. 그 흔한 거짓말도 한 적 없었어요."

그는 대개 과음해서 생긴 실수라고 했다. 자료에는 노출 당시 상황도 묘사되어 있다. 그는 강한 성욕을 해소할 필요가 있다고 했다. 다친 뒤로 성욕이 증가했다고 했다. 아내는 그런 그에게 '당신은 섹스 때문에 나와 결혼한 거냐'며 성교 때 자신을 거칠게 대한다고 하소연했다. 그들은 그가 총상을 입기 전인 1943년에 혼인했는데, 그녀는 신혼 때에는 그런 불평을 한 적이 없었다. 그는 스스로를 이렇게 설명했다. "더 젊을 때에는 여자애들이 있으면 너무 신경이 쓰여서 늘 불편했어요. 지금은 아내가 함께 사는 것도 자는 것도 거부해요. 내가 밤새도록 성교하자고 계속 잠 못 자게 한다고 뭐라 해요."

이 군인들에게서는 뇌 손상으로 인해 성욕을 자제하는 능력이 훼손되었다. '색욕'을 억제하는 신경학적 메커니즘이 사라진 것이다.

불안해서 불안하다

자비의 환자들만 신경학적 손상이나 질환을 겪으면서 성적 행동이 바뀐 것은 아니다.

사이먼을 처음 보았을 때 나는 180센티미터를 훌쩍 넘는 그의 키만이 아니라 목소리에도 깊은 인상을 받았다. 그는 마치 단어 하나하나의 영향과 의미를 따져보고 내뱉는 듯이 한참 쉬었다가 다시 말을 이었다. 딱히 단조롭다고는 할 수 없지만 부드러운 어조를 구사했다. 처음에는 그가 그저 수줍은 것인지, 수치스러워 하는 것인지, 아니면 다른 이유가 있는지 파악할 수 없었다.

서른네 살의 사려 깊고 호감을 주는 타입인 그는 가끔 주저하지만 굉장히 솔직하다. 소프트웨어 개발자라 집의 방 한 칸은 컴퓨터와 IT 장비들을 놓아 홈오피스로 꾸몄다. 거실은 어린 딸의 놀이 공간으로, 여기저기에 장난감이 흩어져 있다. 사이먼은 이른 나이인 30대 초반에 파킨슨병 진단을 받았다. 이 때문에 그가 느리고 신중하게 말을 하는 게 아닐까 추측해본다. 그러나 그가 파킨슨병에 걸렸다는 징후는 찾아보기 어렵다. 파킨슨병의 특징인 몸이 떨리고 움직임이 뻣뻣하거나 굼뜬 모습이 보이지 않기 때문이다. 그는 유연하게 움직이고 걷는다.

그는 내게 말한다. "코로나-19로 거리두기가 시작될 즈음 증상들이 나타나기 시작했어요. 강을 따라 걷고 있는데, 왼쪽 발가락들이 오그라들더군요." 시간이 흐르면서 발 상태는 점점 나빠졌고, 걷기가 힘들어졌다. 그는 다른 증상들도 알아차리기 시작했다. "걸을 때 몸 왼쪽이 흐느적거리는 게 느껴졌죠. 심리치료사는 신경이 눌리면 그럴 수 있다고 하더군요." 그는 오그라든 발가락 때문에 넘어지기 시작했고, 걸을 때 왼쪽 어깨가 솟아올랐으며, 왼쪽 팔다리가 약간 뻣뻣해지고 동작도 굼떴다.

약 1년 뒤 비로소 신경과의사를 찾아갔을 때에는 몸 왼쪽에 미세한 떨림이 있었다. 처음에는 떨림의 더 양성 유형일 수 있다고 잠정적인 진단이 내려졌지만, 최근에 운동 장애 전문의가 파킨슨병이라고 공식 진단했다. 그의 딸이 두 살쯤 되었을 때였다.

그에게 진단받았을 때 기분이 어땠는지 물어보았다. "내 증상들을 조사해보니 파킨슨병과 비슷한 점이 많더라고요. 발가락이 오그라들고 걸을 때 팔을 흔들지 않았으니까요. 정보를 알아볼수록 더 우울해졌어요. 그만 찾아보려고 애썼지요."

사이먼은 내 예상보다 충격이 덜했던 듯하다. 그는 더한 일이 생길까 봐 우려하고 있었으니까. 딸이 태어난 그 무렵에 증상들이 나타나기 시작했기에 그는 건강에 점점 집착했고 심각한 건강 불안 장애를 겪고 있었다. 그는 불안을 억제하는 약을 처방받아 복용했다. 그 약은 건강에 대한 강박을 가라앉히는 데 도움이 되었지만, 신체 증상들이 점점 심해지자 그는 약을 끊기로 결심했다. "뭔가 잘못되었다고 느낄 때 편집증이 생기기 시작했어요. 근육위축가쪽경화증(운동 신경세포 질환)이 생기는 게 가장 걱정스러웠어요. 내가 그 병에 걸렸다고 점점 확신하기 시작했죠. 얼마 전에 서트랄린(항우울제이자 항불안제)을 끊었기 때문이라고 짐작하면서도 강박적으로 다리 근력을 가늠해보기 시작했어요. 정신이 온통 그쪽으로 쏠리다 보니 파킨슨병이라는 진단에 오히려 안도했지요." 그는 설령 완치가 어렵다고 해도 증상을 관리하는 약이 있는 병에 걸리기를 바랐다.

하지만 내가 사이먼과 이야기를 나눈 건 파킨슨병 자체 때문이 아니었다. 그의 증상과 관련이 있을 수는 있지만, 초점은 주로 행동 변화에 있었다. 배우자가 그를 떠난 것도, 친구들이 절교한 것도, 그의 목소리에 고립감과 불안이 느껴지는 것도 바로 그 때문이다.

강박적으로 생각하고 강박적으로 행동하기

사이먼은 늘 자신이 태어난 곳 언저리에서 지내왔다. 그는 어릴 때부터 컴퓨터를 무척 좋아했다. “큰 집에 살았어요. 위층에는 세입자들이 살았죠. 그중 한 명의 노트북에 게임이 깔려 있어서, 나는 위층으로 올라가 게임을 하곤 했죠.” 부친은 세입자들을 귀찮게 하지 말라며 열 살 때 아들에게 컴퓨터를 사주었다. “더욱더 컴퓨터에 푹 빠졌죠. 당시에는 게임이 그리 많지 않았고, 또 비쌌어요. 그래서 컴퓨터 설정을 이리저리 바꾸면서 어떻게 만지면 무엇이 달라지는지 찾아내면서 놀았어요. 나중에는 그게 더 재미있었죠.” 그는 금방 전문가가 되었고 학교에서 또래들에게 컴퓨터를 가르치곤 했다.

곧 그는 학계 쪽은 자신의 길이 아님을 깨달았고, 디지털 아트에 푹 빠져들었다. 미술 쪽을 슬쩍 기웃거리다가 아예 그래픽 디자인과 컴퓨터 그래픽을 전공하기 위해 대학으로 돌아갔다. 내친 김에 3D 그래픽까지 공부한 뒤에 컴퓨터 게임 회사에 들어갔다. 그러나 경기 침체로 1년 만에 갑작스럽게 일자리를 잃었고, 이후로는 2년간 부모 집에서 보냈다. “다시 게임만 죽치고 했죠. 부모님은 아마 가망 없는 녀석이라고 생각했을 거예요.” 방황 끝에 다시 직장을 구했고, 여기저기 옮겨다니다가 런던의 한 금융 소프트웨어 회사에 들어가 코딩을 했다.

학교와 직장을 드나드는 동안 사이먼은 장기 연애를 반복했다. “열다섯 살에 첫 경험을 했어요. 그다음 섹스는 열여섯 살 때 오래 사귄 여자 친구와 했던 것 같아요.” 그는 별다른 문제 없이 그 여성과 8년 동안 사귀었다. 성 생활도 별 문제없었다. 왕성하긴 했지만, 딱히 이상한 것은 아니었다. “나는 좀 더 하고 싶었던 것도 같은데, 첫 여자 친구였기에 사실 더 깊이 생각하지는 않았어요. 좋으면서 안정적인 관계였지요. 꽤 평범했어요. 다른 것들도 시도해볼 마음도 아마 있었겠지만, 아무 것도 안 했죠."

어떤 이유로 헤어졌는지 묻자, 그는 휴가 때 다른 사람을 만났다고 했다. 동유럽에서 온 여성이었는데 그는 "좀 빠져들었다"고 표현했다. 그는 기존 여자 친구와 헤어진 뒤 장거리 연애를 시작했다. 이윽고 새 여자 친구가 영국으로 이주해 함께 살게 되었다. 이번에도 건전한 관계였다. 그러나 일에 치이다 보니 결국 문제가 생겼다. "그녀는 낮에는 공부하고 밤에는 출장 뷔페 업체에서 일을 했어요. 나는 직장인 소프트웨어 회사까지 차로 한 시간 반 거리를 통근했죠. 서로 얼굴을 볼 시간이 거의 없었어요. 시간을 맞추기 어려워 친구도 각자 따로 만나게 되었죠. 그러다 그냥 멀어졌어요."

다음 연애 때 그의 섹스 관계에 변화가 일어났다. 그는 늘 상대와의 섹스를 자신이 주도했는데, 이번에는 먼저 다가오는 사람을 원했다. "딱히 섹스를 할 마음이 없을 때 잠자리를 가지는 방법, 다시 말해 상대가 자신에게 더 성적 매력이 느끼도록 하는 방법을 온라인에서 열심히 찾아보기 시작했죠." 그는 좀 소심하게 덧붙인다. "점점 더 섹스 생각을 하기 시작했고, 누군가와 자는 상상을 하고, 온라인에서 그런 것들을 강박적으로 찾았어요."

실제로 섹스를 하고 싶었던 건지, 아니면 그저 머릿속에 그 생각이 끊임없이 떠오른 것인지 물었다. 그는 주저하면서 모호하게 답했다. "그냥 일종의 강박적인 충동이었어요. 여자 친구가 외출하면 거의 본능처럼 온라인에 접속했죠. 뭔가가 속에서 충동질하는 것 같았어요." 때로는 온종일 그러고 있기도 했다. 포르노를 보면 잠시나마 충동이 가라앉아 섹스 생각에서 조금 벗어났다가도 다시금 강박적으로 빠져들곤 했다. "부끄러워 누구한테도 말을 못했어요. 그냥 내가 여자 친구에게 너무 무례하게 군다고 느꼈죠." 그는 거의 지나가듯이 말했다. "같은 시기에 나는 마찬가지로 구글에서 충동적으로 건강 문제들도 검색하곤 했어요. 건강 불안도 치솟고 있었죠. 내가 흥미롭다고 느낀 게 있는데, 이따금씩 운동할 때면 섹스 강박과 건강 불안 증세가 약해졌다는 거예요. 일종의 상쇄 효과였죠."

나는 이런 생각과 '충동'을 통제할 수 있는지 물었다가 뜻밖의 답을 들었다. "모르겠어요. 멈출 수 있었다면 그렇게까지 하지는 않았을 것 같아요. 음… 사실… 퇴폐업소에 드나들기 시작했거든요."

그는 서서히 생각을 행동으로 옮겼다. 그는 포르노를 매일같이 본 이후로 몇 년째 마사지 업소를 출입하기 시작했다. 마사지 업소에서 성적 서비스를 받을 수 있다는 말을 들은 이후로는 그 생각에 사로잡혔다. "머릿속에 씨앗이 심어진 거죠. 그냥 강박적이었어요. 실행에 나서기 전에 그 생각을 정말 많이 했던 것 같아요. 이런 생각을 하곤 했죠. '안 돼, 왜 그렇게 하려는 거야? 난감해질 거야. 너무 이상하잖아?' 그러다가 어느 날 그곳으로 갔어요. 그 뒤에 정말 기분이 안 좋았어요. 그러면서도 모든 불안, 불안으로 이어진 걱정이… 거의 해소된 양 느껴지기도 했어요. 찝찝한 한편으로 훨씬 나아진 듯한 기분이었죠. 정말 혼란스러웠어요."

대화하는 내내 사이먼은 '강박적으로 생각'하고 '강박적으로 행동했다'는 말을 자주 했다. 나중에는 직장 근처의 마사지 업소에도 갔다. "끔찍했죠. 이유는 몰라도 벼랑 끝에 서 있는 기분이었어요. 이 강박적인 생각을 이겨내야 했어요. 이 생각을 제거하지 않으면 멈출 수 없었을 거예요. 그러고 나니 안도감이 들었어요. '이제 걱정할 필요 없어. 마음속에서 사라졌어.' 그런데 아니더라고요. 서서히 머릿속에 다시 그 생각이 쌓였어요. 그러면 또다시 업소로 향했죠. 가지 않으면 강박적인 생각들이 머릿속에서 떠나지 않으니까요. 도저히 떨쳐낼 수가 없어요."

그의 머릿속에는 낯선 사람과 섹스를 하는 생각이 끊임없이 맴돌았다. 그는 지하에서 부글거리는 화산의 마그마 방처럼, 스트레스, 강박적 사고가 점점 쌓인다고 했다. 그는 휴대전화로 성 서비스를 제공한다는 광고를 훑어보았다. "일종의 환상 같지만 곧 강박적으로 떠올리게 되었어요. 실제로 일어날 것 같다는 생각이 머릿속에 쌓여갔죠." 환상은 곧 현실이 되었다. 대개는 광고를 훑거나 상상하다가 끝났지만, 술을 마시면 이 생각이 더 강해졌다. 술은 강박의 불을 지피는 촉매, 불쏘시개임이 분명했다. "런던 중심부에서 한잔할 때면 더욱 심해졌어요. 이 모든 감정이 확 솟구쳤죠."

퇴근 길에 술을 걸친 날이면 사이먼은 '신이 있다면 제발 말려 달라'고 기도하곤 했다. "그 짓을 못하게 막을 이유가 필요했어요. 지하철이 더 빨리 왔으면, 누군가 전화라도 걸어주었으면. 잘못인 줄 알았는데도 멈출 수가 없었어요. 정말 이상했어요." 때로는 생각대로 했다. 매춘부의 집을 찾아가서 돈을 주고 섹스를 했다. 그 뒤에는 혼란스러워했다. 긴장이 해소되고 머릿속에서 맴돌던 생각이 잠잠해지면 머리가 맑아지는 느낌이 들었다. 동시에 자신의 어처구니없는 행동에 수치심과 죄책감이 일었다. "너무나 멍청한 행동을 강박적으로 한 스스로를 비웃고 싶었어요."

그에게 성행위로 쾌감을 느끼는지 물어봤다. 그는 매우 명확히 답했다. "그저 그래요. 끝내주게 좋은 것도 아니에요. 그런 생각이 계속 쌓이다가 해소되니까 끝났구나 하는 느낌 때문에 그런 거죠." 그는 성매매 여성들에게 딱히 끌리지 않았다고 한다. 그의 말에 따르면, 머릿속을 가득 채운 섹스 생각으로 괴로워하다가 성매매로 일시적으로 해소시키는 것이 주된 보상이었다.

이런 행동은 여자 친구 몰래 이루어졌지만, 결국 오래 이어지던 연애는 끝났다. 이후 사이먼은 다른 사람을 만났고, 이제 더 행복해졌으니 더는 안 하겠지 하고 지레짐작했다. "그게 바로 마사지 업소와 성매매 여성을 찾아갔던 이유예요. 나와 딱 맞는 사람과 함께하지 않았다는 거요." 그러나 시간이 흐르자 익숙한 생각이, 그가 '기이한 불안'이라 부르는 것이 다시 떠올랐다. 이번에는 딱 한 번 성적 상상을 행동으로 옮겼다고 말한다.

여자 친구와는 점점 가까워졌고, 동거를 시작했다. "어쨌든 성매매 같은 건 다 그만둬야 했죠. 그리고 여자 친구가 딸을 임신했어요. 그 뒤로 다시는 그런 짓을 하지 않겠다고 결심했죠. 이번에는 달랐거든요." 이 시기 내내 그는 건강 불안 때문에 먹던 항우울제를 계속 복용 중이었다.

1년 전쯤에는 다시 약을 끊었다. "친구들과 술집에 있을 때였어요. 막 이별을 겪은 여성이 하나 있었죠. 갑자기 그 여자가 다가오더니 자신과 자고 싶냐고 물었어요. 그 질문은 사람들이 나와의 섹스를 원치 않을 거라는 불안 심리를 건드렸어요. 게다가 난 좀 취해 있었고, 그래서 '응'이라고 대답했죠." 그들은 그날 밤 동침했다.

사이먼은 이 일을 몇 주 전에 약을 끊은 탓으로 돌렸다. 그 뒤로 기분이 오락가락했다. "싱숭생숭하고 정말로 기분이 좋았어요. 동시에 뇌에 문제가 생긴 것도 같고 종일 혼란스러웠죠. 행복하면서도 한편으로는 몹시 슬픈 기분이었어요. 수천 걸음은 후퇴한 셈이었으니까요."

그는 자신이 여자 친구를 성적으로 배신했다는 죄책감과 수치심에 사로잡혔다. 그는 여자 친구에게 이 일을 털어놓을지를 놓고 일주일 동안 생각하고 또 했다. 털어놓자는 생각은 또 하나의 강박이 되었다. "솔직해지고 싶었어요. 제 생각과 상황을 누구한테도 털어놓은 적이 없었으니까요. 이참에 해결하지 않으면 계속 그럴 것 같았어요. 물론 관계가 안 좋아지리라 짐작했죠. 그녀가 나를 이해해줄 가능성은 10퍼센트쯤 될 거라고 생각했죠. 음… 그녀는 잘 받아들이지 못했고, 떠나버렸어요."

왜 아무하고나 자면 안 되는가

색욕은 사랑이 아니라 억제할 수 없는 성욕이다. 짐승 같은 원초적인 욕구, 번식에만 몰두하려는 충동, 신체적으로 타인을 소유하려는 욕구를 포함한다. 기독교《성경》에서는 신이 지켜보는 가운데 일으키는, 배우자가 아닌 이를 향한 욕망으로 표현된다. 현대 사회는 상대적으로 색욕에 관대한 듯하다. 성욕이 자신이나 주변에 문제를 일으킬 정도로 고조된 상태를 색욕이라고 본다.

이 '성적 짐승', 내면의 성적 충동은 우리 모두에게 존재한다. 섹스는 생명의 존속과 다윈식 진화 과정을 추진하는 원동력이다. 생식기의 영어 단어 genital은 생성·탄생을 가리키는 라틴어에서 유래했다. 생식기가 없다면 번식도, 유전물질의 대물림도, 종내 성적 경쟁도 없다. 종내 성적 경쟁은 진화적 관점에서, 성공과 관련된 형질이 짝짓기 후보들 사이의 경쟁을 통해 다음 세대로 전달될 가능성을 높이는 현상을 의미한다. 해부 구조, 생리, 행동의 모든 측면이 '섹스'와 '번식'이라는 행위를 완성하도록 섬세하게 조율되었다고 볼 수도 있다. 섹스가 없다면 우리 주변의 모든 생명, 무성 생식하는 생물을 제외한 사실상 모든 생물은 세상에 존재하지 않게 될 것이다. 성 충동은 타고난다고 봐야 한다.

'색욕이 왜 존재하는가'라는 질문보다는 '인간은 왜 성적 본능을 억제하는 기제를 발달시켜야 했는가'라는 질문이 더 적절하다. 자비의 환자들과 사이먼에게서 보이는, 망가진 것이 명백한 욕망을 억누르는 메커니즘 말이다. 더 많은 사람과 더 많은 섹스를 할수록 번식 기회가 더 많아지지 않겠는가?

아마 일부 뇌 손상 군인들이 열망하는 것과 비슷한 무차별적 성교는, 적어도 피임이 불가능한 세상에서는 이상적이지 않을 것이다. 적절한 상대를 선택해 짝짓는 것은 여러 혜택을 가져온다. 이는 건강한 면역계 등 생존 이점을 제공하는 유전자, 자원 공급, 신체적 보호 같은 혜택을 말한다. 반면에 부적절한 선택은 버려지거나, 성병이 옮거나, 평판이 저하되고, 자손의 생존이나 적합도를 약화시키는 유전자를 받는 등 상당한 단점을 동반한다. 따라서 무분별하게가 아니라 선택적으로 섹스를 하라는 것은 생물학적 명령으로 볼 수 있다.

사실이라면, 즉 기회가 생길 때마다 번식하는 것이 진화 원리에

반한다면, 정상 기능을 하는 뇌는 성적 상대를 어떻게 선택할까? 무엇이 섹스 상대를 선택하는 데 영향을 미칠까?

사이먼이 잘 보여주듯이, 현실 세계에서 오래 함께할 짝을 고르는 방식이 섹스 상대를 고르는 방식과 반드시 일치하지는 않는다.● 성 이론에서는 또 한 가지 골치 아픈 문제가 있다. 장기적인 상대와 섹스 상대의 이 불일치가 누구와 번식을 하느냐라는 문제로까지 이어진다는 것이다. 진료할 때 우리는 유전되는 양상이 뚜렷하다고 알려져 있을 때에도, 신경 장애의 원인이 무엇인지 알아내기 위해 유전자 검사를 의뢰하곤 할 것이다. 이 유전자 검사에서 생부가 다른 사람이라는 등 예기치 않은 결과가 나오기도 한다. 가장 신뢰할 만한 연구들은 문화에 따라 차이가 크지만 친부가 아닌 비율이 0.5~4퍼센트라고 추정한다.[2] 1940~80년대에 이루어진 더 이전 연구들은 역사적으로 볼 때 최대 28퍼센트에 이르기도 했다고 말한다.[3]

따라서 성적 상대를 고르는 방식과 행동의 진화적 원동력을 이야

● 역사적으로 짝 선택 이론을 제시한 문헌은 다수 존재한다. 프로이트 심리학의 전형적인 관점답게, 지그문트 프로이트Sigmund Preud는 사람들이 이성 부모를 닮은 짝을 찾는다고 주장했다. 또 자원을 동등하게 교환하기 위해 자신에게 없는 자질을 짝에게서 찾는다거나, 거꾸로 자신과 비슷한 짝을 찾는다는 이론도 있다. 2023년에 이루어진 한 대규모 연구에서는 다양한 태도, 학력, 마약 사용 경험, 심리적 형질, 허리-엉덩이 비율과 체질량 지수 등 인체측정학적 형질을 조사했는데, 적어도 장기 배우자를 선택할 때에는 자신과 반대되는 이에게 끌리지 않는다고 나왔다. 자신과 비슷한 짝을 찾는 것인지, 아니면 시간이 흐르면서 부부가 비슷해지는 것인지는 불분명하다. 이런 이론들의 문제는, 왜 짝 선택 양상이 그와 같이 진화했을지 제대로 설명하지 못한다는 것이다. 아빠나 엄마를 닮은 사람, 자신과 비슷하거나 보완되는 사람을 짝으로 선택하는 것이 어떤 진화적 이점을 제공할까? 또 기존의 이론들은 결혼 등 장기적인 관계로 논의를 한정했다. 현실에서는 결혼이나 장기적인 관계뿐 아니라 잠깐 만나거나 심지어 하룻밤 만남도 있다.

기할 때는 자손을 남기거나 섹스를 위해 장기적인 짝을 고를 때도 많지만, 인간 사회에서는 반드시 예외도 존재한다. 색욕을 조절하는 생물학적·심리학적 메커니즘의 기능이 무엇이고 그 기능에 이상이 생겼을 때 무엇이 사라지거나 손상되는지 이해하려면, 사람들이 장기적인 짝이나 섹스 상대를 선택하는 방식을 먼저 이해할 필요가 있다.

여성과 남성의 다른 짝짓기 전략

최근에는 인간의 짝짓기 심리의 다면적 특성과 그 진화적 이점을 더 잘 설명한다고 평가받는 성 전략 이론sexual strategies theory이 등장했다.[4] 짝짓기는 건강한 자식을 낳아 혈통을 이어갈 기회를 최대한 높이는 쪽으로 발달했다는 것이다.

피임이 일상인 오늘날에 이런 진화 압력은 상당수 소멸되었다. 이제 우리는 나와 자식의 생존을 좌우하는 힘들을 크게 고려하지 않고 섹스 상대를 고르게 된 것으로 보인다. 그러나 더 오래전 섹스와 번식이 직접적인 연관이 있었던 기나긴 세월은 호모 사피엔스뿐 아니라 그 이전 인류 종들의 진화 과정 내내 인간의 유전자와 성 심리를 형성해 왔다.

이 이론은 성별과 상관없이 주어진 상황에 따라 선택하는 짝짓기 전략이 여러 가지라고 주장한다. 즉 상황에 따라 장기적인 관계를 추구하기도 하지만, 외도나 하룻밤 만남을 추구할 때도 존재한다. 각 경로는 나름의 진화적 토대를 지니며, 유전자를 다음 세대로 전달하기 위한 경쟁에서 확실히 나름의 이점을 제공한다. 짝짓기 전략은 각 상황에서 이익을 극대화하고 비용은 최소화하도록 세밀하게 조율되어 있다. 게다가 성 전략 이론은 성별에 따라 짝짓기 전략이 다르다고 본다. 이는 어느 정도는 출산까지 투자하는 시간이 확연히 다르고(아홉 달 대 짧은 성교 행위), 인류의 진화 과정에서 반복적으로 직면한 도전 과제가 다르기 때문이다.[5]

하룻밤 만남의 진화적 이점

번식에 필요한 투자 차이를 고려하면 남성이 짧은 연애를 추구하도록 진화했을 가능성을 예상할 수 있다. 사이먼이 딱히 끌리지 않는 성매매 상대를 계속 만나는 사례처럼, '저비용'으로 성적 만족을 얻을 수 있는 상황에서는, 남성이 여성보다 매력·지성·성격 같은 다양한 특성에 대해 요구하는 수준이 훨씬 낮아질 것이다. 가벼운 섹스를 향한 이 태도 차이는 모든 문화에서[6] 예외 없이 나타난다.[7]

여성에게는 단기적인 관계를 추구할 진화적 동기가 상대적으로 덜 분명하다. 생식에 드는 시간과 비용이 훨씬 높기 때문이다. 아홉 달 동안 임신하고, 수유와 돌봄 노동을 하므로, 잉태 순간에만 잠시 머무는 남성에 비할 바가 아니다. 여성의 입장에서는 장기적인 짝이 불임이 아닌 이상 섹스 상대를 많이 만든다고 해서 자녀가 더 많아지지는 않는다. 그러나 친자가 아닌 비율을 조사한 연구들이 보여주듯이, 분명 여성의 짧은 만남도 드물지 않다. 인간이 진화 욕구에 따라 움직인다고 주장한다면 여성은 왜 단기적인 관계를 추구하는지 질문할 수밖에 없다.

가벼운 섹스나 단기적 섹스 상대를 장기적인 파트너와 비교할 때 여성은 신체적 매력을 더 중시한다.[8] 그들은 대개 더 남성적인 얼굴을 선호한다.[9] 짧은 만남을 되풀이하는, 심리학 문헌에서 언급하는 '억제되지 않은 성욕'을 지닌 여성은 다른 여성들보다 신체적·성적 매력을 훨씬 더 중시하는 듯하다.[10] 이는 단기적인 만남을 추구하는 이유가 있음을 시사한다. 아마 질 좋은 유전자를 찾기 위해 짧은 만남을 추구하는 것으로 보인다. 진화 용어로 표현하자면, 적합도를 제공하는 유전자를 말한다. 성적 매력과 신체적 매력은 건강한 유전자를 시사하는 지표다.

그러나 여성이 자식의 유전적 건강을 위해 짧은 만남을 추구한다는 가설을 뒷받침하는 증거는 약하다. 이 이론은 여성이 자식을 위해 유전적으로 건강한 파트너를 찾는 동시에 장기적으로 지원해줄 파트너를 확보한다는 의미다. 더 좋은 유전자를 추구하는 게 정말로 여성의 단기적 관계의 목표라면, 생리 주기에 따라 섹스 상대를 고르는 취향이 달라져야 하는 게 아닐까? 임신 가능성이 가장 높은 시기마다 유전적으로 건강해 보이는 남성을 더 바랄 것이다. 그러나 50건의 연구를 종합적으로 분석했더니, 배란 시기에 더 남성적인 얼굴을 선호하는 성향은 아주 미미했다.[11] 게다가 이 연구들은 일관성이 부족하며, 배란 단계별 차이가 전혀 없다는 논문도 다수 존재한다.

다른 가설이 있을까? 여성의 불륜이나 하룻밤 만남은 다른 진화적 이점을 제공할 수도 있다. 짧게 관계를 이어가다 보면 더 나은 파트너가 나타났을 때 기존 관계를 쉽게 정리하고 더 나은 파트너로 '갈아타게' 도와줄 수도 있다. 일부 심리학자들은 단기적 관계가 일종의 '보험' 역할을 한다고 주장한다. 기존의 장기 파트너에게 문제가 생겼을 경우를 대비해 여분의 짝을 확보해준다는 것이다.

이 견해를 뒷받침하는 증거도 약간 있다. 즉 여성에게 단기적 관계가 반드시 더 나은 유전자를 탐색하는 데 관련이 있는 것이 아니라, 더 나은 짝을 찾는 데 관련이 깊다는 것이다. 무엇보다도 여성 중 5분의 4는 외도 상대에게 사랑을 느꼈다고 한 반면, 남성은 약 3분의 1만 그렇다고 했다.[12] 사랑은 대개 하룻밤 만남이 아니라 장기 관계의 특징이다. 단기적인 만남이 주로 새로운 유전자를 탐색하기 위해 이루어진다면 사랑은 과도한 감정일 것이다. 게다가 여성이 외도하는 가장 강한 이유 중에 하나는 '관계 불만족'이다. 이는 남성과 대조를 이루는 요인인데, 기존 관계가 불만족스러워 외도하는 여성은 기존 파트너보다 사회적으로 성공했거나 자신과 더 많은 시간을 보내려는 사람을 만나곤 한다. 또한 기존 짝이 딱히 직업이 없는 경우도 많다. 사실 기존의 관계가 불행하다고 느끼는 여성은 생리 주기나 배란기 여부와 상관없이 어느 때라도 다른 남성과의 성관계에 더 관심을 느낄 수 있다. 이런 사실들은 모두 외도가 단순히 새로운 유전자를 찾는 게 목적이라기보다는 새로운 짝, '더 나은' 파트너를 찾는 행동임을 시사한다.

지속적인 관계의 진화적 혜택

그러나 인간은 동물 세계에서 독특한 존재다. 분명 짧은 만남을 추구할 때도 있지만, 일반적인 경우는 아니다. 다른 영장류와 달리, 남성은 때로 육아에 엄청난 에너지를 쏟곤 한다. 포유류 가운데 인간과 비슷한 장기 관계를 맺는 종은 3~5퍼센트에 불과하다.

진화 관점에서 보자면 자식을 부양하는 데 들이는 시간과 에너지를 고려할 때, 안정적이고 장기적인 관계가 여성에게 더 유리하다는 점은 명백하다. 장기적인 관계는 상대가 자원에 접근하는 것을 허용할 가능성이 높다. 다양한 문화와 종교에서 여성은 파트너의 경제적 가능성에 더 많은 가치를 부여한다.[13] 여성은 남성보다 상대의 봉급에 1,000배 이상 민감하다.[14] 수렵채집 사회에서도 사냥과 채집으로 식량을 확보하는 능력은 여성이 파트너를 고르는 엄청나게 중요한 판단 기준이 된다.[15]

또 다른 이점은 신체적 보호다. 많은 연구에서 키 크고 어깨 넓고 남성적인 남성일수록 여성이 호감을 느낀다는 일관된 결과를 내놓는다. 개인 만남 광고를 조사한 결과, 남성의 큰 키가 회신받을 가능성을 높이는 가장 강한 예측 지표 중 하나라고 나왔다.[16] 그리고 이런 혜택, 즉 자원을 제공받고 개인 경호를 받는 혜택은 자녀에게도 확대되어 여성의 유전자가 후대로 이어질 가능성을 높인다.

남성은 어떨까? 분명히 가능한 한 많은 여성과 섹스를 해야 자신의 유전자를 후대로 전달할 기회가 많아지는 것 아닐까? 일명 숫자 게임을? 대다수 포유류 세계에서 당연시되는 이 논리가 아닌 장기적인 관계가 인간의 진화적 명령이 된 이유가 뭘까? 진화적 관점에서 남성 또한 궁극적으로 자식의 성공 가능성을 최대한 높이고 다른 남성의 자식에게 투자하는 일을 피하기 위해 유전적 자질이 높은 짝을 원한다. 유전적으로 건강하고 자식을 많이 낳을 수 있는 짝을 찾고, 여성의 생식 자원을 독점하고, 자식이 친자임을 보증하는 것이 남성의 목표다.

그리고 유전적·생식적 가치가 더 높은 여성이 헌신을 요구한다면, 기꺼이 그렇게 하는 것이 명백한 선택 전략이 된다. 본질적으로 일부 과학자들은 남성이 장기적인 관계를 추구하는 진화적 원동력은 가치가 높은 여성이 요구하기 때문이라고 주장한다.

여성의 아름다움과 임신의 가능성

진화적으로 볼 때, 남성에게는 건강한 자식을 많이 가지는 것이 우선이다. 가능한 한 많은 여성과 섹스하고 임신시킬수록 자식의 수는 늘어날 것이다. 그러나 남성이 이런 산발식 접근법으로 유전적 가치가 높은 여성들에게, 즉 섹스를 통해 유전적으로 가장 적합도가 높은 자식을 낳을 여성들에게 접근할 수 없다면, 다른 전략을 찾아야 한다. 가치가 높은 여성이 장기적인 투자를 요구한다면, 남성은 그 전략을 따르는 편이 더 나을 수 있다.

그렇다면 남성은 번식 가치가 높은 여성, 유전적으로 건강하고 자식을 잘 낳는 여성을 어떻게 식별할 수 있을까? 다른 많은 동물과 달리, 여성의 배란 여부는 쉽게 드러나지 않는다. 인류의 가장 가까운 친척인 침팬지의 암컷만 봐도 배란 시기에 생식기가 부풀고 붉어진다. 여성에게 수태 능력을 공공연히 드러내는 단서가 부족하다는 사실은 두 가지 문제를 낳는다. 하나는 남성으로서 배란기가 아닌 여성에게 애를 쓰느라 시간과 에너지를 투자하지 않을 방법을 찾아야 한다는 것이다. 가장 단순한 방법은 같은 여성과 반복적으로 섹스를 하는 것이다. 그러다 보면 잉태 가능성이 높은 시점에도 섹스를 할 테니까. 일부 연구자는 배란이 숨겨진 이유가 장기 관계의 중요한 추진력 중 하나라고 주장한다.

두 번째 문제는 정기적으로 배란할 가능성이 높은 여성, 즉 잉태 가능하고 진화적으로 적합한 여성을 식별할 방법이다. 여성은 자신의 잉태 능력을 직접 드러내지 않는다. 그러나 잉태 가능성이 더 높은 여성을 알아보는 몇 가지 단서가 있다. 첫 번째는 외모, 즉 '아름다움'이다. 잉태 능력은 여성의 젊음·건강과 관련이 있으며, 이러한 특성들은 '아름다움이 무엇인지'에 대한 지각의 기초가 된다. 도톰한 입술, 두드러진 광대뼈, 좁은 턱 같은 에스트로겐과 관련 있는 얼굴부터 맑은 피부, 머리카락의 길이와 머릿결, 낮은 허리와 엉덩이 비율, 탄력 있는 유방까지.[17]

한국에서 거래되는 동남아 여성들

젊음은 짝짓기 게임에서 강력한 카드다. 평균적으로 초혼인 남성은 세 살 더 젊은 여성과 혼인하지만, 재혼 이후에는 이 차이가 점점 더 벌어진다. 세 번째 이후부터는 평균 여덟 살 차이가 난다. 1800년대 스웨덴의 교회 기록을 보면, 재혼한 남성의 평균 나이는 여성보다 10년 많았다.

한국은 남성의 젊은 여성 선호를 가장 극명하게 보여주는 사례다.[18] 1990년대 초 한국과 중국의 외교 관계가 정상화된 뒤, 많은 한국 남성, 대개 시골의 나이 든 총각들이 외국 여성과 국제결혼을 하는 사례가 많아졌다. 초반에 신부들은 대부분 조선족 여성이었지만, 시간이 흐르면서 남아시아·동남아시아·중앙아시아의 다른 개발도상국으로 범위가 넓어졌다. 사실상 이 신부들은 팔려 왔다고 볼 수 있다. 남성은 중매인에게 선수금을 주고 여러 후보 여성 가운데 신부를 골랐다. 나이와, 건강 상태, 사회·경제적 지위 등 기본 정보를 주고받긴 했지만, 때로 중매인은 예비 신부에게 엉뚱한 정보를 주곤 했다. 신부로 확정되면 중매인과 신부의 가족에게 추가금이 건네지고, 예비 신부와의 만남 전에 모든 거래는 마무리되었다. 그렇게 한국으로 온 신부는 남편의 집안이 생각보다 훨씬 열악한 환경임을 알아차리곤 했고, 만성적인 가정 내 폭력에 시달리는 경우도 부지기수였다.

이와 같은 이른바 신부 거래가 너무나 만연해져 사회 문제로 대두되자, 2014년 한국 정부는 유입 규제 법령을 제정했다. 하지만 이미 그 이전 4년 동안 한국으로 '수입'된 신부는 약 4만 5,000명에 달했다. 한국인끼리 결혼한 100만 건 남짓한 사례와 국제결혼 사례를 비교하면 흥미로운 점이 발견된다. 한국인 간 혼인에서는 신부가 신랑보다 몇 년쯤 어린 양상이 꽤 일관되게 나타났다. 반면에 국제결혼에서 신부의 나이는 스물다섯 살을 넘지 않았으며, 이는 신랑의 나이와 전혀 상관이 없었다. 본질적으로 짝을 선택할 권한을 박탈당한 여성 쪽에서는 손쓸 방법이 없고, 한정된 정보를 토대로 신부를 골라야 하는 남성은 무엇보다도 젊음을 우선으로 볼 것이다. 젊음은 생식력 및 그와 관련된 신체적 속성, 즉 '아름다움'의 대리 지표이기 때문이다.

딴 놈의 아이 키우지 않는 법

진화 맥락에서 볼 때, 장기적인 관계를 맺는 남성은 건강한 자식을 많이 낳을 유전적으로 건강하고 생식력이 있는 짝을 원한다. 그러나 자신의 아이를 낳는 것만큼이나 남의 자식인 줄 모르고 에너지와 자원을 투자하여 키우는 일을 피하는 것 또한 중요할 것이다. 여성에게는 문제조차 되지 않지만, 앞서 살펴보았듯이 약 4퍼센트의 남성은 친자가 아닌 자식을 키울 수도 있다. 따라서 남성 입장에서는 자신도 모르게 남의 자식을 키울 가능성을 최소화할 특정 행동이나 선호 양상이 진화하게 된다. 첫 번째 적응 형질은 처녀성 선호다. 이때 처녀성은 혼인과 그 이후 성적 정절의 예측 지표가 된다. 처녀성을 가치 있는 상품으로 떠받드는 것이다. 그러나 이와 같은 문화적 추진력이 분명히 있긴 하지만, 이 형질이 인간 고유의 특성이라는 증거는 미흡하다.[19]

남성이 장기적인 파트너에게 성적 정절을 가장 중요하게 요구한다는 일관된 연구 결과가 이를 더욱 설득력 있게 보여준다. 과거의 행동이 미래 행동의 예측 지표라고 봤을 때 결혼 전 섹스 상대가 많았다면 혼인해서 외도를 저지를 확률이 높아지므로, 남성은 결혼 이전에 상대의 과거 성적 활동을 평가하는 경향이 있다.[20] 마지막으로 남성의 성적 질투심이다. 장기적인 파트너가 다른 사람의 자식을 잉태할 가능성을 막기 위해서다. 이 점은 뒤에서 살펴보기로 하자.

성 전략 이론에서는 여성과 남성의 성 행동에서 나타나는 공통점과 차이점이 진화적 압력에 의해 형성되었다고 주장한다. 유전자가 성공적으로 전달될 기회를 최대화하는 쪽으로 진화된 것이다. 그러나 일부 짝짓기 행동의 차이는 남녀의 신체적 차이에서 비롯되며, 이러한 신체적 특성이 사회 구조와 성별에 따른 사회화 발달 과정에서 대조적인 짝짓기 행동으로 나타났다는 설명도 있다. 인류의 짝 선택 방식이 진화의 결과가 아니라, 다른 성별이 가지는 신체 차이에서 유래한 사회와 사회 규범이라는 것이다.

피임의 시대인 현대에 섹스와 출산은 분리되었고, 그에 따라 사회 규범과 성 행동에도 변화가 있었으리라는 점은 충분히 예상 가능하다. 그러나 인류의 역사 및 진화는 대부분 기간 동안 이러한 구분 없이 진행되었다. 성 전략 이론이 정말로 옳다면, 방종하게 씨를 뿌리지 않는 편이 분명 성별과 상관없이 모두에게 진화적으로 유리하다. 인류는 진화 압력을 받아서 대다수 동물과 다른 경로로 나아가는 심리 기제를 갖추기에 이르렀다. 대개 단기적인 성 행동보다 장기적인 성 관계를 더 우선시하게 되었다. 사회 규범, 즉 무엇이 사회적으로 용납되고 또 되지 않는지가 여기에 일정 부분 영향을 준다는 것은 분명하다. 물론 종교도 행동 방식에 영향을 미치지만, 이를 도덕적·신학적 맥락에 놓으면 우리가 지키리라 예상하는 규칙을 더욱 강화한다. 그럼에도 성과 관련된 우리 견해와 실제 행동이 다양한 사회와 종교에 반영되어 있다는 사실은 명백하다. 탄자니아 북부 사바나의 하드자족부터 런던의 다문화적이고 다종교적인 거리에 이르기까지. 아무튼 이런 종교적·문화적 제약은 인류의 진화적 명령에 뿌리를 두고 있을 가능성이 있다.

인간의 심리가 진화를 통해 형성되었다면, 우리의 뇌는 그 심리 과정을 지원하도록 발달했을 것이다. 다시 말해, 신경생물학은 인간의 본능을 억제하라고, 아무하고나 짝을 지으려는 충동을 억누르라고 부추긴다. 합리화를 담당하는, 원초적으로 행동하려는 욕구를 진압하는 뇌 영역은 '색욕'의 고삐를 쥔다. 그리고 그 신경학적 또는 심리학적 체계가 잘못될 때 색욕이 마구 날뛴다.

뇌 속의 부러진 제동 장치

앞서 살펴본 부상당한 군인들처럼, 타고난 욕망을 억누르거나 조절하지 못하는 뇌는 어떻게 생겨나는 것일까?

임상신경학 초기부터 우리는 눈 위쪽 이마 바로 뒤에 놓인 이마엽이 사회적으로 용납하기 어려운 행동들을 억제한다는 사실을 알고 있었다. 이마엽이 손상되거나 파괴되면 하지 말아야 하는 말이나 행동을 억제하는 능력을 잃을 수도 있다. 자비는 전쟁을 겪은 재향군인들의 성장 배경과 병들기 이전 상태로 미루어보았을 때 이들의 근본 성향이 지나치게 억눌려 있었으리라 짐작했다. 최소한 두 번째 환자의 경우에는 사회적 체면이라는 얇은 덮개를 유지하기 위해 과도하게 자기 성향을 억제했다고 추정했다. 이런 행동을 제약하던 신경생물학적 기구와 부적절한 행동을 억제하는 내제적 메커니즘이 심한 뇌 손상으로 파괴되자, 그간 억눌려 있던 '성적 짐승'이 고개를 들었다. 자비의 환자들은 공통적으로 이마엽, 특히 배쪽안쪽 이마앞겉질에 부상을 입었다(46쪽 그림 3 참조). 이 영역은 분노와 공격성을 억제할 뿐 아니라, '성적 제동 장치'로도 작동한다. 이마앞겉질이 손상되면 다양한 비정상적 행동을 드러내거나, 성욕과다증·공격성이 나타나기도 한다.

이 뇌 영역과 그것이 우리의 기본 행동을 억제하는 기능은, '색욕을 통제하고 자식의 수를 제한하라'는 진화적 압력이 신경생물학적으로 표현된 것이다.

이마엽이 성욕을 억제하는 고삐라는 견해를 뒷받침하는 사례는 다수 발견된다. 다른 유형의 뇌 손상으로 많은 환자가 성욕과다증 상태가 되었다고 밝히는 최신 논문도 있다.[21] 대부분 로스앤젤레스에 사는 이 환자들은 뇌에 다양한 문제가 생긴 뒤 공공장소에서 자위를 하거나 누구에게든 가리지 않고 성교를 시도하는 등의 행동을 보였다. 이마엽에서 양성 종양이 발견되어 수술한 뒤에 행동이 달라진 환자도 있었다. 쉰아홉 살이던 이 남성은 수술 직후 하루에도 서너 번씩 파트너에게 섹스를 요구했고, 오르가즘에 도달하기가 어려워 한 시간 넘게 성교를 계속할 때도 많았다. 수술한 지 아홉 달이 넘었을 즈음, 몇 년간 함께했던 그의 짝은 지쳐서 그를 떠났다. 그 뒤로 2년이 지났지만 그는 점점 더 섹스에 집착했다. 성별을 가리지 않고 상대를 유혹했고 (남성과 성관계를 가진 적도 있었다) 병실에서 자위를 하곤 했다. 뇌 영상을 촬영한 결과, 어려운 수술 이후 이마엽 내에 뇌졸중이 일어난 것이 확인되었다.

성적 충동과 이마엽의 상관관계

이마엽, 특히 이마앞겉질은 깊이 새겨진 성적 충동의 발현을 억제하는 듯하지만, 이 영역이 곧 성욕의 원천은 아니다. 사이먼에게도, 부상병들에게도, 우리 모두에게도 마찬가지다.

로스앤젤레스 환자들 가운데 또 다른 사례를 살펴보자. 서른한 살 여성은 심한 두통 때문에 입원했다. 뇌 영상 촬영 결과, 머리뼈 안쪽 동맥 중 하나가 비정상적으로 부풀어 오른 동맥자루에서 출혈이 발생한 것으로 확인되었다. 동맥자루는 수술로 해결했지만, 안타깝게도 수술한 지 닷새 뒤 뇌졸중이 일어나는 바람에 몸 왼쪽이 마비되고 약해졌다. 무엇보다 행동이 확연히 달라졌다. 의료진이 보고한 바에 따르면, 그전까지 '소심한 사람'이었던 그녀는 그 뒤로 "의사들에게 끊임없이 성적 문제를 떠들고 자기와 한번 하자며 유혹했다"고 한다. "담당 내과의사에게 성적으로 집착하며 대화 중에 노골적인 성적 언어를 남발했고, 다른 사람들에게도 그를 향한 욕망을 이야기했다." 또 그녀는 남성 직원, 환자, 방문객을 가리지 않고 다가가 유혹했다. 의료진은 이렇게 썼다. "한번은 암으로 죽어가는 일흔 살의 악액질(영양 부족 상태로 쇠약한) 환자에게 성교하자고 했다." 입원한 내내 "그녀는 성적으로 과흥분한 상태였고, 거의 한 달 내내 '달아오르고 들뜬' 기분이었다고 회고했다. 성적 흥분뿐 아니라 식욕 증가, 수면 교란, 스치는 생각들까지 그대로 입 밖으로 흘러나오는 상태가 되었다."[22]

그러나 앞서 살펴본 사례들과 달리, 이 환자가 손상을 입은 뇌 영역은 이마엽도, 그 근처도 아니었다. 뇌 영상을 보면, 뇌 한가운데 깊숙이 자리한 시상과 시상하부에서 뇌졸중이 일어났다(42쪽 그림 1 참조). 시상하부는 식욕의 핵심 원동력을 이야기할 때 언급했으므로 친숙할 것이다. 다행히 한 달이 채 지나기 전에 여성은 서서히 회복되었고, 성적 흥분은 점차 잦아들었다.

이 불운한 사례는 이마엽 이외의 뇌 영역들도 성적 행동에 영향을 미칠 수 있음을 보여준다. 이마엽이 행동을 억제하긴 하지만, 성적 충동의 신경생물학적 근원은 아니다.

사실 같은 논문에 실린 또 다른 사례는 이마엽에서 아주 멀리 떨어진 영역들도 성적 행동을 비정상적으로 바꿀 수 있음을 보여주었다. 서른 살인 한 남성은 뇌가 바이러스에 감염되는 바람에 양쪽 관자엽이 손상되었다. 관자엽은 뇌의 양쪽, 관자놀이와 귀 사이에 있다. 그는 회복된 뒤에는 섹스에 관심이 사라졌다. "그의 아내는 남편이 자신에게 성적 관심이 없고, 잠자리도 일주일에 두세 번에서 연간 한두 번으로 줄었다고 불만을 털어놓았다." 드물게 이루어지는 성교마저도 굉장히 특수한 상황에서 일어났다. 남성이 발작을 일으키기 시작하면서였다. 대개 뇌 전체와 관련된 전면적인 경련이 아니라, 작은 영역에 한정되어 발생하는 발작이었다. 그는 발작이 일어나기 전에 대개 감미롭지만 알아듣기 어려운 음악이 들린다고 말했다. 이는 청각을 전담하는 관자엽에서 발작이 시작된다는 추측과 일치한다. 발작 이후에는 10분에서 열두 시간까지 성적으로 매우 흥분한 상태가 되었다. 의료진은 "그의 발작 후 변화를 알아차린 아내가 그 기간에 성관계를 맺었다"고 썼다. 그러나 그는 그 일을 거의 기억하지 못했다.

뇌 손상으로 성욕도, 성격도 달라진 사람들

이런 사례들은 이마엽뿐 아니라, 다른 뇌 영역들도 성적 충동을 조절하는 데 관여한다는 사실을 보여준다. 사실 이마엽 이외의 영역들도 손상되면 성욕이 증가할 뿐 아니라(성욕과다증), 성적 선호에도 근본적인 변화가 일어날 수 있다.

로스앤젤레스 환자들을 살펴본 연구진은 성욕뿐 아니라 성적 선호도에도 극적인 변화가 일어난 뇌 손상 환자들도 언급했다. 지난 30년간 아내와 건강하고 행복한 결혼 생활을 하던 한 남성은 뇌 손상 이후 일곱 살짜리 손녀와 손녀 친구들에게 추파를 던지기 시작했고 공공장소에서 어린이들에게 성적으로 접근하기도 했다. 그의 뇌를 확인해본 결과 시상하부에 종양이 발견되었다. 관자엽 손상으로 이어질 수 있는 단순헤르페스(입술헤르페스를 일으키는 바이러스)에 뇌가 감염된 두 사람도 성적 선호가 크게 변화했다. 일흔다섯 살 남성은 아내에게 자신이 지켜보는 가운데 다른 남성들과 섹스를 하라고 요구했다. 서른한 살 여성은 남편을 외면하고 병동의 여성 직원들에게 '입과 손으로 해주겠다'고 유혹했는데, 이 상태는 이후로도 전혀 회복되지 않았다.

성 억제가 해제되면서 단순히 성적 활동이 늘고, 때로 식욕 증가 등 다른 행동 변화가 수반되던 사람들과 달리 이 환자 집단은 그전까지 안정적이던 성적 행동 양식이 뚜렷하게 변화했다. 이성애자 여성인데 갑자기 남편에게 무관심해지고 다른 여성에게 성적으로 끌리고, 그전에는 아동에게 성적 매력을 느낀 적이 없던 남성이 소아성애자로 변했다. 이런 변화의 직접적인 원인으로 특정 뇌 영역이 지목된 적은 없지만, 연구진은 모든 사례에서 뇌의 특정 계통 또는 그 주변 영역에서 이상이 발견되었다고 결론지었다. 바로 둘레계다.

이 여러 영역의 연결망인 둘레계는 대체로 인간의 감정을 통솔한다고 알려져 있지만, 성적 흥분과 섹스 상대 선택 등 성의 여러 측면에도 중요한 역할을 하는 것으로 보인다. 둘레계의 핵심 구성요소인 자그마한 시상하부는 식욕뿐 아니라 성욕에도 관여한다. 앞서 살펴보았듯이, 오래된 이 작은 뇌 영역은 음식과 성뿐 아니라 물, 수면, 쾌락 추구 등 여러 원초적인 본능에 중요한 역할을 한다. 시상하부는 우리의 가장 기본적인 욕구들의 원천이다.

이 영역들이 성적 행동에 관여한다는 추가적인 증거들도 있다. 쥐에게서 시각앞핵이라는 시상하부의 한 부분을 전기 자극하면 교미를 하며, 파괴하면 성욕을 영구적으로 상실한다. 사람의 뇌전증 발작이나 신경수술 과정에서 직접 자극을 가했을 때 이 회로, 특히 둘레계를 구성하는 관자엽 일부에 전기 자극을 받으면 성적 흥분과 오르가즘이 유발될 수 있다.[23]

이런 내용이 사이먼의 사례와 어떤 관련이 있는지 선뜻 이해되지 않을 수도 있다. 그에게는 뇌졸중도, 뇌출혈도, 뇌 손상도 없었기 때문이다. 파킨슨병을 앓고 있지만 영상 속 사이먼의 뇌는 정상이다. 그럼에도 이 환자들은 뇌 내부의 변화가 성적 특성의 강도와 성격 모두에 있어 상당히 뚜렷한 변화를 일으킬 수 있음을 명확히 보여준다.

이 사례들은 심각한 질병이 뇌 구조와 기능에 지워지지 않는 흔적을 남긴 가장 극단적인 축에 속한다. 이런 극단적인 상황은 논외로 하고, 뇌 질환은 이런 종류의 '비정상적' 행동과 얼마나 관련이 있을까? 공연음란 행위로 체포된 사람 가운데 뇌 질환이 그 행동에 영향을 미쳤을 가능성은 최대 35퍼센트로 꽤 높다.[24] 소아성애 범죄로 체포된 이들 중에는 약 14퍼센트였다.[25]

그러나 이런 사례들도 여전히 극단적이다. 뇌 구조나 기능에 분명한 이상이 있을 때 매우 파괴적인 성적 행동으로 이어질 수 있음을 보여주는 사례들이다. 그렇다면 손상이나 질병이 없는, 정상적인 뇌를 가진 다수의 사람들에게는 이 사실이 어떤 의미를 지닐까?

성별은 무엇으로 결정되는가

뇌 손상이 없는 이들에게서도 뇌 구조와 기능은 성적 형질을 정의하는 근본적인 역할을 한다. 개인의 젠더 정체성과 지향성은 유전자를 통해 어느 정도는 미리 정해진다. 정자와 난자가 수정될 때 무작위로 물려받는 X염색체나 Y염색체를 통해서다. 그러나 유전자가 모든 것을 결정하지는 않는다.

태아 때 환경은 유전자의 영향을 많이 받는다. 태아에게서 정소가 발달할지 난소가 발달할지는 수정될 때 결정되며, 장소나 난소는 임신 6주차에 발달하기 시작한다. 이 내부 생식 기관이 일단 발달하면, 정소에서 생성되는 테스토스테론이 남성의 외부(내부가 아니다) 생식기 발달에 핵심적인 역할을 한다. 테스토스테론이 없으면 자궁을 비롯한 여성의 생식기가 발달한다.[26] 즉 여성의 몸은 인간의 기본 상태에 해당하며, 단 하나의 화학물질만 작용해도 그 상태에서 벗어난다. 발달의 이 결정적 시기에 이 호르몬 농도가 높아지면 남성으로 정의된다.

일단 생식 기관이 발달하면 그다음은 뇌가 발달할 차례다. 성호르몬들 사이의 균형은 뇌 회로의 발달을 조율함으로써, 행동·선호도·정체성에 영향을 미친다. 이 회로들은 사춘기 때 호르몬 농도가 급증할 때에야 다시 활성화된다.

우리 성염색체 조합이 XY든 XX든 간에, 우리가 발달할 때의 호르몬 환경이 오로지 염색체만으로 결정되는 것은 아니다. 다른 요인들도 더 정체성을 결정하는 데 영향을 미칠 수 있다. 이 점은 1950년대 말부터 알려져 있었다. 유전적으로 암컷인 기니피그 태아를 테스토스테론에 노출시키는 실험을 통해서였다. 자궁에서 이 호르몬의 영향을 받은 암컷 태아는 수컷의 생식기와 수컷의 짝짓기 행동을 갖추는 쪽으로 발달했다. 따라서 이 호르몬이 젠더와 성의 신체적 측면과 행동적 측면을 다 결정했다.[27]

희귀한 유전자 돌연변이나 염색체 비정상은 유전적 성(염색체가 XY인가 XX인가)과 신체적 성의 불일치를 초래할 수 있다. 유전적 이상은 성호르몬의 생산이나 검출에 영향을 미쳐서 자궁 내에서 이 화학물질에 노출되는 양상에 변화를 일으킨다. 이런 희귀한 돌연변이가 없다고 해도, 때로 외부 요인이 호르몬 노출에 영향을 미칠 수 있다. 기존에 쓰던 뇌전증약인 페노바르비탈phenobarbital과 페니토인phenytoin은 성호르몬의 대사를 바꾸며, 임신 때 복용하면 아이에게 '성전환transsexuality'이 일어날 가능성이 높아지는 듯하다.•[28] 발달하는 뇌가 성호르몬에 노출됨으로써 일어나는 이런 변화는 뇌 구조에 영향을 미치는 듯하다.

남성에서 여성으로, 다시 남성으로

태어날 때 우리는 '빈 석판' 상태이며 사회적 압력 같은 외부 요인에 따라 여성 또는 남성의 젠더를 받아들인다고 주장한 연구자들도 있

• 이 논문에서 저자들은 태아 발달 때 이런 약물에 노출된 이들이 성전환 수술뿐 아니라 젠더 불쾌감gender dysphoria(출생 시 지정된 신체적 성별이나 사회적 성 역할이 자신의 성별 정체성과 일치하지 않을 때 생기는 심리적 불쾌감-옮긴이) 비율도 더 높다고 했다.

었지만, 현재 증거들에 따르면 젠더 정체성은 대체로 출생 전에 이미 형성된다. 좋은 사례가 하나 있다. 건강한 일란성 쌍둥이 브루스 라이머, 브라이언 라이머는 1965년 8월 22일 캐나다 위니펙에서 태어났다. 몇 달 동안 아이들이 소변을 제대로 누지 못하는 듯하자, 의사는 동네의 큰 병원으로 가 포경 수술을 하라고 권했다. 그러나 수술은 대실패였다. 의료진은 전류를 가해서 생기는 열로 조직을 자르는 전기지짐술을 썼는데, 장비가 고장 나는 바람에 브루스는 음경에 회복 불가능한 수준의 화상을 입었다. 브라이언의 포경 수술은 취소되었다.

라이머 부모는 몇 달 동안 망연자실해 있었다. 그러던 어느 날 텔레비전에서 저명한 성의학자 존 머니John Money가 성전환 수술을 놓고 토론하는 모습을 보았다.[29] 1967년 초 그들은 브루스를 데리고 볼티모어의 존스홉킨스병원으로 가서 머니를 만났다. 머니는 '젠더 중립성gender neutrality' 이론의 강력한 옹호자였다. 머니는 젠더 정체성이 태어날 때 정해지는 것이 아니라 대체로 유년기 초에 이루어지는 사회적 학습의 산물이라고 믿었다. 그랬기에 자신의 이론을 입증할 절호의 기회라고 생각했을 것이다. 일란성 쌍둥이 중 한 명은 남자, 다른 한 명은 여자로 키울 수 있다면 말이다. 머니의 권고에 따라 브루스는 거세 후 수술로 음문을 재구성했다. 그는 브렌다라는 새 이름을 받아 여자아이로 자랐고 사춘기 때 심리 치료를 받고 에스트로겐을 투여받았다. 브렌다는 자신이 남성으로 태어났다는 사실을 알지 못했다.

머니는 존과 조앤(그가 의학 논문에서 쓴 브루스/브렌다의 가명이다)이 행복하고 건강한 여성으로 자랐다면서 젠더 정체성이 태어날 때 정해지는 것이 아니라 차후에 형성될 수 있다는 자신의 견해를 명확히 입증한다고 했다. 그러나 실상은 훨씬 더 서글펐다. 브렌다는 열세 살 무렵에 극심한 우울증과 자살 충동에 시달렸고, 다음 해에야 자신의 과거 이야기를 들을 수 있었다. 브렌다는 남성 정체성을 갖기로 결심하고 데이비드로 개명하고, 그 뒤에 호르몬 치료와 수술을 거쳐 남성으로 전환했다. 머니의 설명과 정반대로, 브렌다는 소녀로 살 때에도 또래들로부터 따돌림과 괴롭힘을 받았고 자신을 결코 여성이라고 여기지 않았음을 시사하는 자료도 있다. 훗날 모친은 이렇게 말했다. "반항심이 가득했죠. 거의 남자아이 같았고, 여자아이답게 행동하라고 해도 도저히 설득이 안 되었어요. 브렌다는 어릴 때 친구가 거의 없었어요. 모두가 원시인이라고 부르면서 조롱했어요. 정말 외로운 여자아이였어요."[30]

데이비드는 스물다섯 살에 결혼했고, 세 아이의 계부가 되었다.[31] 그러나 심각한 정신 질환에 시달렸고, 30대 중반에 실직하고 이혼했다. 쌍둥이 형제 브라이언은 이미 약물 남용으로 사망한 상태였다. 2004년 서른여덟 살에 데이비드는 자살했다.

트랜스젠더의 뇌

한 사례를 너무 확대 해석하는 것은 바람직하지 않다. 그러나 여성과 남성의 뇌는 두 살 무렵만 되어도 무게가 달라진다.• 현미경 아래에서도 미묘한 차이를 보인다. 가장 차이를 보이는 구조는 뇌 중심 깊숙한 곳에 있는 작은 뉴런 덩어리로, '시각교차앞 구역의 성적 이형 핵 sexually dimorphic nucleus of the pre-optic area, SDN'이라는 밋밋한 이름으로 불린다(95쪽 그림 4 참조). 성적 이형 핵이 시상하부에 있는 것은 결코 우연이 아니다. 시상하부는 둘레계의 일부로서, 로스앤젤레스 환자들 사례에서 보았듯이 이 영역이 손상되면 성적 취향이 변하기도 한다. 남성은 여성보다 성적 이형 핵이 2.5배 크고, 세포 수가 2.2배 많다.[32]

젠더 정체성은 복잡하며 분명 뇌 구조만으로 결정되지 않는다. 그러나 이런 유전자와 호르몬 요인들은 궁극적으로 뇌 발달에 영향을 미치며, 사실 몇몇 예비 연구는 시상하부 깊숙이 위치한 작은 뇌 조직 덩어리, 즉 성적 이형 핵이 트랜스 여성(남성에서 여성으로)에게서는 여성, 트랜스 남성에게서는 남성의 크기에 더 가깝다는 것을 보여주었다.

이런 연구는 수행하기 쉽지 않다. 사망한 사람의 뇌를 기증받아서 연구해야 하기 때문이다. 비판자들은 표본 수가 미미하고, 장기간 호르몬 대체 요법을 받았기에 뇌에 변화가 일어났을 가능성이 있는 이들도 있다고 지적한다. 게다가 비판자들은 이 작은 핵이 유전적 또는 신체적 성별과 무관하게 개인이 자신의 젠더를 어떻게 인식하는지에 실제로 영향을 미치는지 의문을 제기한다. 그들은 대안 가설을 제시한다. 이 핵이 '남성적인 또는 여성적인' 행동에 영향을 미쳐, 그 결과 해당 인물이 더 남성적 또는 여성적으로 보이게 만든다. 당사자는 자신이 어떻게 보이는지 의식하게 되고, 스스로를 그런 식으로 지각하기

● 유념할 점은, 뇌의 무게가 지능과는 아무런 상관관계가 없다는 것이다.

시작한다고 본다. 이는 젠더 정체성이 생물학적으로 영향을 받기는 하지만, 선천적으로 결정되는 것은 아님을 의미한다.[33]

여기서 뇌의 구조적 차이가 성전환•의 토대를 이룰 가능성이 있으며, 사회적·심리적 요인이 함께 작용한다는 견해가 그것과 상호 배타적이지 않다는 점을 강조할 필요가 있다. 이 주제는 진정한 이념 전쟁터이며, 이 분야의 연구는 정치적으로 민감하다. 그러나 인간의 행동, 기능, 해부 구조, 질병 등 다양한 영역들과 마찬가지로, 젠더 정체성이나 젠더 불쾌감 역시 유전자, 호르몬, 신경학적·심리학적 요인에 따라 개인별 차이가 스펙트럼을 이루고 있을 가능성이 높다.

성적 선호와 뇌

물론 '색욕'의 측면에서 보면, 성적 지향이나 선호는 젠더 정체성과 별개일 경우가 많다. 그렇다면 젠더 정체성만이 아니라 성적 지향성도 뇌에 영향을 받거나 더 나아가 뇌가 규정한다는 증거가 있을까?

사회적·종교적 이유로 거세, 호르몬 치료, 정신분석, 동성애 사진을 보여주면서 구토 유발, 뇌 수술, 전기경련 치료 등 성적 지향성을 바꾸려는 시도들이 예나 지금이나 많이 이루어진다. 하지만 그 일은 설령 완전히 불과능한 것은 아니더라도 매우 어렵다. 이는 동성애

• 여기서 '성전환'은 의학적인 맥락에서, 그리고 더욱 폭넓게 젠더 불쾌감과 성전환 수술과 호르몬 요법을 가리킨다.

가 '생활의 한 방식'이라거나, 사회적 환경이 원인이라거나, 부추긴다는 흔한 주장에 반박하는 가장 강력한 논거 중 하나일 것이다. 성적 지향성은 본질적으로 성년기에 고정된다고 본다. 앞서 살펴보았듯이, 시상하부나 둘레계의 다른 영역에 손상을 입어서 지향성이 달라지는 예외도 있긴 하다. 쥐나 흰족제비 등 다른 종에서도, 실험실에서 시각교차앞 구역을 파괴해 성적 지향성의 변화를 유도할 수 있다.

성적 선호가 뇌에 의해 규정된다면, 성적 지향성에 따라 뇌 구조나 기능에 차이가 있다는 증거가 있을까? 동성애 남성과 이성애 남성의 뇌를 비교하니 실제로 시상하부의 다양한 영역이나 뇌 양쪽 관자엽 사이의 연결 통로에 차이가 있었다. 이는 죽은 사람의 뇌 조각을 현미경으로 들여다볼 때만 나타난 것이 아니다. 현대 뇌 영상 기법으로 특정 약물,[34] 페로몬,[35] 야한 동영상[36]에 반응해서 시상하부 기능에 차이가 있음을 보여준 연구들도 있다. 삼차원 자기공명영상 진단MRI volumetric analysis을 이용한 후속 연구에서는 뇌 양쪽의 대칭성에도 어느 정도 차이가 드러났다. 이성애 남성과 동성애 남성은 더 대칭성을 띠는 반면, 동성애 여성과 이성애 남성은 우반구가 좌반부보다 더 큰 경향을 보인다●●[37]

●● 같은 연구에서는 편도체나 앞띠다발 겉질과의 연결뿐 아니라, 둘레계의 다른 영역과의 연결에서도 차이가 나타났다.

파킨슨병, 성욕과다증, 도파민

사람 및 다른 동물들에게서 얻은 증거들은 이렇게 유전자뿐 아니라 태아 때 화학물질 노출의 영향을 받아 형성된 뇌의 구조와 기능이 우리의 성생활, 성적 행동, 성적 지향성에 영향을 미친다고 말한다. 이 뇌 영역들은 이런 행동들과 단순히 상관관계를 보이는 차원을 넘어선다. 동물 실험 결과나 이런 영역이 손상이나 파괴된 사람들이 보여주듯이, 그런 행동에 직접 영향을 미친다.

그러나 성적 행동을 뇌 영상에서 관찰된 변화 탓으로 돌리는 원론적 관점은 현실에서는 크게 와닿지 않는다. 사이먼의 사례가 이를 극명하게 보여준다.

앞서 상세히 다룬 사례들과 달리, 사이먼은 뇌에 심한 구조적 손상을 입지 않았다. 뇌졸중도, 머리뼈를 뚫고 들어간 총알도, 파편도 없다. 물론 파킨슨병이라는 퇴행성 뇌 질환을 앓고 있지만, 그의 성적 행동은 병 진단을 받기 몇 년 전부터 달라지기 시작했다.

그렇지만 성적 선호나 성적 행동의 변화가 반드시 뇌 구조가 달라졌기 때문은 아닐 수도 있다. 뇌 구조는 그대로인데 기능이 달라졌을 수 있다. 앞서 말한 로스앤젤레스 환자 집단이 제공한 한 가지 단서는 특히 사이먼과 관련이 있을지 모른다. 뇌졸중, 뇌출혈, 뇌종양, 뇌의 바이러스 감염 환자 중에서도 특히 눈에 띄는 사람이 있다. 약 10년 전에 파킨슨병 진단을 받은 일흔한 살 남성이다. 최근에 치료를 받기 시작한 그는 몸의 떨림과 움직임, 뻣뻣함이 좀 나아졌다. 그러나 그 약은 그의 행동을 완전히 바꾸었다.

> 그는 성적인 주제를 계속 생각하고 삽입하는 성적 환상에 몰입했다. 그는 자신의 음경에 온갖 물건을 삽입하기 시작했고, 박힌 연필을 수술로 빼내는 일도 있었다. 처방약의 용량을 줄이자 일탈적인 성적 행동도 줄어들었다. 그 이전에 그는 정신 질환을 앓은 적도 없고 성적 기능 장애나 성적 도착 행동을 한 적도 전혀 없었다. 30년 넘게 혼인 생활을 했는데, 아내도 그가 일탈적인 성행위를 한 적이 한 번도 없다고 했다.[38]

그에게 극적인 변화를 유발한 약물은 레보도파levodopa다. 주로 파킨슨병 치료제로 쓰이는 이 약물은 아미노산의 일종으로, 일단 중추신경계로 들어가면 효소 작용으로 우리에게 친숙한 화학물질로 전환된다. 바로 신경전달물질인 '도파민'이다. 파킨슨병의 주된 특징은 중간뇌의 흑색질에서 도파민을 생산하는 뉴런이 사라지는 것이다. 이 도파민 생산 뉴런은 육안으로 볼 때 주변 영역들보다 색깔이 짙으며, 바닥핵이라는 여러 핵으로 이루어진 연결망의 일부다. 레보도파는 이 영역의 도파민 수치를 정상으로 되돌려서 운동 기능을 어느 정도 회복시키기 위해 투여한다. 1960년대 초부터 사람에게 투여했는데, 지금도 이 신경 장애의 주요 치료제로 쓰인다.

일찍이 1969년에도 그전까지 성적으로 '정상'이었던 파킨슨병 환자에게 레보도파를 투여하자 성욕과다증이 생겼다는 보고가 나오기 시작했다. 그 초기 논문의 저자는 파킨슨병 환자 여든 명을 치료했는데, 레보도파를 고용량으로 복용시켰더니 운동 기능이 대폭 향상되었다고 했다. 부작용도 상세히 적었다. 여든 명 중 상당수에게서 뚜렷한 성격 변화가 일어났다고 했다.

> 일부 환자에게서 이마엽 과다 활동에 따른 행동 패턴이 뚜렷했다. 특히 성적 행동이 그랬다. 적어도 남성 환자 네 명에게서는 리비도의 증가가 명확히 시각적으로 드러났지만, 안타깝게도 발기가 유지되지 않았고 사정이 지나치게 빨라 성교도 곧 끝났다. 여성 환자들에게서도 이 효과가 나타나는지 여부를 평가하기는 어렵지만, 아마도 나타날 것이다.[39]

첫 보고 이후, 레보도파 복용이 성욕 과다와 관련이 있다는 연구가 나왔으며, 뇌의 도파민 수용체를 자극하는 최신 도파민 수용체 약물들도 마찬가지라는 연구 결과가 쏟아졌다. 환자의 3퍼센트는 이런 약물에 성욕과다증을 드러낸다.[40] 대개 짝에게 섹스를 더 요구하거나 포르노에 지나치게 관심을 갖거나 강박적으로 자위 행위를 하는 양상으로 나타난다. 좀 불편한 대화일 수 있지만, 요즘 나는 으레 파킨슨병 환자들에게 그런 경험이 있는지 물어본다. 그들은 당장은 뭔가 잘못되었다는 것을, 자신의 행동이 이상하다는 사실을 알아차리지 못할 때가 많다. 약을 끊었을 때에야 비로소 성욕 과다 행동이 줄어들고, 자신의 행동에 문제가 있었음을 깨닫는다.

최근 들어 이런 약물이 성욕 과다를 촉발할 뿐 아니라, 성적 선호까지 극적으로 바꿀 수 있음이 밝혀졌다. 예를 들어 자신의 음경에 이런저런 물건을 삽입하던 남성의 사례처럼 말이다. 실제로 이 약물로 유발되는 성도착증(사회 규범에 벗어난 강렬한 성적 충동이나 행동으로 정의되는)•의 범위는 노출증, 접촉도착증, 소아성애증, 성피학증, 복장도착증, 관음증, 외설증, 동물성애증과 관장애착증 등 경이로울 정도로 방대하다.[41]

이런 약물을 복용하는 환자에게서 여러 종류의 성도착증이 한꺼번에 나타나기도 한다. 한 환자는 레보도파를 복용하자마자 노출증이 나타났고, 공연음란죄로 벌금형을 받았으며, 그 뒤에는 여성용 옷을 입고, 전화를 걸어 음란한 말을 쏟아내고, 거리에서 여성을 쫓아다니기 시작했다.[42] 비슷한 약(도파민 수용체에 결합하는)을 처방받은 양보다 더 고용량으로 복용한 또 다른 환자는 성욕과다증이 생겼고, 기르던 개와 성교를 시도하다가 아들에게 발각되었다.[43] 성도착증을 일으킨 환자 서른한 명 중 여덟 명이 관련 행위로 범범자가 되었다는 조사 결과도 있다.[44]

의학 문헌에 실려 있는 환자들은 대부분 남성이지만 여성도 영향을 받을 수 있다. 그리고 모든 사례에서 약물 투여량을 줄이거나 도파민을 차단하는 다른 약, 본질적으로 레보도파 같은 약물의 약학적 효과를 상쇄하는 약을 함께 투여해서 도파민 자극을 줄이면 성도착증이 줄어들거나 사라졌다.

● 성도착증은 비정상적인 상황·대상·행동·사람에게 강렬하거나 반복적으로 성적 흥분을 일으키는 것인데, 여기서 '비정상적'의 기준에 대해서는 논란이 있다. 관습에 어긋나는 성적 관심의 정의는 문화와 시대에 따라 달라지기 때문이다.

도파민과 섹스 중독

도파민의 전구체인 단순한 아미노산이 어떻게 성격을 그토록 극적이면서 터무니없게 바꾸고 자신과 남들에게 고통과 피해를 일으키고 심지어 구속까지 시킬까?

우리는 〈탐식〉에서 도파민이 운동 조절에 관여할 뿐 아니라, 쾌락과 보상의 신경생물학에도 관여한다고 이야기한 바 있다. 사실 이런 약물은 강박적 섭식과도 연관이 있다. 그러나 도파민이 음식의 보상에만 관여하는 것은 아니다. 이 쾌락 경로, 즉 측좌핵의 '보상 중추'로 이어지는 중간 둘레 경로를 구성하는 도파민 생성 뉴론은 성교 때의 쾌락과 보상도 매개한다(128쪽 그림 5 참조).

따라서 성욕과다증과 성도착증의 관점에서 보면, 도파민과 그것이 매개하는 경로는 우리가 무엇에서 즐거움과 쾌락, 동기를 느끼고 추구하는지를 결정하는 토대인 듯하다. 그러니 도파민 농도가 엉망이면 섹스 같은 긍정적인 자극에 대한 반응이 달라지거나 더욱더, 때로는 극단적으로 추구할지도 모른다. 또 아마 어떠한 위험을 무릅쓰고라도 보상이나 쾌락을 안겨주는 새로운 경험을 추구하도록 우리를 부추길 수도 있다.

이 '사회 규범에 어긋나는' 성적 행동이 정확히 어떻게 나타나는 것인지는 아직 불분명하다. 레보도파를 하루에 서너 번 고용량으로 복용해 측좌핵이 간헐적으로 높은 농도의 도파민에 노출되면, 이 뇌 조직이 도파민에 과민화되어 그 효과에 비정상적으로 강하게 반응한다는 것이다. 이러한 과민화가 새롭고 강렬한 쾌락을 갈망하도록 유도해 성욕과다증이나 성도착증을 일으킨다는 것이다.

파킨슨병과 도파민, 성욕과다증 등의 연관성에 비추어보았을 때 사이먼의 행동 역시 같은 맥락으로 이해할 수 있을 것이다. 그러나 한 가지 큰 문제가 남아 있다. 그는 최근에 파킨슨병 치료를 받기 시작했는데, 그 진단을 받기 수년 전부터 성적 행동에 변화가 시작되었다는 사실이다. 따라서 우리는 다른 설명을 찾아야 한다.

도파민 이야기는 아직 끝나지 않았다. 이 작은 화학물질은 뇌 손상이나 약물 같은 외부 화학물질의 영향을 받지 않은 사람들의 비정상적 성적 행동과도 관련이 있을 가능성이 존재하기 때문이다. 섹스 중독은 유명인만의 전유물이 아니다. 성인 인구의 약 6퍼센트는 섹스 중독의 특징들을 지니고 있다.[45] 한 연구는 기독교 성직자 중 15퍼센트가 사이버 섹스 중독이라고 추정하기도 했다.[46] 이런 성적 행동은 포르노를 지나치게 본다거나 성욕과다증, 극단적일 때에는 성도착증까지 다양한 특성을 보인다.

모든 정신과의사나 심리학자가 섹스 중독이라는 질환이 별도로 존재한다고 보지는 않는다. 사실 정신의학계에서 진단의 경전 중 하나인 미국정신의학회의 《정신 질환 진단 및 통계 편람Diagnostic and Statistical Manual of Mental Disorders, DSM》 최신판에는 그 항목이 없다.[47] 일부 임상의는 섹스가 건강과 행복에 관련 있는 정상적인 행동이며, 이를 중독이라고 보는 것은 잘못이라고 주장한다. 그보다는 기본 충동을 억제하지 못하는 충동 조절 장애로 본다.[48] 즉 강박적인 성적 행동이 존재하느냐 여부가 아니라, 그 행동이 약물 중독 등의 중독을 뜻하는지, 아니면 그저 정상적인 욕구를 조절하고 억제하기가 쉽지 않다는 뜻인지 묻는다. 또 이를 진단하는 방법과 그들을 환자 취급하지 않는 방법을 둘러싼 논쟁도 있다.

이 질환의 분류 논쟁에 상관없이, 다른 중독 유형들과 겹치는 영역은 분명히 있다. 자제력 상실, 자신이나 남에게 상당한 피해를 입히면서도 멈추지 않는 것, 강박적 사고와 행동 등. 문제는 섹스가 아니다(그것이 실제 섹스든 환상이든 포르노든 간에). 섹스의 결과가 문제이며, 당사자들도 이를 벗어나고 싶어 한다는 게 핵심이다.

섹스 중독자 약 80퍼센트는 남성이며, 이들은 성매매나 포르노, 성도착에 몰두할 가능성이 훨씬 높다. 일부 연구자는 여성이 순수한 섹스가 아니라 '사랑' 중독의 측면들을 드러낼 가능성이 더 높다고 주장한다.[49] 많은 섹스 중독자는 약물 남용 문제도 안고 있다. 아니면 마약 때문에 강박적인 성적 행동에 계속 빠지는 것일 수도 있다. 뇌가 중독에 빠지는 성향이 더 강해져서인지, 아니면 다량의 마약이 욕망을 촉발시켜 섹스 중독에 빠뜨리는 것인지는 아직 불분명하다.[50]

마약 중독자와 식욕에 문제가 있는 사람 사이에 유사점이 존재하듯이, 섹스 중독자도 마약 중독자들과 유사점이 있다. 일부 섹스 중독자는 섹스를 '좋아한다'가 아니라 '원한다'고 표현한다. 때로 그들은 배우자와 섹스할 때 느끼는 즐거움을 외도 관계에서는 전혀 느끼지 못한다고 말한다.[51]

섹스 중독이 진정한 중독인지 충동 조절 장애(또는 다른 무엇)인지를 둘러싼 논쟁은 계속되고 있지만, 파킨슨병 환자에게서 관련이 있던 그 회로가 여기서도 관여하고 있다. 쾌락 경로, 즉 중간둘레 경로는 무언가를 원하지만 특별히 즐기지는 않는 태도를 기반으로 한다.

뇌의 구조가 아니라 활성을 영상으로 찍어서 살펴보는 연구는 중요한 단서를 제공한다. 포르노에 비정상적으로 집착하는 남성은 중간 둘레 회로를 이루는 다양한 뇌 영역들이 성적 자극에 더 격렬하게 반응한다.[52] 야한 이미지 자체가 아니라 야한 이미지가 나올 것이라는 예상만으로도 측좌핵이 활성을 띤다. 사실 야한 이미지를 보았을 때의 실제 반응은 포르노에 비정상적으로 집착하는 사람이나 그렇지 않은 사람이나 아무런 차이가 없었고, 그런 이미지들의 선호도에도 전혀 차이가 없었다. 이는 섹스 중독이 주로 섹스가 안겨주는 즐거움 때문이 아니라, 이런 성적 자극을 추구하려는 동기의 증가에서 비롯되었음을 시사한다. 또 이 '원함'의 기반이 되는 회로가 반복적인 자극에 민감해져, 어떤 식으로든 강화되었음을 시사한다.

파킨슨병 환자에게서는 도파민의 전구체인 약물을 투여했을 때, 도파민의 농도가 몸에서 정상적인 수준보다 훨씬 높아지는 상황이 이따금 벌어지는 듯하다. 그런데 섹스 중독자에게서는 무엇이 이런 민감화를 유발하는 것일까? 이 회로를 자극하는 외래 물질일까?

지금 우리는 터치패드나 휴대전화 앱을 누르는 것만으로 야하거나 음란한 이미지를 쉽게 접할 수 있는 과잉성애화한 세계에 살고 있다. 그런데 우리 뇌가 본래 이런 세계에서 살도록 진화한 것이 아니라는 설명이 나와 있다. 성애화한 현대 세계는 우리가 미처 예상하지 못한 환경이자, 이 회로에 과도한 자극을 주기 쉬운 환경이며, 유전자나 뇌 화학, 심리적 요인 때문에 취약해진 이들에게 파괴적 행동을 하도록 부추길 수 있는 환경을 의미한다. 그리고 온갖 신체적·심리적·법적 문제를 초래함으로써 개인과 주변 사람들에게 실제 피해를 입힐 수 있다. 성 기능을 증진시키거나 촉진하는 약물 남용에서 성병 감염, 외모를 가꾸기 위한 미용 시술, 수치심과 죄책감과 계획에 없는 임신, 이혼, 성 범죄로 체포나 투옥, 직장에서의 부적절한 행동이나 실직까지 다양한 결과를 빚어낼 수 있다.[53]

이 설명이 옳다면, 우리가 놓인 성적 환경이 뇌 회로를 강화해 성적 추구를 촉진하는 원인이 되며, 종교든 법이든 사회 규범으로 이를 규제해야 한다는 강력한 근거가 될 수 있다. 성적 이미지에 노출되는 것이 이런 해로운 행동 중 일부를 야기하거나 적어도 부추긴다면, 공익적인 면에서 해당 환경을 제한 및 규제하는 방안이 필요할 수도 있다. 그리고 앞서 말했듯이, 우리 환경, 특히 아동기의 환경은 뇌의 기능과 구조를 근본적으로 바꿀 수도 있다.

마음과 뇌의 구분

그렇다면 사이먼이 단지 섹스 중독자이고, 이 문제가 파킨슨병과 무관할까? 분명히 그의 이야기에는 이 견해를 뒷받침하는 측면들도 있다. 그가 섹스 자체가 즐거운 게 아니라 섹스를 한다는 기대에 집착한다는 것이 한 예다. 아마 이전에 포르노에 심취했던 경험이 측좌핵과잉 자극을 초래했을 가능성이 있다. 그러나 그의 말 중에는 전혀 다른 방향을 가리키는 특징들도 있다.

실토한 뒤 그는 배우자와 딸뿐 아니라 친구들도 잃었다. 배우자가 그의 친구들에게 다 털어놓는 바람에 친구들과도 절연했다. 그나마 계속 애매하게 연락하는 친구 한 명과 공동 양육하는 딸을 제외하면 그는 완전히 고립된 상태다. “아내와 딸, 아주 좋은 친구들과 정말 안

락하게 살고 있었죠. 지금은 다 사라졌지만요."

신기하게도 사이먼은 파킨슨병을 진료하는 신경과의사뿐 아니라 상담하는 심리학자에게도 이런 이야기를 전혀 언급하지 않았다. 당혹스럽고 수치스러웠기 때문이다. 그런데 왜 지금 나한테는 털어놓고 있는지 흥미로웠다. 그는 깊이 반성하는 중인 것 같았다. 사이먼은 본인 때문에 자신과 가족의 삶이 엉망이 된 지 1년이 지난 지금 몹시 수치스러워하며 자신과 자신의 행동을 이해하기 위해 애쓰고 있다. 그는 이 문제에 대해 조치하지 않는다면 앞으로도 계속 문제시될 것이고, 지금뿐 아니라 자신의 미래도 엉망이 될 것이라고 우려한다.

사이먼의 사례는 복합적이다. 파킨슨병을 앓고 있다는 맥락에서 보면 더욱 그렇다. 그의 신경학적 장애를 성적 행동과 관련지을 수 있을까? 시간 순서를 따질 때, 그의 성욕 과다는 레보도파 복용 몇 년 전부터 나타났으므로, 우리는 이 약의 효과를 배제할 수 있다. 아주 드물게 약물 치료를 받지 않는 파킨슨병 환자에게서 이런 문제들이 나타날 수 있지만, 사이먼은 도박이나 마약 중독이나 지나친 섭식, 과도한 쇼핑이나 지출 등 다른 충동 조절 문제를 전혀 겪지 않았다. 사실 레보도파를 복용하기 시작한 뒤로 그의 정신 상태는 많이 개선되었다. "예전보다 덜 슬펐어요." 게다가 그의 성적 행동은 충동적이지 않았다. 며칠, 몇 주, 심지어 몇 달 동안 강박적으로 생각한 끝에 행동으로 옮겼다. 친구와 잠자리를 가진 일이 유일한 예외였을 것이다.

사이먼은 이것이 어느 정도는 자신의 낮은 자존감과, 여자들이 자신과 성관계를 갖고 싶어 하지 않을 것이라는 걱정 때문이라고 본다. 그럼에도 전체적으로 불안이 야기하는 강박적 요소가 있음을 시사한다. 반복되는 섹스 생각, 심해지는 고민, 그리고 섹스 후에는 그 생각을 덜하게 되는 양상이 그 예다. 충동적 행동과 강박적 행동은 확연히 구별된다. 충동적 행동이 뒷일을 생각하지 않은 채 무계획적으로 움직이는 것이라면, 강박 행동은 다르다. 내면의 걱정이나 불안을 회피하거나 해소하기 위한 행동이지만, 쾌락이나 보상이라는 긍정적인 감정을 낳지 않는다.● 이 방향을 가리키는 특징들은 더 있다. 그의 강박적인 섹스 생각은 다른 불안들이 커지는 시기에 고조된다. 건강 불안이 심해질 때 특히 그러한데, 항우울제를 복용하면 불안과 함께 강박적인 섹스 생각도 줄어든다. 그의 강박적인 성향은 오래되었으리라. 어릴 때 컴퓨터에 푹 빠진 일이나 휴가 때 만난 여성에게 '매혹'되어 오랫동안 연인 관계로 지내게 된 것이 그렇다.

그러나 모든 일을 성격으로 설명할 수는 없다. 그는 20대 중반까지 그 어떤 강박적인 성적 행동 없이 안정적으로 관계를 오래 유지했

● 중독, 충동 조절 장애, 강박 행동은 상당히 많이 겹치지만, 중요한 차이점들이 있다. 중독은 마약이나 술에 '취한 기분'처럼 즐겁다고 믿는 해로운 행동을 반복하는 현상이다. 충동성은 결과를 생각하지 않고 내부·외부의 자극에 계획 없이 반응하거나 행동하는 것이다. 강박 행동은 내면의 불편함이나 긴장을 회피 또는 해소하기 위한 행동으로, 반복적으로 이루어질 때가 많다. 그러나 강박 행동은 중독이나 충동 조절 장애에서 나타나는 긍정적인 감정보다는 오히려 괴로움을 안겨줄 경우가 많다. 강박 장애에서는 이런 행동이 강박적인 침투적 사고와 관련되었을 때가 많고, 그 행동이 강박적 사고와 동반되는 불쾌감을 완화하기 위해 이루어진다. 불안 장애를 앓는 사람은 실제로 일어날 가능성이 있는 일을 걱정하면서 그에 과도하게 반응할 수 있는 반면, 강박 장애를 앓는 사람은 현실과 동떨어진 걱정을 한다. 예를 들어, 불안 장애자는 자동차를 구입할 때 바가지를 쓸까 봐 여기저기 가격을 알아보는 데 지나치게 많은 시간을 할애하는 반면, 강박 장애자는 특정한 순서로 전등들을 켜고 끄지 않으면 차가 망가질 수 있다고 걱정할지 모른다.

다. 그는 예전 배우자에게 정서적으로 매우 공감한다. 그는 자신이 내키는 대로 하고 주변 사람을 개의치 않고 쾌락을 좇는 나르시시스트도 사이코패스도 아니다. 오히려 죄책감과 당혹감에 시달리며, 자신의 행동에 대한 답을 찾고자 한다.

알코올이 그의 자제력을 낮추어 강박적 욕구에 따라 행동하기 더 쉽게 만드는 것일 수도 있다. 알코올은 이마엽의 기능을 방해해 우리 행동의 제동 장치를 풀어 헤친다. 앞서 살펴보았듯이, 섹스 중독이나 이와 비슷한 행동의 특성은 여전히 논쟁거리이며, 이것이 진정한 중독인지, 충동 조절 장애인지, 불안의 극단적 형태인 강박 장애와 더 유사한지를 두고 논쟁이 계속된다. 강박 장애에서도 강박적으로 성적 생각을 하는 사례가 분명 있지만, 대개는 다른 강박적 행동들과 겹치며 행동으로 옮기는 일은 드물다.

그렇다면 파킨슨병은 전혀 상관없는 엉뚱한 병일까? 그럴 수도 있고, 아닐 수도 있다. 떨림, 경직, 보행 장애 같은 파킨슨병의 명백한 특징들이 나타나기 10~20년 전에 뇌 안에서 퇴행적 변화가 서서히 일어나면서 미묘한 전조 증상들이 나타난다는 주장이 점점 받아들여지고 있다. 여기에는 수면 교란, 후각 상실이나 우울증과 불안 같은 정신과적 증상들도 포함된다.[54] 이런 증상들은 감정 조절과 가장 관련이 깊은 뇌 연결망인 둘레계와 뇌줄기의 변화에서 비롯될 가능성이 높다. 따라서 사이먼의 뇌에서 진행된 파킨슨병이 강박적인 섹스 생각을 부추기고, 궁극적으로 그의 삶을 파탄으로 내모는 데 일정 부분 역할을 했을 가능성도 충분히 있다.

그의 행동 특성을 이해한다고 해서 상황이 곧바로 나아지지는 않더라도, 앞으로 그의 삶이 다시 망가지는 것을 막는 데에는 도움이 될 수 있다. 중요한 점은 이를 통해 '심리적인 요인'과 '신경학적인 요인'이 어떻게 상호작용하는지 알 수 있다는 것이다. 뇌와 마음의 상호작용이 우리가 왜 어떤 행동을 하고 하지 않는지에 어떻게 영향을 미치는지 보여준다. 내가 용어를 작은따옴표로 강조한 데에는 이유가 있다. 이런 구분이 모호하기 때문이다. 마음과 뇌를 구분하기란 어려우며, 더 나아가 구분되지 않는 것일 수도 있다.

앞서 살펴보았고 앞으로도 살펴보겠지만, 정서·감정·생각·행동은 뇌의 구조와 기능에서 기원한다. 지금까지 언급한 사례들처럼, 뇌의 작동 방식이 변화하면 우리의 행동이 바뀔 수 있다. 그 변화가 뇌 영상이나 사후 부검 때 현미경 슬라이드에서 명확히 드러날 수도 있다. 반면에 더 모호하면서 불분명할 때도 존재한다. 그러나 뇌 기능이 변화해 우리의 '음탕함'이 달라질 수 있다면, '색욕'은 우리 뇌에서 기원하는 것이 분명하다.

성욕은 생물학적 명령이다. 그것이 외부로 나타나는 형태는 단지 이를 촉진하고 억제하는 뇌 영역 간의 상호작용의 산물이다. 뇌 손상, 약물, 환경에 따라 증폭되거나 억제될 때 성욕은 삶을 망가뜨린다. 그러나 '색욕'이 없다면, 우리는 아예 존재할 수도 없다.

질투

— 남이 가진 것을 빼앗고 싶은 마음 —

질투는 독사의 고기를 먹고 있었고,

그 고기는 질투의 악덕을 키우는 먹이였다.

질투의 시야는 일그러져 있고,

이빨은 썩어서 거무튀튀하고,

가슴은 담즙이 차서 푸르딩딩하고, 혀는 독으로 차 있다.

질투는 고통을 볼 때만 웃음을 짓는다.

늘 경계하면서 걱정하느라 잠을 자지 못한다.

질투는 남의 성공을 못마땅하게 여기고,

그런 광경을 보면 수척해진다.

괴로워하고 괴로움에 갉아먹히는 것이 질투의 형벌이다.

—

오비디우스, 《변신 이야기》 중에서

"아내는 내가 30년 넘게 알고 지내는 친구들과 불륜을 저지른다고 의심했어요. 내가 자신을 속인다고요. 가족이든 친구든 가리지 않고 모든 사람을 의심했죠. 이성적으로 설득할 수 없어요. 아예 말이 안 먹혀요." 콜린은 아내 옆 소파에 앉아 있다. 그가 말하는 동안 그의 아내인 세라는 쉴 새 없이 몸을 움직인다. "폭력적으로 굴 때도 있어요. 아내는 좌절했어요. 처음에 내가 떠나지 않겠다고 했거든요. 남아서 아내를 돌보려 했지만, 아내의 상태가 점점 더 악화되고 폭력적이 되어갔어요. 내가 있어서 아내가 더 악화되는 것 같았어요. 내가 못 믿을 남편이었기에, 아내가 나가라고 한 거였지요. 그냥 나와 한집에 있는 걸 견딜 수 없었던 거예요. 그래서 결국 딸네 집에서 지내기로 했죠. 쌍둥이 아들도 따라왔고요."

"이 모든 일이 너무나 죄스러워요." 세라가 끼어든다.

두 사람은 현재 40대 후반이며, 부부가 된 지 26년째이고 성인이 된 딸과 열여덟 살 된 쌍둥이 아들이 있다. 세라는 함께 사는 수십 년간 결코 이런 행동을 한 적이 없었다. 그녀는 말했다. “평소에 파리 한 마리도 잡지 못해요.” 그 말에 남편도 고개를 끄덕였다.

그녀는 처음에는 잘 기억하지 못했지만, 시간이 흐르면서 빈 구멍이 서서히 메워졌다. “그 뒤에 문득문득 그 장면들이 기억났어요.” 자신이 무슨 짓을 저질렀고 어떻게 했는지 알아차리면 그녀는 주저앉아 울음을 터뜨리고, 죄책감에 사로잡히곤 했다. “친구와 친척, 아이들에게 백만 번은 사과했을 거예요.” 그러나 그녀는 사건이 발생했을 당시에는 남편의 불성실함을 “100퍼센트 확신했다”고 말한다. 명백한 반대 증거들을 제시해도 남편의 불륜을 확신한 태도는, 망상이라는 객관적 임상 기준에 부합하는 행동이다.

그녀의 외도 망상은 정교하며, 자신의 믿음에 반하는 증거는 모두 위조되었다고 봤다. 콜린은 설명했다. “불륜이 사실상 수십 년 동안 지속되었다는 거예요. 제 말은 모두 핑계이고, 처가 식구들까지 나를 도왔다는 거예요. 예를 들어, 아내는 내가 여자 친구들 중 한 명과 휴가를 갔다고, 진한 연애를 했다고 의심했어요. 그런데 맹세코 그런 일은 없었어요. 각자 어디에 있었는지 알라바이도 명확했고요.” 하지만 세라는 전혀 믿지 않았다. 이렇게 말하곤 했다. “아니야, 거짓말이야. 확실해. 사람들을 동원해서 그렇게 보이도록 조작한 거야.”

지난 2년간 세 차례의 강렬하고 파괴적인 질투 사건으로 부부 관계는 파탄에 이르렀고, 세라는 두 차례 정신병원에 입원했다. 한 번은 자의로, 다른 한 번은 강제로. 성적 불륜을 둘러싼 강렬한 망상은, 명백한 반대 앞에서도 흔들리지 않는다. 입원했을 당시 정신과의사들은 그녀의 정신 건강에 뚜렷한 문제가 있다는 징후를 발견하지 못했다. 콜린은 말했다. "지금도 연구 중이에요."

네가 가진 것을 갖고 싶어

오비디우스는 질투를 인류에 악의를 품은 해로운 존재로 묘사한다. 이는 사람들이 실제 경험하는 질투의 범위를 반영한 현대적 해석과는 거리가 멀다. 질투는 더 나은 자질·소유·성취를 바라거나 누군가가 그것을 빼앗기는 것을 보고 싶은 욕망이라고 느슨하게 정의할 수 있다. 심리학자는 상대의 자질을 바라는 욕망을 '양성' 질투라고 하고, 뛰어난 특징을 빼앗고 싶은 욕망을 '악성' 질투라고 정의한다.

그리고 시샘jealousy이 있다. 흔히 질투envy와 동의어로 쓰이지만 정확히 동일한 개념은 아니다. 심리학 관점에서 볼 때 시샘은 누군가가 자신의 물건이나 사람을 빼앗아갈지 모른다고 위협을 느끼는 것이다. 남편을 향한 세라의 병적인 질투가 그 예다. 그러나 과학 문헌이라고 해서 늘 이렇게 명확히 구분하는 것은 아니다. 일부 심리학자들은 시샘이 성적인 맥락이나 소유와 관련되었을 때가 더 많다고 주장한다. 이는 누군가의 소유물을 빼앗아 자기 것이라고 주장하고 싶은 욕망을 말한다.[1] 시샘은 대개 몹시 부정적이다. 질투는 분명히 그보다는 덜하다. 그러나 둘은 공존할 때가 많다. 자신이 질투하는 자질이나 소유물을 경쟁자가 가지고 있다는 이유만으로도 경쟁자에게서 위협을 느낄 수 있다.

질투는 적대적인 감정이며, 범죄와 갈등, 《성경》에 나오는 일화의 핵심 요소이기도 하다. 질투는 모세가 시나이산에서 가지고 내려온 석판에 새겨진 십계명에도 적혀 있다. 《성경》 〈창세기〉 4장 4~5절에 언급된 두 번째 범죄인 카인이 아벨을 살해한 동기이기도 하다. "아벨은 양 떼 가운데 맏배들과 그 굳기름을 바쳤다. 그런데 주님께서는 아벨과 그의 제물은 기꺼이 굽어보셨으나, 카인과 그의 제물은 굽어보지 않으셨다. 그래서 카인은 몹시 화를 내며 얼굴을 떨어뜨렸다."

일부 신학자는 이 인간적인 형질이 가장 큰 죄악을 저지르게 하는 핵심 감정이라고 본다.[2] 남들에게 해를 끼치는 차원을 넘어서 자기 입지를 훼손하면서까지 무언가를 뺏으려는 의지를 부추길 수 있다는 것이다. 프리드리히 니체Friedrich Nietzsche가 기독교의 평등주의 도덕 체계의 근간으로 추정하고, 철학자 아인 랜드Ayn Rand가 20세기 후반 상당 기간의 상징이었고, '선을 위한 선의 증오'로 이어졌다고 주장한 바로 그 감정이다.[3] 같은 사람을 향한 열등감·분노 등 부정적 감정이 뒤섞인 고통스러운 감정이다.

오늘날 질투라는 용어는 전혀 다른 의미를 지니게 되었다. 현대의 질투 관점에는 적대감이 거의 없다. 양성 질투는 찬탄에 가깝고, 열망과도 이어진다. 일부 심리학자와 철학자는 이런 양성 질투가 '질투의 본질을 흐릴 수도 있다'고 지적한다. "양성 질투에 적대적 감정이 없다면 그 감정은 경험하는 느낌과 가능한 결과 양쪽에서 적절한 질투와 근본적으로 다를 수 있다. (…) 우리가 볼 때 양성 질투는 세탁된 질투이며 (…) 그 핵심 요소인 일종의 악의가 결여되어 있다."[4]

생존의 원동력

질투와 시샘을 포함한 모든 감정은 생존의 원동력이다. 환경에 대한 우리의 반응은 물을 보고서 마시는 것처럼 단순할 수도 있지만, 감정은 더 체계적이고 복잡한 행동 패턴을 야기한다. 신경학적·생리학적으로 다양한 기능에 영향을 미친다.

어떤 감정은 다른 감정들보다 더 복잡하다. 두려움과 분노는 보다 직관적이고, 뚜렷하게 촉발되며, 더 직접적으로 와닿으면서 생존에 유리한 결과를 내놓는다. 대조적으로 질투와 시샘은 약간의 자기 반성과 지식을 필요로 하며, 사실상 죄책감·수치심·자존심도 마찬가지다. 이런 감정들이 더 고등한 인지 영역들과 사회적 세계의 심오한 이해와 관련된다는 인식 말이다. 한편 단순한 감정이 진화적 명령이라는 점도 더 명백하다. 인간의 원초적 수호자다. 예를 들어, 공포는 포식이나 종내 갈등의 위험을 줄인다. 분노는 식량·짝·영역 등 소유물을 지키기 위해 폭력을 부추긴다.

그렇다면 우리는 왜 이런 불쾌한 감정까지 겪는 것일까? 질투와 시샘을? 왜 다른 누군가의 장점이 내게 고통스러운 감정을 유발하는 것일까? 이런 감정으로 얻는 생존적 이점, 진화적 혜택이 무엇일까? 가장 뻔한 설명은 남들의 장점이 자신에게 심오한 결과를 미친다는 것이다. 이런 장점은 짝과 식량 확보, 더 폭넓은 의미의 성공에 도움을 주며, 우리는 경쟁 세계에 살고 있기에 누군가의 장점은 다른 누군가에게는 불리한 점일 수 있다.

질투의 두 얼굴

양성 질투, 즉 적대감이 없는 질투는 몇 가지 매우 긍정적인 결과를 가져올 수 있다. 뛰어난 이들과 자신을 비교하다 보면 사실상 희망이 샘솟을 수도 있다. 스스로 개선하고 성취할 수 있다고 여길 때 그렇다.[5] 또 창의성과 동기도 부추길 수 있다. 핵심은 우리가 자신과 비슷한 사람, 모방할 수 있는 사람, 내 세계 내에 있는 사람을 질투한다는 것이다. 진화 관점에서 볼 때 일론 머스크나, 제프 베조스, 빌 게이츠 등 내게선 너무나 멀리 떨어져 있는 사람의 막대한 부를 질투해봤자 아무 쓸모가 없다. 이웃 사람, 나보다 조금 더 잘 벌거나 조금 더 좋은 차를 모는 사람을 질투하는 쪽이 진화적으로 훨씬 더 논리에 맞는다. 저명한 신경과학자 V. S. 라마찬드란V. S. Ramachandran은 동료와 함께 이렇게 썼다. "질투의 전반적인 목적은 스스로 더 열심히 노력하거나(질투) 남의 것을 훔치는(시샘) 행동에 동기를 부여하는 것이다. (…) 질투는 자기 집단의 다른 이들이 필요로 하는 자원에 접근할 동기를 부여하도록 진화했다."[6]

온당한 질투, '악성' 질투는 관련된 적대감(불쾌감)을 수반하며, 이는 한정된 천연자원을 차지하기 위해 경쟁하도록 부추기는, 동기의 정서적 강화 인자 역할을 한다. 적대감은 의지를 더 굳히게 하고, 보다 집중하게 만든다. 적대감이 없다면 우월한 상대에게 해를 입을까, 보복을 당할까 겁을 먹고, 자신의 열등감에 굴복할 수도 있다. 온당한 질투에서 나온 적대감은 이 열등감에서 벗어나도록 도울 수도 있다.

따라서 다른 감정들처럼 질투와 시샘에도 진화적 목적이 있다. 더 나은 사람이 되고, 유한한 자원을 놓고 경쟁하며, 사랑하는 것을 남들로부터 지키도록 동기를 부여한다. 이런 감정들은 우리에게 근본적이며, 인류의 발전에 기여한다고 주장할 수 있다.

그러나 바로 이 힘들은 통제를 벗어날 때 살인과 폭력, 충돌과 전쟁을 일으킨다. 나는 고대의 종교 규범들이 강조하는, 우리가 외부 요인들보다 도덕적·영적 가치로 스스로를 평가해야 한다는 개념을 받아들인다. 부·외모·소유물에 내 자존감을 기대지 말아야 한다. 자신의 부족함을 알아차린다면 남들을 질투하기보다 스스로를 개선하기 위해 노력해야 한다는 것이다. 그러나 이런 종교 규범은 인간의 본성과 상충되며, 때로는 싸워서 지기도 한다. 그리고 종교조차도 질투의 복잡한 특성, 질투에 긍정적 속성과 부정적 속성이 공존한다는 것을 인정한다. 유대 문헌에는 이런 격언이 있다. "나를 위해 질투하라! 질투가 없다면, 세상은 유지될 수 없을 것이다. 아무도 포도밭을 조성하지 않을 것이고, 아무도 아내를 얻지 않을 것이고, 아무도 집을 짓지 않을 것이다." 마찬가지로 이슬람은 하사드hasad와 깁타ghibtah, 즉 악성 질투와 양성 질투의 차이를 인정한다. 깁타는 질투하는 이들이 알라를 위해 일하도록 이끈다.[7]

정상인과 환자의 모호한 경계

따라서 질투와 시샘은 때로 우리에게 도움이 되지만, 병리적인 양상으로 나타나기도 한다. 임상 관점에서 보자면 이런 감정은 극대화되어 일상생활이나 인간관계에서 해로우면서 때로 위험한 행동으로 이어져서 고통스러워질 때에야 비로소 의학적 관심을 받는다. 세라의 사례에서는 시샘이 너무나 심해져 폭력으로 이어지고, 결국 정신병원에 강제 입원되기에 이르렀다.

사실 질투는 의학적 문제로 보는 일이 거의 없으며, 대체로 지금도 여전히 철학적·신학적·사회적·심리적 영역에 속한다. 정상과 병리의 경계가 불분명하고 임의적일 때가 아주 많지만 대개는 병리가 아닌 정상 세계에 놓여 있다. 뒤에서 다시 살펴보겠지만 질투의 맥락에서 이 병리성을 어떻게 정의하느냐의 문제는 인격 장애를 논의할 때 특히 더 중요해진다.

어디까지가 정상 스펙트럼의 양 극단이고, 그 극단을 넘어 질병이나 장애로 판단되는 상태가 무엇인지는 의학계, 특히 정신의학계가 안고 있는 수수께끼다. 특정한 행동이나 사고 패턴을 병으로 단정할 명확한 혈액 검사나 뇌 검사 방법이 없기에, 진단은 대체로 의사가 환자나 그 가족이 하는 말을 어떻게 해석하느냐에 따라 주관적으로 이루어진다.

현란한 환각이나 망상처럼 비정상이 명확히 드러날 때도 많지만, 그렇지 않은 사례도 많다. 그래서 《정신 질환 진단 및 통계 편람》에서 정신 건강의 정의와 분류를 두고 정신의학과 심리학의 여러 학파 간에 논쟁이 계속된다. 우리는 주변에서 정상적인 상태를 의료화하는 경향(종종 제약업계가 도와주겠다고 나서며 자기네 제품을 처방하도록 부추기는 일)을 비판하는 말도 자주 듣는다. 이런 논쟁은 일곱 가지 치명적인 죄악 중 상당수와 관련이 있다. 《정신 질환 진단 및 통계 편람》의 이전판 편집자 중 한 명도 최신판인 《정신 질환 진단 및 통계 편람》 5를 강하게 비판해왔다. 그는 《허핑턴 포스트The Huffington Post》 기고에서 《정신 질환 진단 및 통계 편람》5가 정상적 변이를 정신 질환이라고 규정함으로써 일시적인 분노, 정상적인 슬픔, 이따금 일어나는 폭식을 정신 질환으로 취급할 위험이 있다고 비판했다. 장애라는 꼬리표를 붙여 불필요한 진료를 유발한다. "정신의학 분야에서는 새로운 진단명이 새로운 약물보다 더 위험하다. (…) 《정신 질환 진단 및 통계 편람》5는 우리가 어떤 좋아하는 일에 푹 빠질 때마다 그 모든 것을 정신 질환으로 내모는 매끄러운 비탈면을 조성해왔다."[8]

정신 질환을 둘러싼 정신의학자와 심리학자들의 논쟁은 결국 인격 장애의 개념과 이런 상태들이 실제로 정신 질환을 의미하는지 여부로 요약된다. 더 폭넓게 인격 장애는 대개 자신이 속한 문화의 허용 범위에서 상당히 벗어나는 사고 과정이나 행동 패턴을 계속하며 삶에 고통 또는 지장을 주는 것이라고 정의된다. 이런 생각이나 행동은 처방약이나 마약, 다른 의학적·정신의학적 장애 탓으로 돌릴 수 없으며, 타고나는 것이다.

《정신 질환 진단 및 통계 편람》과 《국제질병분류International Classification of Disease, ICD》 등 표준 분류 체계마다 정의에 차이는 있지만, 본질적으로 인격 장애는 정상적인 인격 특성이 지나치게 극단화되어 자신이나 주변에 해를 끼치는 상태로 본다. 정의상 이런 설명은 우리 성격의 이런 특징들이 정도의 차이가 있지만 우리 모두에게 존재하며, 우리 모두가 인간 행동의 이런 모든 측면의 스펙트럼 어딘가에 놓여 있다고 인정한다. '죄'를 저지르는 성향을 포함한 이런 특성들을 다룰 때 문제는 정상이 비정상으로 넘어가는 지점을 어떻게 정의하느냐에 있다. 어떤 특성이 언제 장애가 되는가의 문제다.

이런 정의들은 심리 형질처럼 인격 장애도 그 사람의 핵심에 놓여 있는 지속적인 성격의 한 기능이며, 따라서 치료가 잘 듣지 않으며 '완치'가 불가능하다는 의미를 함축하고 있다. 정신의학자들이 인격 장애를 정의하거나 세분하는 용어들 중 상당수는 일상 어휘로 침투했다. 히스테리, 편집성, 경계성(지금은 '정서 불안'이 더 흔히 쓰인다), 자기애, 소시오패스 등등. 이런 장애는 인구의 최대 10퍼센트가 진단 기준을 충족할 만큼 흔하다.[9]

인격 장애 기원은 알려진 게 거의 없지만 근본적인 신경생물학적 성향(일부는 유전적인)과 성장 과정에서 받는 스트레스의 상호작용 결과로 본다. 이미 살펴보았듯이, 아동기의 트라우마, 특히 학대나 방치는 잘 알려진 위험 요인이다.[10] 그러나 강력한 생물학적 요인들이 작용한다는 점도 점점 인정받고 있다. 성격은 유전적 요인의 영향을 크게 받으며, 일란성과 이란성 쌍둥이를 비교한 연구는 유전자가 인격 장애 발달에도 중요한 역할을 함을 시사한다.[11] 또 인격 장애 연구는 신경전달물질 체계의 차이, 감정 조절에 중요한 특정 뇌 구조의 부피 차이, 행동 관련 신경망의 교란 가능성도 시사한다.[12]

이런 장애가 뇌에 새겨져 있으며, 마음이나 뇌에 영향을 미치는 질병 과정의 결과가 아니라는 관점에 따라, 대부분의 정신의학자는 인격 장애를 정신 질환으로 간주하지 않는다.[13] 분명 인격 장애가 정신 질환의 위험 요인이자 치료를 복잡하게 만드는 요소이지만, 구분되는 별개인 실체라고 본다. 인격 장애는 궁극적으로는 여느 정신의학적·신경학적 장애처럼 뇌 기능이나 더 나아가 뇌 구조의 차이를 반영한다고 주장할 수도 있을 것이다. 자폐 스펙트럼 장애처럼 아동기 초기에 발달해서 평생 지속되는, 다른 장애들과 비슷한 양상으로 볼 수도 있을 것이다. 그리고 이는 전적으로 질환·병·장애를 어떻게 정의하느냐의 의미론적 문제다. 그렇다고 해서 우리의 뇌라는 천에 섞여 짜인 어떤 상태, 우리의 본질적인 측면을 다루는 것이 감염, 염증, 화학적 불균형에서 비롯된 뇌의 비정상을 치료하는 것보다 더 어렵다는 사실이 바뀌지는 않는다.

나르시시스트도 질투를 느낄까

질투와 관련이 깊은 인격 장애가 하나 있다. 바로 자기애적 인격 장애다. 언뜻 보기에는 직관에 반하는 듯하다.

자기애적 인격 장애가 잘 보여주듯이, 이런 성격이 극단적으로 나타나면 자신이 특별하다고 느낀다. 자신에게 특별한 자격이 있고, 과도하게 스스로를 중요하게 생각하며, 명성이나 성공에 집착하고, 지나치게 오만해진다. 거기에다가 공감력 부족, 자신의 목적을 위해 남을 이용하려는 성향, 주목받으려는 행동이 따라온다. 자기애 특성(인격 장애가 아닌)을 지닌 사람은 대성공을 거두기도 한다. 이런 특성이 사교성을 키우고 원하는 바를 얻도록 부추기기 때문이다. 그러나 단순히 자기애적 성향을 가진 것이 아니라, 인격 장애가 있는 사람은 과도한 자신감과 반사회적 행동을 보인다. 다른 사람을 얕잡아보고, 자신보다 다른 사람이 더 주목받으면 견디지 못하고, 자기를 비판하면 적대감을 드러낸다. 때로는 직장 내 업무와 사회생활, 가정생활에 지장을 주기도 한다.

과대한 자부심과 우월감의 맥락에서 보면 '자기애적 인격 장애'와 '질투'는 명백히 서로 조화를 이루지 못하는 양 보인다. 나보다 더 많이 가졌고, 더 많이 이루고, 더 성공한 사람에게만 질투하게 마련이니까. 내가 최고이고, 가장 영리하고, 가장 아름답고, 가장 주목받는다고 느낀다면 질투할 일이 뭐가 있겠는가? 그럼에도 자기애적 인격 장애를 가진 많은 사람은 강한 질투심을 보이며, 질투는 이 해당 장애의 파괴적 특성에 기여한다.

이 명백한 수수께끼는 나르시시스트가 스스로를 우월하다고 보는 동시에 남들보다 열등하다는 고통도 느낄 수 있음을 시사한다.[14] 그러나 이 이중적인 감정은 설명이 가능하다. 자기애적 인격 장애도 세부 유형으로 나뉘기 때문이다. 한편에는 눈에 띄게 당당하고 자아가 과도하게 부푼 사람들이 있다. 그들은 과시적이고 오만하며 호전적이다. 다른 한편에는 자기애적 취약성narcissistic vulnerability을 드러내는 사람들이 있다. 취약형 나르시시스트는 과대형 나르시시스트grandiose narcissist와 마찬가지로 부푼 자부심과 특권 의식이 있지만 과민성, 과민성도 드러낸다. 즉 트라우마와 수치심에 취약하다. 또 거부당하면 민감하게 받아들이고, 남을 불신하며, 더 강한 적대감과 분노를 보일 가능성이 높다. 그들은 비웃음을 당할까 봐 두려워하며, 다른 사람들을 곧잘 비웃는다. 찬탄받고 특권 의식을 느끼고자 하는 강한 욕구가 이들의 노골적인 행동을 부추기기도 한다.

놀랄 일도 아니지만, 취약형 나르시시스트는 질투심이 매우 강하고, 과대형 나르시시스트는 당당함으로 자신을 보호한다. "나는 최고야. 질투할 것이 전혀 없어!" 취약형 나르시시스트는 특권 의식과 열등감, 수치심이 특히 유독하게 결합된다.[15] 그리고 질투는 샤덴프로이데 Schadenfreude, 즉 남의 불행을 즐거워하는 감정을 불러일으키며, 나르시시스트에게 타인을 방해하도록 부추기기도 한다.

시샘이 낳은 망상

질투와 극명히 대조적으로, 의료계는 시샘에 주목하는데 그럴 만한 이유가 있다. 세라의 병적이면서도 예기치 않은 시샘 삽화가 이를 잘 보여준다. 그녀의 감정의 강도와 지속성은 병적인 시샘의 정의에 부합한다.

세라는 열세 명의 형제자매 중 막내이며, 글래스고 동쪽 끝 매우 가난한 지역에서 힘겹게 자랐다. 모친은 세라가 겨우 13개월일 때 암으로 세상을 떠났고, 아이들은 아빠가 홀로 키웠다. 그녀의 쌍둥이 자매는 아기 때 수막염에 걸려 신체적·정신적 장애가 생겼고, 평생 부친과 형제자매의 보살핌을 받아야 했다. 세라는 공부를 잘했고, 좋은 성적으로 졸업했다.

세라는 남편 콜린과 거의 30년간 함께 살았다. 콜린은 그동안 아내가 누군가를 시샘하는 모습을 본 적도, 정신 질환이나 인격 장애를 겪은 적도 전혀 없었다고 단언한다. 세라의 첫 삽화는 유독 힘든 일을 겪은 뒤에 나타났다. 쌍둥이 자매가 심장 마비로 사망하고, 친오빠는 정신병원에서 자살했다. 처음에는 가족의 죽음이 불러온 스트레스 때문이라고 생각했다. 첫 삽화가 일어났을 때 슬픔에 잠겨 있었기에 당연히 좀 침울한 상태였다. 체중이 약 13킬로그램 빠졌다. 그러나 우울한 상태에서 벗어난 지 꽤 지났음에도 이 삽화는 계속되었다.

세라는 입원 당시 정신과의사로부터 정신 질환이 있다는 정식 진단을 받은 적이 없었다. 그러나 부부는 정신 질환을 시사하는 다른 증후군도 겪고 있다고 한다. 단지 병적인 시샘이 아니라, 남편을 향한 편집병이 바로 그렇다. 커진 의심은 식구들에게 국한되지 않았다. 그녀는 모든 사람이 자신을 상대로 음모를 꾸미고 있다고 믿었다. 한차례 삽화가 발생한 후, 한 친척이 거리에서 그녀를 보았다고 말했다. "꼬맹이 조카가 말하더군요. '거리에서 어떤 남자를 때리고 있었어요.' 그러자 갑자기 기억나기 시작했어요. 어떤 남자를 붙잡고 때렸죠. 차 열쇠 꾸러미를 확 잡아채서 집어던졌고요. 남자가 차 밖으로 나오더니 나를 때리기에 나도 대거리하다가 도망쳤어요. 끔찍했죠. 그에게 사과하고 싶었는데, 사과는 받아주겠지만 만나고 싶지 않다는 이야기를 전해 들었어요. 모두가 나를 걱정했어요. 나는 그저 보상하고 싶었을 뿐이에요." 세라는 남자를 공격한 이유가 생각나진 않지만, 그가 잘못된 시간에 잘못된 장소에서 차에서 내리고 있었다고 생각했다.

세라는 편집병과 불륜·박해 망상뿐 아니라, 다른 형태의 망상도 겪어왔다. 콜린이 말한다. "긍정적인 '망상'도 있었어요. 가수 프린스가 모임에 참석하러 우리 집으로 오고 있다고 생각한 적도 있었죠."

이 모든 특징은 세라의 병적인 시샘이 조현병과 같은 더 광범위한 정신 질환의 일부일 수 있음을 시사한다. 전반적으로 정신이 악화된 결과일 가능성도 있다. 그러나 담당 의료진은 여전히 확신하지 못하며, 또 다른 요인이 작용할 가능성도 배제할 수 없다.

시샘하기 때문에 시샘하기

병적인 시샘은 드물게 법정까지 갈 수도 있다. 변호인은 절도죄로 기소된 로버트 메커티Robert Mercati가 "매우 인간적인 약점이 있는 예의 바르고 유쾌한 이야기꾼"이라고 변호했다. "물론 주된 약점은 점점 더 술에 의존했다는 것이다."[16] 메커티는 2003년 5월 런던 나이츠브리지에 위치한 버클리호텔에 전시되어 있던 다이아몬드를 훔친 죄로 기소되었다. 당시 쉰네 살이던 그는 공범과 함께 복제한 열쇠로 20만 파운드(물가 상승을 반영한 오늘날 한화 가치로 약 5억 8,000만 원)가 넘는 보석들을 훔쳤다. 그는 경찰관이 BBC의 범죄 추적 프로그램인 〈크라임워치〉에 출연해 제보 요청을 한 뒤에야 붙잡혔고, 18개월형을 선고받고 투옥되었다. 보석은 찾지 못했다.

2012년 초, 메커티는 정신과의사에게 진료를 받았다. 그는 아내인 매거릿이 불륜을 저지르고 있다는 생각에 집착하기 시작한 상태였다. 집 여기저기에 감시용 장치를 숨겨놓고 계속 외도의 증거를 찾았고, 아들이 엄마와 공모했다고 욕했다. 메카티는 정신병 약을 처방받아서 몇 달을 복용했고, 2012년 8월 즈음 강박증이 완화되었다는 판단이 내려졌다. 그는 감시 장치들을 제거했고, 자신의 시샘이 사실 근거가 없다는 것을 인식하고서 훨씬 집착을 덜하게 되었다.

다만 메커티 부부에게는 안타깝게도 그의 이 '매우 인간적인 약점'은 사라지지 않았고, 2012년 말에 그는 다시 절도죄로 유죄 판결을 받고서 몇 달 동안 교도소에서 지내야 했다. 약을 구할 수 있었음에도 그는 복용을 중단했고, 2013년 1월 풀려날 즈음에는 망상이 다시 악화되었다. 그는 아내의 불륜을 확신하며 다시 '분노에 사로잡혔다'.

몇 달 뒤인 5월의 어느 날 아침, 메커티는 아내가 딴 남자와 침실에 있다며 침실 문을 부수겠다고 난리를 쳤다. 매거릿은 정신과의사에게 전화를 걸어 진료를 예약했고, 아들에게도 전화를 걸어 비상 상황임을 알렸다. 그런데 전화를 건 지 두 시간도 안 되어서 매거릿은 블룸스버리의 아파트 거실에서 목이 졸려 죽었고, 메커티도 스스로 목을 매단 상태로 발견되었다. 검시관은 망상 시샘 때문에 일어난 사건이라고 적었다.[17]

메커티의 이야기는 소설이나 현실에서 살인으로 이어지는 병적인 시샘의 첫 사례도, 마지막 사례도 아니다. 이를 셰익스피어 희곡 속 인물의 이름을 따 '오셀로 증후군othello syndrome'이라고 부른다. 오셀로는 이아고의 말에 넘어가서 아내인 데스데모나가 카시오와 불륜을 저지르고 있다고 믿고 결국 아내를 살해한다. "그러나 시샘하는 영혼은 그냥 넘어가지 않을 거예요. 이유가 있어서 시샘하는 것이 아니라, 시샘하기 때문에 시샘하는 거예요. 시샘은 저절로 잉태되고 태어나는 괴물이거든요."[18]

시샘은 물론 정상적인 감정이며 다양한 사회적 비교 상황에 따라 발생할 수 있지만, 우리는 이를 보통 친밀한 관계의 맥락에서 생각한다. 이 맥락에서 보면 시샘은 명백히 진화적 이점을 지닌다. 짝을 독점함으로써 자신의 유전자를 전파할 수 있도록 보장한다.[19]

일부 과학자는 성적 시샘이 타고나는 것이 아니라 사회적 구성물이라고 주장한다. 이 견해를 지지하는 사람들은 이누이트 등 몇몇 문화에서 배우자를 공유한다는 증거를 내세운다. 하지만 이는 그와 같은 사회에서도 남성의 성적 시샘이 배우자 폭력의 흔한 원인이라는 사실을 무시하는 것이다. 한 연구에 따르면, 남성은 불륜의 성적 측면에 시샘을 더 강하게 느끼는 반면, 여성은 불륜의 감정적 측면에 더 시샘을 느낀다. 이를 토대로 일부 연구자는 시샘이 여성에게는 아버지의 투자 기회를 위협하는 요인에 대한 반응으로, 남성에게는 아버지가 될 기회를 위협하는 요인에 대한 반응으로 진화했다는 주장을 제시했다.[20]

아무런 합리적 근거 없이 허위의 증거를 바탕으로 집착하며, 이 시샘이 극단적이거나 용납할 수 없는 행동으로 이어질 때, 이는 병적인 시샘이 된다. 실제로 불륜이 일어나더라도, 그 믿음이 미약하거나 존재하지도 않는 증거에 의존하고 있다면 병적인 질투가 나타날 수 있다.

살인 등 극단으로 가지 않는다고 해도 병적인 시샘은 위험할 수 있고, 의사의 신경을 곤두서게 만든다. 시샘하는 파트너는 강압적이고 통제적으로 행동하고, 반복해서 비난하고 심문하고, 통화와 서신 기록을 살피고, 불시에 들이닥치고, 동선을 감시하거나 제한하고, '몸이 드러나는' 옷을 입지 못하게 막을 것이다. 침구, 속옷, 심지어 팬티 속까지 반복적으로 검사할 수도 있다. 병적인 시샘을 하는 사람 중 절반 이상은 파트너에게 폭력을 행사하며, 때로는 죽이겠다고 위협한다.[21] 폭력은 상상 속 연적을 향하기도 한다. '외도를 저지른' 짝이 아니라 이른바 '정부'를 살해한 사례도 있다. 우울증, 마약 남용, 자살 등으로 당사자는 물론 자녀도 위험에 빠뜨리며, 자녀는 언쟁이나 신체 폭력을 목격하기도 한다.

허상을 시샘하는 사람들

병적 시샘 환자들의 양상이 모두 같지는 않다. 1965년 한 논문에 실린 두 사례가 보여주듯이, 병적 시샘은 전혀 다른 근원에서 비롯될 수도 있다.[22]

첫 번째는 서른한 살 기계 기술자의 사례다. 그의 아내는 과음 때문에 정신과에 방문했다. 아내에게 가장 큰 문제는 과음 자체가 아니라 남편이 자신을 '미친 듯이' 시샘한다는 점이었다. 남편은 아내가 얼마나 오래 쇼핑하는지 감시했고, 심지어 쇼핑을 막기도 했다. 생리통 약을 찾는 아내에게 남편은 '남의 아기를 떼기 위해 약을 먹었냐'고 욕했다. 밤에 화장실에 가려고 침대에서 일어나면 '다른 남자를 만나러 가냐'며 욕을 퍼부었다. 한번은 화장실 밖에서 고양이 소리가 들렸다. 그러자 남편은 벌떡 일어나더니 상상 속 연적을 뒤쫓으러 뛰쳐나갔다. 그는 하루에 열 번씩 아내에게 전화를 걸었고, 즉각 받지 않으면 마구 욕설을 쏟아냈다. 이 모든 일이 너무나 힘겨웠던 아내에게 신경 쇠약까지 나타났다. 아내는 정신과의사에게 '아이들이 없었다면 자살했을지도 모른다'고 토로했다.

이윽고 남편도 정신과의사에게 왔다. 의사는 이렇게 적었다. "소심하고 조용하고 뚱뚱한 남자였고, 자발적으로 정보를 제공하는 경우가 드물었다. (…) 그는 의자에 경직된 자세로 앉았고, 유머 감각이 없어 보였고, 손톱을 물어뜯는 버릇이 있는 것 같았다.• 사회 활동을 거의 하지 않았고, 주식 시장을 공부하고 우표와 동전을 수집하는 데 몰두했다." 정신과의사인 무니는 환자의 생애를 상세히 적었다. 환자는 어릴 때 동생이 태어난 뒤 '신경과민'으로 일시적으로 오른팔을 움직이지 못했다. 그는 소심하고 불안한 젊은이였고, 졸업한 지 겨우 1년 뒤에 2년 동안 구애한 동네 젊은 여성과 혼인했다.

그는 아내가 한 말이 사실이라고 인정했다. 그는 약 10년 전 아내 친구의 외도를 알았다고 했다. 그러자 '내 아내도 혹시' 하는 걱정이 들기 시작했다. 약 2년 반 전에 그는 아내의 외출 시간을 쟀고, 이후 점점 아내가 외도한다고 의심하게 되었다. 그는 아내와 비교적 행복하다고 했다. "그러나 그들은 성적으로 맞지 않았다. 그는 매일 밤 성교를 원했지만, 아내는 성관계를 즐기지 않았다." 따로 물어보았을 때 아내도 어느 정도는 동의했다. "그녀가 지금껏 관심을 보인 남자는 남편뿐이었다. (…) 성교가 아주 만족스럽지는 못했지만, 늘 협조했다. 최근 들어서 그는 아내에게 성적인 요구를 점점 더 자주 해왔다." 그는 매일 밤 위스키를 약 500밀리리터씩 마실 정도로 폭음했고, 불면증과 짜증이 심해졌다.

약 복용 이후 남편의 행동은 좀 나아졌다. 그러나 졸음이 온다며 결국 약을 끊었고, 시샘은 다시 심해졌다. 그는 연적을 죽이겠다며 베개 밑에 총을 넣어두고 잠자기 시작했다. 한 번은 칼로 아내를 위협했고, 다른 한 번은 파티가 끝난 뒤 분노에 휩싸여 아내에게 이렇게 소리쳤다. "여자가 남자에게 딱딱하게 군다는 건, 만족시키는 다른 남자가

• 역사적으로 손톱 물어뜯기는 몽유병, 어둠 공포증, 야뇨증과 마찬가지로 신경증의 한 표지인 '신경병적 성향'의 징후로 여겨졌다. 나 역시 손톱을 물어뜯는 사람으로서, 이런 견해를 드러내지 않는 논문을 보니 안심이 된다.

있다는 뜻이야." 그녀는 그를 떠나겠다고 말한 뒤 잠자리에 들었다. 한밤중에 남편이 아내를 깨우더니 자살하겠다고 떠들었다. 그녀는 전에도 비슷한 협박을 몇 번 받았기에 그러려니 했다. "그래, 해." 남편은 침실로 들어가서 문을 잠근 뒤 자기 머리에 총을 쏘았다.

두 번째는 마흔한 살 여성의 사례다. 그녀의 남편은 최근에 직장을 옮기고 같은 회사 여성 직원과 함께 차를 타고 출퇴근하기 시작했다. 남편 옷에 묻은 자국과 차 장식물을 본 아내는 남편의 외도를 의심하기 시작했다. 그녀는 남편이 자신을 길들이기 위해 집안의 물건을 하나둘 치우고 있다고 생각했다. 곧이어 줄담배를 피우기 시작했고 남편이 음식에 독을 탔을까 봐 식사도 겁내기 시작했다. 그녀는 담배의 맛도 달라졌다고 느꼈고, 중독 때문이라고 생각했다. 정맥류 수술로 생긴 다리 흉터도 남편이 매일 밤 독을 주사해서 생긴 흉터가 아닌지 의심했다.

그녀로서는 세 번째 결혼이었고, 남편은 아내보다 열세 살 젊었다. 첫 번째 혼인은 13년 동안 이어졌는데, 남편의 폭음과 학대를 견디기 어려워 결국 이혼했다. 이혼의 반발 심리로 곧 다른 사람과 재혼했으나 겨우 석 달 만에 끝났다. 6년 전 시작된 세 번째 혼인 생활은 대체로 행복했다. 남편은 여성 동료와의 카풀을 중단했다.

아내는 심각한 상태로 정신병원에 입원했다. 우울증과 불안에 시달렸고, 횡설수설했고, 먹기를 거부해 체중도 줄었다. 남편이 옷에 산을 뿌릴까 봐 겁먹고 잠옷도 입지 않으려 했다. 약을 복용한 지 며칠 만에 그녀는 차분해졌고, 남편의 외도와 독살 시도에 대한 굳은 믿음도 서서히 약해졌다. 16일 만에 퇴원했고 그 뒤로 별 탈 없이 살았다.

왜 그는 비극을 맞이하고, 그녀는 회복되었나

분명 두 사례는 유사하다. 강한 시샘, 명확한 증거 없이 상대가 외도를 저지른다는 확신, 부부 관계 훼손, 배우자에게 입힌 상처, 자초한 피해가 쌓이면서 첫 번째 사례는 결국 자살로 끝났다. 반면에 전혀 다른 측면들도 있다. 첫 번째 사례에서 무니는 환자가 '늘 이상한 사람'이었다고 묘사한다. 사회적으로 고립되고, 소심하고, 유머 감각도 없고, 어릴 때 '신경 마비' 증세도 보였다. 병적인 시샘 외에 그의 사고 과정과 전반적인 믿음은 정상이었다. 밤에 위스키를 벌컥벌컥 마셨다는 점을 빼면 말이다. 두 번째 사례인 여성은 비교적 '정상적인' 아동기를 보냈고, 병에 걸리기 전에는 인격이나 성격에 아무런 문제가 없었다.

정신의학적으로 볼 때 두 사례는 병적인 시샘이 전혀 다른 형태로 나타날 수 있음을 명확히 드러낸다. 두 번째 사례는 망상의 증거를 분명하게 보여준다. 증거가 없음에도 자신의 믿음을 굳게 유지하는데, 이는 정신증의 한 특징이다. 이러한 망상에는 배우자의 불륜뿐 아니라, 남편이 자신에게 독을 먹이고 옷을 산에 적신다는 확신도 포함된다. 그녀는 정신증을 앓고 있고, 불륜 망상은 그 정신증의 일부다. 이런 망상은 조현병의 초기 징후일 때가 종종 있으며, 그녀처럼 보다 폭넓은 정신증의 맥락에서 나타날 수도 있다. 때로 시샘의 망상이 다른 정신 질환의 특징들을 전혀 동반하지 않는 '순수한' 형태로 나타나기도 한다. 조현병에서 보이는 종잡을 수 없고 기이하며 일관성 없는 망상과 달리, 이런 순수한 형태의 망상을 겪는 사람들은 자신의 믿음을 유창하고 설득력 있게 설명할 때가 많다.

그러나 무니는 첫 번째 환자의 병적인 시샘이 망상이 아니라고 결론지었다. 대신에 환자의 만성 음주와 '이상한' 성격에서 비롯된 강박적 특성이라고 보았다. 강박적 시샘은 반복적이고 주제넘으며 불합리한 생각에 사로잡혀 배우자를 강박적으로 감시하고 끊임없이 반복적으로 재확인한다. 환자는 자신의 시샘이 근거 없다고 인정할 것이다. 자신의 생각을 부끄러워할 뿐 아니라, 이런 주제넘은 생각이 자신의 이상과 모순된다는 사실을 알기에 몹시 심란해진다. 강박적 시샘이 더 사소해 보일 수 있지만, 첫 번째 사례처럼 끔찍한 결과를 초래하기도 한다. 현실에서는 두 유형이 겹치기도 하고 명확하게 구분하기 어려울 때도 있다.

세라의 경우에는 단순히 비정상적 성격이나 과거 경험의 결과만으로 병적 시샘의 기원을 설명하기는 어려워 보인다. 그녀 또한 아니라는 명백한 증거 앞에서도 남편의 불륜을 확신했다. 그녀의 망상은 시샘의 측면에 초점을 맞추고 있지만, '유명 가수가 파티에 온다'는 생각처럼 보다 폭넓은 내용도 포함한다. 그녀는 짧게 정신증적 삽화를 경험하곤 했다. 콜린으로서는 아내가 이렇게 짧게 삽화를 겪는 경우를 제외하면 정신적으로 지극히 안정적이어서 다행스러웠다.

병적 시샘을 촉발하는 근본 원인은 아직 명확하게 밝혀지지 않았다. 애착 문제가 있는 사람, 특히 불안이나 두려움이 많은 남성은 배우자가 다른 사람에게 애착이 생길까 봐 점점 걱정하고 집착하기도 한다는 견해가 있다. 이런 유형의 애착 문제는 특정 성격적 특징과 강하게 관련되어 있다. 여기에는 자신이 쓸모없다고 느끼는 감정, 스스로에 대한 부정적 시각, 거부와 포기에 대한 불안, 기분이나 분노의 불안정, 충동 억제의 어려움 등이 포함된다. 이런 성격 특성 중 일부는 사건을 왜곡하고 부정확하게 해석하도록 만들 수 있으며, 그 결과 잘못된 가정을 바탕으로 병적 시샘을 촉발할 수 있다.

성 기능에 이상이 있다는 느낌(실제든 상상이든, 프로이트의 음경 콤플렉스 견해가 떠오른다[23])과 그로 인해 만족시키지 못한다는 느낌, 문화적 요소(배우자의 소유권 의식), 술과 마약 남용 등도 병적 시샘의 요인으로 작용한다. 특히 메커티의 사례에서 보듯, 지나친 음주는 병적 시샘의 흔한 요인이다. 암페타민과 코카인은 불륜 망상을 촉발하기도 하며, 사용을 중단해도 망상이 지속될 수 있다. 이는 술이나 마약이 억제했던 생각이나 행동을 해방시키기 때문일 수도 있고, 병적 시샘 성향을 지닌 사람들이 술과 마약을 대처 수단으로 삼기 때문일 수도 있다.

혼란스럽게도, 세라는 이 모든 이야기와 무관해 보인다. 다른 망상들과 섞여서 짧게 산발적으로 나타나는 병적 시샘 삽화를 제외하면 정신 질환의 징후는 전무하며, 오래 지속된 성격 특성이나 증상을 설명할 만큼 술이나 마약을 남용한 적도 없다.

이 모든 것은 열등감 탓이다

지금까지 병적 시샘은 심리학적·정신의학적 상태나 질환으로 다루어졌다. 그러나 앞서 언급했듯이, 심리적인 현상과 신경생물학적인 현상을 완전히 분리할 수는 없다. 결국 양쪽 모두 뇌에서 비롯되기 때문이다. 아마 우리는 아직 충분히 알지 못하고, 기존 과학 기법과 연구 방법론에 지나치게 얽매여 심리의 신경생물학적 토대를 제대로 파악하지 못하고 있는지도 모른다. 그러나 언젠가는 답을 찾게 될 것이다.

적어도 나는 그렇게 믿는다.

그렇다면 성격적 특성으로서의 질투가 신경생물학적 토대를 지닌다는 증거는 무엇일까? 한 연구는 실험 참가자들에게 낭만적인 상황을 상상하면서 시나리오를 읽어보라고 했다. 행복한 시나리오도 있었고, 연적에게 위협을 받는 시나리오도 있었다. 참가자에게 가상의 시나리오를 읽으며 자신의 행복과 시샘 수준을 평가하도록 하고, 이를 기능적 MRI로 촬영했다. 그러자 연애 관련 시샘은 주로 뇌의 깊은 중심부(바닥핵, 시상, 중간띠다발 겉질)를 활성화하는 반면, 연애로 느끼는 행복은 다른 영역을 활성화하는 것으로 나타났다.[24]

이 연구는 시샘에 대응하는 신경학적 지표가 존재한다는 사실을 보여주지만, 기능적 MRI에서 관찰된 변화가 시샘의 근본 원인인지 아니면 그 경험의 산물인지 여부는 판단하기 어렵다. 그러나 신경학적 장애를 가진 사람들은 뇌 변화가 시샘을 유발할 수 있다는 보다 명확한 증거를 제공한다. 한때 지극히 건강했던 한 마흔 살 교사를 살펴보자. 그녀는 지난 몇 달 동안 점점 의심이 많아지고 남편이 자신을 독살하려 하고 많은 젊은 여자와 성관계를 맺는다고 굳게 믿는 바람에 정신과의사에게 진료를 받게 되었다. 그전에는 비교적 소심한 성격이었으나 지금은 남편에게 점점 공격적이고 폭력적으로 행동했다. 정신병약이 듣지 않아 뇌 영상을 촬영했는데, 뇌 속에서 커다란 양성 종양이 발견되었다. 종양을 제거하자 망상적인 시샘이 현저히 개선되었다.[25]

이 교사는 병적인 시샘을 보인 신경학적 질환 사례 문헌에 등장하는 여러 환자 중에 한 명이다. 병적 시샘을 하는 사람들 중 약 15퍼센트는 신경학적 원인이 있는 것으로 추정된다. 원인이 되는 질환의 범위는 놀랄 만큼 넓다. 외상성 뇌 손상, 파킨슨병이나 알츠하이머병 같은 퇴행성 질환, 뇌졸중이나 뇌종양 등. 사실 망상성 시샘은 조현병이나 알코올 유발 정신증 같은 질환보다는 신경학적 원인으로 발생하는 정신증에서 더 흔한 것으로 보인다. 신경학적 원인으로 생긴 정신증 환자 중 7퍼센트, 조현병 환자 중 2.5퍼센트, 우울증 환자 중 겨우 0.1퍼센트가 이런 망상을 경험한다는 연구 결과가 있다.[26] '시샘 중추'로 볼 수 있는 뇌의 특정 영역은 아직까지 찾지 못했다. 이렇게 복잡하면서 오래된 감정에 다양한 요인들이 작용한다는 점을 생각하면 그리 놀랄 일도 아닐 것이다.

병적 시샘과 뇌 질환의 관계는 아주 오래전부터 알려져 있었다. 알로이스 알츠하이머Alois Alzheimer가 훗날 자신의 이름이 붙게 될 그 증후군을 상세히 기술한 첫 논문에도 실려 있다. 이정표가 된 1907년 논문 〈대뇌 피질의 특이한 질병에 관하여〉에서 알츠하이머는 프랑크푸르트의 정신병원에 있는 쉰한 살 여성의 사례를 다루었다. "첫 번째 증상은 (…) 그녀가 남편을 시샘한다는 생각이었다. 곧 기억이 빠르게 상실되었다. 그녀는 집에서도 방향을 잃었고, 물건을 한곳에서 다른 곳으로 옮겨 숨겼고, 때로 누군가가 자신을 죽이려 한다며 큰 소리로 울부짖기 시작했다."[27] 알츠하이머는 이 병의 전형적인 기억 장애도 기술했는데, 문헌에 정식으로 보고된 첫 환자의 최초 증상이 병적인 시샘이었다는 점은 의외다.

다른 유형의 치매들도 병적인 시샘과 관련이 있다.[28] 파킨슨병과 공통점이 많은 레비소체 치매•라는 전혀 다른 유형의 치매 환자들은 병적 시샘을 보일 가능성이 더욱 높고, 때로 자신의 시샘이 옳다고 확신하는 환각을 경험하기도 한다. 배우자가 성적 상황에 놓이거나, 자기 집에서 사랑을 나누거나, 배우자와 연인 사이의 아이를 마주하기도 한다. 이 모든 것은 심리적·사회적 요인과 결합된 신경학적 쇠퇴가 병적 시샘이라는 불씨를 활활 타오르게 한다는 사실을 시사한다.

흥미롭게도 이런 망상의 위험이나 심각성은 인지 장애와 관련이 없다. 이 현상을 주도하는 중요한 요인 중 하나는 낮은 자존감과 열등감이다. 가벼운 인지력 쇠퇴는 열등감을 불러일으킬 수 있지만, 치매가 더 진행되면 환자에게 이런 통찰력은 사라진다. 결국 열등감이 없다면 질투도, 시샘도 없다.

황급히 찾아왔다가 황급히 사라진 병

사실 세라의 정신 문제도 정신 질환이 아니라 신경학적 장애에서 기원했을 가능성을 시사하는 단서가 일부 존재한다. 한 가지 주목할 만한 점은 시샘과 편집병이 비교적 갑작스럽게 출현했다가 갑작스럽게 끝난다는 것이다. 그녀의 정신증 삽화는 겨우 며칠간 지속되었으며, 특별한 치료 없이 저절로 사라졌다. 정신병원에 강제 입원당했을 때에도 이틀 만에 이전 성격으로 돌아왔다. 삽화가 빠르게 끝나고 정상으로 돌아온다는 점에서 정신 질환으로서는 좀 특이하다.

● 시각적 환각(환시)을 일으킨다. 환자가 환각을 외도의 증거라고 오해하는 것일 수도 있고, 본래 집착하고 있던 외도 생각이 환각의 내용이나 해석을 바꾸는 것일 수도 있다.

그리고 그녀가 말한 기억 양상이 있다. 삽화에서 막 끝난 직후에는 무슨 일이 있었는지 전혀 떠올리지 못했다. 나중에야 언뜻언뜻 조금씩 기억나는데, 이 또한 정신 질환으로서는 특이한 양상이다.

세라는 이 삽화 때 두 차례 요도 감염을 겪었다. 콜린과 세라는 이 감염이 신경계를 손상시켜 정신 기능을 저하시킴으로써 현실감을 잃게 만드는 게 아닐지 의심한다. 때로 감염이 섬망 등 급성 착란을 갑작스럽게 일으켰을 수도 있다. 약이나 혈액의 전해질 수치 변화도 섬망을 일으킬 수 있다. 어떤 요인이든 간에 뇌 외부에서 일어나는 변화도 결국 뇌 기능의 이상을 초래할 수 있다. 이런 일은 노인 등 이미 뇌 기능이 쇠약해진 사람들에게서 더 흔하게 나타나지만, 젊은 사람도 영향받을 수 있다. 그러나 세라는 졸음, 부주의, 혼란스러운 생각 등 섬망의 다른 전형적인 특징들은 전혀 보이지 않았다. 섬망 때 망상이 나타나기도 하지만, 그런 망상은 세라가 겪는 더 구체적이고 복잡한 믿음과 달리 대개 엉성하다.

다른 설명도 가능하다. 세라와 콜린이 내게 말한 것과 관련이 매우 깊을 수 있는 특징이 세 가지 있다. 첫째, 콜린은 세라의 삽화가 언제 일어날지 종종 예측할 수 있었다. 콜린에 따르면 아내가 뚜렷한 정신증적 양상을 드러내기 전, 이미 조용해지고 차분해지고 활동이 줄어든다고 했다. 둘째, 생리 주기와의 관련성이다. 세 차례의 삽화 모두 생리가 시작되기 직전에 발생했고, 생리가 시작되면 약해졌다.

마지막 특징은 정말로 무시할 수 없는 것이다. 세라는 뇌의 비정상적 전기 활성과 관련 없는 비뇌전증 발작으로 진단받았는데, 과거에는 이를 '심신성' 질환으로 분류했다. 지난 13년 동안 그녀는 약 1년에 한 차례씩 경련을 일으켰다. 중요한 점은 MRI 상에서 뇌 구조는 정상이었지만 뇌의 전기 활성을 살펴보는 뇌파도는 검사해본 적이 없다는 사실이다. 아내의 발작을 묘사하는 콜린의 말을 들으면서, 나는 그 발작이 사실상 뇌전증에서 비롯되었을지도 모른다는 의심이 들었다. 그녀의 발작은 흔히 자다가 발생했는데, 비뇌전증 발작에서는 설령 불가능하지는 않더라도 드문 편이다. 또 콜린의 설명에는 뇌전증 발작의 특징들도 있었다. 눈이 뒤집히고, 턱을 꽉 다물고, 몸이 경직된 채 마구 떨리고, 침이 줄줄 흐르고, 소변을 보고, 호흡이 가쁘고, 발작 이후에 졸음과 혼란에 빠지는 등. 이러한 특징들은 각각만 놓고 보면 비뇌전증 발작을 배제할 수는 없지만, 모두 종합해보면 그것들이 진정한 뇌전증 발작이 아니라는 점에 대해 보다 결정적인 증거가 필요하다고 느끼게 한다. 그리고 뇌전증 발작은 감염으로 촉발되기도 하고, 일부 여성은 생리 직전에 발작을 일으킬 가능성이 높다. 사실 세라는 입원 중에도 발작을 겪었지만 이후 빠르게 회복되었다.

따라서 세라의 발작이 비뇌전증 발작이 아니라 뇌전증 발작이라면, 그것으로 그녀의 정신증 삽화를 설명할 수 있지 않을까? 그녀가 소발작을 일으켰을 가능성도 존재한다. 콜린이 전조 증상이라고 언급한 미묘한 행동 변화들을 제외하면, 뇌전증의 명확한 증상들이 없이 일어나는 전기 발작이다. 감염, 생리 주기, 또는 두 요인이 결합해 촉발되는 소발작 집합은 정상적인 뇌 기능을 교란시켜 일시적인 정신증 증상을 유발할 수 있다.

물론 이는 추측에 불과하지만, 내가 아는 한 세라는 명확한 진단을 받은 적이 없다. 정신 질환이나 뇌종양, 기타 다른 문제가 있다는 강력한 증거가 전무하다. 그리고 세라가 뇌전증의 발현 형태로 병적 시샘을 보인 최초의 환자는 아닐 것이다.[29] 현재 추가 평가와 검사가 진행 중이며, 조만간 결과가 나올 것이다. 그러나 내 추측이 옳다면, 이런 유독한 시샘 삽화를 없앨 명확한 방법이 존재한다. 바로 뇌전증 약물로 치료하는 것이다.

생존과 경쟁의 기반

질투와 시샘의 핵심에는 소망·욕구·분노·짜증의 원초적인 경험이 자리 잡고 있다. 이러한 감정들은 생존과 경쟁의 토대다. 이른바 이 '죄악'들이 비유적 의미뿐 아니라 실제로도 뇌의 깊숙한 곳에서 기원한다고 해도 전혀 놀랍지 않다. 감정뿐 아니라 쾌락·허기·갈증 같은 생물학적 욕구와 밀접하게 연관된 이 뇌 영역들은 매우 오래된 것으로, 진화적 관점에서 보면 척추동물의 뇌에서 가장 원시적인 부위에 속한다. 폴 D. 매클레인Paul D. MacLean의 뇌 진화 및 행동 모형에서는 이를 파충류에서 진화한 '파충류 복합체', 원시 포유류에서 진화한 '고포유류 복합체'라고 부른다.● 사람을 비롯한 다른 영장류에서는 이런 '죄악'

● 1960년대에 뇌를 파충류 뇌(바닥핵), 고포유류 뇌(둘레계), 신포유류 뇌(대뇌 새겉질) 등으로 나눈 이른바 '삼위일체 모형triune model'을 처음 제시했다. 서양 사상사에서도 이와 유사한 견해들이 오래전부터 엿보이긴 한다. 이 모형은 많은 비판과 논박을 받았으며, 오늘날에는 지나치게 단순화되었다거나 아예 잘못되었다고 보는 견해가 대다수다. 인간 뇌의 원시적인 측면이 파충류 조상에서 기원하지는 않았지만, 진화적 관점에서 보면 일부 뇌 기능과 구조는 다른 부분보다 훨씬 더 일찍 진화했던 것만은 분명하다.

이 그것을 억제하는 능력과 균형을 이룬다. 우리는 추론 능력, 합리적인 사고를 하는 성향으로 그 죄악을 억누른다.

그리고 다른 죄악들과 마찬가지로, 이런 감정이 억제되지 않으면 원래 유용했던 기능은 점점 위험해진다. 결국 자신이나 주변 사람들의 건강을 해치고, 심하면 목숨까지 위협할 수도 있다. 뇌의 장애가 기초적인 본능과 선한 본성 사이의 미묘한 균형을 깨트릴 때, 이런 정상적인 감정이 마구 날뛰게 된다.

나태

— 가능성 앞에서도 움직이지 않는 두 발 —

고인 물이 썩듯이,

나태가 게으른 몸을

어떻게 황폐화하는지 보리라.

—

오비디우스, 《흑해에서 온 편지Epistulae Ex Ponto》, 1권 5편 중에서 아주 드물게 병원에서 나태의 상징 같은 환자를 만난다. 그들은 이 '죄악'의 진정한 본질을 보여준다.

처음에는 부부가 함께 방문했다. 아이는 조부모 집에 맡겨놓았다. 남자가 하루에 20시간씩 자는 등 극심한 수면욕에 빠져 있었기 때문이다. 이 수수께끼 증상 때문에 그는 아기를 돌볼 수 없었을 뿐 아니라, 아내 혼자 아기에 남편까지 돌봐야 했다. 그는 지난 5년 넘게 아기가 자라고 걷고 말하는 순간뿐 아니라, 사실상 가정생활의 모든 측면을 못 보고 지나쳤다. 여러 가지 의학적 검진을 받아보았지만, 이렇다 할 진단도, 치료제도, 개선 방안도 얻지 못했다. 그는 주로 침대에 누워 있었고, 식구들은 그의 주변을 서성였다. 그러다가 수면연구소에서 장시간 머물면서 검사를 하자, 동영상에서는 그가 하루 중 20시간을 분명히 잠자면서 보낸다고 나왔지만, 뇌파도는 전혀 다른 말을 하고 있다는 사실이 금방 드러났다. 그의 뇌파는 그 20시간 중 약 12시간은 그가 자고 있는 척할 뿐 완전히 깨어 있음을 보여주었다.

나는 그에게 '수면'이 심리적인 문제일 수 있다고 넌지시 말했고(육아의 의무를 회피하기 위한 꾀병이 아닌가 하는 내 의구심을 드러내지는 않았다), 그는 내 제안에 따라 신경정신과 병동에 입원하기로 했다. 그런데 입원 예정일을 사흘쯤 앞둔 시점에 그의 아내에게 "기적이 일어났다"며 전화가 왔다. 그가 완치되었다는 것이다. 전화기 너머 목소리에서 기쁨이 확연히 배어나왔다. 신이 난 아내는 남편이 일어나서 돌아다니고, 육아를 돕고, 쇼핑을 하고, 요리와 청소도 한다고 말했다. 그는 신경정신과 병동에 오지 않았고, 그 뒤로는 아무런 소식도 듣지 못했다. 보다 정밀한 조사와 치료가 이루어질 예정이라는 압박 앞에서 그가 보인 경이로운 회복력은 그가 꾀병이었다는 내 심증을 강화했다.

종교에서 보는 나태, 의학으로 보는 나태

내 세속적인 관점에서 볼 때, 나태는 7대 죄악 중 가장 독특하다. 약간의 게으름은 분노·질투·색욕에 비해 거의 해롭지 않기 때문이다. 그리고 어떻게 해석하느냐에 따라 나태는 매우 긍정적인 감정일 수 있다. 어떤 이에게는 나태가 과도한 수면이나 졸음을 의미한다. 거꾸로 전문가의 관점에서 볼 때, 내 환자 중 상당수는 수면이 턱없이 부족하다. 다시 말해 '나태함'이 부족하다 보니 그 후유증, 즉 피곤함, 인지적 문제, 기분 장애, 전반적인 기능 장애 등에 시달린다. 나태가 이보다 조금 더 많으면 분명히 좋을 것이다. 반대편 극단에는 잠을 너무 많이 자는 이들이 있다. 발작 수면과 특발 과다 수면증 같은 신경학적 장애의 형태로다. 잠에 사로잡힌 사람이거나, 잠을 자도 개운하지 않은 사람들이다. 그러나 깨어 있을 때, 그들은 게으르지 않다. 그들은 성취하고, 즐기고, 참여하며 세상을 살아가는 것 외에 아무것도 바라지 않는다.

다른 유형의 나태도 분명히 이점을 준다. 아플 때 우리는 피곤하고, 의욕도 없고, 돌아다니기도 싫고, 사람도 피한다. 이런 행동 변화를 질병 행동sickness behavior이라고 한다.[1] 이 반응이 몸에 침입한 세균이나 바이러스 독성 때문에 나타난다는 가정도 합리적일 수 있다. 그러나 질병 행동은 단순히 감염이 확산된 결과가 아니라, 몸에 침입한 적과 싸우기 위해 뇌가 몸을 정교하게 조절한 결과로 보인다. 에너지와 자원을 재배치하고, 생리 기능을 재편하기 위한 적응 형질 같다. 이 감염에 대한 행동 반응을 담당한 뇌의 뉴런 집합이 따로 있는 것처럼도 보인다.●

그러나 여러 사전은 나태를 더 정확히 정의한다. 이러한 정의들은 움직이거나 애쓰거나 일하고 싶지 않은 상태, 즉 수면이 아니라 질병 행동과 더 비슷한 무활동성에 초점을 맞춘다. 노력하지 않기, 빈둥거리기, 게으름 피우기, 아무것도 하지 않고 가만히 있기. 나태는 동기

● 생쥐의 뇌에는 감염의 화학적 신호에 반응해서 확연히 더 활성화되는 세포 집단이 있다. 이 세포를 자극하면 생쥐는 질병 행동을 보인다. 먹이와 물을 덜 섭취하고 움직임도 줄어든다. 이 뇌세포의 활동을 차단하면, 감염 신호가 생쥐의 행동에 미치는 효과도 줄어든다. 이 '질병' 뉴런은 뇌줄기에서 고립길핵nucleus tractus solitarius과 맨아래 구역area postrema이라는 두 구역에 들어 있다.

부족에서 온다. 앞서 언급한 젊은 남성처럼, '수면 장애'는 활동이 없거나 독감을 심하게 앓은 데 따른 생물학적 효과를 설명하기 위한 편리한 변명거리였다.

종교적 맥락에서 일부 신학자는 바로 이런 동기 부족이나 실패에 주목해, 나태를 가장 큰 죄악으로 보았다. 기독교 전통에서 나태를 중요한 죄악이라고 보는 시각은 4~5세기에 이집트 사막에 살던 수도사 공동체에서 기원했다. 이 공동체에서 나태는 점심시간 이후의 권태, 피곤함, 노곤함을, 오후의 나른함 속에서 신에게 헌신하면서 지내는 신앙생활에서 벗어나고 싶은 수도사들의 심경을 상징했다.[2] 나중에 토마스 아퀴나스Thomas Aquinas는 나태를 신의 일을 수행하려는 의지 부족, 선행에 대한 무관심, 자신과 공동체의 영적·신체적 안녕에 기여하려는 마음 부족과 동의어라고 가르쳤다.

종교적 관점을 떠나 의학적 관점에서 보면 나태는 아주 흔한 현상이다. 나태의 핵심인 동기 부족은 다양한 신경계 질환과 정신 질환을 가진 사람들에게서 높은 비율로 나타난다. 신경학계에서는 이 증후군을 대개 무감동apathy●이라고 하는데, 신체적·인지적·정서적 활동의 동기가 약해지고 목표를 위해 행동하지 않는 것을 가리킨다. 뇌졸중이

● 무감동을 뜻하는 영어 단어 apathy는 '열정이 없다'는 뜻의 그리스어 apatheia에서 유래했으며, 반드시 부정적인 의미만 담고 있는 것은 아니다. 기원전 300년경 고대 그리스에서 키티온의 제논Zeno of Citium이 창시한 철학 학파인 스토아학파는 무감동을 추구해야 한다고 보았다. 고통·두려움·욕망·쾌락 등의 감정과 열정pathē에 둔감해짐으로써 삶의 고통에 맞서는 평정심을 얻고자 했다.

나 알츠하이머병, 파킨슨병 같은 흔한 신경계 질환들뿐 아니라, 더 희귀한 질환들에서도 나타난다. 정신의학계에서는 주요 우울 장애의 거의 핵심적인 특징이자 조현병 등 다른 질환에서도 나타나는 이 상태를 대개 무쾌감증anhedonia이라고 부른다. 예전에 쾌감을 주던 활동에 흥미를 잃은 상태를 가리킨다.[3] 무쾌감증에서 동기 부족의 근본 원인으로 여겨지는 것은 쾌락의 결핍, 즉 보상의 부재다. 이는 무감동과 미묘하지만 명확하게 구분된다. 무쾌감증에서는 정서적 욕구의 결핍과 행동에서 오는 만족감의 부족이 이러한 목적 결핍의 주된 요인으로 작용한다.

근본적으로 이런 다양한 현상들은 뇌에서 무언가가 잘못되었으며, 뇌나 마음속에서 행동에 동기를 부여할 보상 처리 과정이 교란되었거나 변형되었음을 의미한다. 행동이나 사회적 접촉, 혹은 식사나 성교 같은 쾌락으로 얻는 보상이 없거나 줄어들면, 만성적인 동기 결핍과 아무것도 하지 않으려는 태도가 나타난다. 그리고 근본 원인에 상관없이, 이러한 현상들에는 공통적인 신경생물학적 토대가 있음을 시사하는 증거가 점점 늘고 있다.

동기를 촉진시키는 요소, 보상

'나태'는 수면을 생활방식으로 선택한 젊은 남성의 사례처럼 의식적인 것일 수도 있고, 신경계 질환이나 정신 질환 때문에 감동이나 쾌감을 느끼지 못하는 사람들에게서처럼 무의식적인 것일 수도 있다. 그러나 나태의 이 모든 유형을 이해하려면 먼저 어떤 요소들이 인간에게 동기를 부여하는지 어느 정도 이해해야 한다.

신경과학자들은 무감동을 유발하는 근본적인 신경학적·행동학적 변화를 오래전부터 연구해왔다. 동기란 궁극적으로 보상을 얻기 위해 노력하자고 결정하는 것인데, 이 과정은 여러 단계에서 오류가 발생할 수 있다.

이런 상상을 해보자. 아침에 일어나 창밖을 내다보니 날이 너무나 화창하다. 당신은 산책을 나가기로 마음먹을 수도 있다. 동네 공원에서 좋은 자리를 찾아 돗자리를 펴고 따스한 햇살 아래 책을 읽어도 좋을 것이다. 아니면 상점에 들러 와인과 간식을 사서 소풍을 가기로 마음먹거나, 전화를 걸어 몇몇 친구와 약속을 잡을 수도 있다. 이처럼 햇볕, 와인, 맛있는 점심, 친구와의 사회적 상호작용이라는 보상을 위해 노력하려는 결정들은 여러 가지 요소가 복합적으로 작용한다.

첫 번째 구성요소는 대안을 생각하는 능력, 가능한 여러 행동을 떠올리는 능력이다. 이 상황에서는 외출, 친구에게 전화, 그냥 계속 누워 있기 같은 대안들이 존재한다. 자신에게 열린 다양한 대안들을 생각조차 할 수 없다면, 이는 아침에 깨어나서 하루를 건설적으로 보내는 것을 가로막는 첫 번째 장애물이 될 수 있다. 행동을 선택하려면 먼저 가능한 선택지를 생각할 수 있어야 한다.

한 연구에서는 스무 가지 짧고 현실적인 시나리오를 제시하고는 조현병 환자들이 감동을 느끼는 정도를 평가했다.[4] 연구진은 환자들에게 각 시나리오의 대안들을 내놓아보라고 했다. 무감동 수준은 대안을 생성하는 능력과 직접적인 상관관계가 있었다. 건강한 사람들도 비슷한 결과를 보였다. 감동을 못 느끼는 사람일수록 대안을 생성하는 능력이 더 떨어진다.

일단 다양한 대안들을 떠올렸다면, 그 가운데 고를 수 있어야 한다. 책이나 와인 병이 좋을까, 조용한 공원에서 홀로 평온하게 있는 편이 좋을까, 친구들과 수다를 떠는 쪽이 나을까? 이 결정은 몇 가지 요소에 달려 있다. 친구들과 모이면 더 재미있을지 모르지만 그만큼 수고롭고, 계획하고 준비하는 데 더 시간이 걸릴 수도 있다. 날씨가 바뀐다면 모임 장소를 식당이나 술집으로 변경해야 할 수도 있다. 일광욕을 택한다면, 그냥 가볍게 짐을 꾸려서 갔다가 돌아오면 될 것이다. 한 가지 대안을 택하려면 그에 따른 다양한 요소를 평가해야 한다. 각 대안으로 얻을 수 있는 보상의 크기, 기대한 보상을 얻기 위해 필요한 노력, 보상을 실제로 얻을 가능성, 보상을 얻기까지 기다려야 하는 시간 등이 포함된다. 결정을 내리는 기준은 노력과 예상되는 보상 사이의 균형이다. 친구들을 만나 얻을 수 있는 즐거움이 비가 내려 모임이 방해받을 위험보다 큰지 계산할 수도 있다. 이미 그 주에 친구들을 만났다면 더 큰 즐거움을 위해 나중에 보는 편이 좋겠다고 판단할 수도 있다.

동기의 이 측면에서는 보상의 기대가 근본적인 역할을 한다. 우리의 행동은 눈앞의 보상에 자극을 받는다. 보상을 얻으려는 동기는 기대를 바탕으로 추진되며, 이는 심박수 증가나 눈동자 확장 등 생리적 변화로 측정 가능하다. 보상 가능성 앞에서 눈동자는 확장되며, 확장 정도는 보상의 가치에 비례한다. 일반적인 사람들의 눈동자 크기를 비교해 보상의 기대 수준을 측정한 연구가 있다.[5] 연구진은 한 번 시도할 때의 '보상이 0~50펜스'라고 알려주고 실험 참가자들에게 화면 중앙에 뜬 원반을 보라고 했다. 원반이 사라지면 왼쪽이나 오른쪽에서 새 원반이 무작위로 떴다. 보상의 크기는 시선을 새 원반으로 옮기는 속도에 따라 달라졌다. 연구진은 적외선 추적 카메라로 눈동자 지름과 눈 운동 속도를 쟀다. 나이가 많은 사람일수록 덜 확장되기는 했지만, 보상액, 즉 보상의 가치에 따라 눈동자 확장 정도가 확연히 달라진다고 나왔다. 연구진은 파킨슨병 환자들에게도 같은 실험을 했다. 감동을 못 느끼는 사람일수록 일반적인 사람들보다 눈동자 반응이 무뎠다. 이는 적어도 파킨슨병 환자들에게는 무감동과 상대적인 보상 둔감성이 관련이 있음을 시사한다.●

와인이나 책을 얼마나 원하는지 평가해야 할 뿐 아니라, 이러한 보상을 얻기 위해 노력향 의향이 어느 정도인지도 판단해야 한다. 보상을 얼마나 쉽게 얻을 수 있을까? 노력은 신체적인 형태일 수도 있다. 소풍에 필요한 음식물을 사려면 슈퍼마켓까지 얼마나 걸어가야 할까? 또는 정신적인 것일 수도 있다. 친구들을 모으려면 전화를 몇 통이나 걸고 어디까지 계획을 짜야 할까? 목표나 보상을 추구하는 데 드는 노력의 정도는 보상에 대한 기대뿐 아니라 그 목표를 달성할 확률에 따라 달라질 가능성이 높다. 보상 가능성이 적다면, 더 많이 노력할 의욕도 약할 것이다.[6] 그러나 노력을 평가하려면 기준, 즉 사용한 에너지의

● 파킨슨병 환자들에게 도파민 수치를 높이는 약물을 투여하면 눈동자 확장 반응으로 측정한 보상 민감성이 증가했다. 이러한 보상 가능성에 대한 반응 증가는 앞서 〈색욕〉에서 언급한 약물 투여로 나타난 행동 변화의 일부를 설명해줄 수도 있다.

양을 측정할 척도가 필요하며, 노력을 측정하는 방식은 동기 부여에 대단히 중요한 역할을 할 수도 있다.

물론 노력은 보상으로 얻는 쾌락에 영향을 받을 것이고, 받는 보상의 크기도 중요하다. 독서로 얻는 즐거움이 미미하다면 독서라는 대안을 택할 가능성은 훨씬 낮아진다.

나태 정도를 담당하는 뇌 기관

무감동, 즉 '나태'는 목표를 추구하기 위한 의사결정의 여러 측면들에 나타나는 이상과 관련이 있을지도 모른다. 대안 생성, 대안별 필요한 노력과 보상 가능성을 헤아리는 능력, 보상을 원하거나 좋아하는 정도 등. 그렇다면 이런 과정들은 뇌의 어디에서 일어날까?

무감동이라는 공통된 특징을 보이는 신경계 질환들과 그런 질환들에 관련된 뇌 영역이야말로 출발점으로 삼기에 딱 좋아 보인다. 이마관자 치매frontotemporal dementia, FTD●●는 그런 질환 중 하나다. 알츠하이머병보다 훨씬 드문 형태로, 더 젊은 나이에 나타나는 경향이 있다. 이마관자 치매는 계획, 집중, 여러 일을 오가며 지시를 기억하는 정신 과정들(집행 기능), 행동, 언어에 영향을 미치는 신경퇴행 증상들을 동반한다. 알츠하이머병과 이마관자 치매는 언뜻 상당히 겹치며, 발병 초

●● 이마엽이나 관자엽의 신경세포를 사라지게 만드는 신경퇴행성 질환. 세포가 주로 어느 영역에서 사라지느냐에 따라 행동 변화, 언어나 의미 이해 기능의 장애 등이 나타날 수 있다.

기에는 더욱 비슷하다.● 현재 유전학적·병리학적·영상적 변화를 토대로 두 치매 유형을 구분하는 능력이 대폭 향상되었음에도, 신속하고 명확히 진단을 내리기는 여전히 어려울 수 있다. 이마관자 치매 환자 중 40퍼센트 이상은 수차례 여러 의사를 만나는 등 확진받기까지 1년 넘게 걸리기도 한다.[7]

이름에서 보여주듯이, 이마관자 치매는 이마엽과 관자엽에 영향을 미치며, 증상이 나타나는 방식은 이 뇌 영역들의 기능과 직접적으로 관련된다. 이마관자 치매는 하위 유형들로 나뉘지만,●● 그 가운데 무감동과 특히 연관성을 보이는 유형이 있다. 해당 유형은 이마엽이 현저하게 퇴화한다. 예상하겠지만, 의사 결정과 행동 조절에서 이마엽의 역할을 고려할 때, 행동형 이마관자 치매behavioural-variant FTD, bvFTD

● 두 유형을 구분하는 일은 점점 중요해지고 있다. 확고한 진단은 환자와 가족에게 앞으로 일어날 일을 알려주는데, 해당 질환의 유전학과 근본적인 인과적 병리 과정을 점점 더 깊이 이해하게 되면서 맞춤 치료 가능성도 높아지고 있다. 알츠하이머병은 대개 관자엽, 특히 해마처럼 기억에 관여하는 깊숙한 영역에 더 영향을 미치거나, 뇌 뒤쪽에서 시각과 공간 처리에 관여하는 마루엽과 뒤통수엽에 더 영향을 미친다. 전자일 때 환자는 확연히 기억 상실, 특히 최근 기억 상실에 영향을 미치며, 후자일 때에는 마루엽과 뒤통수엽이 퇴행하면서 읽기, 얼굴 인식, 암산, 시공간 방향 감각에 문제가 생긴다.

●● 퇴행성 변화가 관자엽에 주로 나타난다면, 환자는 단어의 의미를 잊거나 아예 단어 자체를 잊을 것이다. 뇌졸중이나 알츠하이머병 환자는 코끼리 사진을 볼 때 코끼리의 이름이 떠오르지 않을지 몰라도, 아시아나 아프리카에 서식하며 코가 길고 몸이 주름진 회색 가죽으로 덮여 있다는 사실은 안다. 이마관자 치매를 겪는 사람은 코끼리라는 단어는 물론, 이 동물에 대한 지식도 잊을 것이다. 이는 말하기 문제만이 아니라, 의미 문제이기도 하다. 유창하게 말할 수는 있지만, 말의 내용은 점점 무의미해질 것이다. 또 다른 유형은 구어의 구성에 훨씬 더 초점이 맞추어져 있다. 이런 사람들은 대개 단어를 잊지 않으며, 적어도 질병 초기에는 그렇다. 그러나 문법이나 문장 구조에 오류가 나타날 것이다.

환자는 성격과 행동이 뚜렷하게 달라진다. 이들은 사회적 자제력을 잃고, 공감 능력과 감정이입 능력도 감소하며, 의례적이거나 강박적인 행동을 보이고, 식성이 바뀌거나 과도한 식탐(먹을 수 있는 것은 물론, 심지어 먹을 수 없는 것까지 강박적으로 입에 넣는)을 보이기도 한다. 환자는 유치하거나 사회적으로 부적절한 행동을 보이기도 하며, 매일 땅콩버터와 잼을 바른 샌드위치 같은 음식을 먹거나, 판단력 저하, 약간의 편집증 등 더 미묘한 행동 변화를 보일 수도 있다.[8]

행동형 이마관자 치매의 또 다른 특징은 모든 일에 관심도, 의욕도 없고, 주변 사람들과 사회적·정서적으로 단절된다는 것이다. 이런 반응은 그전까지는 보이지 않다가 발병과 함께 나타난다. 게다가 이는 단순히 병의 심각성에 따른 결과라기보다는, 아주 초기 단계부터 이마관자 치매 당사자의 뇌에서 일어나는 변화의 어떤 근본적인 측면으로 보인다. 무감동은 환자의 90퍼센트 이상에게서 나타나며, 아주 초기 단계에서도 관찰된다. 이마관자 치매 환자 중에 확연히 무감동을 보이는 환자의 뇌 영상에서는 이마앞겉질을 포함한 이마엽의 몇몇 주요 영역에서 회색질이 뚜렷히 감소했다.[9]

이마관자 치매만 무감동과 관련된 이마엽 영역에 영향을 미치는 것은 아니다. 뇌졸중과 뇌 외상도 연관성이 깊다. 이 뇌 영역 중 일부는 대안 생성에 필수적이며, 심리학적 관점에서도 무감동과 관련이 있다고 이미 알려져 있었다. 또 이 영역들은 기획, 즉 목표를 달성하기 위한 계획을 세우는 데에도 중요하다. 이마엽에는 감정과 기분을 행동으로 전환하는 데 핵심적인 역할을 하는 영역이 있고, 실제로 이 영역이 손상되면 감정이 둔해진다. 앞서 언급한 배쪽안쪽 이마앞겉질 같은 영역은 해부학적으로 둘레계와 강하게 연결되어 있다. 정서적 요소가 결여된다면 자신의 선택과 행동이 초래할 결과를 제대로 평가하기 어려워진다.[10]

이 모든 사실은 하나의 결론을 가리킨다. 이마엽이 우리의 동기 수준을 근본적으로 좌우하며, 무감동의 토대라는 것이다. 이마엽은 우리가 행동하고 움직이며 목표를 향해 나아가도록 이끄는 여러 과정의 핵심 측면들, 즉 대안 생성, 에너지 지출에 따른 비용편익 분석, 궁극적으로 행동 경로 선택에 중요한 역할을 한다.

그러나 뇌의 다른 영역이 침범되면서 나타나고, 마찬가지로 무감동과 관련된 다른 질환들도 있다.

나는 헌팅턴병이에요

레트는 모순적인 사람이다. 햇볕에 그을린 얼굴에 옅은 색의 턱수염을 기르고 야구 모자를 쓴 그는 전형적인 미국의 소 목장주답다. 그러나 그는 레바논 마론파교도 이민자들의 후손이다. 1900년대 초 미국에 왔을 때, 그들은 영어를 한 마디도 못했고 무일푼이었다. 그의 조부는 미국에서 꿈을 실현했다. 아랍어만 쓰는 학교를 졸업하고 서부로 이사해서 넓은 땅을 샀고, 사망할 당시에는 큰 부자였다. 레트는 캔자스에 있는 집안의 땅 중 한 곳에서 육우 1,000마리를 키우고 있다. 집안의 땅은 캔자스·오클라호마·뉴멕시코에 걸쳐서 수만 헥타르ha에 달한다.

그는 과학자이기도 하다. 대학에서 농학을 공부한 뒤 목장으로 돌아왔는데, 어느 날 집 앞 고속도로에서 교통사고가 일어났다. 고등학생 한 명이 죽고, 한 명은 하반신이 마비되었다. "남을 도우려면 공부를 더 해야겠다고 생각했죠." 그는 지역 응급 구조대에서 구급대원으로 자원 봉사를 하다가 의대에 진학했다. 진료지원 간호사 자격증을 취득했고, 지금도 동네 병원에서 교대 근무자로 일한다.

그는 독실한 신자이기도 한데, 자신을 '예수 그리스도를 따르는 사람'이라고 말한다. '복음주의 기독교인'이라는 표현을 부정적으로 받아들이는 사람들도 있기 때문에 이렇게 표현한다고 설명한다. 가톨릭 집안 출신이지만 그는 20대 초반에야 신자가 되었다. 그전까지는 집이 아주 부유해 흥청망청 살았다. 땅과 차, 개인 항공기까지 있었다. 쾌락주의, 물질주의, 여자와 술을 즐기는 생활이었다고 말한다. "개차반이었죠. 밖에서는 모두가 나를 멋진 남자라고 봤어요. 할머니가 도로에서 길을 건너도록 돕는 예의 바른 사람이었거든요. 하지만 어두컴컴한 술집을 내 집처럼 느끼는 사람이기도 했어요. 어느 술집에서 누구와 무엇을 하든 간에 편안했죠. 돈을 뿌려대고, 술도 잘 마시고, 섹스도 즐겼어요. 집안 사업체에서 경력도 쌓았고요. 행복의 조건이라 일컫는 모든 것을 갖추고 있었어요." 그러다가 그는 개인적으로 심각한 위기감에 빠졌다. 모든 것을 가졌음에도 삶이 무의미하다는 깨달음이 찾아왔다. "그래서 모든 종교를 공부했죠. 그 가운데 내게 유일하게 와닿은 종교가 기독교였어요. 다른 모든 종교는 인간이 신에게 다다르려 애쓰고, 신을 위해 뭔가를 하려고 애쓰고, 신의 마음에 들기 위해 선행을 하려고 애써요. 반대로 기독교는 예수 그리스도가 인간에게 내려와요. 진정으로 공부하다 보면 기독교(진정한 기독교)는 종교가 아니라, 사람들이 선해지기 위해 노력하는 곳임을 알게 돼요. 진정한 기독교는 예수 그리스도를 통해 우리에게 다가오는 신을 뜻해요." 세계관은 나와 전혀 다르지만 대화를 나누다보니 레트가 재미있고 사려 깊고 때로 허물없이 대하고 지극히 열린 마음을 지닌 사람임을 알게 된다.

개차반 시절에 레트는 나중에 아내가 될 베키를 처음 만났다. "대학을 나온 뒤 파티를 열고 여자와 맥주에만 관심이 있던 시절이었어요. 두 번 데이트를 했는데, 서로 전혀 맞지 않았어요." 데이트는 엉망진창이었고 성장 배경도 전혀 달랐지만(그녀는 가난한 집안 출신에 미용사였고, 그는 부유한 특권층 집안 출신이었다) 레트는 베키를 잊을 수가 없었다. 레트는 종교를 받아들인 뒤, "신이 내 삶을 바로잡았어요"라고 말한다. "다시 데이트를 신청했어요. 거의 매달렸죠. 그녀가 결국 받아들여서 다시 만났지요. 두 주가 지나기도 전에 그녀와 결혼해야겠다고 마음먹었어요. 결혼 승낙을 받을 때까지 계속 졸라댔어요. 평생 한 여자한테 그토록 푹 빠진 적이 없었어요." 베키가 스물한 살, 레트가 스물다섯 살이었다.

레트는 혼인하기 전부터 베키의 집안을 알고 있었다. 베키의 친할머니는 형제자매가 여섯 명이었고, 루이지애나 남부 시골에서 자랐다. 일곱 남매 중 다섯 명이 유전성 퇴행성 뇌 질환인 헌팅턴병에 걸렸는데, 안타깝게도 베키의 할머니도 그중에 한 명이었다. "헌팅턴병을 앓는 모친에게서 태어났으니까, 장인어른은 당신이 그 병에 걸리리라고 일찍부터 알아차리셨어요. 그래서 감당하기가 어려웠나 봐요. 어느 직장도 오래 못 다녔어요. 좀 이상하게 행동하시곤 했으니까요."

레트는 장인이 고등학교에서 수위로 일할 때 학생을 때려서 해고된 일을 떠올린다. "분노가 폭발했죠. 장인은 취직과 해고를 반복했죠. 그런 한편으로, 세상에서 가장 친절하면서 배려심 있는 멋진 분이기도 했어요. 재산은 전혀 없었지만, 가진 것을 아낌없이 내주곤 했지요. 그러다가 이런 정신 나간 일을 저지르곤 했어요."

베키의 부친은 나쁜 행동을 발칵 저지른 뒤에 의사에게 가곤 했다. "이렇게 말하곤 했어요. '내가 헌팅턴병이라는 거 알아요. 어머니도, 누이도 그 병을 앓거든요. 숙부와 숙모 두 분만 빼고 사촌 대다수가 그 병을 앓고 있고요.' 그러면 의사는 말하곤 했죠. '선생님은 헌팅턴병 환자가 아니에요. 그냥 우울증이거나 양극성 장애예요.' 무도병 증상이 전혀 없으니까요."

끊임없이 춤추는 병

조지 헌팅턴George Huntington은 1871년 겨우 스물한 살에 컬럼비아대학교를 졸업했다. 그는 뉴욕 롱아일랜드 동쪽 끝에 가까운 이스트햄프턴에서 주치의로 일할 때, 치매와 비정상적 움직임을 보이는 중년 환자들을 접했다. 이 질환은 유전적 경향이 강했다.[11] 마찬가지로 지역 의사였던 그의 부친과 조부도 예전에 이런 환자들을 진료한 바가 있었다. 그 환자들은 모두 1634년 영국에서 건너온 제프리 프랜시스Jeffrey Francis의 후손이었다. 프랜시스는 이 신경계 질환의 유전자를 지닌 채 신대륙으로 이주했고, 후손들에게 끔찍한 병을 물려주었다.● 헌팅턴은 부친과 조부의 연구를 토대로, 1872년 4월 《필라델피아 내외과회지》에 자신의 환자들과 증상을 상세히 적은 논문을 발표했다. 논문 제목은 〈무도병에 관하여On Chorea〉였다. 춤을 뜻하는 고대 그리스에서 유래한 영어 단어로, 환자들의 비정상적인 움직임을 가리켰다.

> 이 병에 걸린 사람들의 춤추는 듯한 움직임에서 착안한 '무도병'은 매우 적절한 이름이다. 가장 뚜렷한 특징은 맘대로근에 생기는 간대성 경련이다. (…) 이 병은 흔히 얼굴 근육이 약간 씰룩거리는 것으로 시작하며, 씰룩거림은 서서히 격렬해지고 다양해진다. 눈꺼풀이 계속 깜박거리고, 눈썹이 찌푸려지다가 솟아오르고, 코가 좌우로 번갈아 비틀리며, 입이 여러 방향으로 당겨지면서, 이윽고 환자는 상상할 수 있는 가장 우스꽝스러운 모습이 된다. (…) 병이 진행됨에 따라 정신에 어느 정도 문제가 생기는데, 많은 환자는 정신증 양상을 띠는 반면, 심신이 서서히 망가지다가 이윽고 생을 마친 이후에야 고통에서 해방되는 환자도 있다. 부모 한쪽이나 양쪽 모두 이 병을 앓는다면 자녀 중 한 명 이상은 예외 없이 같은 병을 앓는다. (…) 한 세대를 건너뛰어 다음 세대에 다시 나타나는 사례는 결코 없다.[12]

의학의 역사와 사람 이름을 딴 질병에서 흔히 보듯이, 의학 문헌에는 이보다 몇 년 앞서 이러한 환자들을 기술한 기록도 있었지만, 결국 이 병에는 헌팅턴의 이름이 붙어 굳어졌다. 이 춤추는 듯한 움직임

● 나중에 콜드스프링하버 생물학연구소의 소장이자 우생학 기록국의 설립자인 찰스 B. 대븐포트 Charles B. Davenport는 1916년 논문에서 프랜시스의 사례를 이민 억제 정책을 정당화하는 근거로 제시했다.

과 몸을 가만히 있지 못하는 것, 즉 무도병은 이 병의 명확한 특징이었고 베키 부친은 이 특징이 없었기에 헌팅턴병이라는 진단을 받기까지 오랜 세월이 걸려야 했다.

헌팅턴병의 유전적·임상적 이해는 1872년 헌팅턴의 유명한 논문 이래로 발전해왔다. 다행히 지금은 원인과 다양한 증상을 더 많이 이해하고 있다.

우리 각자는 헌팅틴huntingtin 유전자를 한 쌍씩 지니고 있으며, 이 유전자가 만드는 단백질은 모든 세포에서 생성되지만 특히 뇌에서 많이 생성된다. 헌팅틴 단백질은 세포의 죽음을 막고 뉴런 발달을 촉진하는 중요한 역할을 한다.

이 유전자 자체에는 다른 여러 유전자에서 공통적으로 발견되는 특징이 하나 있다. 우리의 유전 암호는 약 30억 개 문자 서열로 이루어져 있으며, 각각 변형된 당 분자를 통해 사슬처럼 연결되어 DNA 구조를 형성한다. 유전 암호를 이루는 분자는 네 가지다. 이 분자를 뉴클레오타이드라고 하는데, 구아닌·아데닌·사이토신·티민(G·A·C·T)이다. 각 문자는 세 개씩 모여서 아미노산의 주형 역할을 한다. 아미노산은 단백질의 구성단위로, 줄줄이 사슬로 연결되어 단백질을 형성한다. 우리의 해부학적 구조와 생리 기능, 나아가 존재 자체가 네 문자 안에 담겨 있다는 사실은 늘 나를 경이롭게 한다.

인간의 유전체에는 다양한 종류의 반복 서열이 포함된 영역이 곳곳에 흩어져 있다. 이러한 반복 서열은 유전 암호의 말더듬, 인쇄 오류에 해당한다. 다시 말해 같은 서열이 되풀이되면서 이어지는 구간이다. 특히 세 개의 뉴클레오타이드, 즉 세 문자열이 반복적으로 죽 이어지는 사례가 흔하다. 헌팅틴 유전자에도 이러한 반복 영역이 존재한다. 이 유전자에는 CAG라는 세 염기가 여러 차례 반복된 구간이 있다. 각 CAG는 글루타민이라는 아미노산을 암호화하며, 헌팅틴 단백질이라는 최종 산물에서도 이 아미노산이 사용된다. 따라서 CAG 반복 서열은 단백질 구조 안에 연속된 글루타민 사슬을 형성한다.

이 유전자 내에서 CAG가 반복되는 횟수는 사람마다 다른데, 건강한 사람에게서는 많아야 26회일 것이다. 너무 많이 반복되면, 즉 헌팅틴 단백질에서 글루타민 사슬이 지나치게 길어지면 단백질의 구조와 기능이 변화한다. 글루타민 반복 서열이 너무 길면 단백질의 성질이 크게 바뀌어 뇌세포를 죽게 하고 뇌가 변성되어 결국 질병이 발생한다. 헌팅턴 유전자에서 CAG가 40회 이상 반복되면 분명 헌팅턴병에 걸릴 것이다. 반복 횟수가 36~39회라면 헌팅턴병에 걸릴 가능성도 있지만 반드시 발병하는 것은 아니다. 걸린다 해도 더 늦게 발병하고 진행도 더딜 것이다. 헌팅틴 유전자에 유전 암호 CAG의 반복 횟수가 60회 이상이면 아동기에도 발병할 수 있다.[13]

헌팅턴병의 이 유전적 토대에는 또 다른 불행한 측면이 있다. 정자나 난자가 만들어지려면 먼저 유전 정보가 복제되어야 하며, 이는 모든 세포 분열에서도 동일하게 적용된다. 복제 과정은 대개 신뢰도가 매우 높다. 그 과정에 우리의 건강과 생존이 달려 있기 때문이다. 그러나 알렉스와 과식을 일으키는 프래더-윌리 증후군을 다룰 때 이미 살펴보았듯이(〈탐식〉 참조), 때로 우리 몸은 실수를 한다. 헌팅턴병 사례에서 유전 암호를 읽고 복제하는 분자 기구는 이런 반복 서열을 만나면 위치를 잘못 인식하거나 오류를 범할 수 있다. 똑같은 단어가 여러 번 반복되면 몇 번째 단어를 읽는지 헷갈리는 것과 비슷하다. 그래서 반복 횟수가 많을수록 정자·난자가 생산될 때 DNA에 이 반복 서열이 추가로 삽입될 수도 있다. 그러면 반복 횟수가 더 늘어난다.

여기서 가능한 결과는 두 가지다. 첫째, 반복 횟수가 27~35회인 사람은 헌팅턴병에 걸리지 않겠지만, 해당 유전자가 자식에게 전달될 때에는 복제 오류로 반복 횟수가 더 늘어나서 36회라는 발병 문턱을 넘어설 수 있다. 둘째, 헌팅턴병에 걸린 사람도 해당 유전자를 자식에게 물려줄 때 반복 횟수가 증가할 수 있으며, 그 결과 병세가 심각해지거나 더 일찍 발병한다. 이 유전적 현상을 '표현 촉진anticipation'이라고 한다. 정자 생산은 본래 안정성이 더 떨어지는 과정이며, 따라서 표현 촉진은 모친보다는 부친에게 헌팅턴병이 있을 때 더 흔하게 나타난다.[14]

이제 우리는 헌팅턴병의 유전적 토대도 밝혀냈을 뿐 아니라, 이 질병이 무도병과 치매만 일으키는 것은 아님을 이해하게 되었다. 무도병은 질병 초기에 두드러지게 드러나지만, 병이 진행될수록 움직임이 둔해지고 감소하며, 균형을 제대로 못 잡고, 비정상적인 걸음걸이가 뚜렷해지면서 무도병 증상이 가려진다. 즉 병이 진행될수록 파킨슨병과 유사한 증상이 더 두드러진다. 치매는 주로 질병이 진행된 이후에 나타나지만, 환자는 그전에 이미 여러 해 동안 정보 처리, 감정 인지, 주의 집중, 계획 실행의 어려움 등 사고와 관련된 문제를 겪는다. 마찬가지로 불안, 짜증, 우울증, 강박 장애, 심지어 정신증 같은 정신의학적 증상들도 헌팅턴병 발병이 명백해지기 여러 해 전부터 흔하게 나타난다. 이렇게 무도병이 나타나기 훨씬 전에 헌팅턴병이 행동에 영향을 미칠 수 있다는 걸 몰랐기에, 베키 부친은 진단을 받기까지 오래 기다려야 했다.

질병 이후에도 삶은 계속되니까

결혼한 뒤 레트는 아내와 함께 장인을 돕던 일을 떠올린다. 약을 복용하라고 설득했으나 장인은 얼마 뒤에 복용을 그만두었다. "그때쯤 장인어른은 정말 이상했어요. 온 가족이 나서서 오클라호마시까지 장인어른을 모셔왔고 마침내 검진을 받게 했죠. 반복 횟수가 42회라고 나왔어요."

장인이 검진을 받을 무렵에 레트와 베키는 자녀가 둘이었다. 네 살 아이와 신생아였다. 그 직후에 베키와 자매들도 검사를 받았다. 분명 결과를 기다리기까지 아주 끔찍한 심경이었을 것이다. 또 결과를 보고 그들은 충격을 받았을 것이 틀림없다. 베키는 반복 횟수가 44회로, 부친보다 2회 더 많았다. 즉 그녀는 헌팅턴병을 물려받았음을 확인하는 동시에, 앞으로 어떤 일이 벌어질지도 사실상 예측할 수 있게 되었다.

레트는 해당 진단을 평가절하한다. "뭐, 그러려니 했지요. 모친이 막 유방암으로 돌아가셨을 때였기에 검사 결과에 흥분할 필요는 없다고 생각했어요. 많은 이들이 의아해했지만, 아내에게 헌팅턴병 유전자가 있다는 것을 안 뒤에도 우리는 자식을 더 낳았어요. 가족이 더 있어야 한다는 느낌을 떨칠 수 없었죠. 신이 인도한 결과라고 생각해요. 우리는 줄기세포를 염두에 두고서 제대혈을 보관했죠."

부친의 병세가 계속 나빠지고, 그들이 캔자스로 다시 이사한 것을 제외하면 예전과 별다를 바 없는 생활이었다. "효과적인 치료법이 있었다면, 생활습관의 변화라거나 우리가 무언가 할 수 있는 일이 있음을 시사하는 연구 결과가 있다면, 아마 뭔가를 했겠지요."● 레트는 덧붙인다. "조금 다른 시각에서 보면요, 어차피 누구나 죽음을 맞이해요. 심장병이든 암이든, 누구에게나 어떤 일이 벌어지지요. 헌팅턴병은 그저 그런 일 중 하나라고 받아들이기로 했죠. 최종 결과는 다 똑같잖아요? 그래서 우리는 그렇게 살려 해요. 유전자 검사의 좋은 점은 미리 일어날 일을 알고 앞날을 좀 더 계획할 수 있다는 거죠."

이 견해에 나는 좀 놀라긴 했지만 그들의 용기에 깊은 인상을 받았다. 20대 중반에 아내의 유전 암호에 시한폭탄과 같은 병이 들어 있다는 사실을 알게 되는 것은 어떤 의미일까? 앞으로 끔찍한 신경 장애가 필연적으로 발병할 테고, 해당 질환이 자녀들에게 대물림될지 모른다는 사실을 알게 된다면? 물려받았을 확률은 동전 던지기와 같다. 앞면 아니면 뒷면. 각 아이가 그 병에 걸릴 확률은 50퍼센트다. 그러나 레트와 베키에게 삶은 그저 살아가는 것일 뿐이다. "그때쯤 우리는 자녀가 넷이었고, 한 명 더 낳을까 생각하고 있었어요. 아내가 다시 아기를 가질 상태가 아니어서 접었지만요."

그러나 그 유전적 시한폭탄은 단순히 폭발하는 것이 아니다. 도화선은 천천히 오래 탄다. 돌이켜보면 신혼 때부터 헌팅턴병 징후가 엿보였을 수도 있다. 레트는 설명한다. "우리는 혼인 전에 동거하지 않았어요. 혼인한 지 두 달 만에 아내의 정보 처리 방식이 남들과 다르다

• 헌팅턴병의 증상을 완화하는 치료제들은 있지만, 그 병 자체를 치료할 방법은 현재 전혀 없다. 그러나 다양한 유형의 유전자 변형 또는 유전자 차단 요법이 임상 시험 중이거나 임상 시험이 예정되어 있다.

는 것을 알아차렸어요. 또 당시에도 좀 과민성을 드러냈어요. 증상이 간헐적으로 나타났다가 사라졌는데, 주로 생리와 관련이 있었죠. 그래서 '흠, 부친과 좀 비슷한 걸' 하고 생각했지만 그저 학습된 행동이라고 생각하고 넘겼죠."

캔자스로 돌아갈 즈음에 이 과민성은 악화되어 있었고, 베키는 항우울제를 복용하기 시작했다. "항우울제는 아내를 좀비 상태로 만들었어요. 성욕도 앗아갔죠. 그래서 우리는 약을 끊었어요. 나는 아내의 변덕스러운 기분에 잘 대처할 수 있는 수준에 이르렀고요." 그는 아내가 극심한 분노와 공격성을 드러내는 시기를 이야기한다(〈분노〉에서 언급한 환자들이 떠오른다). 대개 베키는 그에게 비난을 쏟아냈다. 끔찍한 남편이라는 둥, 자신을 배려하지 않는다는 둥, 자신을 사랑하지 않는다는 둥. "사랑하는 사람에게서 그런 말을 들으면 검사 결과를 알고 있다고 해도 받아들이기 힘들어요. 그 단어들이 머릿속에서 계속 맴돌거든요. 아내의 진심이 아니란 것을 알지만 지금도 여전히 속이 편치 않아요." 그녀의 분노가 다른 사람에게 뻗어갈 때도 있었다. "가끔 나한테 외도를 한다고 비난하곤 했어요. 전혀 그런 일은 없었어요. 한번은 내가 네덜란드에서 온 교환 학생과 바람이 났다고 의심했어요. 열일곱 살밖에 안 된 애 하고요." 갈등은 때로 신체적 폭력으로 치닫기도 했다. 아내는 그를 때리곤 했다. 그러나 그는 심하게 다친 적은 없었다고 말한다.

시간이 흐를수록 그런 일이 점점 잦아졌고, 아내의 기분 변화도 더 뚜렷해졌다. 레트로서는 집 밖으로 나오는 것이 유일한 대처 방법이었고, 약 50킬로미터 떨어진 병원에서 교대 근무를 하는 횟수를 늘렸다. 야간 근무, 주말 근무는 베키의 병에서 벗어나는 휴식 시간이었다. "집을 나가는 편이 더 나았죠."

베키의 과민성은 어느 정도 완화시킬 수 있었다. 그러나 레트는 아주 초기부터 명백히 나타난 증상이 하나 더 있었다고 한다. 이는 나태와 더 관련이 있는 것인데, 무언가를 하려는 동기 부족이었다. 철저한 무감동이었다. 사실 무감동은 헌팅턴병의 가장 흔한 증상인 듯하며, 이 병의 모든 단계에서 나타난다.[15] 무감동은 이 장애의 가차 없는 진군에 발맞추어 계속 진행된다.[16] "여행을 가기 위해 아이들의 짐을 꾸릴 때면 아내는 소파에 그냥 앉아 있곤 했어요. 일고여덟 살이던 애들은 어떻게 가방을 쌀지 잘 몰랐죠. 아내는 그냥 앉아서 이래라저래라 지시만 했어요. 그러다가 애들이 잘 못 알아들으면 벌컥 화를 내고요." 또 베키는 예전에는 아이들에게 건강한 음식을 먹이려고 무척 애를 썼는데, 이제는 아이들에게서 배고프다는 소리를 들으면 그냥 사 온 음식을 내놓곤 했다. "유기농 식품을 먹긴 하죠. 식품점에서 사와서요."

시간이 갈수록 기분 변화가 심해지는 것처럼, 베키의 무감동도 심해졌다. 레트는 처음에는 가족이 함께 외출하거나 교회에 갈 때면, 아내가 화장을 하고 머리를 손질하는 등 여전히 외모에 자부심이 있었다고 회상한다. 그러나 시간이 흐를수록 아내는 점점 아무것도 하지 않으려 했다. "응급실에서 72시간 동안 일하고 돌아오면, 엉망진창이 된 아내를 보곤 했죠. 아내는 소파에 잠들어 있고, 아이들은 여기저기 뛰어다니고, 개들은 집 안에 똥을 싸놓고요. 72시간 동안 일하고 왔지만, 쉬지 못하고 온종일 집안을 청소하고 식사를 준비하고 이것저것

사와야 했죠. 아내는 그냥 소파에서 계속 자다가 일어나서 내게 나쁜 남편이라고 소리를 질렀어요."

넷째 딸이 태어나자, 가족의 실상이 선명하게 드러났다. "아내는 그냥 아기를 잊곤 했어요. 주로 아홉 살 아들이 아기의 기저귀를 갈아 주고, 요람에서 꺼내 아래층으로 안고 내려왔죠." 아내가 자기 자신과 아이들을 제대로 돌보고 먹일지 못 미더웠기에 레트는 병원 일을 거의 포기할 수밖에 없었다. 바로 동기 부족 때문이었다. 최근 몇 년 사이에 베키는 자신과 자녀들을 의미 있게 돌볼 능력을 완전히 상실했다.

이마엽과 다른 뇌 영역들의 상호작용

베키의 뇌 영상을 살펴본다면 변화 패턴이 매우 특이할 가능성이 높다. 헌팅턴병 환자에게서 뇌의 변성이 무차별적으로 일어나는 것은 아니다. 이 장애를 겪는 이들의 뇌 영상은 좀 충격적이다. 정상적인 뇌에서 이마엽 안의 가쪽뇌실은 좁으며, 그 안에는 뇌척수액이 차 있다. 이 공간의 벽을 이루는 바닥핵이 불룩하게 안쪽으로 튀어나와 있다(42쪽 그림 1 참조). 헌팅턴병 환자는 뇌의 이 심층 구조가 위축되어서 가쪽뇌실이 더 커 보인다. 정상적인 오목한 모습은 뇌 조직에서 사라지면서 볼록해진다.

파킨슨병을 다룰 때 언급했듯이, 이 바닥핵을 비롯한 구조들은 운동 기능을 조절하는 데 중요한 역할을 한다. 파킨슨병에서처럼, 헌팅턴병에서도 운동 이상은 이 뇌 영역의 손상으로 비롯된 결과라고 해도 놀랍지 않다. 그러나 이 손상은 단순히 운동에만 영향을 미치지 않는다. 이들 심층 뇌 구조의 역할은 단지 우리의 움직임에만 국한되지 않는다. 이 구조들은 이마앞겉질과 긴밀하게 소통하며 의사결정과 계획에도 영향을 미친다. 또 감정의 토대인 둘레계와도 긴밀하게 연결되어 있고, 정서적 자극을 받아서 운동·행동·의욕을 자발적으로 일으키는 과정에도 관여한다.

따라서 헌팅턴병, 파킨슨병, 주로 바닥핵에 악영향을 미치는 특정한 유형의 뇌졸중 같은 질환에서는 이마엽이 아니라 바닥핵과 관련된 뇌 영역의 손상이 보상·선택·행동·노력과 같은 의사 결정과정을 관장하는 복잡한 신경 체계에 영향을 미친다고 예상할 수 있다. 바닥핵이 의사 결정 과정과, 감정이 그 결정에 영향을 미치는 방식 사이의 연결 고리라면, 바닥핵이 우리의 동기를 어떻게 조율하는지도 이해하기 쉬워진다. 예를 들어, 뇌졸중으로 바닥핵의 특정 부위가 손상되면 극단적인 무감동이 나타나면서, 정서적·인지적 반응을 완전히 상실한다.

> 환자들은 스스로 나서서 말하거나 행동하는 일 없이, 온종일 같은 자리에서 또는 같은 자세로 가만히 있곤 한다. 질문을 하면, 마음이 텅 빈 것처럼 느낀다. 자발적인 행동 횟수의 감소는 환자의 일상 활동이 대폭 줄어드는 것과 관련이 있다.[17]

신기하게도 이 환자들은 재촉을 받으면 행동에 나설 수 있다. 질문에 적절한 대답을 할 수 있고, 요청받은 일도 수행 가능하다. 진정으로 놀라운 점은 환자들이 바깥 세계에 반응하는 능력과 내부에서 행동을 일으키는 능력이 완전히 단절되어 있다는 것이다. 행동할 기구들은 존재하지만, 감정이나 보상 같은 동기 부여자로부터 입력을 받지 못한다.

따라서 바닥핵은 운동을 조절할 뿐 아니라, 자발적인 행동 개시에도 중요한 역할을 하는 것으로 보인다. 동기의 토대를 이루는 이 신경계를 생각할 때, 이마엽, 특히 이마앞겉질이 행동을 생성하지만, 그 행동은 내부의 동기가 이끄는 듯하다. 예를 들어, 이마엽 손상은 이마관자 치매 환자들에게 무감동을 유발한다. 둘레계는 이런 행동과 그 보상 결과의 정서적 측면을 매개한다. 그러나 베키의 사례가 보여주듯이, 이런 뇌 영역의 행동을 매개하는 것, 즉 우리 생각이나 행동의 내부 원동력으로 작용하는 것은 헌팅턴병 환자에게서 손상된 바닥핵이다.[18] 선택지 생성, 선택지 평가, 행동 반응, 내적 동기 형성에 관여하는 뇌 회로 중 어느 하나가 변형되면, 무감동이 발생할 수 있다. 그토록 많은 여러 유형의 신경계 질환에서 무감동이 흔한 이유를 이것으로 설명할 수 있을지 모른다.

이렇게 쓰고 있자니, 저절로 어떤 생각에 빠져든다. 내 자신의 동기에 영향을 미치는 요인들을 하나하나 떠올리게 된다. 나는 본래 좀 게으르다. 운동을 싫어하고, 어떤 일을 하든지 늘 가장 쉬우면서도 빨리 끝낼 방법을 찾는다. 이를 '효율성'이라고 포장하곤 하지만, 사실은 일종의 나태다. 내 자신과 의사로서 진료하고, 글을 쓰고, 일상적인 일을 수행하도록 이끄는 요인들을 살펴볼 때, 나는 스스로가 성취의 보상이나 쾌락뿐 아니라 죄책감, 자신과 타인을 향한 기대, 생산적이고 기여하고자 하는 욕구 등 다양한 감정의 소용돌이에 휩싸이고 있음을 인정할 수밖에 없다. 이는 둘레계에서 생성되어 바닥핵이 매개하고 이마엽을 통해 표출되는, 내 행동을 조절하는 다양한 감정들이 매우 복잡한 양상을 띠고 있음을 잘 보여준다.

언제 나타날지 모르는 유령과 함께 살기

시간이 흘러 헌팅턴병이 가차 없이 진행되었고, 베키와 가족의 삶은 황폐해졌다. 그 병은 레트가 젊었을 때 그토록 매혹적이라고 느꼈던 여성을 망가뜨려왔다. "당시에는 그녀를 볼 때마다 내 삶이 온통 아름답게 빛났어요. 내가 만난 가장 아름다운 여성이었죠. 따스하면서 고아한 분위기가 배어나왔죠. 지금은 그 모든 것이 사라졌어요. 이렇게 뒤틀려버렸어요. 완전히 달라졌어요."

베키의 무감동은 점점 심해져서 지금 그녀는 거의 아무것도 하지 않는다. 현재 마흔아홉 살인 그녀는 사람을 만나거나 자녀를 돌보거나 심지어 자기 몸을 챙기는 일상적인 활동을 하려는 의욕조차 완전히 사라진 상태다. "며칠 동안 한자리에 그냥 앉아 있어요. 요양원 환자들 같죠. 요양원 환자들이 어떤지 아실 거예요. 의자에 마냥 앉아서 텔레비전을 보고 있죠. 그러다가 때가 되면 간병인이 환자를 식탁으로 데려가서 먹이잖아요. 그게 바로 지금 내가 하는 일이에요." 일주일에 몇 번 가사 도우미가 아내와 아이들을 돌보며, 그 시간에 레트는 목장을 둘러보고 때로 동네 병원에서 교대 근무를 한다. 그는 이렇게 덧붙였다. "지금은 삶이 별 재미가 없어요." 그가 말하는 것이 자신의 삶인지 아내의 삶인지는 불분명하다.

나는 현재 부부 관계가 어떤지 조심스럽게 물어봤다. 레트는 자신이 지금은 20대 때와 전혀 다른 사람이라고 말문을 열었다. 신앙은 그에게 큰 위안을 주었지만, 동시에 마음속에서 자신의 역할을 고정시키는 요인이기도 했다. "《성경》에 부부 관계를 다룬 대목이 있어요. 예수가 교회를 사랑하고 교회를 위해 자신을 희생한 것처럼, 남자는 아내를 사랑해야 한다고 나오죠. 그래서 이 십자가에 매달린 예수의 모습을 마음에 담고 있어요. 아내에게 그만큼 할 수 있도록요." 그의 성장 과정도 자신의 행동에 지침이 되어왔다. 레트는 이혼 가정에서 자랐고, 모친은 세 번 결혼했다. "난 계부들 밑에서 컸고 그래서 내 아이를 갖고 싶지 않았어요. 그런데 이제는 해야 할 역할이 있지요. 아이들을 최선을 다해 지키고, 안정적인 성장 환경을 제공하고, 아내도 돌봐야 하고요. 우리 문화와 사회를 생각해보면, 우리는 종종 너무 근시안적으로 행동하는 경향이 있어요. 이혼해서 득을 볼 사람은 아내를 떠나는 나 하나뿐이에요." 그의 동기는 의무, 신앙, 가정 지키기라는 감정들의 복잡한 혼합물이다.

레트는 아이들을 지키고 싶어 하지만, 아이들이 상처를 입지 않은 것은 아니다. 아이마다 병에 걸릴 확률은 50퍼센트이므로, 헌팅턴병이라는 유령이 늘 주위에서 맴돌고 있다. 레트는 놀라울 만치 침착하다. "애들에게 말하곤 해요. '애들아, 너희 친할머니는 쉰여섯 살에 유방암으로 돌아가셨어. 외할아버지는 예순다섯 살에 헌팅턴병으로 돌아가셨고, 외숙모도 쉰여섯 살 즈음에 헌팅턴으로 세상을 떠나셨어. 마흔 살에 심장마비나 교통사고로 사망하는 사람들도 있어.' 내가 아이들에게 가르치려고 하는 건 이겁니다. 하루하루를 충실하게 살아라. 죽음은 어떤 식으로든 닥쳐요. 시간문제일 뿐이죠. 숙명론처럼 들릴지 모르겠지만, 나는 아이들에게 현재를 충실히 살라고 격려하죠. 어느 누구도 내일을 보장할 수 없어요."

나는 자녀들이 헌팅턴병 유전자 검사를 해본 적 있는지 물어봤다. 그는 처음에는 가능한 한 많은 정보를 파악해야 한다고 생각했지만, 이제는 달라졌다고 말했다. "어차피 효과적인 치료법이 없는데 지금 굳이 부담을 안겨줄 이유도 없잖아요? 아들은 곧 혼인할 예정이에요. 우리는 예비 며느리와 그 이야기를 했어요. 충분히 이해했죠. 사위와도 혼인 전에 이야기했어요. '알고 있는 거지? 무슨 일이 벌어질지, 장모가 어떤 모습인지 알고 있지?' 사위는 목사가 될 예정이에요. 그래서 나와 입장이 비슷해요. '그녀를 계속 사랑할 겁니다.' 나는 애들에게 검사를 받고 싶다면 알아서 하라고 늘 말해요."

레트는 아내의 유전자 검사가 양날의 칼이었다고 말한다. "축복이자 저주였죠. 나는 증상만 찾아다녔으니까요. 나는 세계 최악의 증상 사냥꾼이었지만, 의료인이었고, 증상을 찾도록 훈련을 받았어요. 이윽고 모든 것이 헌팅턴병은 아니지만, 모든 것이 헌팅턴병이라는 깨달음이 찾아왔어요. 알아서 좋은 점도 있었어요. 계획을 세울 수 있었으니까요. 장인어른이나 아내의 병을 몰랐다면, 솔직히 아내에게 증상이 나타나기 전에 아마 헤어졌을 거예요. 대하기가 너무 힘들어졌거든요." 레트 같은 사람에게는 그런 고백이 정말로 고통스러울 것이다. "신앙이 있다고 해도, 아마 신에게 용서를 구했을 거예요. 도저히 더는 버틸 수 없었을 테니까요. 하지만 아내가 아프다는 사실을 깨달았을 때, 나는 떠올렸죠. 아플 때나 건강할 때나. 그래서 매일 아내를 돌보고 싶냐고요? 아니오. 내 안에는 스물두 살이고 싶은 마음도 여전히 존재해요. 나가서 스웨덴 비키니 팀과 놀든 뭐든 하고 싶은 마음도요."

레트는 대화 중에 "모든 것이 헌팅턴병은 아니지만, 모든 것이 헌팅턴병이다"라는 표현을 여러 차례 사용했다. 이는 분노·짜증·무감동 등 헌팅턴병의 모든 증상이 정상적인 삶에서도 겪는 것이지만, 베키처럼 그 병을 앓는 사람들은 병든 뇌를 통해 세상을 접한다는 견해를 알리기 위해서 이 표현을 쓴다. 베키에게는 헌팅턴병이 삶의 모든 것을 거르는 여과지와 같다.

그러나 이 여과지의 정확한 특성을, 즉 베키의 현재 세계가 정확히 어떤 모습인지 이해하기란 쉽지 않다. 일상생활에서도 우리는 맞든 틀리든 간에, 남들의 마음이 내 마음과 비슷하다고 가정한다. 기본 구조, 사고 과정, 감정이 동일하다고 생각한다. 그러나 신경학의 사례에서 종종 그렇듯이, 병든 뇌라는 맥락에서 보면 그런 가정들은 더욱더 문제가 있다. 우리는 자신의 관찰과 확대 추정뿐 아니라, 더욱 중요하게는 신경학적으로 변형된 사람과 함께 사는 사람들, 즉 자신을 알고 사랑하는 사람들에게 더욱더 의존한다. 베키의 헌팅턴병 뇌가 자신의 삶과 세계의 지각을 어떻게 형성하는지 이해하고자 할 때, 우리는 거의 전적으로 레트의 생각과 말에 의지한다. 그의 생각과 말은 그의 뇌와 성격에 기반해 형성된 마음을 통해 걸러진다.

나태에 빠진 이들이 피곤해하는 이유

뇌의 여러 회로 사이에 이루어지는 이 세심한 안무는 궁극적으로 몸에 관한 한 가지 질문으로 이어진다. 그럴 가치가 있을까? 보상의 규모와 획득 가능성을 따질 때, 그 보상을 얻으려 에너지를 투자할 가치가 있을까? 다양한 대안 생성, 각 대안의 평가, 목표 달성 가능성의 계산은 모두 동기 부여 과정의 중요한 요소다. 그러나 이 방정식에는 또 다른 항이 있다. 우리는 노력의 수준을 측정하고, 실천의 척도를 구하며, 특정 행동에 따른 신체적·정신적 비용도 계산해야 한다. 그리고 이 특정한 측면은 헌팅턴병을 앓는 베키나 파킨슨병이나 이마관자 치매 환자 이외의 사람들에게서도 '나태'의 한 측면을 생성할 수도 있다. 노력의 오지각, 분투의 과대평가는 의학적 질환 때문이든 다른 이유로든 간에 많은 이가 피곤함을 느끼는 이유를 어느 정도 설명해줄지 모른다.

에이제이를 나태하다고 말하기는 어려울지 모른다. 마흔 살인 지금 그녀는 대학에 입학해 공부 중이다. 과거에는 몇 개의 사업체를 운영했다. "사실 열여섯 살 때부터 사업가였어요. 아빠는 자신이 아주 일찍부터 일을 했으니까, 나도 그래야 한다고 믿었죠. 그래서 친구 몇몇과 일을 해봤는데, 사실 별 확신은 없었어요. 모든 게 끔찍해 보였죠. 점원으로 일하는 친구는 늘 성희롱에 시달렸고, 밖에서 일하는 친구들은 정말 힘들어했죠. 그래서 일자리를 구하는 대신에, 일자리를 만들었죠."

고등학생 때 에이제이는 영적 추구, 다양한 종교와 문화, 사실상 반문화에 초점을 둔 가게를 차렸다. 기독교가 위세를 떨치는 온타리오의 한 보수적인 소도시에서 자란 그녀는 늘 자신이 이방인 같았다고 말한다. 외가가 예니셰인(중유럽과 동유럽에서 기원한 유랑민족으로서 루마니아인과 혼동되곤 하지만 전혀 다르다) 이민자 후손이기에, 그녀는 본능적으로 비주류 문화에 끌렸다. "에니세인은 본질적으로 서유럽과 동유럽 문화의 혼합물이에요. 이교와 기독교, 유대교 측면들이 섞였죠. 아빠는 토론토에서 태어났기에 딱히 소속 문화가 없었어요. 그래서 엄마 쪽의 더 풍성한 문화와 나를 동일시했죠."

가게는 처음부터 아주 잘되었다. 그러나 에이제이 자신이 남들과 다르다는 것을 '밝히는' 꼴이었기에 학교에서 마찰을 일으켰다고 한다. "선생이나 지역 사회와 껄끄러운 상황에 부딪치곤 했어요. 그래서 그냥 내뱉었죠. '젠장, 돈이나 벌래. 안녕.' 그렇게 학교를 그만뒀어요." 그녀는 가게를 운영하고, 온라인 사업을 하는 등 직업 생활을 시작했다.

에이제이는 이른 나이부터 직업윤리 의식이 강했으므로 그녀를 신체적으로 나태하다고 비난할 수도 없을 것이다. 그녀는 20대 후반에 머리에 충격을 받은 뒤로 계속 심한 두통에 시달렸고, 그러다 보니 체중이 많이 불었다. 몇 년 동안 두통을 앓은 뒤에야 비로소 그녀가 희귀 질환을 앓고 있다는 사실이 드러났다. 특발 두개내압 상승idiopathic intracranial hypertension이었다. 뇌진탕으로 인해 시작되었던 두통이 뇌 주위의 액체 압력이 증가하면서 생기는 두통으로 대체된 것이었다. 젊은 여성의 체중 증가와 관련이 있을 때가 많은 원인 불명의 질환이다. 에이제이는 약 복용보다 더 힘든 대안을 택했다. 규칙적으로 열심히 운동하면서 식사 조절을 병행한 끝에 체중을 45킬로그램 이상 줄였고, 이후 특발 두개내압 상승도 사라졌다. "결국 운동광이 되었죠. 일립티컬 머신을 두 시간 동안 탈 수 있어요."

회복된 지 약 1년 뒤, 그녀는 5년간의 혼인 생활을 끝냈고, 모친의 요청으로 부모 집으로 돌아갔다. 부친은 뇌종양 진단을 받은 상태였고, 모친은 집에서 1년 넘게 혼자 남편을 돌보느라 애쓰고 있었다.

모친의 부담을 덜어주려다 보니, 에이제이의 생활은 완전히 달라졌다. 모친이 점점 쇠약해져 정원을 가꾸기에는 벅차다고 판단한 에이제이는 직접 나섰다. "정원을 개보수하기로 결심했죠."

정원 가꾸기 작업은 계획대로 진행되지 않았다. 성공적으로 개보수하기는커녕, 이런저런 상처만 얻었다. "다 엉망진창이었어요. 새집에 머리를 부딪치기까지 했죠. 하필 그날 목재를 추가 구매하러 갔어요. 멍청하게도 목재를 실어줄 사람들에게 이렇게 말했어요. '아, 괜찮아요. 내가 할게요.' 그러다가 결국 차 해치백에 머리를 부딪쳤어요. 집에 와서 목재를 내린 뒤에 이렇게 말했죠. '정말 엉망이야. 오늘 완전히 망쳤어. 수영이나 가야겠다.' 수영을 하고 있을 때 이미 방향 감각을 좀 상실했던 것 같아요. 배영을 하다가 그만 수영장 가장자리에 머리를 들이박았어요." 운 나쁜 하루는 거기에서 끝나지 않았다. "더 큰일이 벌어졌죠. 수영장 탈의실로 들어가다가 그만 미끄러져 콘크리트 바닥에 넘어졌어요. 그리고 이번에는 정말 뇌진탕을 일으켰어요. 멍청하게도 바로 가서 치료를 받아야 했는데, 그냥 이렇게 생각했죠. '이런, 자러 가야겠어.' 그 뒤로 며칠 동안 거의 계속 잠만 잤어요. 두 주가 지난 뒤에야 깨달았죠. '맙소사, 뭔가 잘못되었어.'"

에이제이는 잇달아 머리를 부딪친 여파로 쓰러졌다. 간신히 침대에서 일어날 즈음에는 다른 증상들까지 나타났다. "좌절감과 분노 같은 감정들이 왈칵 솟구쳤어요. 감각 입력도 처리하기가 어려워졌고요. 모든 소리가 너무 크게 들리고 마구 짜증을 불러일으켰어요. 집중력도 정말 엉망이었죠. 일상 소음 사이로 들리는 대화조차 제대로 알아듣지 못할 정도였어요. 앉아서 책을 읽는데 긴 문장이 나오면, 다 읽을 즈음에는 맨 앞 문장을 잊곤 했어요."

에이제이의 증상들 중 상당수는 몇 주가 지나는 동안 가라앉았지만, 건강의 두 측면은 그렇지 않았다. 하나는 수면이었다. "적어도 1년 동안은 정상 수준보다 더 많이 잤어요. 뇌진탕 뒤 몇 주 동안은 여덟 시간만 깨어 있었어도 놀랄 일이었을 거예요." 잠에서 깨도 견딜 수 없을 정도로 졸음이 쏟아졌다. "그 시간에 깨어 있기 위해, 눈을 뜨려고 갖은 수를 써야 했죠."

두 번째 측면은 피로다. 처음에는 졸음과 피로를 구분하기가 어려웠다. 그러나 몇 달 동안 수면이 서서히 나아지면서 에이제이는 둘이 전혀 다른 문제라는 점을 점점 인식하게 되었다. 지독한 졸음은 이제 사라졌지만, 기력이 완전히 고갈된 상태였다. "늘 몸이 무겁고 피곤했어요. 잠도 계속 부족했고요." 분명히 신체적인 피로였다. "빨래 같은 일상적인 일조차도 힘겨웠어요. 몸을 움직이고 나면 곧바로 이런 기분이 들었죠. '이런, 쉬어야겠어. 더는 못해.'" 그녀의 운동 능력은 사라졌다. 두 시간 운동하면 거의 아무것도 할 수 없었다. 그리고 몸을 쓰는 모든 활동은 반동을 일으켰다. "식품점에 갔다 오는 것조차 힘들었어요. 나갔다 오면 온종일 지쳤을 뿐 아니라 그 여파가 다음 날까지 갔어요." 나는 그냥 쇠약해진 것인지 아니면 근육통이 있는지 물어봤다. "근육통은 있지만 힘든 운동 뒤에 생기는 근육통과는 달라요. 산소가 부족한 느낌이에요. 예를 들어 물병을 들려고 한다면 예전에는 무겁다고 느꼈겠지만, 지금은 그 무게 때문에 지친다는 느낌을 받아요."

이 피로는 정신에까지 영향을 미쳤다. 에이제이는 전에는 독서광이었지만, 이제는 책 한 권은커녕 문장 한 줄만 읽어도 지쳤다. “끔찍해요. 정말로 의욕이 사라져요. 1년이 지났지만 상태는 겨우 조금 나아졌을 뿐이에요. 예전에는 논픽션을 즐겨 읽었는데, 이제 개념과 용어를 연결하기도 어려워요. 그런 책을 읽다가는 지치고 말아요.” 의료진은 그녀에게 《해리 포터》 시리즈를 권했다.

에이제이가 보여주듯이, 피곤은 여러 형태를 띠며, 이 형태들은 종종 서로 겹치거나 혼동을 일으킨다. 졸음·피곤·피로 등의 용어는 종종 동의어로 쓰이지만, 의학적으로는 서로 다른 의미로 쓰인다. 지나친 졸음은 깨어 있는 상태를 유지하는, 즉 잠에 저항하는 능력이 없음을 뜻하는 반면, 일부 환자는 과다수면 욕구를 지닌다. 대개 24시간 사이에 열 시간 이상 자야 하면 과다수면으로 본다. 수면 욕구가 증가한다는 객관적인 증거가 전무한데도, 잠자리에서 오랜 시간을 보내는 것을 가리키는 용어까지 있다. 바로 침대애호증clinophilia이다. 대조적으로 피로는 전혀 다른 의미인데, 자발적으로 행동을 시작하거나 유지하기가 어려운 상태와 관련된 신체적·정신적 탈진이라고 정의한다. 중요한 점은 휴식이나 수면 시간을 늘린다고 해서 피로가 크게 개선되지는 않는다는 것이다.[19]

안타깝게도 에이제이는 앞서 말한 증상들을 거의 다 갖고 있었다. 아주 오래 자야 하고, 깨어 있을 때 졸음이 쏟아지고, 심신이 피로에 찌들었다. 피곤의 유독한 조합이 삶의 거의 모든 측면에 영향을 미쳐왔다. 도덕적 의미가 전혀 없는 ‘나태’다.

이는 그녀만의 문제가 아니다. 사실 수면 교란과 피로는 아주 가벼운 머리 부상을 입은 뒤에도 놀라울 만치 흔하게 나타난다. 오래 자고 싶은 욕구와 낮 시간에 쏟아지는 졸음은 그런 부상의 여파라고 잘 알려져 있지만, 가장 자주 호소하는 문제는 피로다. 피로는 외상성 뇌손상을 입은 후 10년 뒤까지도 겪으며, 생존자의 최대 80퍼센트가 경험한다.[20] 졸음의 원인은 수면을 조절하고 각성을 유지하는 데 중요한 뇌 영역들의 직접적인 손상과 관련이 있다고 보지만, 외상 후 피로의 원인은 덜 명확하고 더 많은 논란을 낳고 있다.

초인적인 괴력의 비밀

신체적 노력을 어떻게 지각하는지는 탈진한 근육에서 나오는 신호와 관련이 있을 것이라고 보는 편이 논리적이다. 신체적 피로나 힘든 활동으로 고군분투했다는 지각은 근육의 감각 피드백과 관련이 있다. 대개 근육에서 비롯될 텐데, 노력에 관여하는 기관에서 발생한 감각 정보가 뇌로 전달되어 이러한 운동 지각을 만들어내는 것이 틀림없다.

그러나 신체적 분투가 근육 활동으로 측정되고, 피로가 전적으로 근육을 얼마나 썼느냐의 함수라면, 관찰 결과를 설명하기가 아주 어렵다. 특정한 상황에서 어떻게 초인적인 힘을 발휘할 수 있는지를 합리적으로 설명하지 못한다. 스트레스를 받거나 매우 감정적인 상황에서 거의 불가해한 수준의 힘이나 능력을 발휘한 사례는 많다. 오하이오의 열여섯 살 청소년 잭 클라크Zac Clark는 2019년 집에서 엄마와 함께 정원을 가꾸다가 이웃 사람이 도와달라고 외치는 소리를 들었다. 달려가 보니, 이웃의 남편이 폭스바겐 파사트 밑에 깔린 모습이 보였다. 다리는 무사했지만 상체가 자동차에 짓눌린 상태였다. 차 밑으로 들어가 수리를 하던 중에 받쳐놓은 장치가 빠지면서 내려앉은 것이었다. 그 광경을 보자마자 잭은 바로 달려들어 혼자서 차를 들어 올렸고, 주변 사람들이 남자를 끌어내어 목숨을 구했다. 퀘벡 오지 마을에 사는 마흔한 살 엄마 리디아 안기유Lydia Angyiou의 사례도 있다. 그녀가 아들들과 함께 길을 가는데, 320킬로그램 북극곰이 그들을 덮쳤다. 그녀는 아들들 앞에서 북극곰과 맞서 싸웠고, 이윽고 이웃 사람이 허공을 향해 총을 쏴대자 북극곰은 달아났다. 강력한 모성 본능을 발휘한 덕분에 그녀는 여기저기 긁히고 멍만 들었다.

극한 괴력hysterical strength을 발휘하는 이런 사례들은 목숨을 위협하는 스트레스 상황에서 신체적 피로를 억누르고 힘을 발휘하는 능력을 얕보아서는 안 된다는 것을 잘 보여준다. 또 감정 상태가 근육이 평소에 수행할 수 있는 일의 한계를 결정하는 과정들을 크게 바꿀 수 있음을 보여주며, 이런 메커니즘에 분명히 뇌도 관여한다는 것을 시사한다.

반면에 에이제이가 묘사한 신체적 피로는 전혀 부담이 없어야 하는 일들을 수행하는 데조차 몹시 분투를 해야 한다는 의미다. 그녀의 신체적 피로를 근육 활성이나 감각 신호의 변화와 연관 짓는 것은 문제가 있다. 그녀의 증후군을 촉발한 것은 머리 부상인 듯하다. 그녀의 상황은 신체적 분투의 기원이 실제로 뇌에 있다는 이 견해와 잘 들어맞는다.

이런 극한 괴력을 발휘한 이들이나 에이제이 같은 사람들만이 아니라, 신체적 피로가 전적으로 근육에서 나온다는 견해에 상당한 의구심을 던지는 증거가 더 있다.[21] 예를 들어, 보툴리눔 독소(보톡스)나 쿠라레 같은 물질은 감각 피드백에 영향을 미치지 않으면서 근육을 약화시킨다. 따라서 피로가 단순히 근육 수축의 함수라면, 이러한 유형의 약물은 근육의 수행 능력을 제한하므로, 분투할 때 실제보다 덜 힘들다고 지각하리라 예상할 수 있다. 그런데 이 약물을 투여받은 사람들은 오히려 피로를 훨씬 더 심하게 느낀다.

국부 마취제를 척수가 빠져나가는 신경뿌리 주위에 주사하는 경막외 마취epidural anaesthesia는 피부, 근육, 기타 조직으로부터 감각 신호가 뇌로 돌아오는 것을 차단한다. 이런 유형의 마취제가 피로감을 줄인다고 예상할지도 모르겠다. 근육에서 나오는 분투 신호가 뇌로 전달되지 못할 것이기 때문이다. 그러나 경막외 마취를 받은 사람에게 고정식 자전거를 타게 하면, 신체적 분투에 대한 감각은 변하지 않거나 오히려 더 강해진다.

이런 발견들을 토대로 연구자들은 신체적 피로가 말초 신경, 즉 중추 신경계 바깥 영역에서 나오지 않는다고 결론지었다. 대신에 피로나 신체적 분투의 지각은 거의 전적으로 뇌 안에서 이루어진다.

이 말이 사실이라면, 즉 근육이 실제로 하는 일이 노력의 지각과 거의 또는 전혀 무관하다면, 노력의 지각은 어떻게 형성되는 것일까? 근육에서 오는 이 정보가 없는 상태에서, 뇌가 분투를 측정하는 방법이 따로 있는 것일까? 그러려면 뇌는 추가적인 정보 없이도 몸이 얼마나 많은 노력을 요구하는지 자체적으로 알아내야 할 것이다. 사실 뇌는 바로 그렇게 하는 듯하다.

우리 팔다리의 움직임은 대뇌 겉질의 일차 운동 영역에 있는 뉴런들이 발화한 결과다. 머리뼈 뒤쪽에 가장 가까운 이마 겉질에 속한 운동 영역 중 팔과 다리를 담당하는 영역이 있다(46쪽 그림 3 참조). 이 영역에서 보내는 신호는 척수를 통해 말초 신경과 근육으로 직접 전달되어 근육을 수축시킨다. 그러나 이 신호는 근육에만 도달하는 것이 아니다. 운동 영역은 신호를 다른 부위뿐 아니라 뇌의 여러 영역으로도 동시에 보낸다. 동반 방출corollary discharge이라 불리는 이 추가 신호는 감각을 담당하는 대뇌 겉질 영역에 근육이 활성화하고 있음을 알려준다. 따라서 감각 영역들은 근육으로부터 아무런 정보를 받지 않아도 근육이 열심히 일하고 있음을 안다. 제어 중추로부터 직접 정보를 받기 때문이다. 독소로 근육이 약해졌을 때 피로가 줄어들지 않고 오히려 증가하는 이유를 이로써 분명하게 설명할 수 있을 것이다. 동일한 운동 출력을 얻기 위해서 대뇌 겉질의 운동 영역이 근육을 더 강하게 자극하고, 따라서 노력이 증가했다고 인식하는 것이다.

동반 방출이라는 설명이 옳다고 가정한다면, '운동 신호가 뇌의 감각 영역으로 정확히 어떻게 전달되는가'라는 의문이 남는다. 기능적 MRI 연구는 이 과정에 관여하는 운동 겉질 영역을 하나 찾아냈다. 바로 보조 운동 영역supplementary motor area, SMA이다. 보조 운동 영역 활성은 신체 활동 강도에 직접적으로 비례하며, 보조 운동 영역은 감각 겉질과 직접 연결되어 있다.

놀랍게도 강력한 자석으로 보조 운동 영역을 억제함으로써 신체 피로를 줄일 수 있다. 한 탁월한 연구에서는 건강한 자원자 열두 명에게 악력계를 오른손으로 쥐도록 했다. 그러면서 일차 운동 영역이나 보조 운동 영역, 또 운동이나 감각과 무관하다고 여기는 대조군에 국부적으로 강한 자기장을 가했다. 이 자기 펄스는 대뇌 겉질 중 아주 작은 영역의 활동을 비정상적으로 만들어 정상적인 신경 기능을 일시적으로 교란한다. 일차 운동 영역이나 대조군 영역은 온전히 놔둔 채 보조 운동 영역 기능만 교란할 때, 참가자의 분투 지각이 대폭 약해졌다. 아마 보조 운동 영역으로부터 감각 겉질로 전달되는 정상적인 출력 신호가 차단되기 때문인 듯했다.•[22]

신체적 피로와 정신적 피로의 관계

따라서 뇌는 분투와 그 비용을 평가하는 자체 모니터링 체계를 갖추고 있으며, 이 체계가 교란되면 신체적 피로를 극복할 수 있다. 그렇다면 신체적 과제가 아니라 인지적 과제를 하는 능력이 쇠퇴하는, 즉 인지적 피로는 어떻게 될까? 물론 에이제이는 양쪽 피로로 몹시 지

• 보조 운동 영역이 신체 피로나 분투와 관련된 유일한 뇌 영역은 아니다. 앞뇌섬엽 등 다른 영역들도 관련이 있다. 보조 운동 영역과 마찬가지로 이 영역도 동기 부여, 노력, 분투와 관련이 있다. 뇌섬엽은 이마엽·관자엽·마루엽이 만나는 부위의 깊숙한 고랑 속에 주름져 있는 겉질 영역이다. 이 해부학적 위치만으로도 뇌섬엽이 감정, 자각, 여러 감각의 처리와 통합, 나아가 의식과 관련된 복잡한 기능을 담당한다고 추정할 수 있다. 뇌섬엽의 많은 기능 중 하나는 몸속 신호를 받아서 우리의 내부를 추적 관찰하는 것이다. 이를 내부감각interoception이라고 한다. 예를 들어, 앞뇌섬엽의 구조와 기능은 자신의 심박수를 정확히 판단하는 능력과 상관관계가 있음이 드러났다. 그러나 이런 생리적 신호를 추적 관찰하는 것만이 뇌섬엽의 중요한 기능은 아니다. 뇌섬엽은 갈증·허기·통증과 관련된 상태의 자각에도 폭넓게 관여한다. 자신의 몸이 무엇을 하거나 느끼는지 감지하는 능력은 분명히 신체적 노력과 그에 따른 피로를 지각하고, 그 노력을 내 몸이 무엇을 필요로 하는지 해석하는 토대임이 분명하다.

친 상태다.

이 동기 부여와 모니터링 체계가 인지적 피로에도 관여한다는 증거가 있다. 한 실험에서는 건강한 참가자 열아홉 명에게 화면에서 단서가 나올 때까지 지켜보다가 왼손 또는 오른손으로 버튼을 누르라는 꽤 지루한 과제를 맡겼다.[23] 예상할 수 있겠지만, 처음 두 시간이 지나자 참가자들의 속도와 정확도는 떨어졌다. 이때 남은 20분 동안 잘 수행한다면 경제적으로 보상하겠다고 추가 동기를 부여했다. 이 잠재적 보상은 정확도나 반응 시간을 향상시켜 과제 수행 점수를 상당히 높였다. 이는 보상의 기대로 인지적 피로를 어느 정도 극복할 수 있음을 의미한다.

인지적 피로가 보상 지각에 영향을 미친다는 연구 결과도 있다. 이 연구에서는 실험 참가자들에게 약 여섯 시간 동안 주의와 기억을 요구하는 과제를 수행하도록 했다. 과제 수행이 점점 진행될수록 참가자들은 더 크지만 나중에 얻는 보상보다, 더 작아도 당장 받는 경제적 보상을 더 선호하기 시작했다. 이 보상 평가 방식의 변화는 뇌 영상에서 가쪽 이마앞겉질의 활성이 감소하는 양상과 들어맞았다.[24]

따라서 종합하자면, 이 두 연구는 동기 부여와 정신적 피로 사이에도 강한 연관성이 있음을 시사한다. 피로는 보상 증가라는 지각으로 극복될 수 있고, 정신적 분투는 우리가 보상을 지각하고 평가하는 방식을 바꾼다.

사실 신체적 피로에 관여하는 뇌 영역들이 인지적 피로와도 관련이 있음을 보여준 신경생물학 연구 결과는 많다.[25] 이러한 연구들이 보상의 평가가 인지적 피로에 어떤 역할을 한다는 것만을 가리키는 것은 아니다. 신체적 분투에서와 마찬가지로, 이러한 연구들은 인지적 분투를 추적·관찰하는 과정이 인지적 피로에 관여할 수 있음을 시사한다. 예를 들어, 보조 운동 영역은 우울증과 관련된 무쾌감증 환자가 정신적 피로를 느낄 때 활성이 달라진다.

이 다양한 뇌 영역들은 협력해서 다양한 입력, 몸의 내부 상태, 근육과 기관에서 오는 신호, 인지에 관여하는 신경 계통을 추적·관찰한다. 이 모든 정보와 보상의 가치를 활용해서 이 영역들은 목표를 달성하려는 동기의 수준과 더욱 중요하게는 우리의 피로 지각에 영향을 미친다.

노력할 가치가 있을까

여기서도 우리가 몸에 던지는 질문은 이것이다. 노력할 가치가 있을까? 피로는 뇌의 특정 회로 기능이 변화하면서 비롯된 것일 수 있다. 자기 몸의 움직임을 추적·관찰하는 영역, 내부 상태를 유심히 지켜보는 영역, 동기 부여를 정하는 영역일 수도 있다. 이러한 영역들은 각각 다른 부위에 위치하지만 서로 연결되어 있으며, 이 체계들 사이의 불균형이 정신적·신체적으로 피로를 초래할 수 있다. 신경계 질환이나 정신 질환을 앓는 사람들, 그리고 일반 집단에서 피로가 흔한 이유를 이것으로 설명할 수 있을지도 모른다.

피로가 뇌에서 비롯된다는 관점은 피로의 다른 해석들과 상호 배타적이지 않다. 예를 들어, 만성 염증도 피로를 일으킬 수 있다. 앞서 살펴보았듯이 감염도 무력감, 동기 부족, 온갖 생리적·심리적 기능의 쇠약을 유발할 수 있다. 또 피로는 류머티즘성 관절염과 루푸스 등 다양한 자가면역 질환에서도 놀라울 만치 흔하다. 이런 질환에서는 면역계가 온몸에 염증을 일으킨다.[26] 앞서 말했듯이, 적어도 생쥐에게서는 이런 변화를 매개하는 뇌세포를 찾아냈다. 진화적 관점에서 보면 손상이나 감염으로 몸에서 생기는 다양한 염증이 피로를 유발하는 것은 지극히 합리적이다. 아플 때 에너지를 보존하고 면역계로 돌리도록 몸에 휴식을 취하게 하고, 분투를 최소화하도록 장려한다면 회복이 더 빨라질 테니까.

특정 조건에서는 사이토카인이라는 염증 표지자의 수치가 상승하면서 피로감이 증가하고 노력 수준이 감소한다. 사이토카인은 바닥핵의 활성 변화를 유발한다고 알려져 있으며,[27] 몸 어디에 생기든 염증은 노력과 보상의 평가를 담당하는 화학적 체계에 깊은 영향을 미칠 수 있다. 또 우울증 같은 정신 질환에서 나타나는 피로와 무감동도 어느 정도 설명해줄지 모른다. 최근 들어서 우울증이 몸속 염증과 연관이 있다는 연구 결과가 늘어나고 있다.[28]

결국 피로는 대체로 뇌의 함수다. 게다가 피로가 오로지 분투의 결과는 아니다. 내부 신체 신호뿐 아니라 동기 부여를 결정하고 보상 대비 노력을 평가하는 뇌 회로에도 직접적으로 영향을 받는다. 경기 전에 분노로 동기를 증진시키고 피로를 극복하기 위해 헤비메탈 음악을 듣는 운동선수가 절로 떠오른다. 차를 들어 올린 클라크나 북극곰과 맞서 아들들을 지킨 엄마 안기유처럼 치명적인 위험에 맞서서 초인적인 힘을 발휘한 사람들도 떠오른다. 그 어떤 척도로 측정하든, 보상이 노력을 초월하는 사례들이다.

무감동, 무쾌감증, 신체적 피로와 정신적 피로가 일치하는 것은 아니지만, 겉으로 드러나는 표현 양상, 행동학적·신경생물학적 토대 측면에서 상당 부분 겹친다. 건강한 사람뿐 아니라 신경계 질환이나 정신 질환을 앓는 사람에게서도 높은 상관관계를 보인다. 그 핵심에는 동기와 노력에 영향을 미치는 뇌 회로가 있다. 신체 부상, 염증, 감염 같은 특정한 상황에서는 행동하고 성취하며 이기려는 욕구를 일시적으로 약화시키는 편이 유용할 수 있고 생존을 도울 수도 있다. 이러한 뇌 연결망이 일시적이지 않은, 보다 지속적인 문제들에 지장을 받는다면, '나태'와 관련된 모든 문제가 발생하게 된다.

정신과 신체의 모호한 구분 선

신경과학의 다른 영역에서처럼 피로에서도 '정신'과 '신체'의 구분은 점점 모호해지고 있다. 신경생물학을 토대로 심리적·신체적 양쪽의 피로를 설명할 방법이 있다. 반복된 머리 부상으로 쇠약해져 '나태'에 빠진 에이제이의 사례는 어떨까?

일부 연구자는 외상으로 손상된 뇌가 주의나 처리 속도에 생긴 지장을 보완하기 위해 더 열심히 일할 필요가 있으며, 그 결과 같은 과제를 수행해도 정신적으로 더 힘들다고 본다.[29] 외상성 뇌 손상 환자들이 겪는 피로가 우울증, 통증, 수면 장애 같은 요인들과 별개라는 연구 결과도 있으며, 이런 연구들은 피로가 어느 정도는 뇌 손상 때문이라고 결론짓는다.[30]

그러나 피로가 부상 정도와 전혀 무관한 경우도 많다고 지적하는 연구자들도 있다. 그들은 이런 '뇌진탕후 증후군'이 뇌의 기능적·구조적 변화, 유전적 소인, 심리적·사회적 요인 사이의 복잡한 상호작용의 산물이라고 주장한다. 또 피로가 우울증, 불안, 외상후 스트레스 장애PTSD뿐 아니라, 회복되지 않으리라는 부정적 믿음이나 증상을 점점 예민하게 관찰하는 심리적 요인들과 관련이 있다고도 말한다.[31] 그러나 앞서 살펴보았듯이, 이런 '심리적 요인들'은 뇌의 구조와 기능에 직접적인 영향을 미칠 수도 있다.

에이제이는 자신의 질환에 심리적 요인도 관여하지 않을까 생각한다. 십대 때 사귄 첫 연인은 폭력적이고 그녀를 학대했고, 성폭행을 반복했다. 그녀는 과거에 외상후 스트레스 장애 진단도 받았다. "외상후 스트레스 장애는 뇌를 바꾸어 스트레스에 대처하는 방식에 영향을 미치죠. 그 자체가 어느 정도 피로를 일으켜요." 그러나 그녀는 모든 피로를 외상후 스트레스 장애 탓으로 돌리기는 꺼린다. 예전에 특발두개내압 상승으로 생긴 두통을 의사들이 외상후 스트레스 장애에서 비롯된 '정신신체적인' 것이라고 치부했다고도 지적한다.

내가 볼 때, 신체적 요인과 정신적 요인의 이런 구분이 실제 진료에 전혀 도움이 되지 않는 사례가 많다. 과학적으로 보면, '심리적 요인이 생리에 어떤 영향을 미치는가'라는 질문이 제기된다. 앞서 살펴보았듯이, 심리와 생리는 기원이 같기 때문에 이 분리는 인위적이다. 심리는 뇌에서 비롯되며, 뇌에 영향을 줄 수 있다. 뇌와 마음은 하나다.

실제 진료에서도 질병과 기능 이상을 이와 같이 범주화하는 것은 문제가 있다. 환자는 종종 자신의 문제가 몸이 아니라 마음에서 생긴다고 주장한다. 그런데 우리는 인과관계에 우선순위가 있다고 생각하곤 한다. '신체적' 과정은 실제로 있지만, '심리적' 과정은 어느 정도 상상하거나 꾸며낸 것이라고 치부할 때가 많다. 이런 견해는 임상 의학과 사회 전반을 오염시킨다. 내가 심리 치료를 권하면 일부 환자는 발끈하면서 '내 증상들이 모두 머릿속에 있다는 말이냐'며 항의했다.

이런 견해가 그토록 깊이 뿌리 깊게 내려 있고 의학계가 이 견해를 부추겨왔다는 사실이 매우 안타깝다. 25년 전, 나이 지긋한 한 의사가 하반신이 마비된 환자를 휠체어에 태워 응급실 밖으로 밀고 나가더니 '내 시간을 낭비시키지 말라'며 병원 밖 도로에 버리는 광경을 본 적이 있다. 환자에게는 뇌졸중도 척수 종양도 없었고, 신체 구조에 해당 증후군을 일으킬 만한 원인도 전무했지만 그렇다고 해서 그 가여운 남자가 꾀병을 부린다는 말은 결코 아니었다. 당시 '심신성' 질환은 지금이라면 기능성 신경 장애functional neurological disorder 정도로 불릴 것이다.

나는 복잡한 증상을 보이는 환자들을 많이 만나는데, 특정 증상이나 질병의 원인이 '신체적'인지, '정신적'인지 따지는 데에는 대체로 큰 관심을 두지 않는다. 내 관심은 효과적인 치료법이나 치료제를 찾고, 내 앞에 앉아 있는 사람이 더 나아질 방법을 알아내는 데 맞춰져 있다. 약은 '심리적' 질환도 '정신적' 질환도 치료할 수 있지만, 심리 요법 역시 마찬가지로 치료가 가능하다. 그 구분은 과학적으로 거의 무의미할 뿐 아니라, 임상 의학에 지장을 주고 치료 방법을 제한한다.

몇 년이 지난 지금도 에이제이는 여전히 무기력하다. "몸의 생리 상태가 극도로 부담을 받고 있어요. 여전히 집중력이 부족하고 부족한 에너지에 허덕이고 있어요." 그녀는 며칠 동안의 에너지 지출을 미리 꼼꼼하고 균형 있게 맞추어야 한다고, 즉 예산 계획을 세워야 한다고 말한다. 그녀의 몸 배터리는 제대로 충전이 되지 않는다. 아니, 남보다 더 빨리 소모되는 듯하다. "기본적으로 일주일에 한 번 사회 활동을 할 수준의 에너지밖에 없어요. 몇 시간 외출하는 것만으로도 기력이 고갈돼요. 덕분에 내 몸이 에너지를 소모하는 비용을 이해하게 되었지요. 에너지를 하나의 자원처럼 생각하고 있어요." 그녀는 기력을 보존하려고 애쓴다. "내 에너지 수준이 결코 정상적이지 않다는 것을 실감해요. 정상 수준의 30~40퍼센트로 하루하루 살아가요."

내가 보기에는 부담을 받는 것은 에이제이의 생리가 아니다. 그녀의 뼈와 살, 일하는 근육은 영향을 받지 않는다. 머리 부상으로 심하게 손상되어 변형된 것은 노력에 관한 뇌의 평가다.

에이제이에게는 자신의 증후군을 남에게 제대로 이해시키는 게 힘들다. "남에게 설명하기가 정말로 어려워요. 솔직히 코로나-19 이후로는 좀 쉬워졌어요. 지금은 같은 문제를 겪는 사람들이 더 많아졌으니까요. 내 몸 상태는 진짜로 아플 때와 다를 바 없어요. 그럴 때에도 몸은 기능을 해요. 일어나서 차를 끓일 수 있어요. 하지만 정말로 집중하고, 일하고, 무언가를 한다고 생각해봐요. 그냥 지치는 것만이 아니에요. 이런 생각이 절로 들죠. '대체 머리가 왜 안 돌아가는 거야?' 뭔가가 가로막고 있어요. 머릿속을 뿌옇게 만들죠."

그러나 시간이 흐르면서 그 피로의 장막은 서서히 걷히고 있으며, 기력도 달마다 조금씩 차오르는 중이다. 그리고 증상들에 시달리면서도 그녀는 일찍 직업 전선에 뛰어들기 위해 포기했던 학업에 지금 재도전하고 있다. 에너지 비축과 지출에 세심하게 신경을 쓰면서 대학에 다니는 중이다.

선을 어디에 그을 것인가

레트에게 배아의 질병을 파악해서 질병 유발 유전자가 없는 배아만 착상시키는 '착상전 선별 검사'를 그와 가족이 어떻게 생각하는지 물어보았다. 그는 예상에 어긋나게, 아니 내 예상보다 더 미묘하게 반응했다. "대답하기가 정말 어렵네요. 그 검사를 받는 사람을 비판하냐고요? 절대 아니에요. 그 결정은 누구나 스스로 내려야 해요. 개인적으로는 《성경》에 잉태 순간에 생명이 시작된다고 암시하는 구절이 있다고 믿어요. 그리고 신은 모든 사람을 있는 그대로 사랑하십니다. 신이 다운 증후군이 있는 사람을 창조한다면, 나름의 목적이 있으시겠지요. 누가 신의 마음을 알겠어요? 그러나 내 아이들이 선별 검사를 택한다면 어쩌겠어요. 그냥 입을 다물고 있어야겠지요."

종교를 다룰 때, 나는 레트의 기독교 신앙이 아내의 헌팅턴병이 낳은 나태·무감동과 분노 같은 '죄악' 행동을 일으키는 신경계 질환을 직접 목격한 것에 어떤 영향을 받았는지, 그 결과 인간 행동을 보는 그의 관점도 전반적으로 달라졌는지 알고 싶었다. 나는 그가 아내 이야기를 할 때, 그녀의 본성과 이어 헌팅턴병을 말할 때 그녀 행동의 일부를 '영혼'의 반영이 아니라 직접적으로 병에서 비롯되었다고 여기고 있음을 지적한다. 그렇다면 신경계 질환의 영향이 불분명한 이들에게서도, 그들의 '죄악'이 단지 뇌가 작동하는 방식의 반영일 수 있지 않을까?

레트의 답은 그의 믿음에 깊이 의존한다. "기독교의 가르침에 따르면, 우리 모두는 죄인이에요. 나는 누구보다도 잘나지 않았어요. 끝. 진정한 기독교 신앙은 겸손함을 낳아요. 신 앞에 조아리면서 용서를 구해야 하니까요. 알다시피 20대의 내 행동은 내 가족이 이혼했다는 사실에서 어느 정도 비롯되었지요. 그러나 그것이 내가 잘못했다는, 20대에 여성을 그저 내 쾌락을 위해 존재한다고 대상화했다는 사실의 변명거리는 되지 못해요. 나는 여전히 신과, 내가 상처를 입힌 여성들에게 용서를 구해야 하지요." 레트는 대다수 사람의 죄악이 나름 설명 가능할 수도 있겠지만, 그래도 여전히 책임감, 죄책감, 용서 받을 필요성이 있다고 본다. 그러나 그는 이렇게 덧붙인다. "헌팅턴병은 좀 달라요. 뇌를 파괴하니까요. 대조적으로 대다수 사람은 뇌가 아주 멀쩡하죠. 하지만 아내처럼 놀라우면서 아름다운 여성이 병이 진행되면서 예전과 다른 모습으로 뒤틀리는 것을 볼 때면, 고통 받는 이들에게 연민을 느껴요."

바로 이 부분에서 레트와 나는 명백히 의견이 갈린다. 그의 신앙심과 내 무신론뿐 아니라, '정상이 무엇인가'라는 측면에서도 그렇다. 레트는 병든 뇌가 정상적인 건강한 뇌와 다르다는 상식적이면서 직관적인 견해를 잘 드러낸다. 헌팅턴병은 분명히 이 정상의 스펙트럼 안에 있지 않다. 치매에 좀먹은 뇌가 이해하는 세계는 건강한 뇌의 세계와 명백히 다르다. 하지만 정상과 비정상은 누가 정하는가? 뇌 영상에서 정상으로 보이는 뇌일까? 우리는 많은 신경계 질환이 뇌 영상에서 정상으로 보인다는 것을 안다. 심한 신체적·심리적 외상으로 행동이 달라진 사람은 정상일까? 행동에 부정적인 영향을 미치는 유전자를 물려받은 사람은 정상일까? 주된 문제는 '선을 어디에 그을 것이냐'다. 정상이 끝나고 비정상이 시작되는 지점, 윤리학이 갑자기 병리학으로 대체되는 지점이 어디인가.

경험의 정상과 그 너머를 가르는 경계선은 나태에까지 확장된다. 나태는 대개 건강한 특성이며, 에너지와 보상을 비교해 균형을 잡는 저울이자 생존에 필요한 활동에 사용될 자원을 보존하는 방식이기 때문이다. 이 균형 잡는 행동은 보상을 지각하는 방식, 에너지를 평가하는 방식, 이 계산의 토대를 이루는 신경계의 영향을 받으며, 이 말은 모든 사람에게 적용된다. 단지 일부에게서는 이 균형이 이루어지는 지점이 다를 뿐이다. 신경 질환이든 정신 질환이든 신체 질환이든 간에, 병은 이 저울을 눌러서 한쪽으로 기울이는 손가락처럼 작용한다. 그 결과 정상적인 나태가 극단적인 양상을 띠게 된다.

우리는 쾌락과 보상을 '목표'라고 여기는 경향이 있다. 우리는 이 지구에서 보내는 짧은 시간을 즐기면서 지금 이 순간을 위해 살아가는 풍족한 삶을 이야기한다. 그러나 쾌락은 그저 진화의 도구, 즉 생존 활동에 동기를 불어넣는 감정이다. 먹고 마시고 번식하며, 궁극적으로 더 오래 살아서 유전자를 후대에게 전달하도록 촉진하는 경험을 추구하게 만드는 감정이다. 나는 극도의 무감동 상태에 빠진 환자들이 떠오른다. 우울증과 무쾌감증의 가장 깊은 수렁에 빠진 이들, 말하거나 심지어 먹거나 마시려고도 하지 않는 바람에 살리기 위해 전기경련 요법을 써야 하는 환자들도 떠오른다. 목숨을 위협하는 것은 쾌락이나 보상의 상실 자체가 아니라, 그 상실이 초래할 훨씬 더 광범위한 여파다. 쾌락은 목적을 달성하기 위한 수단일 뿐이다.

목적과 노력을 집계하는 이러한 뇌 과정들은 우리 존재의 모든 측면의 토대를 이룬다.

탐욕

— 간악한 계획을 꾸미는 욕심 —

돈이 얼마나 되야 충분하다고 생각하는지 묻자,
그는 이렇게 답했다. "그저 조금 더요."

—
존 D. 록펠러John D. Rockefeller

자신이 지닌 것에 만족하지 못하는 사람은
앞으로 얼마나 더 가진들 만족하지 못할 것이다.

—
소크라테스

세상 어딘가에 있는 방에서 익명의 누군가가 전자우편을 작성한 뒤 보내기 버튼을 눌렀다. 내용은 여덟 단어에 불과했다. 독일의 주요 일간지인 《쥐트도이체 차이퉁Süddeutsche Zeitung》의 기자 바스티안 오베르마이어Bastian Obermayer가 열어본 그 메일에는 그저 이렇게 적혀 있었다. "안녕하세요, 저는 존 도John Doe(영어에서 신원 미상자를 가리킬 때 쓰는 이름—옮긴이)입니다. 혹시 데이터에 관심 있나요?"[1] 내용은 너무나 간결했고 그 데이터의 양이나 중요성을 가리키는 단서는 전혀 없었다. 오베르마이어는 호기심이 동했고, 그의 답신은 이윽고 언론 역사상 가장 큰 폭로 보도 중 하나로 이어졌다. 그 뒤에 신문사에 전달된 디지털 데이터는 무려 문서 1,150만 개에 2.6테라바이트 분량이었다. 결국 오베르마이어와 동료들은 국제탐사보도언론인협회에 도움을 청해서 자료 분석에 들어갔다.

1년 넘게 80여 개국 107개 언론사의 600명이 넘는 언론인이 이 방대한 자료를 분석해 21개 사법권에 속한 21만여 개 역외 기업의 거래 내역을 끼워 맞췄다. 첫 보고서는 2016년 4월 3일에 발표되었다. 유출된 문서는 파나마에 본사를 둔 법률 회사이자 기업 서비스 제공업체인 모색폰세카의 자료로, 지구상에서 가장 부유하고 막강한 권력을 가진 수천 명의 국가 지도자, 정치인, 유명인, 기업가 개인이 어떻게 조세 회피를 시도했는지 상세히 적혀 있었다. 이미 극도로 부유한 이들이 세금을 회피해 더욱 부유해지기 위해 활용한, 역외 위장 회사들의 방대하고도 복잡한 연결망이 드러났다. 대다수가 범죄에 연루되지는 않았는데, 당시 미국 대통령 버락 오바마Barack Obama는 이렇게 발표했다. "그들이 법을 어긴 것은 아닙니다. 다만 법이 너무나 허술하다 보니 일반 시민이라면 당연히 지켜야 하는 책임을 그들은 충분한 변호사와 회계사를 동원해 회피할 수 있는 것입니다."[2] 각국 정부와 유권자는 분노했다. 많은 나라가 유출된 정보를 토대로 자국 조세 회피자에게 수십억 달러의 미납 세금과 벌금을 부과하면서 소송을 제기했고, 아이슬란드 총리 시그문뒤르 다비드 귄로익손Sigmundur Davíð Gunnlaugsson 등 몰래 해외에 돈을 숨겨놓았던 정치인들이 물러나야 했다.

파나마 페이퍼스 명단에는 범죄 조건을 충족한 이들도 소수 있었다. 파키스탄 전 총리 나와즈 샤리프Nawaz Sharif는 1,000만 달러가 넘는 벌금과 10년 징역형을 선고받았지만, 정치적 판결이라 주장하며 런던으로 도피했다.[3] 그 뒤에 판결은 뒤집혔다. 스위스 은행가들은 블라디미르 푸틴Vladimir Putin의 측근과 동맹자의 수백만 달러 자금을 이러한 위장 회사들을 통해 옮겨준 혐의로 유죄 판결을 받고, 수십만 프랑의 벌금을 부과받았다. 미국의 한 회계사는 금융 사기, 세금 사기, 돈 세탁 등의 혐의로 31개월 징역형을 받았다. 그러나 파나마 페이퍼스에 이름이 오른 이들의 대부분은 동료나 유권자, 아랫사람으로부터 비난을 받은 것 외에는 거의 아무런 처벌도 받지 않았다. 가장 피해를 입은 사람 중에 존 도도 있었다. 그는 독일 언론《데어 슈피겔Die Spiegel》과 한 인터뷰에서 부자, 권력자, 위험한 사람 등을 폭로함으로써 보복 걱정에 늘 시달렸다고 했다.

파나마 페이퍼스의 유출과 세계의 반응은 우리 사회가 탐욕에 지닌 양가감정을 분명하게 보여준다. 물론 가장 부자들이 '공정한 몫'을 내지 않기 위해, 세금을 회피하거나 빼돌리려고 그렇게까지 애썼다는 사실은 도덕적 분노를 불러일으켰다. 선출직 공무원들은 입으로는 공정과 사회 정의를 부르짖으면서, 뒤로는 국제 금융 관행을 이용해 자신의 조세 부담을 줄이려는 위선을 저지를 수 있었다. 세계 지도자들은 연단에서 세계 금융 제도를 철저히 조사해야 한다고 목소리를 높였지만, 실제로는 고통스러울 만치 느리고 제한적인 조사가 이루어졌다. 또 '부자들은 으레 그렇다'고 체념하거나 심지어 수용하는 사회적 분위기도 있었다. 일부는 법을 어기지 않는다면 이런 조세 회피 노력이 칭찬을 받을 만하다고 생각할지도 모른다. 도덕적 실패, 즉 문제의 원인을 탐욕의 정상화에서 찾을 게 아니라, 허술한 법 제도에서 찾아야 한다는 주장이다. 그런데 여기서 연루된 사람들에게 신체적·정신적 질병이 있다고, 즉 탐욕이 질병의 결과일 수 있다고 생각한 사람은 아무도 없지 않을까?

사회의 가치를 반영하는 거울

의학 데이터베이스에 '탐욕'과 '신경학' 또는 '탐욕'과 '정신의학'을 함께 검색하면 거의 아무것도 나오지 않는다. 다른 죄악들과 달리 탐욕은 의학 어휘에서 빠져 있다. 우리는 다른 죄악들에서는 생각과 행동을 빚어내는 병리를 특정하고, 그 병리의 정도와 결과를 바탕으로 기본 인격 특징과 해당 죄악을 구분한다. 탐욕은 그렇게 할 수 없다. 그럼에도 다른 죄악들처럼 탐욕도 가장 극단적인 형태일 때에는 개인과 사회에 똑같이 피해를 입히기 때문에 위험하다.

탐욕은 사회의 가치를 반영하는 거울, 아니 사실상 사회의 토대일지도 모른다. 우리는 탐욕을 나쁘다고 보지만, 설령 아무리 거세게 불타오른다고 해도, 탐욕은 여전히 인류의 창의성과 진보의 엔진, 인류를 나은 방향으로 추진하는 강한 힘이다. 철학자 랜드는 이렇게 썼다. "자본주의는 탐욕의 체제라고 불려왔다. 그러나 자본주의는 어떤 집단주의 체제도 아예 엄두조차 내지 못했고, 어떤 부족 공동체도 상상할 수 없는 수준까지 가장 가난한 시민들의 생활수준을 끌어올린 체제다." 탐욕은 경제 성장과 혁신, 소비주의와 경제 활동의 주춧돌이다. 1987년 영화 〈월 스트리트〉의 주인공 고든 게코는 이렇게 말했다. "탐욕이란, 이보다 더 나은 단어가 없군요, 좋은 것입니다. 탐욕은 옳습니다. 탐욕은 전진하는 정신의 정수를 포착해내서 길을 내고 명확하게 합니다. 탐욕은 (…) 인류를 윤택하게 합니다." 많은 경제학자는 탐욕을 경제 성장과 발전의 원동력으로 본다. 이런 관점은 최근에 나온 것이 아니다. 고대 아테네의 역사가 투키디데스Thucydides는 탐욕이 논란의 여지없이 부정적인 것만은 아니라고 보았고, 탐욕이 발전을 이끈다는 게코와 같은 입장에 선다.

이 때문에 우리는 탐욕이라는 죄악을 보다 미묘한 시각으로 바라보는 것일 수도 있다. 어떤 이에게는 탐욕이라 불리지만 다른 이에게는 야망으로 여겨질 수도 있기 때문이다. 누군가는 과잉이라고 보는 것이 다른 누군가에게는 검약이라고 보일 수도 있다. 이를 병리화하면 우리가 사는 사회의 본질을 위험에 빠뜨리게 될 뿐 아니라, 자신의 도덕적 잣대를 남들에게 들이댈 위험도 빚어진다. 대부분의 의사는 후자를 피하려고 애쓴다.

랜드나 게코와 정반대 의견도 있다. 인류 역사 내내 탐욕은 사회에 해롭다고 비난받아왔다. 불공정, 타인의 희생을 통해 자기 이익을 추구하기, 이기심, 부패를 낳는다고 보았다. 성 바오로는 탐욕이 모든 악의 근원이라고 했고, 복음서에는 예수도 다음과 같이 말했다고 적혀 있다. "부자가 하느님 나라에 들어가는 것보다 낙타가 바늘귀로 들어가는 것이 더 쉽다." 기독교뿐 아니라 거의 모든 종교가 탐욕을 비난한다. 유대교에서는 탐욕이 다른 사람이 당연히 가져야 할 기회를 방해한다고 가르치며, 이슬람은 탐욕에 맞서 자선과 관용을 베풀라고 말한다. 불교와 힌두교는 탐욕이 악업을 쌓거나 수양을 방해하는 독이라고 본다.[4]

욕심의 장점

탐욕은 인간 본성의 핵심 측면이다. 다른 많은 심리적 특성과 마찬가지로 탐욕도 집단 내에서 정규 분포를 보인다. 대다수는 중간 수준의 탐욕을 보이며, 탐욕이 미미하거나 지나치게 탐욕스러운 사람은 극소수라는 뜻이다.[5] 개인의 탐욕 성향은 다양한 심리 평가로 측정할 수 있으며, 평생 동안 비교적 안정적으로 유지되는 경향을 보인다.[6] 이 성향이 대체로 우리 정신에 아로새겨져 있으며, 이런저런 인생 경험에 그다지 흔들리지 않는다는 것을 시사한다. 그리고 그렇게 널리 퍼진 인간 형질들이 으레 그렇듯이, 우리에게 탐욕을 드러내도록 하는 일종의 진화적 방향성이 있는 것이 틀림없다. 탐욕은 단지 현대 사회의 토대를 이루는 원리를 뒷받침하는 것만이 아니다. 대대로 탐욕이 대물림되도록 추진하는 어떤 진화적 혜택이 있음이 틀림없다.

따라서 죄악으로서 탐욕을 살펴보기 전에 탐욕의 좋은 점을 둘러보기로 하자. 언뜻 탐욕에 장점이 있다는 말이 명백해 보일 수 있다. 그러나 탐욕이 긍정적인 변화를 가져오는지는 생각만큼 단순하지 않다. 부의 획득이나 소유가 개인에게 언제나 반드시 좋은 것이라고는 할 수 없다. 최상의 결과를 원하는 것과 더욱더 원하는 것은 다르다. 어떤 상황에서 최선의 결과는, 그 결과를 달성하기 위한 합리적 과정, 즉 비용과 편익의 균형을 잡는 방식과 최선의 결과를 정의하는 방법에 달려 있다. 그러나 탐욕적인 사람은 탐욕의 부정적인 결과까지도 얻을 수 있다. 더 많이 사기 위해 빚을 지거나 부를 무자비하게 추구하다가 주변 사람들을 외면하는 태도가 그 예다. 끊임없이 만족하지 못하고 더 많이 얻으려는 욕구는 비합리적인 행동을 초래하기도 한다.

정말로 탐욕이 진화적 영향을 받는다면, 탐욕을 추진하는 메커니즘은 과연 무엇일까? 탐욕이 자식을 더 많이 낳게 해 유전자를 후대로 전달할 기회를 늘릴까? 이 질문은 생각보다 규명하기 복잡하다. 탐욕은 더 많은 자녀를 원하는 욕구로 나타날 수도 있지만, 안정적이고 지속적인 관계를 맺고 자녀를 기르기보다는 가능한 한 많은 섹스 상대를 만나는 쪽으로 향할 수도 있다. 일시적으로라도 성적 만남을 늘리기 위해 사교 활동에 치중하도록 이끌 수도 있다.

〈탐욕스러운 녀석들: 더 많이 원하기와 비윤리적 행동 사이의 관계 조사〉라는 놀라운 제목의 연구 논문은 탐욕이 비윤리적 행동의 수용 및 실행(스스로 했다고 보고한)과 유의미한 관계가 있음을 보여주었다. 여기에는 대중교통 무임승차, 영화 불법 다운로드, 슈퍼마켓에서 가격표 바꿔치기, 소문 퍼뜨리기 등이 포함되었다(또 이 연구는 참가자들의 탐욕스러움이 게임에서 뇌물을 받을 가능성을 높인다는 것도 보여주었다).[7] 중요한 점은 이 연구가 탐욕, 상대를 속이려는 욕구, 실제로 속이는 행동 사이의 강한 연관성을 밝혀냈다는 것이다.

불륜 성향은 자녀 수를 더 늘릴까 줄일까, 아니면 아무런 차이도 나지 않을까? 현실 세계에서, 아니 적어도 현대 유럽에서 탐욕은 자녀 수 증가와 상관관계가 없는 듯하다. 네덜란드 인구 2,367명을 대상으로 한 연구에 따르면, 탐욕은 사실상 자녀 수 감소와 관련이 있으면서도, 예상대로 성교 상대 수 증가와 교제 기간 단축과 관련이 있었다.[8]

물론 진화 여정 중 현대적인 감수성을 갖춘 기간은 눈 깜박할 정도에 불과하다. 비만에 영향을 미치는 유전자처럼, 탐욕을 부추기는 유전자도 현재와 다른 환경에서 퍼졌을 수 있다. 아마 네덜란드 연구에서 나타난 탐욕과 성교 상대 증가의 상관관계는, 과거에 탐욕을 선호한 진화적 압력과 더 관련이 있을지 모른다. 다른 문화나 시대에는 탐욕이 자녀 수를 증가시켰을 수도 있다. 특히 자녀를 낳는 것이 자기 희생과 관련이 적을 때(적어도 남성 쪽에서) 더 많은 자원에 접근할수록 자녀 수와 생존 가능성이 증가하는 중요한 원동력이었을 것이다. 게다가 다수의 짧은 성적 만남을 선호하는 전략은 유전적으로 다양한 자녀를 많이 얻는 데 성공적인 진화 전략이었을 수 있다.

돈이 많을수록 행복할까

이런 진화적 측면과 대조적으로, 사실상 탐욕의 경제적 혜택은 아주 뚜렷하다. 실험실 과제에서는 탐욕이 시간을 생산적으로 쓰고, 목표에 도달하고, 발전하고,[9] 돈을 더 벌려고 열심히 애쓰는 일과 관련이 있음이 드러났다.[10] 실험실 밖 현실 세계에서는, 탐욕이 사회적 지위 욕구를 매개로 성취도를 높인다고 알려져 있다.[11] 물론 탐욕이 심하면 소득 능력에 지장을 초래할 수도 있다. 일부 고소득 직업에서는 때로 이기심을 억제하고 남들과 협력하는 일이 중요하기 때문이다.

돈은 대다수에게 중요한 동기 부여로 작용한다. 한 흥미로운 일련의 연구에서는, 다양한 과제를 수행할 때 '돈'이라는 개념을 마음속에 심어주자 뚜렷한 영향이 나타났다.[12] 한 실험에서는 이리저리 뒤섞은 문장의 목록을 참가자들에게 주었다.[13] 일부 사람들에게는 여기저기에 '부유한', '선물', '현금', '은' 같은 단어들이 포함된 문장들을 주었다. 또 다른 사람들은 돈과 무관한 보다 중립적인 단어가 포함된 문장들을 받았다. 참가자들은 제공받은 단어들을 포함해 문장을 만들라는 과제를 받았다. 이를 수행한 뒤, 참가자들에게 번득이는 통찰력을 필요로 하는 문제를 풀도록 했다. 그러자 무의식적으로 돈을 떠올리도록 자극받은 집단이 그렇지 않은 집단보다 도움을 요청하지 않고 계속 과제를 붙들고 있을 가능성이 훨씬 높았다.

후속 연구에서는 참가자들의 손재주를 측정한다고 가장한 뒤 지폐 모양의 종이 다발을 세게 해서 무의식적으로 돈을 떠올리게 했다.[14] 그런 뒤 손을 뜨거운 물에 담가 신체적 고통을 주거나, 사회적 상호작용에서 배제시켜 사회적 고통을 주었다. 돈을 떠올리도록 자극받은 집단은 사회적 고통도, 신체적 고통도 덜 느꼈다.

종합하자면 이런 연구들은 '돈'이라는 개념 자체가 자신의 능력에 의지해 자족적으로 행동하도록 돕는 동시에, 스스로를 더 유능하고 회복력이 뛰어난 존재로 인식해 타인에게 의지할 필요성을 덜 느끼게 한다는 것을 시사한다. 돈은 상황에 대처하고 자신의 욕구를 충족시킬 수 있다는 느낌을 주는 자원이다.

돈 개념은 또 다른 중요한 효과를 낳는다. 심리학자들은 믿기 어려울 정도로 단순한 기법을 활용하여 자신과 타인의 관점에서 세계를 바라보는 능력을 측정한다. 독자는 자기 이마에 E를 써보라는 요구에 두 가지 방법으로 반응한다. 자신의 관점에서 그리거나, 보는 사람의 관점에서 그리거나. 놀랍게도 이는 내 관점을 우선시하는가, 남의 관점을 우선시하는가라는 초점과 상관관계가 있다.[15] E 대신에 S를 그리라고 하고, 일부에게는 S가 아니라 달러 기호 $를 그리라고 하면, 달러 기호를 그리는 참가자는 자신의 관점에서 그릴 가능성이 더 높다.[16] 돈을 떠올리도록 자극을 주면, 타인의 관점에서 세상을 볼 가능성이 줄어든다. 그러나 돈을 떠올리도록 자극했다고 해서 더욱 이기적으로 변하는 것은 아닌 듯하다. 돈은 남을 돕고자 하는 마음뿐 아니라 도움을 요청하려는 마음도 약화시켜서 자급자족하려는 마음을 강화시킨다.

부는 몇몇 측면에서 분명히 행복과 관련이 있다. 그러나 절대 소득 자체가 일정 수준을 넘어서면 행복과 무관해지는 것으로 보인다. 국가끼리 비교하든 한 나라를 시기별로 살펴보든 간에, 국민총생산과 평균 행복 수준은 거의 무관하다. 대조적으로 자신과 주변 사람들을 비교하는 상대적인 부는 안녕이나 행복이라는 주관적인 감정과 뚜렷한 상관관계가 있다.[17]

그러나 부·탐욕·행복이 반드시 일치하지는 않는다. 탐욕은 더 높은 가정 소득과 상관이 있지만, 더 높은 개인 소득과 반드시 일치하지는 않으며(자영업 같은 특정 직업을 제외하고) 오히려 낮은 안녕감과 관련이 있다.[18] 개인 소득과 가정 소득의 불일치는 몇 가지 설명이 가능하다. 탐욕스러운 사람은 배우자에게 더 열심히 일하라고 유도할지 모른다. 또는 자신보다 부유한 사람을 짝으로 고를 수 있다. 아니면 탐욕스러울수록 자녀 수가 적어 부부 양쪽 모두 일을 더할 수 있을지 모른다. 어느 쪽이든 결과는 동일하다. 탐욕이 많은 사람의 소득이 반드시 더 늘지 않는다고 해도, 그 배우자는 가정의 소득에 보다 기여한다.

또 몇몇 연구에서는 높은 탐욕 수준이 더 부정적인 심리 결과와 관련이 있음을 보여준다. 탐욕과 낮은 삶의 만족도의 상관관계는 일관되게 나타나는데, 아마 지속적인 불만족이 탐욕의 핵심 특징이기 때문이거나, 탐욕이 안정적이고 만족스러운 관계 형성에 악영향을 미치기 때문일 것이다.[19] 좋은 관계는 소득보다 안녕의 더 큰 토대가 된다.

단순히 탐욕적인 사람이 추구하는 바가 아니기 때문에, 탐욕이 안정적인 장기 관계의 형성을 방해하는 것이 아닐 수도 있다. 탐욕은 공유, 기부, 위로, 자원 봉사 등 사회에 이익이 되는, 이른바 친사회적 행동을 방해한다. 탐욕스러운 사람은 공감능력이 약해서 친사회적 행동에 문제가 생기는 것일 수도 있다.[20] 이 자체는 좋은 관계를 유지하는 데 도움이 되지 않는다. 찰스 디킨스Charles Dickens의 《크리스마스 캐럴》에서 미래의 크리스마스 유령 앞에서 떨고 있는 에베네저 스크루지가 떠오른다. 비참하고 외롭게 텅 빈 인생을 마주하고 있는 모습 말이다. 탐욕은 더 우울하고 더 불안하고 더 불행하고 더 공격적인 사람과 관련이 있다.[21]

정의를 버리고, 기만을 추구하고

탐욕스러운 사람에게 직접적으로 나타나는 결과를 넘어서, 종교와 사회 모두 탐욕을 부정적으로 바라보는 또 다른 이유들이 존재한다. 탐욕스러운 사람의 탐욕이 주변 사람들에게 파괴적인 심리적 영향을 미친 사례는 매우 많다. 탐욕은 낭비를 불러오고, 불필요할 정도로 많은 자원을 독점하고, 타인에게 돌아갈 자원을 제한한다.

이미 살펴보았듯이, 탐욕은 공정성이라는 윤리 규범을 어기는 행동과 밀접한 관련이 있다. 학교에서 다른 아이들을 괴롭히거나, 신호를 무시하고 횡단보도를 지나가거나, 시험이나 세금 환급을 피하기 위해 속임수를 쓰고, 외도를 저지르고, 뇌물을 받는 것 등이 이에 해당한다. 이 모든 비윤리적 행동은 남에게 해를 끼친다. 탐욕은 엔론Enron, 버니 매도프Bernie Madoff, 조던 벨포트Jordan Belfort(〈더 울프 오브 월 스트리트〉의 주인공) 등이 일으킨 금융 스캔들뿐 아니라 2007~2008년 금융 위기와도 관련이 있다. 당시 과도한 위험 추구와 탐욕 탓에 야기된 경기 후퇴로 11~19조 달러(물가 상승을 반영한 오늘날 한화 가치로 약 2.4~4.2경 원)의 손실이 발생했지만, 대형 은행 등 금융 기관의 고위 임원 중 교도소에 간 사람은 전무했다.[22] 파나마 페이퍼스의 사례처럼 여기서도 사람들이 탐욕을 사회 체제의 필수 구성요소라고 수동적으로 받아들이고 있음을 잘 보여준다.

탐욕은 자신의 필요와 욕구에만 집중하도록 함으로써, 올바름·정의·규범 같은 가치 개념을 외면하고 기만·사기·도둑질 등을 부추긴다.[23] 심리학 연구들은 현실 세계뿐 아니라 실험실 내 게임에서도 탐욕이 이런 나쁜 행동들과 상관관계가 있음을 보여준다.[24] 게다가 탐욕은 친사회적 행동을 줄이고 인간관계를 어렵게 만들며, 신경증성, 낮은 자존감, 불신 등 부정적인 심리 성향들과도 관련이 있다. 정서 불안, 질투, 신경병질, 자기애, 적대감, 마키아벨리즘도 이에 해당한다.[25] 이런 성격으로는 좋은 배우자나 친구를 만들기 어렵다.

저장 강박은 탐욕인가

다른 죄악들과 달리 탐욕을 일으키는 신경계 질환은 없기 때문에 뇌의 어디에서 탐욕이 기원하는지 알려줄 단서가 전무하다. 적어도 질병 측면에서는 그렇다. 뇌졸중이나 뇌종양으로 갑작스럽게 탐욕이 나타난 사례는 없으며, 뇌에서 탐욕 중추를 찾는 데 도움을 줄 만한 환자를 보고한 의학 문헌도 없다.

지나치게 물건을 모으는 저장 강박증은 탐욕과 혼동될 수도 있지만, 기원이 전혀 다르다. 저장 강박증이 있는 사람은 그 어떤 것도 내버리지 못해 자신의 생활공간을 온갖 물건으로 가득 채운다.[26] 이는 단지 물건들을 계속 모으는 차원의 문제가 아니라, 대개 강박 장애 obsessive-compulsive disorder, OCD와 관련된 문제라고 본다. 강박 장애 환자 중 약 3분의 1은 어느 정도 저장 증후군을 보인다. 물건을 버리면 무언가 나쁜 일이 벌어질지 모른다는 불안이 저장을 부추긴다.

그러나 저장 행동을 강박적 사고나 행동으로 설명하기 어려운 이들도 소수 존재한다. 이들의 병적인 저장 행동은 병적인 도박이나 강박적인 쇼핑 같은 다른 충동 조절 장애와 관련이 있을 수 있다. 이들의 저장 행동은 물건을 버리면 끔찍한 결과가 올지 모른다는 공포나 두려움이나 침투적 사고가 아니라, 습득으로부터 나오는 쾌락의 기대와 충동 억제 능력 상실(《색욕》에서 다룬 섹스 중독자처럼)에서 비롯된다.

파킨슨병 환자들을 관찰한 연구들은 이 견해를 지지할 것이다. 물건을 버리는 게 두려워서가 아니라 충동적 행동 때문에 강박적으로 저장하는 이들도 있다. 앞서 말했듯이, 뇌에서 도파민을 증가시키거나 모방하는 약물로 파킨슨병을 치료할 때, 다양한 충동 조절 장애가 나타날 수 있다. 성욕과다증뿐 아니라 도박·쇼핑·폭식 등 보상을 자극하는 행동이 나타나기도 한다. 한 병원의 파킨슨병 외래 환자 중 12퍼센트가 강박적 저장 행동을 보였고, 충동 조절 장애를 시사하는 다른 행동들과 강한 연관성을 보였다는 연구 결과도 있다.[27]

그러나 강박적 저장 행동이 강박 장애나 충동 조절 문제와 관련이 있다 해도, 그것이 탐욕의 정확한 모습을 대변하지는 않는다. 과도한 도파민에 촉발된 병적인 '소유욕'이 탐욕에 가깝다는 주장도 좀 단순해 보인다. 탐욕은 본질적으로 더 복잡하다. 탐욕은 권력·지위 등 추상적인 개념과 궁극적으로 우리가 갈망하는 것에 관한 더 폭넓은 의미와 관련이 있다. 반면에 저장 강박증은 물건을 버리는 것에 대한 두려움이나 구매의 쾌감에서 비롯되지만, 저장하기라는 기본적 결과를 넘어서지는 않으며, 그런 행동이 남에게 피해가 될 수도 있다는 인식을 받아들일 것을 요구하지도 않는다.

삭제당한 위험 신호

탐욕을 특징으로 하는 뇌 질환이 없으므로, 탐욕의 뇌 내 기원 이해가 다른 죄악들에 비해 더 초보적인 수준이라고 해도 놀랄 필요는 없다. 그나마 그 지식은 질병이라는 자연의 실험이 아니라 실험실에서 하는 인위적인 실험에서 나온다. 그래도 그 토대를 이루는 뇌 안의 기본 과정들은 어느 정도 알려져 있다.

분명히 탐욕스러운 사람은 자신의 회사나 사회에 큰 위험을 안기면서 개인적인 이득을 도모할 가능성이 더 높다. 이런 위험을 감수하라고 충동질하는 요인은 많지만, 우리의 결정이 경험을 토대로 한다는 점은 분명하다. 위험한 결정을 내릴 때 우리는 과거에 배운 바에 따라 결정하는 경향이 있다. 이 선택은 이전 결정의 결과가 긍정적이냐 부정적이냐에 따라 영향을 받는다. 우리는 경험을 통해 배운다. 따라서 이론상 현재 상황을 토대로 위험한 결정을 내리는 탐욕스러운 사람은 이전 선택의 결과를 평가하는 방식에서 차이를 보일 수도 있다.

이 분야의 연구자들이 뇌에서 일어나는 결정의 결과를 평가하는

데 쓸 수 있는 도구들이 있다. 보통 두피에 붙인 전극으로 뇌파를 기록하는 데 초점을 맞춘다. 결정의 결과가 안 좋다면, 뇌파는 피드백 관련 음성 전위feedback-related negativity라는 독특한 패턴을 보인다.[28] 결과가 긍정적이면 뇌파는 P3 패턴을 드러낸다.[29] 연구진은 의사 결정을 하는 사람들의 뇌파 표지를 추적 관찰해서 선택에 피드백을 제공하는 뇌 메커니즘들을 살펴본다.

한 연구에서는 경제학 전공 대학생 스무 명에게 경제적 위험이 특징인 게임을 시켰다.[30] 먼저 컴퓨터 화면에 1,000파운드를 뜻하는 풍선을 하나 띄웠다. 참가자는 풍선을 불지 여부를 판단해야 했다. 한 번 불 때마다 풍선의 가치는 두 배로 불어나지만 일단 터지면 모인 돈은 모두 사라진다. 게임 단계가 올라갈수록 터질 위험은 커졌다. 참가자들에게는 과제를 끝냈을 때 가장 많이 번 사람에게 현금 100파운드를 주겠다고 했다. 풍선 불기 과제와 함께 설문지를 돌려 인격 특성으로서의 탐욕 수준도 평가했다.

연구진은 탐욕 점수가 높게 나온 학생들이 풍선을 터뜨릴 위험이 훨씬 높다는 뜻밖의 결과를 얻었다. 그러나 탐욕이 많은 학생은 풍선이 터졌을 때, 부정적 결과를 인식하는 전기 신호인 피드백 관련 음성 전위가 덜 탐욕적인 학생보다 약했다. 이는 덜 탐욕적인 학생이 자기 결정의 부정적 결과를 보다 잘 인식하며, 이를 토대로 기대 수준과 앞으로의 행동을 조절해 나중의 의사 결정에 더 효과적으로 활용함을 의미한다. 반대로 탐욕적인 학생은 실수에서 배우는 능력, 나쁜 결과나 처벌에 따라 행동을 조절하는 능력이 약하다.•

탐욕스러운 사람은 좋은 결과를 인식하는 능력도 약하다. 같은 연구진은 후속 연구에서 참가자들에게 다른 참가자와 짝을 지어서 가상의 양어장을 공동으로 운영하라는 과제를 주었다. 참가자는 상대방을 희생해 자신의 이익을 얻을지, 아니면 모두의 이익을 위해 협력을 택할지 결정해야 했다.[31] 사실 파트너는 다른 참가자가 아닌 연구원이었다. 참가자들은 한 번에 물고기를 몇 마리 키울지 정해야 했다. 두 사람 모두 두 마리를 택하면 총수익은 최대가 되며, 참가자가 세 마리 이상 키우겠다고 하면 파트너의 수익은 줄어들고 자신의 수익은 늘어난다. 둘 다 세 마리 이상을 택하면, 양쪽 다 수익이 줄어든다.

예상대로, 탐욕이 많은 참가자일수록 세 마리 이상 택할 가능성이 높았다. 자신의 선택이 파트너에게 손해를 끼치며, 나아가 양쪽 모두에게 손해를 입힐 가능성을 알면서도 그러한 선택을 했다. 그런데 뇌파에서는 탐욕스러운 참가자가 좋은 결과를 얻을 때 나오는 전기 신호인 P3도 약했다. 탐욕이 의사 결정 학습에 지장을 주어 음성과 양성 피드백 모두에 둔감해지는 듯하다.

기본적으로 이런 뇌파 연구는 탐욕이 과거의 실수로부터 배우지 못하거나, 적어도 더 느리고 비효율적으로 배우기 때문에 생긴다는 것을 시사한다. 그렇게 보면 협력과 협동이 궁극적으로 자신에게 이익이 될 수 있음을 아직 이해하지 못하는 어린 아이들의 탐욕과 유사하다. 다만 아이는 배울 기회가 적은 반면, 탐욕스러운 성인은 기회가 있어

● 부정적 신호에 대한 피드백 약화와 부정적 결과에 대한 둔감성은 사이코패스에게서도 관찰된다. 사이코패스도 자신의 결정이 주변 사람들에게 입히는 피해에 둔감한 경향이 있다.

도 효과적으로 배우지 못한다.

결정 능력이 탐욕과 밀접한 관련이 있음을 시사하는 것이 전기 활성 연구만은 아니다. 탐욕스러운 뇌의 영상 연구도 그렇다고 시사한다. 기능적 MRI는 탐욕스러운 사람과 그렇지 않은 사람의 뇌 활성에 차이가 있음을 보여주며, 우리의 온갖 생각과 계획과 의사 결정 과정에 핵심적인 역할을 하는 이마앞겉질의 한 영역이 특히 그렇다. 이제는 아주 친숙해졌을(〈분노〉참조) 배쪽안쪽 이마앞겉질은 보상과 처벌을 평가하는 데 핵심 역할을 한다. 사실 탐욕뿐 아니라 분노와 색욕 같은 행동들도 이 평가에 지장이 생기는 문제와 관련이 있을지 모른다. 탐욕스러운 사람의 뇌는 활성뿐 아니라 구조도 차이가 난다는 증거가 약간 있다. 탐욕스러운 사람은 배쪽안쪽 이마앞겉질뿐 아니라 관련 영역들의 회색질 양이 약간 적다.[32]

다른 죄악과 마찬가지로 탐욕도 억제하는 신경 기구는 근본적으로 다르다. 개인적으로 여기서 '결함'이라는 단어를 쓰기가 망설여진다. 앞서 살펴보았듯이, 탐욕에는 긍정적 측면과 부정적 측면이 공존한다. 우리 성격의 다른 측면과 마찬가지로 탐욕과 그 생물학적 기원도 이분법이 아닌 연속적인 스펙트럼을 이룬다.

탐욕은 병인가

우리는 엄청난 부를 그러모은 사람들을 우러러보는 동시에 못마땅해 한다. 탐욕은 당사자와 타인 모두에게 긍정적·부정적인 결과를 미치며, 이 때문에 병리화하거나 의학적으로 비정상이라는 꼬리표를 붙이기 꺼리는 것이다. 인간 조건이라는 복잡한 태피스트리에서 탐욕은 여전히 개념이 모호하다. 탐욕은 본래 주관적이며, 사회 규범과 가치에 따라 판정이 바뀐다. 또 개인의 선택을 신성불가침한 영역으로 보는 오늘날에 탐욕을 병리화하려면 자율과 책임 문제를 붙들고 씨름해야 한다.

탐욕은 주관적이므로, 탐욕을 특징짓거나 측정하기도 쉽지 않다. 탐욕은 단일한 실체가 아니며, 관련된 행동은 인간 경험과 감정의 복잡성을 잘 보여준다. 한 나라 전체의 소득보다 많은 부를 가진 이들을 생각해보라. 2020년 옥스팜 보고서에 따르면 세계에서 가장 부유한 스물두 명이 아프리카 여성 전체보다 더 많은 부를 소유하고 있다. 세계의 억만장자 2,153명이 세계 인구의 약 60퍼센트인 46억 명보다 더 많은 부를 가진다.[33] 탐욕, 즉 무슨 일이 있어도 더 가지려는 끝없는 욕구가 그에 따른 권력·특권·지배력을 추구하게 만든다고 주장할지도 모르겠다. 그러나 개인적인 견해로는, 궁극적이거나 단일한 동기로서의 탐욕이 소수에게만 적용되는 것 같지는 않다. 이 '탐욕적인' 행동은 본질적인 탐욕 때문만이 아니라, 다른 성격 형질들이 뒤섞인 결과다.[34] 소유가 삶의 핵심이자 안녕과 행복에 중요하다는 물질주의, 질투, 경쟁심, 성실함('인색함'과 연관되는 경우도 많다)도, 때로는 이타적으로 부를 사용하려는 욕구도 탐욕적인 행동에 영향을 미친다.

아마 고든 게코와 성 바오로 둘 다 옳았을 것이다.

Superbia

교만

— 오만하고 자만하는 태도 —

나를 향한 사랑이 불타오른다!

내가 붙인 불꽃이 내가 든 횃불이 된다.

—

오비디우스, 《변신 이야기》 중에서

크리스와 그의 사례를 논의할 때, 그가 묘사하는 것이 진정한 과대성 grandiosity, 즉 고조된 우월감인지, 아니면 단순히 자신이 옳았다는 말인지 불분명할 때가 있다. 때로는 그의 타고난 성격과 뇌 질환의 경계도 모호해진다. 그는 내게 말했다.

"과대성은 자신이 실제보다 더 낫다고 믿게 만드는 거잖아요. 과대성은 그저 누구에게나 있는, 진화적 강점 중 하나예요. 더 강한 수컷이 짝을 얻는 법 아니겠어요? 과대성은 자기 믿음이고, 이는 생사의 갈림길에서 생존에 핵심적인 역할을 해요. 호구simp•나 허세꾼은 아무것

• 상대가 자기를 좋아하지도 않는데, 애정이나 성적 관심을 기대하면서 그에게 과하게 친절하게 굴고 헌신하고 아부하는 사람을 가리키는 속어다.

도 창조한 적이 없어요. 전진하려면 우월감이 필요해요. 선생님은 부정적인 맥락에서 말씀하시지만, 과대성은 자기 믿음이에요. 나는 극복하고 살아가기 위해 자기 믿음이 필요했어요. 사회는 미화되어왔어요. 쿠션으로 감싸고 앵초 향을 풍기면서 부드러워졌죠. 이런 소수의 중성적 관점에서 벗어난 모든 남성적 형질은 유독하다고, 그러니 당연히 잘못되었다고 여겨지지요. 하지만 잘못된 게 아니라 그건 인간 삶의 본질이에요. 예를 들어, 과대성은 산업 혁명에, 인류의 진화에 필요했어요. 그게 없다면 과연 저 환한 불빛이 얼마나 오래가겠어요?"

정규 교육을 일찍 그만두었음에도, 크리스는 늘 자신의 지적 능력을 과신했다. 그는 자신의 논리성, 문제를 냉철하고 체계적으로 분석하고 파헤치는 능력에 자부심을 느꼈다. 반면에 정서적 측면을 다루는 데는 서툴었다. 28년 동안 함께 산 아내 웬디는 말했다. "나는 감정적인 사람이지만, 남편은 감정을 잘 못 다루어요. 우는 나를 본 남편은 이렇게 말하곤 해요. '왜 울어? 운다고 무슨 소용 있어?' 그래서 나는 더 울게 돼요."

크리스는 자신이 늘 남들과 달랐다고, 사회적으로 불안하고 어색한 사람이었다고 말했다. 이 때문에 정규 교육을 제대로 받지 못했다고 한다. 현재 50대이지만, 여전히 유년기의 흉터가 깊이 새겨져 있다. "학교에서 반장이었고, 아홉 개 과목에서 최고 등급을 받았어요. 그런데 불행히도 아버지는 별종인 나를 눈앞에서 치우고 싶어 했고, 나더러 집을 나가라고 했어요. 나는 5남매 중 셋째였는데, 늘 가장 뒷전으로 밀렸어요. 딱히 우월하지 않았으니까요. 바보 같은 사례를 하나 들자면, 어릴 적 화덕 앞 주석 목욕통에서 차례로 목욕하는데 나는 다섯 명 중에 마지막에야 씻었어요. 매사에 그랬죠."

군대는 크리스가 집에서 벗어날 기회였다. 그는 열여섯 살에 입대했지만 엄격한 규율이 맞지 않았기에 장기 복무 계약을 앞두고 열여덟 살에 군을 떠났다. 그 뒤로는 항공 기사, 민간항공청 항공 기술자, 전기 기사, 건설 현장 감독 등 다양한 직업을 전전했다. 그러면서 늘 그는 지적 관심사를 추구했다. "나름의 가설을 세우고 영점 에너지 문제의 해결책을 찾는 데 10년을 보냈어요. 에너지 스펙트럼을 떠올려보세요. 거의 모든 것이 더는 존재하지 않는 지점을 상상해보세요. 나는 회전하는 물체의 중심점에 무한한 이용 가능 에너지가 있다고 가정했죠. 그게 바로 영점 에너지예요. 나는 역학적 방식으로 주기적으로 사차원으로 힘을 전달하는 기계 장치를 만들고 싶었죠. 실제로 개발했는데 원리 증명 단계에서 그만 입원하고 만 거예요. 그래서 연구와 특허 신청을 하지 못했죠."

나중에 영점 에너지가 뭔지 찾아보았는데, 양자장 이론에서 나온 용어로 물리학과 우주론에서 널리 쓰이며, 양자역학적 계에서 가장 낮은 에너지 상태를 뜻한다는 것을 알았다. 당혹스러웠다.

부부는 크리스의 사고 패턴과 감정 결핍이 혹시나 자폐스펙트럼 장애 때문은 아닐까 생각하기에 이르렀다. 그는 정식 검사를 요청했다. 우리는 많은 전자우편을 주고받았는데, 그중 하나를 보자.

> 분명히 금방 알아차리셨겠지만, 전문가가 아닌 내 눈에도 자폐 같아요. 관심 있는 분야의 사람들과 직접 소통하거나 내가 이해한 바를 설명하려 할 때, 연구하고 집중하며 탐구하고 이해하려는 강박적인 욕구를 느끼거든요.

이런 나의 자폐적 특성을 남들이 조롱하는 경우도 분명히 종종 있어요. 예전에 내가 노동 계급 출신이고 대학을 안 나왔다는 이유로, 스스로 동등하게 참여하고 있다고 느끼는데도 나에게 간결하고 정확한 언어를 쓸 권리가 없다고 말하는 사람들도 있었어요.●

치통이 불러온 이기심

크리스가 처음 병을 앓은 것은 2015년 초 겨울이었다. 40대 후반에 주요 건설 현장의 감독으로 일하면서 자신의 영점 에너지 계획에도 몰두하고 있을 때였다. 치통 때문에 크리스마스를 망친 뒤였다고 크리스는 회상한다. "오른쪽 위의 어금니 하나에 고름집이 있었어요. 그냥 연고만 바르고 견디려 했는데 점점 더 피곤해졌고, 두통까지 생겼어요. 그때쯤에는 직장으로 돌아갈 수조차 없었죠. 8시에 출근했다가 9시에 조퇴하고 뒷문으로 들어와서 소파에 누워 잠들곤 했어요."

그러나 건강 악화에도 좋은 점은 있었다. "이상하게 들릴지 모르지만, 머리 회전이 빨라졌고, 정말로 경이로웠어요. 세상이 또렷하게

● 크리스에게 전자우편을 공개해도 되는지 묻자, 그는 이렇게 답장을 보냈다. "모두 어느 미치광이의 마음에서 나온 견해라는 각주를 달면 되겠네요. (…) 이 깨달음에는 '나의 있는 그대로의 역학'이라는 제목이 붙을 거예요. 내가 제안한 고전역학의 완전히 새로운 장을 (…) 더 확장된 형태로 자세히 설명할 예정이에요. 삶 자체를 순수한 역학의 형식으로 설명할 수 있는 방식이지요. 한 예로, 내가 발견한 기초 기하학에서 유도한 공식을 미국항공우주국 연구소에 보낸 적 있어요. 수동적인 물체 끝에 지지하는 하중을 달면 마치 질량이 없는 것처럼 거의 힘들이지 않고 어느 방향으로든 움직일 수 있다는 내용이었죠."

보이고 모든 문제를 진단할 수 있었어요. 기억도 선명하게 떠올랐고요. 사람들의 말을 모두 내 방식으로 다시 정리해 표현할 수 있었어요. 마치 가속 상태로 공간을 나아가는 느낌이었죠. 신경 연결 부위들이 팡, 팡, 팡 하고 터지는 것 같았어요."

아내 웬디도 알아차렸다. 그녀는 원래도 남편에게 읽거나 들은 것들을 모두 기억하는 능력이 있었지만, 그 시기에는 이 능력이 더욱 고조된 듯했다고 말한다.

시간이 흐를수록 그의 건강은 점점 나빠졌다. 웬디는 병원에 가자고 계속 재촉했다. "남편이 들어와서 소파에 누웠는데, 뭔가 이상했어요. 피부가 노랗고 거무죽죽했거든요. 왼쪽 눈이 축 가라앉고 눈가는 씰룩거리고 있었죠. 그래서 병원으로 데려갔고, 뇌 영상상으로 검은 게 보였어요. 의사가 말했죠. '뇌 감염 같아요.'"

뇌 영상 분석 결과를 토대로 뇌 고름집이라는 진단을 받았다. 당시 MRI 영상을 보면, 오른쪽 관자엽 깊숙한 곳에 공 모양으로 된 비정상적인 부위가 있고, 주위가 부풀어서 관자엽의 나머지 부위들과 마루엽까지 짓눌려 있다. 다음 날 카테터(팔을 통해 심장 근처의 큰 혈관까지 집어넣어서 혈관을 넓히는 데 쓰는 기다란 관)를 통해 항생제를 대량 투여한 뒤 수술에 들어갔다. 머리뼈에 작은 구멍을 뚫어서 고름을 빼냈고, 이를 분석해 항생제의 종류와 투여하는 양을 조정했다. 뇌 안쪽 부종을 줄이기 위해서 스테로이드도 고용량으로 투여했다.

크리스가 의식을 회복했을 때, 아내는 그의 손을 잡고 있었다. 웬디가 그날 경험을 들려주었다. 한밤중, 동남아시아에 사는 시누이가 오빠의 상태를 물으러 병원에 전화를 걸었다가 오빠가 사망했다는 잘못된 소식을 듣게 되었다. 웬디는 곧바로 병원에 전화를 걸어 남편에 대해 물었으나 알려줄 수 없다는 답을 들었다. 이에 오전 2시에 걱정과 불안에 사로잡힌 채 차로 120킬로미터를 달려서 병원으로 향했다.

예상과 달리 뇌의 고름집은 빨리 줄어들지 않았다. 잔해를 제거하기 위해 재수술이 이루어졌고, 5주 동안 그는 신경외과 병동에서 항생제와 스테로이드를 투여받았다. 퇴원은 대대적인 치과 치료를 받은 뒤에야 이루어졌다. 뇌로 퍼진 감염의 원천이던 치아 고름집이 생각보다 훨씬 더 폭넓게 퍼져 있었기 때문이다. 잇몸마다 고름으로 가득 차 있어서 치아를 다 뽑아야 했다. 그는 이를 드러내고 낄낄 웃으면서 깨끗한 앞니를 톡톡 두드린다. "다 가짜예요. 전부 다요."

그의 몸은 어느 정도 회복된 상태였으나 행동 면에서는 완전히 회복되지 않았다. "신체적으로는 여전히 튼튼했지만, 뇌에서 내려오는 명령에 따라 다리가 움직이지 못하는 상태라 도움이 필요했죠." 웬디는 남편이 남에게는 전혀 신경 쓰지 않고 오로지 자신만 생각한다고 말했다. 딸 또한 아빠의 무심함에 몹시 심란해했다.

크리스는 자기에게 이런 측면이 '필요하며', 치유에 매우 중요하다고 말했다. 그는 자신이 회복에 필요한 도움을 충분히 받지 못하고 있다고 확신했다. "난 회복 계획을 세워야 했어요. 오만하게 들릴지 모르지만 만일을 대비해 예비 계획도 세웠죠. 논리적 분석과 비판적 사고를 바탕으로 상황을 단순화하고, 모든 감정을 배제했죠." 크리스는 정상으로 돌아가는 과정을 스스로 조율해야 하며, 오로지 자기 돌봄에만 집중해야 한다고 확신했다. "극단적인 상황에서는 자기 자신을 사랑하는 게 먼저예요. 이것이 생존의 핵심이죠. 본래 있던 곳으로 돌아가려고 하지 않는다면, 내가 가족에게 무슨 도움이 되겠어요?"

웬디는 다른 이야기를 한다. 열차를 타고 집으로 돌아가는 길이 '지독히도 끔찍했다'고 떠올린다. 병원에서 남편을 데리고 오는데, 자신이 알던 남편과 전혀 다른 사람이 있었다고 한다. "안하무인이었어요. 열차에 탄 모든 사람에게 욕을 하고, 심지어 열차 안에서 담배도 피우려고 했어요." 크리스도 기억하고 있다. "자신감과 자존감, 우월감이 넘쳤어요. 그러다 보니 안하무인이 되었어요. 스스로를 신의 선물이라고 여겼고, 내가 아주 멋지다는 우쭐한 마음도 있었죠." 웬디는 이 우월감이 남편이 자신을 대하는 태도에도 드러났다고 말한다. 그는 아내를 얕잡아보고 깔보았다. "나는 아내가 아니라 돌보는 사람이었어요. 남편은 내 손이 닿는 것부터 하는 말까지, 매사에 잘못되었다고 성질을 부렸죠." 크리스를 자제시키려고 애쓰면서 집으로 데려가는 길은 정말로 긴장의 연속이었다.

상황은 훨씬 더 나빠지고 있었다. 그들은 크리스의 의학적 문제, 즉 뇌 고름집 치료가 마무리되었다고 오해했다. "열차에서 전화가 울렸어요. '안녕하세요, 웬디 보호자 님 맞으시죠? 저는 종양학과 간호사인데요. 남편 분 아직 병원에 계시죠?' 그때 종양학이라는 말을 처음 들었어요. 퇴원할 때 받은 요약서에는 뇌 고름집 진단, 항생제, 스테로이드만 적혀 있었거든요. '잠시만요, 방금 종양학이라고 하셨나요? 남편이 입원한 동안 종양학이라는 말은 한 번도 못 들었거든요.' 간호사가 말했죠. '남편께서는 다형성 아교모세포종glioblastoma multiforme, GBM● 4등급입니다. 지역 병원 종양학과에 가보셔야 해요.'" 웬디는 열차 바닥에 털썩 주저앉아서 흐느꼈다. "내 인생 최악의 날이었어요."

'요즘 애들'의 자기애

1980년대 이전 출생자들은 대부분 자유방임 상태로 아동기를 보냈다. 부모는 아이들을 먹이고 입히고, 안전한지 확인하고, 운이 좋아 시간이 남으면 같이 놀아주었다. 반면에 요즘에는 어디에 가든지 아이에게서 한 발짝이라도 떨어지면 부모의 의무를 제대로 이행하지 않는다는 비난이 돌아온다. 아이의 성공과 행복은 자존감에 달려 있으며, 그 자존감을 키우는 게 부모로서의 중요한 역할이라는 인식이 보편적이다.

이 새로운 육아 방식은 아이들에게 도움이 되는 듯하다. 내가 가르치는 의대생들에게서 그 점을 확인할 수 있다. 인상적이며, 경이롭다고 감탄하게 되는 학생도 많다. 우리 세대가 결코 꿈도 꾸지 못했을 정도로 침착하고, 자신감 넘치며, 대담하다. 이 젊은이들은 과거의 교수법, 즉 묻지도 않았는데 입을 열어서는 안 되고, 감히 교수의 말을 가로막거나 함부로 질문해서도 안 되고, 선임자로부터 받는 비하와 멸시, 공포가 만연했던 기존 의대 교육을 단 1초도 견디지 못할 것이다. 우리는 시험 성적에 이의를 제기하거나, 교육의 질이나 선임자의 비하에 불만을 토로하지 못했다.

이 자존감, 자신이 가치 있다는 느낌은 대개 자기 계발, 개인의 성

● 뇌에서 뉴런을 지지하고 청소도 하는 세포인 별아교세포에서 생기는 성장 속도가 빠른 공격적인 종양. 예후를 알아차리기가 매우 어려운 가장 공격적인 형태의 뇌종양으로, 중위 생존 기간이 몇 달에 불과하다. 세계보건기구WHO가 종양의 악성도에 따라 분류한 체계에 따르면 모든 아교모세포종은 정의상 고도의 악성 상태인 4등급으로 분류된다.

장에 대한 관심으로 드러난다. 역경 앞에서 꿋꿋하고, 실패나 낮은 성과에 대처하고, 자신을 추슬러서 계속 나아가게 만든다. 특히 잘했을 때나 잘하지 못했을 때를 알아차리고 인정하는 등 개인의 능력을 객관적으로 평가할 줄도 안다.

그러나 진정으로 착각하는 의대생도 너무나 많다. 계속 낙제점인데도 자신의 상태를 받아들이지 못한다. 아니라는 증거가 산더미처럼 쌓여 있음에도 자신이 영리하고 재능 있고 유능하다고 믿는다. 자신이 또래들보다 본질적으로 더 우월하다는 자부심과 과신, 확신에 차 있다. 그리고 부정적인 피드백을 받아들이지 못한다. 낮은 평가가 정확하다는 생각 자체를 하지 못하기 때문이다. 누구나 분명히 학교나 직장에서 그런 사람들을 만날 것이다. 극도로 자존감이 높은 이들이라고 생각할 만도 하다. 그러나 사실 이들은 전혀 다른 존재다. 이들은 나르시시스트narcissist다.

자존감과 달리 자기애(나르시시즘narcissism)는 자신의 중요성이나 장점을 과대평가한다.[1] 탐욕과 마찬가지로 심리 형질이며, 모든 사람은 자기애 척도의 어느 지점에 놓여 있다. 이 척도의 한쪽 끝에는 자기애 수준이 높은 사람들이 있다. 이들은 자신의 성공 수준에 환상을 품으며, 자신이 남들보다 뛰어나거나 특별한 존재이기에 존경과 찬사를 받아 마땅하다고 믿고, 남과 다른 대접을 받아야 한다고 믿는다.[2] 굴욕을 당하면 말이나 몸으로 울컥 분노를 표출하기 쉽다. 이러한 특징들은 높은 자존감과 관련된 것이 아니며, 실제로 자존감과 자기애의 상관관계는 매우 미약하다.[3]

높은 자존감은 자신의 현실적인 평가와 관련이 있는 반면, 자기애는 허구적인 자기관이 특징이다. 나르시시스트는 맡은 일에 실패해도 자기는 아주 잘해냈다고 생각할 것이다. 나르시시스트는 자기 향상이라는 욕구를 추진력으로 삼기보다는, 남들보다 앞서고 자신의 우월함을 보여주는 데 초점을 맞춘다. 또한 나보다 못하다고 여기는 사람에게는 관심이나 공감을 보이지 않는다. 그리고 자존감 높은 사람들이 실패 앞에서도 꿋꿋한 것과 대조적으로, 나르시시스트는 심한 수치심을 느끼고, 부정적 피드백에 공격적으로 반응한다.[4] 시간이 흐르면서 수치심은 불안과 우울을 유발하기도 한다. 따라서 불안과 우울은 강한 자기애 성향과 관련이 깊다.

사람들은 대부분의 심리 형질이 안정적이라고 생각하는 경향이 있다. 탐욕이나 분노, 질투, 심지어 친절, 관용, 공감이 2,000년 전에도 지금처럼 널리 퍼져 있었다고 본다. 그러나 자기애는 그렇지 않았을 가능성이 있다. 1979~2006년에 대학생의 자기애 비율은 약 30퍼센트 증가했다.●[5] 게다가 나르시시스트의 비율은 개인주의적인 성향이 강한 사회인 미국·캐나다·유럽이 아시아나 중동보다 높다.[6] 이는 비교적 최근의 환경 변화가 자기애 수준에 영향을 미쳤음을 시사한다. 즉 자기애가 문화적 특성을 띤다는 것이다. 그리고 여기에는 부모의 책임이 아주 크다. 비난의 화살은 분명 우리의 육아 방식을 겨냥하고 있다.

● 이 수치에는 논란이 있다. 일부 연구자는 이 연구에 사용된 방법론을 비판하면서 특정 세대를 더 자기애적이라고 꼬리표를 붙이는 행위가 초래하는 다양한 파급 효과를 논의한다.

애정 결핍이 자존감에 미치는 영향

자기애의 기원을 설명하는 이론은 두 가지가 있다. 하나는 사회적 학습 이론social learning theory이다. 부모가 내 자녀는 다른 아이보다 특별하다거나 더 대접을 받아야 한다고 과대평가할수록 아이가 자기애적 성향을 띨 가능성이 높다는 이론이다. 자녀에게 너는 특별하다고 말한다면, 자식은 자신이 특별하다고 믿으면서 자란다는 것이다. 그러나 이 이론을 증명하기가 어렵다. 물론 나르시시스트에게 어린 시절 부모가 자신을 칭찬해주고 떠받들었는지 물어보면 예상한 답이 나올 것이다. 나르시시스트는 부모가 자신을 과대평가했다고 기억하는 경우가 많은데, 이는 그리 놀랍지 않다. 나르시시스트는 자신이 남들에게 찬사받는 존재라고 느끼므로, 부모가 자신에게 탄복하곤 했다고 기억하는 것도 당연할 수 있다.

다른 하나는 정신분석 이론psychoanalytic theory이다. 이는 부모의 관심 부족이 자녀의 자기애를 부추긴다는 이론이다. 부모의 관심과 이해, 애정이 부족한 자녀가 부모에게서 받지 못한 인정을 다른 사람들로부터 얻기 위해 자신이 중요한 존재라는 생각을 더욱더 하게 된다는 것이다.

네덜란드 심리학자들은 어느 쪽 이론이 타당한지 확인하기 위해 일곱 살 이상부터 열두 살 이하까지 아동 565명을 추적 관찰했다.[7] 이 연령 집단에서는 자기애 형질을 제대로 평가할 수 있고, 개인별 차이도 보인다. 연구진은 여섯 달 간격으로 아동과 부모를 대상으로 자기애, 자존감, 부모의 애정과 과대평가 정도를 묻는 다양한 설문을 실시했다. 엄마든 아빠든 상관없이 부모의 과대평가는 아이의 시간별 자기애 수준 변화를 예측할 수 있는 지표였다. 그러나 아이의 자존감에는 아무런 영향을 미치지 않았다. 반면에 부모의 애정 결핍은 자기애와 관련이 없었으나, 아이가 느낀 부모의 애정 결핍은 낮은 자존감을 예측하는 지표였다.

연구진은 기본적으로 부모의 과대평가가 자기애를 부추기는 반면, 부모의 애정이 결핍되었다는 지각이 자존감 저하를 가져온다고 결론지었다. 이는 다른 식으로도 해석될 수 있다. 자기애적 부모가 자녀를 자신의 연장선상으로 보아 과대평가했을 가능성이 있다. 이때 아이의 자기애는 유전적 요인에서 비롯되었을 수도 있고, 부모를 모방하며 학습한 결과일 수도 있다. 그러나 연구진은 부모의 자기애와 과대평가 사이의 상관관계가 비교적 약하다는 점을 확인했고, 아동의 자기애는 사회적 학습 이론에 더 부합한다고 결론지었다. "아이들은 마치 다른 사람의 눈을 통해 자신을 보는 법을 배운 듯, 자신에게 중요한 사람이 자신을 어떻게 본다고 믿는지에 따라 스스로를 바라본다." 반대로 자존감은 부모의 애정과 상관관계가 있는 듯하다. "애정과 배려가 넘치는 부모 아래에서 자란 아이들은 자신이 가치 있는 사람이라는 관점을 내면화할 수 있으며, 이 관점이 자존감의 핵심이다."[8]

부모가 자녀에게 자존감을 높여주려 애쓸 때, 오히려 잘못된 방향으로 나아간다는 지적이 있어왔다. 자녀에게 "너는 매우 특별한 사람"이라며 칭찬을 아끼지 않고, 예외적인 존재로 대우하는 태도가 아이의 자존감을 키우는 게 아니라 자기애를 부추기는 쪽으로 내몰 수도 있다. 우리는 사랑과 애정으로 아이를 대하는 동시에 피드백으로 현실 감각을 익히도록 돕고, 과도한 칭찬을 자제해야 한다. 또 아이에게 '너는 우월하다'고 부추기기보다는 자기 향상 욕구를 기르도록 도와야 한다. 아이가 실패하더라도 있는 그대로 받아들이고, '너의 가치는 부모의 기준을 충족시켰는지 여부에 달려 있지 않다'고 느끼게 도와야 한다. 그래야 아이의 자존감이 취약해지지 않는다.[9]

크리스는 어린 시절 부모의 애정을 받지 못했으며, 오냐오냐 떠받들기보다는 오히려 과소평가되었던 것이 분명하다. 그 결과 자존감과 자기애가 낮아졌던 것으로 추정된다. 따라서 그의 아동기 경험만으로는 퇴원 후 보여주었던 과도한 자신감, 즉 과대성을 설명하기에 부족하다.

자긍심이 능력에 미치는 효과

지난 수십 년 사이에 우리의 육아 방식뿐 아니라 교만(pride는 죄악을 의미할 때에는 '교만'으로 번역되지만, 본문에서는 '자긍심'이 더 적절한 경우가 많으므로 문맥에 따라 번갈아 사용했다—옮긴이)의 의미도 달라졌다. 오늘날 단어 pride는 거의 전적으로 긍정적인 의미로 받아들인다. 자부심·자존감·자신감·성취·존엄성. 차이와 다양성을 존중하고 수치심과 판단에 반대하는 자긍심, 자부심과 자존감을 가지자는 외침, 자신의 민족성과 문화, 가족이나 직장, 신념에 대한 자긍심 등.

오늘날의 관점에서는, 교만이 죄악일 뿐 아니라 590년 그레고리우스 교황이 '모든 악의 근원이자 죄악의 여왕'이라고 선언할 정도로 가장 심각한 죄였다는 사실이 쉽게 이해되지 않을 것이다. 이 역설은 앞서 살펴본 네덜란드 연구진의 자기애와 자존감이라는 두 심리 형질이 있으며, 양쪽이 모호하게만 관련이 있다는 연구 결과에 들어맞는다. 자존감과 자기애는 때로 '진정한 자긍심authentic pride'과 '오만한 자긍심hubristic pride'이라고도 부른다.

사실 이 구분은 오래전부터 존재했다. 아리스토텔레스는 진정한 자긍심을 미덕의 정점으로 봤지만, 이를 오만이라는 악덕과 구별했다. 원문을 해치지 않는 선에서 번역하자면 다음과 같다.

> 별다른 가치를 지니지 못하고 스스로도 가치 없다고 여기는 사람은 절제할 수는 있으나 자긍심을 가지기는 어렵다. 자긍심은 위대함을 의미하기 때문이다. (…) 자긍심은 일종의 미덕들의 왕관처럼 보인다. 미덕들을 더욱 강화시키며, 미덕 없이는 존재하지 않기 때문이다. 따라서 진정으로 자긍심을 가지기는 어렵다. 고결함과 선한 성품 없이는 불가능하기 때문이다. (…) 오만은 지난날 입은 상처에 대한 보상이 아니다. 복수다. 오만이 쾌감을 주는 이유는, 어리석은 이들은 남에게 못되게 굴면 자신이 우월해진다고 느끼기 때문이다.[10]

진정한 자긍심은 긍정적인 결과를 낳을 수 있다. 자긍심은 성공에 뒤따를 수 있지만, 자긍심이 성공을 추진한다는 증거도 있다. 자긍심은 행동이면서 감정이기도 하다. 무언가를 잘 해냈다는 느낌, 성취에서 오는 쾌감 또는 환희의 감정이다. 이 감정적 힘은 성취가 자신의 통제 아래 있다는 느낌을 주어 더 인내하며 목표를 추구하도록 돕고, 상황을 인식하는 방식도 바꾸는 것으로 보인다.[11] 실제 성취와 상관없이, 칭찬으로 자긍심을 심어주면 더 어려운 과제 앞에서도 인내심을 발휘하도록 도울 수 있다.

자긍심이 미치는 효과는 심리학 연구에서 관찰할 수 있다. 한 연구진이 심리학과 대학생 109명을 대상으로 실험을 했다. 실험 참가자들에게는 대학 생활과 관련된 여러 주제를 인터뷰할 예정이라고 말했다.[12] 짧은 인터뷰를 거친 뒤 분노와 수치심, 자긍심을 유도해 그들의 감정을 무작위로 조작했다. 예컨대 방에 들어온 연구원이 불쑥 한마디를 던지는 식이었다. "장난해?", "그런 생각은 어디서 나온 거냐?" 같은 비하하는 말로 분노를 자극하거나, "생각보다 못하는 것 같네. 좀 더 분발할 수 있지?", "다음 주제로 넘어가는 편이 낫겠어" 같은 수치심을 유발하는 말을 건네었다. 때로는 "다른 학생들보다 훨씬 잘하고 있어", "정말 참신한 생각을 많이 내놓네" 같은 칭찬으로 자긍심을 부추겼다. 그 후 과제를 계속 진행하도록 했다.

과제가 끝난 뒤 독립적인 평가자는 인터뷰 동영상을 보며 각 참가자가 과제를 얼마나 잘 수행했는지 평가했다. 자긍심을 자극받은 학생들은 성과도 더 좋았고 과제에서 위협이나 부담도 덜 느끼고 비교적 쉬웠다고 답했다. 게다가 과제를 수행하는 동안 더 큰 통제력을 느꼈다고 말했다. 즉 자신의 행동이 성취에 영향을 미친다는 인식이 강했음을 의미한다. 그리고 자신의 행동이 성공과 직접적인 상관관계가 있다고 느낀다면, 그 과제를 좀 더 오래 참고 하는 경향을 보일 수도 있다.•

• 한 비슷한 연구에서는 자긍심을 북돋음 받은 학생은 삼차원 물체를 머릿속에서 회전시키는 지루한 과제를 약 40퍼센트 더 오래 수행했다.

정치인들의 오만 증후군

그러나 긍정적인 자긍심과 오만한 자긍심 또는 자기애 사이에는 넓은 회색 지대가 있다. 이는 소셜 미디어를 쓱 훑어보기만 해도 잘 드러난다. 수많은 트윗과 게시물이 이런 말로 시작한다. “감사하게도 (…) 이런 상(또는 질문, 관심)을 받았어요.” 이는 대체로 진정한 자긍심이라고 해석할 수 있다. 한편 허세를 부리고 거만한 사람들도 있다. 그들은 대체로 인종차별, 동성애 혐오, 반유대주의, 잘못된 우월성을 드러낸다.● 일부 정치인도 오만한 말을 내뱉는다. 그들은 모두 명백히 선을 넘어, 자기애와 오만한 자긍심에 치우쳐 있다. “충동성, 남의 말에 귀 기울이거나 조언을 듣지 않고 충동적이고 무모하고 세부 사항에 주의를 기울이지 않을 때 나타나는 특정한 형태의 무능함.”[13] 정치인이자 의사인 데이비드 오언David Owen●●이 2009년 한 책에서 ‘오만 증후군(휴브릭스 신드롬hubris syndrome)’을 정신 질환으로 규정해야 한다고 주

● 학계에서는 소셜 미디어 이용과 자기애의 관계에 어느 정도 관심을 보여왔다. 소셜 네트워킹 사이트를 통한 의사소통은 나르시시스트에게 특히 매력적이다. 자신의 정보를 대중에게 공개하고 ‘좋아요’로 긍정적인 피드백을 받을 기회를 얻으며, 어떤 정보를 공유할지 선택하고, 게시물로 성공과 우월성을 과시하며, 자신의 관점에 들어맞지 않는 소식은 제외할 수 있기 때문이다. 이런 행동 패턴(특히 자기 사진을 많이 올리고, 친구 수나 팔로워를 많이 늘리는 행위)은 과대 자기애와 관련이 있다. 상관관계 정도는 나라마다 다르다. 사회 계층화가 심하고 시민의 지위가 확고하게 고정된 문화에서는 자기애와 소셜 미디어 행동 사이의 관계가 더 강하게 나타난다. 이는 아마 소셜 미디어 참여가 이런 사회에서 독특함이나 특별함을 표현할 드문 수단이기 때문일 것이다.

●● 노동당 하원의원으로 활동하다가 탈당하여 사회민주당을 창당한 ‘4인방’ 중 한 명인 정치가로 활약하기 전, 오언은 런던 세인트토머스병원에서 신경학 및 정신의학 전공의로 근무했다. 바로 내가 지금 일하는 그 병원이다.

장하면서 언급한 말이다. 그는 오만 증후군을 과대 자긍심이나 자기애라고 규정하며, 오랫동안 권력을 쥐었다가 물러난 지도자들이 말년에 겪는 인격 장애와 유사하다고 특징짓는다(이는 대개 아동기에 뚜렷해지는 인격 장애와는 다르다).

공저자인 조너선 데이비드슨Jonathan Davidson은 미국 대통령 일곱 명, 영국 총리 일곱 명이 이 증후군의 특징을 드러낸다고 보았다. 그들은 세계를 마치 권력을 휘두르고 영광을 추구하는 경기장으로 보는 자기애적 성향이 강하다. 그들은 자신이 훌륭한 인물로 보이도록 애쓰고, 이미지와 소개에 지나치게 신경 쓰며, 구원자인 양 행동하고, 자신이 제3자인 것처럼 말하거나 왕족처럼 '우리'라는 대명사를 많이 사용한다. 또 남들의 조언이나 비판에 모욕감을 느낄 만큼 자신감과 자기확신이 넘치고, 동료나 대중이 아닌 역사나 신 같은 더 높은 권위에만 책임을 진다고 믿으며, 현실과 동떨어져 있다. 물론 이 논문이 발표된 지 10여 년이 지난 동안, 미국과 영국에서 오만 증후군 후보자들은 더욱 늘었다.[14] 이 기준을 충족시키는 이들이 누구인지는 독자들의 판단에 맡기련다.

오언은 장기적인 권력, 거기에 압도적인 성공, 그리고 약한 제약이 수반되는 것이 오만 증후군을 촉발하는 요인이라고 주장했다. 아마도 지도자들은 어떤 식으로든 오만을 부추기는 특정한 성향을 다수 지니고 있는 듯하다. 일정 수준의 충동성은 한정된 증거를 토대로 큰 결정을 내리기 위한 전제조건이며, 코뿔소처럼 낯이 두껍고 비판에 둔감한 태도가 정치인에게는 매우 중요하다. 오언과 데이비드슨은 이렇게 썼다. "이런 속성들은 그들이 고위직에 오르려면 통과해야 하는 필터다."

교만이라는 성격

오언은 오만 증후군이 세계적으로 중요한 정치적 결정을 이끌어 1938년 히틀러에 대한 유화 정책, 1974년 워터게이트 사건, 2003년 이라크 침공 등을 초래했다고 주장했다.[15] 그러나 오만한 자긍심이나 자기애의 기본 성향이 정치인과 세계무대에만 국한된 것은 아니다.

이미 말했듯이, 인격 형질로서의 자기애 연속체의 어딘가에 놓여 있다. 자신이 중요하다는 느낌은 몇몇 직업에서 유용할 수 있다. 자신의 능력을 전혀 인식하지 못하는 희귀한 의대생들처럼, 대다수의 자기애적 사람들은 남들에게 파괴적으로 굴기보다는 주로 짜증을 유발하는 정도에 그친다. 그러나 자기애가 극심해서 자신뿐 아니라 주변 사람들에게 매우 부정적인 영향을 미치는 이들도 있다. 바로 이 지점에서 인격의 한 가지 과장된 특징은 장애가 된다.

앞서 우리는 〈질투〉에서 자기애적 인격 장애의 두 측면을 살펴본 바 있다. 자기애적 인격 장애는 평생 유병율이 6.2퍼센트에 달한다고 추정된다(남성이 여성보다 약간 더 높다).[16] 자기애적 인격 장애가 대개 과대성, 오만, 지배, 권력 추구, 전반적으로 남을 무시하는 태도를 보이는 반면, 일부는 비판에 심하게 취약하고, 낮은 자존감, 강한 수치심을 드러낸다. 질투심이 심한 이들은 보통 후자 집단이며, 불안, 우울증, 자살 시도 위험도 높다.[17]

같은 질환의 두 측면, 즉 지나친 자만심과 취약한 성격은 서로 놀라울 만치 다르다. 한 논문에 실린 자기애적 인격 장애 환자들의 다양한 사례들을 살펴보자.[18] 첫 번째는 30대 중반의 실직한 남성으로서, 코카인과 알코올 중독자다. 응급실에서 치과 수술을 받았는데 통증을 호소하며 아편제를 달라고 요구하곤 한다. 처음에는 매우 호의적으로 굴던 그는 의사가 수술한 치과의사에게 연락해야 한다고 말하자, 갑자기 태도를 바꾸더니 욕을 하고 행패를 부렸다. 의사가 그의 여자 친구에게 전화를 걸었는데, 여자 친구는 그에게 경제적으로 착취를 당했으며 이제 아무 사이도 아니라고 말했다. 금융업계에서 일하던 그는 해고된 상태였고, 자신이 원하는 직장을 구할 수 없었다. 그는 여자 친구와 부친에게 얹혀살아왔다.

두 번째는 인슐린을 필요로 하는 당뇨병에 걸린 남성이다. 그는 별 기술을 필요로 하지 않는 이런저런 직업을 전전했지만, 사실 그 어느 직장도 오래 다니지 못했다. 그는 늘 침울했고, 우울이 심해지면 인슐린 복용을 깜박하는 바람에 혈당 조절이 안 되어 병원에 실려 가기도 했다. 그는 늘 자신을 남들과 비교했고, 스스로 부족한 사람이라고 말하면서도 자신의 재능이 제대로 인정을 못 받는다고도 느꼈다. 그는 사장이 자신의 능력을 인정해 승진시키는 환상을 품는 동시에, 때로는 우월한 지식을 과시해 상사에게 굴욕을 안기는 환상도 품었다.

세 번째는 40대의 남성으로서, 유능하고 매우 사교적이며, '파티의 주인공'이 되기를 좋아하는 성공한 사업가다. 그러나 개인 생활은 직장 생활과 딴판이다. 신혼 때부터 그는 아내에게 성적 흥미를 잃었고, 숱하게 외도를 했다. 경제적으로 지원하면서 불륜을 저지르다가 싫증이 나면 단번에 관계를 끊고 다음 상대를 찾아 나섰다. 그는 자신의 외도가 부부 관계에 아무런 영향도 주지 않는다고 믿지만, 자신이 아내에게 더 잘할 수 있을지 모르겠고, 아내를 떠나는 것도 고려 중이다.

언뜻 이 세 사람은 공통점이 거의 없어 보이지만, 이들이 처한 상황의 밑바탕에는 모두 자기애가 있다. 첫 번째 사례는 행패를 부리거나 강압적 행동을 수반하는 과대성과 거만을 보여준다. 두 번째 사례는 취약한 자기애의 전형으로, 겉으로 드러나지 않는 과대성이 수치심과 부정적인 자아상, 타인의 비판에 대한 취약성과 뒤얽혀 있다. 세 번째 사례는 삶의 여러 측면에서 자기애를 장점으로 활용함으로써 과장된 인격 형질을 통해 성공을 이룬 사람이다. 이런 이들을 때로 '고기능'이라고 묘사하곤 한다. 성공했다고 해도 자기애적 인격 장애는 이 남성이 장기적인 관계를 건강하게 유지하는 능력에 명백히 영향을 미친다.

세 사람에게는 두 가지 공통점이 있다. 첫 번째, 대부분의 사람은 경험과 실제로 얻은 정보를 토대로 자신의 정체성을 파악하는 반면, 자기애적 인격 장애가 있는 사람은 자아 감각이 허약하며, 현실에서 정보를 덜 얻는다. 그들의 자기 인식은 자신이 특별하고 예외적이며 남들과 다르다는 믿음에 강하게 의존한다. 이 견해를 유지하는 것은 문제가 될 수 있다. 자신이 놀라운 존재라거나 신의 보살핌을 받는다는 견해와 모순되는 현실적인 측면들을 부정하기 때문이다. 안타깝게도 더 깊은 수준에서 남들과 상호작용을 하면 그 가치관이 위협을 받는 상황이 벌어지곤 한다. 따라서 과대형 나르시시스트는 비대해진 자아를 유지하기 위해 피상적·강압적인 관계를 맺고, 취약형 나르시시스트는 자신의 우월감을 위협할 가능성을 차단하고자 인간관계 자체에 소극적으로 군다.[19] 자기애의 결과는 다른 성격 형질들에도 영향을 받을 수 있다. 과대형 자기애는 외향적 성격과 강한 연관성을 띠는 반면, 취약형 자기애는 신경증(분노·불안·짜증·우울 등 부정적인 감정을 띠게 하는 형질), 내향성과 관련이 있다.[20]

따라서 자기애적 인격 장애가 있는 이들은 자신의 중요도나 능력을 과대평가하면서 주변 사람들의 속내나 감정에 거의 관심을 두지 않는다. 그들은 자신이 스스로를 보는 방식 그대로 남들도 자신을 봐주길 바란다. 자기애적 인격 장애에서는 대인관계의 실제 모습을 이해하기보다는 자신을 바라보는 관점을 타인에게 투영하는 것이 기본적인 사고방식이다. 본질적으로 남의 마음속 감정을 이해하는 '정서적 공감'이 부족하다.

두 번째 공통점은 공감의 특정 측면들에 결핍이 뚜렷하다는 것이다.[21] 자기애적 인격 장애가 있는 이들은 종종 매우 뛰어난 인지적 공감 능력을 보여준다. 즉 타인의 감정과 동기를 정확하게 파악한다. 이 능력은 무엇이 상대를 움직이게 하는지 알아차리고, 타인을 자신의 목적에 따라 조종할 때 정말로 중요하다. 반면에 정서적 공감 능력, 즉 타인의 감정을 단지 '아는' 차원이 아니라 '느끼는' 능력이 부족하다. 차이가 있다면 과대형 나르시시스트는 정서적 공감 능력 결핍이 타인의 감정을 무시하는 데에서 비롯되는 반면, 취약형 나르시시스트는 자의식이나 스스로에 대한 관심이 워낙 커서 아예 남의 관점을 취할 수 없다.

기능적 뇌 영상에서도 그들의 정서적 공감 능력의 결함을 확인할 수 있다. 일반적인 사람의 뇌는 정서적 공감을 할 때 특정 영역이 활성을 띤다. 반면에 자기애적인 사람의 뇌는 다르다. 한 연구에서 감정이 담긴 얼굴 사진들을 자기애 수준이 높은 사람들과 낮은 사람들에게 보여주고 뇌를 촬영했는데, 정서적 공감과 관련된 영역들이 가장 큰 차이를 보였다.•[22] 정상인 대조군과 자기애적 인격 장애가 있는 사람을 비교하면, 이 영역은 활성도뿐 아니라 부피에서도 차이를 보인다.[23] 자기애적인 사람은 정서적 공감에 필요한 신경 기구가 더 작다.

내 귀에 도청장치가 있다!

과도한 '자긍심' 과시, 즉 교만은 인간 경험 스펙트럼의 한 부분이긴 하지만(때로 인격 장애 수준일 수도 있다), 크리스가 열차에서 한 행동처럼 교만의 극단적인 사례도 있다. 때로 강렬해진 교만은 망상 수준에 이르기도 한다. 아니라는 증거가 압도적으로 많은데도 잘못된 인식을 바꾸지 않는 것이다. 스위스계 독일인 정신의학자이자 철학자 카를 야스퍼스Karl Jaspers는 망상이 환각과 더불어 '광기의 기본 특징'이라고 했다.[24] 더 정확히 말하면, 정신증을 인증하는 특징들이다. 정신증을 앓는 사람들은 자신의 생각을 널리 전달할 수 있다고 믿거나, 타인의 마음을 읽을 수 있다는 믿음에서 피해망상에 이르기까지, 매우 다양한 망상을 겪는다.

망상은 두서없이 난잡하게 뻗어나갈 수도 있지만, 매우 구체적인

• 이 뇌 영역들은 외부 세계와 내면의 자아로부터 오는 정보를 통합하는 데 중요한 구역들을 포함한다. 이 구역들이 이마앞 영역을 포함하며, 외부 맥락에 맞게 행동하도록 돕는 중앙 집행망central executive network과 자기 성찰 및 내면적 사고와 관련된 기본 모드망default mode network 사이의 스위치 역할을 한다는 주장이 있다.

양상을 띠기도 한다. 내가 깜짝 놀랄 정도로 예리하게 집중되고 명확한 내용을 담은 망상도 있다. 젊은 여성 환자였던 레이저가 떠오른다. 그녀는 값비싼 정장을 세련되고 단정하게 차려입고 명품 핸드백을 든 완벽한 전문가 차림으로 내 진료실로 들어왔다. 나는 편두통이나 수면 문제로 왔으리라 짐작했는데, 방문 이유를 듣고 아연실색했다. 그녀는 자신이 퇴짜를 놓은 구혼자의 가족이 자기 생각을 들여다보고 심지어 자신의 뇌 속에 목소리 주입 장치를 이식했다고 확신했다. 엑스레이와 뇌 영상 자료를 아무리 들이밀어도 그 믿음은 결코 흔들리지 않았다. 그녀는 장치가 어떻게 작동하고 어디에 삽입되어 있는지 등 기술적 세부 사항을 매우 상세히 설명했다. 그 외에는 지극히 정상처럼 보였다.

교만이라는 맥락과 특히 관련이 깊은 부류의 망상적 사고가 있다. 자신에게 특별한 힘·부·정체성·임무가 있다는 근거 없는 믿음, 즉 과대망상이다. 과대망상은 정신증 환자에게 아주 흔하며, 조현병 환자의 약 절반, 양극성 장애 환자의 3분의 2에게서도 나타난다. 또 의학 문헌과 대중문화에서도 잘 묘사되어 있다. 높은 빈도로 나타나지만 이런 유형의 망상은 여전히 충분히 이해되지 않은 상태다. 다른 유형들보다 해를 덜 끼친다는 생각도 어느 정도 기여할 듯하다. '나는 예수 그리스도다'라는 상상은 '모두가 나를 해치려 한다'는 믿음보다 덜 위협적이고 덜 위험해 보이니까. 또 과대망상은 어떤 근본적인 장애의 한 증상이라고도 여겨지므로, 연구 초점이 그 표현 형태가 아니라 근본 원인에 맞추어져왔다.

과대망상을 비교적 온건하게 보는 이 견해가 전적으로 옳은 것은 아니라는 사실은 환자 상담 자료들에서 잘 드러난다.[25] 물 위를 걷거나 하늘을 날 수 있다는 확신은 신체적 위험을 동반한다. 한 환자는 이렇게 말했다. "때로 내가 어디에 있는지도 생각하지 않은 채 물 위를 걸으려고도 했어요. 얕은 곳일 때도, 더 깊은 곳일 때도 있었지요. 빠져 나오기 힘든 상황도 있었고, 심하게 다치기도 했어요." 비행 시도를 한 환자도 있었다. "끝자락 너머로 발을 디디면 날 수 있을 것 같았죠." 또 자신이 무적이라고 믿고서 달려오는 자동차 앞으로 걸어가려던 환자도 있었다.

과대망상이 성적 착취를 당할 위험에 빠뜨리기도 한다. 논문에 실린 한 환자의 사례다. "나이 지긋한 신사가 다가왔어요. (…) 나는 생각했죠. '신이시군요.' 그의 집으로 갔어요. (…) 우리는 껴안고 키스를 했죠. 나는 물었어요. '우리가 결혼할 수 있을까요?' 그가 대답했어요. '아니, 하지만 파트너는 될 수 있어.' 나는 그의 말이 연애 파트너가 아니라 사업 파트너를 의미한다고 생각했죠. 인류의 구원을 함께할 파트너요." 그리고 이런 망상으로 인해 자신이 메시아이며 인류를 구원해야 한다는 부담을 느끼고, 고립되거나 기피된다는 사실 때문에 스트레스나 분노가 생겨나기도 한다.

과대망상에는 긍정적인 측면도 있다. 자신이 예수라거나 정보기관에서 비밀 임무를 수행하고 있다는 등 사회를 돕는 특별한 권한이나 역할에 초점을 맞춘 망상이 그렇다. 이런 믿음은 당사자에게 목적이나 자기 정체성을 부여해 삶에 의미를 제공한다. 또 나쁜 상황에서 안도감을 주거나 고생을 견디도록 도움으로써 일종의 보호 기제로 작용하기도 한다.[26]

이런 삶을 뒷받침하는 특징들은 사실상 망상적 믿음을 강화할 수 있다. 망상에 부합하는 행동, 예를 들어 자신이 예수라고 믿고 사람들을 축복하는 행동은 자신의 믿음을 재확인시키는 독특한 경험을 제공할 수 있다. 자신의 특별한 힘에 관한 과도한 생각이나 심사숙고는 실제로 즐거움을 주기도 한다. 그러나 '인류를 구원한다'는 등의 믿음과 중요성은 특성상 그 생각에 지나치게 빠져들게 만들 수도 있고, 실패할 때 몹시 스트레스를 안겨준다.[27]

고장 난 믿음 평가 체계

정상적인 환경에서는 자신이 경험하는 세계를 토대로 자신의 믿음을 평가한다. 내가 보고 듣는 것이 나의 믿음이나 예상과 상충된다면, 보통은 믿음에 의문을 품거나 다시 생각해보게 된다. 예를 들어, 내가 전지전능한 신이라고 믿는다면, 현실에서 비밀번호를 잊거나 열쇠 위치가 기억나지 않을 때마다 '나는 신이 아니구나'라고 단념할 것이다.

인지신경과학 분야에서 뇌의 작동 방식을 보는 주류 관점이 하나 있다. 신경계가 눈·귀·피부 등 감각 기관을 통해 끊임없이 흘러드는 방대한 데이터를 토대로, 밀리초 단위로 주변 세계를 재구성하기가 아예 불가능하다는 것이다. 정보가 너무 많고 계산할 것도 너무 많아서 대응할 수가 없다. 대신 뇌는 예측 기계처럼 작동하며, 대개는 나타날 것이라고 예상한 세계를 본다. 뇌의 예측과 감각 정보가 일치하지 않을 때에만 기대를 조정할 필요가 생긴다.[28] 뇌는 대체로 자신의 예측과 실제 사건 사이의 불일치를 감지하고, 그때마다 학습하도록 설계

되어 있다. 이 과정은 바깥 세계를 이해하는 데만 적용되는 게 아니라, 나 자신과 나의 믿음을 이해하는 방식이기도 하다. 이는 우리가 배우는 방식이자, 세상을 이해하고 해석하는 방식을 다듬는 방법이다.

대다수는 자신의 예측을 끊임없이 수정한다. 컴컴한 밤에 누군가 내 외투를 잡아당기는 듯하면 잠시 '침입자가 있다'고 믿겠지만, 곧 문고리에 걸린 외투를 발견하고 이성이 개입한다. 정치적·사회적 견해도 살면서 새로운 정보와 경험을 얻으며 변한다. 그러나 망상은 이런 사고를 막는다. 정의상 망상적 신념 체계는 반증하는 압도적인 증거 앞에서도 굳게 유지된다. 망상 성향을 지닌 뇌가 어떤 이유로 외부 정보의 타당성을 제대로 평가하지 못하고 세계에 관한 예측을 갱신하지 못하면 망상이 발달한다. 자신이 모든 것을 아는 신임에도 병원의 IT 시스템을 다룰 수 없다는 모순을 접해도 믿음이 전혀 흔들리지 않는다. 거울에 비친 자기 모습 앞에서도 '여기서 내가 가장 멋진 사람'이라고 확신했던 크리스도 마찬가지다. '믿음 평가 체계'는 어떤 식으로든 고장 날 수 있다.[29]

외부 정보가 기대와 어긋날 때 검출하는 이 과정은 기계 속의 유령ghost in the machine과 같다. 우리가 누구인지, 무엇을 믿는지, 세계와 그 안에서 나의 위치를 어떻게 인식하는지의 핵심에 놓여 있다. 직관적으로 볼 때, 나는 이 과정이 이해하기가 너무 어렵다고 느낀다. 모든 것이 뇌에 있다고 보긴 하지만, 나는 뇌와 마음이 가장 명백히 갈라지는 지점이 여기라고 느낀다. 그러나 이 '믿음 평가 체계'가 정말로 뇌에 있으며, 그것도 특정 영역에 있음을 시사하는 증거들이 있다. 건강한 사람에게 기대와 현실이 일치하지 않는 시나리오를 제시하면 오른쪽 이

마앞겉질이 활성화된다. 망상적 믿음을 지닌 환자들은 이 영역의 활성이 훨씬 약하다.[30]

뇌 영상은 결정적인 증거가 아니지만, 이 영역이 우리의 믿음을 평가하는 체계가 자리한 곳임을 시사한다. 다른 유형의 실험에서 나온 증거도 있다. 바로 자연의 실험이다. 때로 뇌 영상에서 뚜렷이 나타나는 뇌 부상이나 다른 유형의 손상으로 망상이 생기기도 한다. 뇌졸중이나 뇌 외상 이후에 이런 망상이 생긴 환자들은 거의 예외 없이 오른쪽 이마앞겉질, 또는 그곳과 긴밀하게 연관된 영역이 손상되어 있다.[31]

피해망상을 겪는 사람, 과대망상을 겪는 사람

반대되는 현실 세계의 증거와 마주쳤을 때 자신의 믿음을 재해석하는 데 결함이 있다는 이 개념은 망상뿐 아니라 환각도 설명할 수 있을지 모른다. 그런데 왜 어떤 이들은 조종 망상이나 피해 망상 등 다른 유형의 망상이 아니라, 유독 과대 망상을 겪는 것일까? 짧게 답하자면, 우리는 사실상 알지 못한다. 그러나 망상의 유형에 영향을 미칠 수 있는 여러 추가 요인이 있으며, 이런 요인들은 망상의 특성에 영향을 미치는 과정들이 무엇인지 단서를 제공한다.

과대망상은 낮은 수준의 불안과 우울, 자기 자신의 긍정적 평가와 관련이 깊다. 반면에 피해망상은 부정적인 감정, 자존감과 관련이 있다.[32] 따라서 망상적인 뇌는 감정 상태에 강하게 영향을 받는 듯하다. 망상의 존재는 기대 조정 실패를 일으키는 병리적 과정으로 결정되지만, 망상적 믿음의 특성은 그 밑바탕에 있는 근원적인 감정을 통해 매개된다. 과대망상이 다른 정신증 장애보다 도취, 흥분, 고조된 활력이 특징인 양극성 장애의 조증 단계라는 맥락에서 더 자주 나타나는 이유를 이것으로 설명할 수 있을 것이다.

뇌 연구들 역시 망상의 특성에 영향을 미치는 또 다른 요인들이 있다는 견해를 뒷받침한다. 조현병 환자들의 뇌 영상을 보면, 과대망상을 보이는 환자가 피해망상을 보이는 환자보다 이마엽의 특정 영역(중앙 이마앞겉질 및 그와 밀접한 관련이 있는 앞띠다발)이 훨씬 더 강하게 활성을 띤다.[33] 과대망상 환자에게서 더 활성을 띠는 이 뇌 영역들은 정상적인 기능과 직접적인 관련이 있을지도 모른다. 건강한 사람 이마엽의 이 영역들이 남을 판단하라고 요청할 때에는 억제되지만, 자신을 판단하거나 평가해보라고 할 때에는 억제되지 않는다.[34] 따라서 망상이 없는 사람들에게서는 이 뇌 영역의 높은 활성이 남을 희생하면서 자기 자신, 자신의 내면에 집중하는 것과 상관관계가 있다. 낮은 활성은 남에게 주의를 기울이고 공감하는 것과 관련이 있다. 즉 공감은 바깥을 향한 마음자세를 필요로 한다.

이 뇌 상태의 차이, 즉 세계를 자신의 입장에서 보는 경향이 있는지 남의 입장에서 보는 경향이 있는지는 왜 어떤 환자는 피해망상을, 또 다른 환자는 과대망상을 가지는지 설명해줄 수도 있다. 망상적 사고에 치우쳐 있고 남들에게 초점을 맞추는 뇌라면, 망상을 남의 탓으로 돌릴, 따라서 남들이 자신의 뇌로 직접 생각을 전송해서 자신을 조종한다는 피해망상을 보일 가능성이 더 높다. 반면에 자신의 내면으로 초점이 향한다면 망상 또한 자신을 향할 가능성이 높다. 과대망상이나 자신이 중요하다고 여기는 다른 유형의 망상으로 표출된다. 텔레비전에서 나오는 대사가 전적으로 자신을 겨냥했다고 믿는 식으로, 자신과 무관한 일이나 세상의 여러 현상이 자신을 향한다고 여기는 잘못된 믿음이 그 예다.[35]

따라서 망상적 사고는 현실과 예상 사이의 불일치를 검출하는 능력이 제대로 작동하지 않아, 자신의 생각을 실제 세계에 맞게 조정하지 못할 때 생긴다. 뇌가 타인보다 자신에게 더 초점을 맞추고 있다면, 망상 역시 주변 사람들이 아닌 자신을 향한다. 즉 피해망상이 아니라 과대망상이다.

스테로이드가 불러온 망상

퇴원하던 중에 전화로 뇌종양이라는 진단을 들은 크리스 부부는 잠시 멍해졌다. "주말 내내 생각에 잠겼어요. '대체 무슨 일이 벌어진 거지? 앞으로 어떻게 되는 거야?'" 웬디는 기억을 떠올리는 것조차 힘든 듯했다. 며칠 뒤 그들은 종양전문의의 진료실을 찾았다. 크리스가 말했다. "우리는 이렇게 말했어요. '우리가 왜 여기에 있는지 모르겠어요. 그전에는 암이라는 말을 전혀 듣지 못했어요. 뇌 영상을 다시 찍어보면 안 되나요?' 내가 꽤 거칠게 나갔죠. 그러자 의사도 열이 받았나 봐요." 의사는 영상에서 비정상적으로 둥글게 보이는 부위를 가리켰다. 웬디는 의사가 종이에 남편의 뇌를 그리면서 한 말을 기억한다. 의사는 그 '병터'가 문어와 같다고 했다. 수술로 머리는 제거했지만 다리들이 남아 있기에 방사선요법과 화학요법으로 제거해야 한다고 했다. 며칠 뒤 크리스는 방사선요법과 구강 화학요법을 받기 시작했다. "당시 시력을 잃어서 서류조차 볼 수 없었어요. 그냥 동의서에 서명하고 치료를 받기 시작했죠." 그는 웃음을 참으면서 말한다.●

치료를 시작한 지 6주 만에 크리스는 점점 나아졌지만, 부부는 같은 병실의 다른 환자들은 악화되었다고 기억한다. 스테로이드 투여량을 줄이니 크리스의 정신 상태가 꾸준히 개선되었다. 크리스는 말했다. "다윈의 진화 같았어요. 원숭이에서 시작해서 서서히 곧추선 사람이 되었죠."

그러나 이 기간 내내 크리스의 자신감은 계속 높았다. 나는 부부에게 크리스가 특별한 힘을 지녔다고 생각하는지 물었다. 웬디가 말했다. "정말 그랬어요. 누가 무슨 말을 하든 무엇을 하든 간에, 남편이 그들보다 더 나았어요." 크리스도 자신에게 특별한 힘이 있다고 믿었다. "난 남들과 달리 모든 것을 이해했어요. 암흑 물질과 암흑 에너지 가설, 엔트로피 개념까지도요. 내 관심사와 세상을 가속화해서 바라보는 시각이 뒤섞여 있었어요."

그는 여전히 암 진단이 맞냐고 의사에게 항의하면서 부득부득 시비를 걸곤 했다. 남편의 행동은 문제가 있다는 신호였으며, 웬디는 남편이 임박한 죽음을 계속 부정하는 중이라는 말을 들었다. 크리스가 방사선요법도 약물 치료도 더는 받지 않겠다고 거부하자, 정신보건법

● 나중에 크리스는 자신의 의료 기록을 샅샅이 뒤졌지만 이 동의서 사본을 찾지 못했다고 했다. 이 원고를 읽고 검토할 때 그는 자신이 스테로이드에 도취되고 수술을 두 차례 받느라 심약했을 때라 보조 치료에 동의한다는 서명을 한 적이 없다고 내게 알렸다. 그는 '두고서 지켜보기' 접근법을 선호했다.

에 따라 그를 강제 입원시켜야 했다. 병동으로 보내진 그는, 그곳의 의료진이 말기 완화 치료를 시작하기 위해 자신을 강제 입원시키려 했다고 말했다.

처음에 뇌부종 때문에 투여했던 스테로이드를 끊으면서 크리스의 행동은 극적으로 개선되었다. 이는 스테로이드가 그의 정신 상태에 분명히 영향을 미친다는 의미였다. 웬디는 이렇게 말한다. “스테로이드를 끊자마자 남편의 뇌가 활짝 열리면서 더 잘 돌아가는 것 같았어요.” 그의 지극히 이기적인 태도도 완화되었고, 웬디가 남편을 다루기도 더 쉬워졌다.

크리스의 사례에서 보듯, 정신 질환만 과대성이나 노골적인 과대망상을 일으키는 것은 아니다. 크리스가 망상을 겪고 있는지도 논란의 여지가 있다. 그의 고조된 우월감 자체는 망상이 아니다. 물론 자신이 가장 멋진 남자라고 확신하고, 누구도 하지 못할 방식으로 자신이 세계를 이해할 수 있다는 믿음도 망상이라고 볼 수 있기는 하지만 말이다.

이미 우리는 뇌졸중 등으로 뇌가 손상되어도 망상이 생길 수 있음을 살펴보았다. 결코 놀랄 일이 아니다. 또 뇌 조직이 눈에 띄게 파괴되거나 퇴화되지 않더라도 단순히 화학적·조직적 변화로 인해 뇌에 문제가 생겨 정신 질환이 나타나기도 한다는 사실이 점점 더 밝혀지고 있다. 뇌 활성의 변화가 이런 증상들을 일으킬 수 있다면, 뇌의 물리적 손상 역시 우리의 내부 또는 외부 경험을 변형시킬 수 있다는 것도 충분히 이치에 맞는다.

뇌종양, 헌팅턴병, 바이러스나 자가면역 질환으로 생기는 염증,

외상성 뇌 손상 등 다양한 신경계 질환은 드물게 조증을 일으킨다고 알려졌다. 조증은 과대망상을 불러올 수 있다. 자신에게 특별한 힘이 있으며, 군대와 미국연방수사국을 조종할 수 있다고 믿는 쉰아홉 살 헌팅턴병 남성 환자도 있었다.[36] HIV가 감염 원인임이 밝혀지기도 전인 에이즈 유행 초기에, 과대망상을 보이는 에이즈 환자들을 조명한 논문도 있다. 한 남성은 자기가 겪는 질병의 치료제를 스스로 발견했으며, 이미 논문이 받아들여졌고, 그 치료제를 사용해 완치되었다고 믿었다.[37] 연구진은 그 정신 질환적 증상이 미지의 에이즈 병원체가 뇌로도 침투할 수 있음을 시사한다고 추정했다. 지금은 너무나 잘 알려진 사실이다.

발작 뒤에 일시적으로 과대망상이 나타나는 사례도 보고되어왔다. 스물한 살인 한 노동자는 갑자기 '이상한' 행동을 보이더니, 신이 자신에게 직접 말을 걸고 자신 앞에 나타나 전능한 힘을 주었다고 믿기 시작했다. 이 증상들은 겨우 이틀 지속되었다. 처음에는 일시적인 정신 질환이라는 진단을 받았지만, 삽화가 계속되고 증상들을 더 깊이 살펴본 끝에 뇌 전체가 아닌 한 작은 영역에서 일어나는 뇌전증이라는 진단이 내려졌고, 뇌전증 약을 투여하자 증상이 사라졌다.[38] 이 이야기는 세라의 심각하던 질투를 떠올리게 한다(《질투》 참조).

사실 호르몬 변화, 비타민 결핍, 약물 등 궁극적으로 뇌 기능에 영향을 미치는 외부 원인들, 즉 몸의 다른 기관에 생긴 질환이나 심지어 외래 물질도 뇌에 영향을 끼칠 수 있다. 나도 오랜 세월 진료하면서, 근본적인 신경계 질환을 치료하기 위해 스테로이드를 정맥이나 구강으로 고용량 투여한 결과 황홀, 불면, 기력 충만, 과대망상에 빠졌다가 약을 끊은 뒤에야 비로소 증상들이 사라진 환자를 몇몇 떠올릴 수 있다. 스테로이드가 신경정신적 부작용을 일으키기도 한다는 사실은 수십 년 전부터 알려져 있었다. 이런 약물은 불면증과 불안에서 우울증, 경조증(조증보다는 덜 심각한 형태로서 기분과 활력 증가, 자존감 상승이 특징이다), 확연한 정신증에 이르기까지 다양한 증상들과 관련이 있다. 대개 투여량이 많을수록 증상도 심각해진다. 이런 경우는 드물지 않으며, 스테로이드 치료를 받은 환자들 중 많으면 60퍼센트가 일종의 정신 질환 증상을 보인다는 연구 결과도 있다.[39] 이런 약물이 어떻게 신경정신적 부작용을 일으키는지는 거의 알려져 있지 않지만, 스테로이드는 신경전달물질과 수용체 농도에 다양한 영향을 미치는 것으로 알려져 있다. 간혹 스테로이드를 투여하지 않았는데도 부신에 생긴 종양 때문에 천연 스테로이드가 과다 분비되어 이런 증상들이 나타나기도 한다.[40] 조증을 보이는 환자들 중에는 정신 질환의 이런 유기적organic● 원인이 상당한 비율을 차지한다. 한 연구에서는 5퍼센트에 가깝다고 추정한다.[50]

● '유기적'이라는 용어는 1990년대 중반 정신 질환 분류 체계에서 삭제되었지만, 여전히 정신 질환 증상의 원인이 심리적이거나 정신적인 것이 아니라 약물이나 신경학적일 때 사용되고, 정신과의사들도 널리 사용하고 있다. 물론 이 구분은 정신 질환을 몸의 병이 아닌 마음의 병이라고 보는 관점이 틀렸다는 사실을 이해하기 시작하면서 점점 덜 쓰이고 있기는 하다.

어디까지가 '인격'이고 어디까지가 '미친 것'인가

약물이나 구조적 변화로 망상이 발생하는 이런 사례들은 신경계가 현실을 파악하는 데 얼마나 취약한지 잘 보여준다. 또 자신이나 타인과 관련된 감정 상태와 마음자세가 망상적 믿음에 영향을 미치듯이, 스테로이드 같은 특정 약물이 뇌에 화학적 변화를 일으킴으로써 과대성, 거만함을 갖도록 편향을 일으키는 듯하다는 것도 보여준다. 크리스가 보여준 우주의 본질에 관한 초인적인 통찰과 눈부신 외모는 고용량 스테로이드 때문이었다.

크리스는 자신의 과대성이 전적으로 약 때문이었고, 약을 끊자마자 정상으로 돌아왔다고 느꼈다. 그러나 웬디는 그것만으로 다 설명되지는 않는다고 본다. 남편이 훨씬 나아진 것은 사실이지만, 8년이 지난 지금도 여전히 분명히 남편의 어떤 부분은 변했다. 그는 여전히 고조된 자기감을 보이며, 아내를 비롯한 주변의 모든 사람이 틀렸을 때에도 자신만은 옳다고 생각한다.● "스테로이드를 복용할 당시의 남편은 오로지 자신만이 전부라는 충동에 사로잡혀 있었어요. 그 뒤로 분명히 달라진 것은 있습니다. 의심할 여지도 없어요. 지금은 사고방식이 전혀 달라요." 웬디와 결혼했고 수십 년 동안 함께 살았던, 병을 앓기 전의 남편과 지금의 크리스는 전혀 다른 사람이다.

● 크리스는 원고를 검토하다가 이렇게 덧붙였다. "많은 감리를 받으며 '목숨이 걸린' 건설 현장 감독을 했다는 점을 고려하면, 이 형질은 논리적 분석 능력과 더불어 긍정적으로 해석될 수 있습니다."

둘 다 그의 행동을 대수롭지 않은 양 말하지만, 그 행동에 큰 타격을 받은 것은 명백하다. "너무 힘들었어요. 남편이 나를 아내가 아니라 그저 돌봐주는 사람으로밖에 안 봤죠. 게다가 그때그때 자신이 원하는 것을 해주지 않으면… 어휴…." 그녀는 말을 잇지 못했다. 크리스는 자신이 그녀를 다시 아내로 보기 시작했고, 부부 관계에서 자신의 존재 가치를 재정립하고자 노력했다고 믿는다. 그러나 도저히 견딜 수 없어진 웬디는 남편과 갈라설 생각으로 딸을 데리고 집을 나가기도 했다.

8년이 지난 지금 50대 중반이 된 크리스는 신체적으로 건강하며, 가장 최근 확인한 뇌 영상에서도 종양의 증거는 전무했다. 매우 공격적인 커다란 뇌종양이 있었고 치료를 중단했음에도 종양이 사라진 매우 특이한 사례다. 크리스는 지금도 자신이 암에 걸렸던 게 아니라 고름집이 있었을 뿐이라고 굳게 믿는다. 사실 내 눈에도 그의 뇌 영상은 전형적인 고름집처럼 보이며, 처음에 왜 그렇게 진단했는지 알 수 있다.

웬디와 크리스는 그 혼동이 어디에서 생겼는지 안다고 생각한다. 신경외과의 같은 병실에서 크리스와 동명이인이 있었다. 성도 한 글자만 달랐고, 생일도 거의 비슷했다. 그 환자는 아교모세포종이 재발했음을 알고 있었다.

크리스가 보여준 서류에는 두 번째 수술 때 떼어낸 조직을 검사해 서로 다른 두 병원에서 여러 분야의 전문가가 회의한 끝에 독자적으로 내놓은 결론이 나와 있었다. 두 병원 모두 그 비정상적인 덩어리가 아교모세포종이라 결론지었다. 워낙 독특한 생존 사례이기에 약

8년이 지난 지금까지 그 생검 자료는 재검토되고 있다. 나는 그가 답을 얻기 위해 그렇게 애쓰는 이유를, 자신들을 그토록 괴롭힌 보건의료 체제에 따지고 있는 이유를 이해할 수 있다.

크리스는 최근 뇌 영상에서 방사선 손상 흔적이 나타났으며, 지난 한두 해 사이에 발작도 있었다고 했다. 그도 아내 이야기에 웃음을 보이곤 하지만, 마음에 상처를 입은 것은 분명하며, 들끓는 분노를 거의 숨기지 않는다. 크리스는 내게 보낸 많은 전자우편에서 아무도 자기 말에 귀를 기울이지 않았고, 자신의 고민을 무시했다고 분노를 드러낸다. 그의 생각이 줄곧 옳았던 듯하다, 그를 진료한 의사들은 '머저리', '쓰레기'였다. 학력이 딸린다고 그의 견해를 무시했으니까. "살다 보면 알게 되죠. 대학을 나온 가장 많이 배운 사람들이 가장 무식할 때가 많다는 사실을요. 생각이 굳어 있고 편견 덩어리예요." 그는 자신의 견해가 더는 논란의 여지없이 인정을 받고, 사과도 받기를 원했다.

크리스가 병에 걸리기 전에도 어떤 측면에서는 일종의 과대성, 자신이 뛰어나다는 자신감을 드러내는 미묘한 성격 형질이 있지 않았을까? 비록 크리스는 자신의 믿음이 현실에 토대를 둔다고 주장하겠지만 말이다. 그러나 뇌 상태를 변화시켜서 망상의 경계선에 걸친 이런 견해를 확실히 고조시킨 것은 스테로이드였다. 나는 스테로이드 투여로 나타난 그의 특이한 행동이, 자신의 진단에 의문을 제기하면서 종양전문의에게 적개심을 드러내는 태도에도 영향을 끼치지 않았을까 추측해본다.

병에 걸린 지 여러 해가 지났지만, 그의 성격은 근원이 된 질병이 일으킨 뇌 손상 때문에 변화된 상태로 남아 있다. 수술과 방사선치료는 오랫동안 이어진 그의 성향을 더욱 강화했다. 사적으로 이야기를 나눌 때 크리스는 내 의견에 동의하는 듯하다. 그러나 그 뒤에 내가 쓴 내용을 죽 훑으면서 결론을 다시 살펴보면, 확신이 더 약해졌음이 뚜렷이 드러난다. 그는 의학적 질환과 치료로 자신이 근본적으로 달라졌다고 받아들이면서도, 스테로이드 복용과 당시 자신의 경험을 더 강조하는 듯하다. 회복 정도를 놓고 그와 아내의 의견이 달랐다는 점도 눈에 띈다. 나중에 그가 보낸 전자우편을 하나 살펴보자.•

> 앞서 대화할 때, 뇌 손상과 (…) '과대성' 삽화 사이에 인과 관계를 설정하려는 시도에 신중을 기해달라고 말씀드린 바 있습니다. 성격의 본질에 관해 별도로 토론할 수도 있고, 선생님이 이런 변화가 충격적인 인지 사건 이후 전혀 새로운 형질로 나타난다고 가설을 세울 수도 있겠지만, 제 보잘것없는 견해로는 선형 '인과' 관계가 아닙니다. 제 입장에서는 처방 받은 강력한 덱사메타손의 역할을 간과할 수 없습니다. 이 스테로이드는 기존에 있던 일부 성격의 긍정적이고 유용한 측면을, 잘 모르는 사람이라면 전혀 새롭다고 추론할 정도로 극단적으로 확대합니다. 사실 새로운 게 아니에요. (…) 스테로이드는 기존 특징에 일시적으로 지킬과 하이드적 변화를 유도할 뿐입니다. 그것이 바로 진단하는 의사가 섣불리 짐작하거나 잘못 진단

• 때때로 크리스는 하루에 여러 통의 전자우편을 보내곤 했다. 〈합리적인 스트레스 관리를 통한 가속된 인지 수선〉, 〈약물로 유도된 인지 구속〉, 〈꿈이란 무엇이고, 우리는 왜 꿈을 꿀까?〉까지 다양한 제목이었다. 탐구심이 아주 강한 마음의 과대성과 토로 사이의 어딘가에 떠 있는 듯했다.

하지 않도록 신중한 태도를 보이는 것이 대단히 중요한 이유지요. (…) 심리적 이해가 부족한 의사는 환자가 자신의 임박한 죽음을 '부정하고 있다'고 판단하기 쉽습니다.

크리스의 사례는 인격과 정신 질환 사이의 모호한 경계를 잘 보여준다. 정신의학과 신경학 세계가 충돌하고, 마음과 뇌가 맞닥뜨리는 지점이다. 크리스는 말한다. "우리가 무엇이고, 누구인지는 뇌의 전기 신호 집합에 불과해요." 뇌의 구조, 기능, 화학, 유전자가 융합되어 형성된 것의 외부 표현이다.

또 이 사례는 어떤 관점에서 보든, 교만과 과대성, 자신감의 이익과 손해를 가르는 가느다란 선을 잘 보여준다. 자신의 지성과 자기 확실성에 대한 믿음은 그의 경력과 학구적인 관심을 이끌어왔다. 자신에게 일어난 일을 명확히 밝히고, 의료계가 자신을 배신했다는 생각을 합리화하며, 정의를 추구하겠다고 단호하게 결심한 데에도 이 믿음이 밑바탕에 깔려 있다. 이 인격 형질은 혜택도 주었지만, 아내와의 관계가 끝장날 뻔하는 등 손해도 초래했다. 또한 나로서는 자신의 진단과 치료를 둘러싼 불확실성을 규명하겠다는, 끝장을 보겠다는 그의 고집스러운 태도가 큰 대가를 치르게 할지도 모른다는 생각을 떨칠 수 없다.

자유 의지

— 그렇다면 인간은 뇌의 꼭두각시인가 —

누구나 알다시피, 사제는 더는
그 어떤 신도, 죄인도, 구세주도 없다는 것을 안다.
또 자유 의지와 도덕적 세계 질서도 허상이며,
지성의 진지한 반성과 심오한 자기극복은
누군가가 모르는 척하는 것을 허락하지 않는다.

—
프리드리히 니체, 《안티크리스트》 중에서

1978년 스물다섯 살에 로버트 앨턴 해리스Robert Alton Harris는 열여덟 살인 동생 대니얼 해리스Daniel Harris에게 은행을 털 생각인데 도와달라고 했다.[1] 대니얼은 캘리포니아 비세일리아의 이웃집에서 총 두 자루를 훔쳤고, 이제 강도질에 쓸 차를 훔칠 차례였다. 형제는 패스트푸드점 앞에 녹색 포드 LTD를 세우고 점심으로 치즈버거를 먹던 중인 열여섯 살 된 두 소년 존 마예스키John Mayeski와 마이클 베이커Michael Baker의 차를 훔칠 기회를 노렸다. 로버트는 9밀리 루거 총을 들이대고 두 소년을 위협해서 차를 미라마호수까지 몰도록 했고, 대니얼은 다른 차를 타고 뒤따랐다.

그 뒤에 일어난 일은 불분명하다. 검찰 기록에 따르면, 형제는 소년들을 무릎 꿇렸고, 소년들은 빌기 시작했다. 로버트는 마예스키와 베이커에게 말했다. "울지 마. 남자답게 죽어!" 그러고는 여러 발 총을 쏘았다. 당시의 신문 기사 기록은 좀 다르다. 로버트는 소년들에게 무사히 보내주겠다고 안심시키면서, 자신들이 차를 가지고 돌아오면 강도질한 돈의 일부를 나누어주겠다고 했다고 한다. 그리고 마예스키와 베이커가 돌아섰을 때, 로버트는 그들 뒤에서 총을 쐈다. 동생도 깜짝 놀랐다고 했다.

인간을 인간답게 만드는 것

《LA타임스》에는 주로 동생인 대니얼의 증언에 기댄 기사가 실렸는데, 마예스키가 걷기 시작하자 로버트가 천천히 총을 들더니 뒤에서 쐈다고 했다. 베이커는 언덕 아래로 달려서 달아났으나 곧 따라잡혔고, 로버트는 그에게 몇 발을 쏘았다. 로버트가 골짜기를 다시 올라왔을 때, 마예스키는 쓰러져 있었지만 아직 살아 있었다. 대니얼은 형이 땅에 무릎을 대고 앉더니 마예스키의 머리에 총을 대고 쏘았다고 했다. "슬로 모션 같았어요. 총이 보인 뒤 머리가 풍선처럼 폭발했어요. 나는 마구 달렸어요. 그러다가 형이 웃는 소리에 돌아봤어요. 형은 총을 흔들면서 낄낄 웃고 있었어요. 너무나 오싹했어요. 피와 뼈까지 얼어붙는 것 같았죠."

소년들을 살해한 뒤 형제는 차를 몰았다. 약 15분 뒤 로버트는 죽은 소년들이 남긴 치즈버거를 먹어치웠다. 대니얼은 속이 안 좋아서 화장실로 달려갔다. "형은 나를 보면서 낄낄 웃으며 허약하다고 놀렸죠. 계집애라고, 담력이 없다고 했어요." 로버트는 한껏 의기양양해져 있었고, 경찰관 복장을 하고 마예스키와 베이커의 부모를 찾아가서 아들이 살해당했다고 알리면 재미있겠다고 농담했다.

이윽고 해리스 형제는 소년들을 납치한 주차장 맞은편 은행에서 약 2,000달러를 빼앗아 달아났다. 그러나 형제는 한 시간도 안 되어 체포되었다. 한 목격자가 집까지 뒤따라가서 경찰에 신고를 했기 때문이다. 운명의 장난인지, 형제를 체포한 경찰관은 베이커의 아버지였다. 그는 아들이 살해되었다는 사실을 아직 몰랐다.

1979년 3월 동생인 대니얼은 납치 범죄로 6년형을 받고 주립 교도소에서 복역하다가 1983년 출소했다. 형인 로버트는 두 건의 일급 살인 및 납치가 인정되어 사형을 선고받았다. 그는 1992년 4월 21일 샌쿠엔틴교도소의 가스실에서 죽음을 맞이했다. 마지막 식사는 KFC 치킨 스물한 조각, 도미노 피자 두 판, 젤리빈 한 봉지, 펩시콜라 여섯 캔, 캐멀 담배 한 갑이었다. 샌쿠엔틴 재소자들은 그 처형을 축하할 계획을 세웠다고 한다. 세계에서 가장 혹독한 사법체계를 지닌 나라의 가장 악명 높은 범죄자들조차도 그를 끔찍한 범죄자라고 여겼기 때문이다.

사람이 어떻게 그런 '괴물'이 될 수 있는지 상상하기조차 어렵다. 도덕성이 전혀 없고, 비교할 수 없는 사악한 존재. 어떻게 양심의 가책을 전혀 느끼지 못한 채 희희낙락하면서 열여섯 살의 두 소년을 잔혹하게 죽일 수 있었을까? 그날과 그 이전에도 그는 얼마든지 다른 선택을 할 수 있었겠지만, 결국 자신의 운명을 결정짓는 선택을 했다. 사악한 인간은 그에 걸맞은 최후를 맞이했다.

그의 천성을 보는 다른 관점도 있다. 로버트는 노스캐롤라이나 포트브래그에서 아홉 남매 가운데 다섯째로 태어났다. 부모는 알코올 중독자였고, 아빠는 그를 임신해 만삭이던 엄마의 배를 발로 찼다. 아기가 남의 자식이라고 확신했기 때문이다. 그 바람에 그는 예정보다 두 달 일찍 태어났다. 로버트는 언어 장애와 학습 장애가 있었는데, 아마 발달하는 뇌에 알코올이 유독한 영향을 끼쳤기 때문이었을 것이다. 아빠는 아이들을 심하게 때렸고, 딸들을 성적으로 학대했다. 엄마는 로버트와 신체 접촉을 거부했으며, 한 번은 로버트가 안아달라고 하다가 맞아서 코피가 터지기도 했다. 로버트는 열네 살 때 차를 훔치려다가 걸렸고, 성폭행 시도도 수차례 저지르는 바람에 소년원에 들어갔으며, 그 직후에 손목을 그어서 자살을 시도하기도 했다. 열아홉 살 때 소년원에서 나온 직후부터 공기총이나 다트, 칼, 몽둥이로 개나 고양이, 돼지를 괴롭히거나 죽이고 다녔다.

이런 맥락에서 보면, 로버트에게 양가감정을 느낄 법도 하다. 그가 괴물인 것은 맞다. 그가 끔찍하다는 것도 사실이다. 그러나 그가 자기 삶을 스스로 설계했을까? 혹시 삶이 외부 요인들에 따라 결정된 것은 아닐까? 유전자, 태아 때 뇌에 미친 알코올의 악영향, 양육 환경, 소년원 경험이 조합된 결과가 아닐까? 그가 잔혹한 살인마가 되는 것은 필연이 아니었을까?

로버트의 사례는 명백히 극단적이지만, 인간을 인간답게 만드는 것, 즉 점토로 뇌를 빚는 두 손처럼 작용하는 본성과 양육을 둘러싼 논쟁을 잘 보여준다. 중요한 점은 우리 행동이 어느 정도는 자유 의지의 산물, 즉 어느 길로 나아갈지 결정하는 선택의 결과라는 것이다.[2]

뇌가 개성과 성격 형질의 기원, 선악에 대한 결정의 토대라고 믿는다면, 우리를 정의하는 것의 상당 부분은 우리의 통제 범위를 벗어난다. 우리는 부모를 선택할 수 없으며, 따라서 유전자나 초기 육아에 아무런 영향도 미치지 못한다. 마찬가지로 우리는 하천에서 힘차게 헤엄치는 것이 아니라 물살에 휩쓸리듯 삶의 변덕에 휘말린다.

그러나 모두가 자기 행동의 수동적인 방관자라면, 책임은 어떻게 될까? 궁극적으로 우리는 자신이 제한적으로만 통제할 수 있는 것, 또는 전혀 통제할 수 없는 것에 책임을 질 수 있을까? 특정한 경로를 선택할 자유, 즉 분노나 탐식, 색욕, 질투, 나태, 탐욕, 교만에 빠질지 여부를 선택할 자유가 없다면, 이런 생각이나 행동이 정말로 개인의 도덕 가치를 보여준다고 할 수 있을까?

그렇다면 자유 의지란 무엇일까?

자유 의지는 죽었다

현대 영어 의학 어휘에는 다른 언어에서 온 단어들이 많다. 주로 그리스어나 라틴어에서 온 단어들이며, diarrhoea(설사), catarrh(카타르), diabetes(당뇨병), primigravida(초임부) 등이 있다. 사실 영어 의학 용어의 약 95퍼센트는 라틴어나 라틴어화한 그리스어에서 나왔다. alcohol(알코올)처럼 아랍어에서 오거나 malaria(말라리아), influenza(독감), quarantine(격리)처럼 이탈리아어에서 온 단어도 있다. 프랑스어에서 온 단어들도 보이는데, malaise(권태), leprosy(나병), polyp(폴립)처럼 중세 프랑스어에서 온 것도 있고, oxygen(산소), déjà vu(데자뷔)처럼 계몽 시대에 나온 것도 있다.[3]

기여한 언어는 또 있다. 나는 프로이트와 동료들이 빈의 살롱에서 열리는 수요심리학회 모임에서 현자다운 태도로 수염을 쓸면서 인간 조건에 관한 최신 이론들을 논의하고 새로운 용어들을 창안하는 모습을 상상한다. angst(불안), merkwelt(지각세계), weltschmerz(세계의 고통) 같은 인간의 마음과 영혼의 복잡한 상태를 기술하는 심리학 용어들 말이다. 하루주기 리듬의 외부 단서를 가리키는 zeitgeber(차이트게버) 같은 단어도 있다. 게르만 혈통으로서 지니는 타고난 편견 때문일지도 모르지만, 내게 독일어는 정확하고 엄밀한 언어로 보인다. 때로는 현학적이기도 하다. 뇌를 정확히 관찰했음을 말해주지만 그 의미는 불확실한 bereitschaftspotential(준비전위)가 그런 단어다.

준비전위는 꽤 멋진 풍경에서 탄생했다. 프라이부르크의 한 오래된 소도시 동쪽 슐로스베르크 산자락의 '가스트하우스 춤 슈바넨' 정원에서다. 흑림의 남쪽 끝에 자리한 이 도시에는 유명한 대학교가 있다. 1964년 화창한 봄날 신경학자인 한스 코른후버Hans Kornhuber와 박사과정 학생인 뤼더 데케Lüder Deecke는 점심을 먹으러 이 정원으로 왔다. 그들은 따스한 햇살 아래 앉아 식사하면서, 뇌 연구의 상황이 너무나 안 좋다고 좌절감을 토로했다. 뇌가 어떻게 자극을 검출하고 그에 반응하는지 수동적인 연구에만 초점을 맞추고 있었기 때문이다. 그들은 뇌의 자발적인 운동 메커니즘, 즉 뇌가 어떻게 행동을 생성하는지 이해하려는 시도가 훨씬 더 흥미진진할 것이라고 보았다. '인간이 세계를 어떻게 지각하는지'가 아니라 '어떻게 자발성을 띠고 스스로 행동할 수 있는지'에 초점을 맞추자는 것이다. 그래서 그들은 대학생인 건강한 자원자 열두 명을 모아 연구할 계획을 짰다. 그들은 자신들의 발견이 궁극적으로 얼마나 폭발적인 파장을 일으킬지 알지 못했다. 이 연구는 지각력을 지닌다는 것 자체에, 인간 존재의 본질에 근본적인 의문을 제기했다.

코른후버와 데케는 뇌파를 기록하는 뇌파 검사 장치를 자원자들의 머리에 연결한 뒤 수백 가지 움직임을 수행하도록 했다. 그중에는 버튼을 누르거나 고무공을 손으로 쥐거나 손목을 구부려 끈을 잡아당기는 등 자원자 스스로 시작하는 능동적인 움직임도 있었다. 또 검사자가 자원자의 손가락을 움직여서 공을 쥐도록 하거나 손목을 굽혀서 끈으로 당기는 식의 수동적인 움직임도 있었다. 코른후버와 데케는 이런 수백 가지 운동의 뇌파 기록을 조합해서 평균을 냈고, 흥미로운 결과를 얻었다. 뇌파 기록과 운동을 시간별로 대조해보니, 전기 신호가 운동을 하는 신체 부위의 반대쪽 뇌 반구에서 가장 뚜렷이 나타난 뒤에 양쪽 반구로 퍼져 나가는 양상이 확인되었다. 다만 이는 능동적 운동에서만 나타났고, 수동적 운동에서는 나타나지 않았다. 이런 전기 활성 변화는 근육 활동이 시작되기 평균 1~1.5초 전에 검출되었고, 연구진은 이 신호가 능동적 운동을 시작하기 전 뇌 안에서 일어나는 준비 과정이라고 주장했다. 이 신호를 준비전위Bereitschaftspotential, readiness potential라고 불렀으며, 뇌가 자발적으로 어떤 운동을 일으킬 준비를 하고 있다는 알림으로 여겼다. 운동 계획의 표지였다.

준비전위는 임상 신경의학에서도 어느 정도 활용되며, 급격한 움직임이나 씰룩거림이 자발적인지 여부를 파악하는 데 유용할 때가 있다.[4] 그러나 이 발견은 우리 모두와도 관련이 있다. 우리 자신의 본질에 관해 더 극적으로 알려준다(아니, 알려줄 수도 있다). 이 발견은 신경과학적 지진을 촉발했다.

1964년 이 연구 결과가 나오자, 연구자들은 준비전위로 나타나는 행동 계획과 실행 사이에 왜 지연이 있는지 궁금증이 일었다. 1983년 샌프란시스코에 있는 캘리포니아대학교의 신경생리학자 벤저민 리베트Benjamin Libet는 자원자 다섯 명을 화면 앞에 앉혀 놓고 뇌파를 기록하기 시작했다.[5] 화면에는 시계 문자반이 떠 있고, 점 하나가 약 2.5초마다 문자반을 한 바퀴 돌았다. 자원자들에게는 계획 없이 아무 때나 손을 움직이라고, 움직이고 싶은 충동을 처음 느끼거나 움직이겠다고 결정한 시점에 점 위치를 기록하라고 했다. 자원자마다 이를 수백 번 반복했고, 코른후버와 데케의 연구에서처럼 뇌파 기록을 평균 내고 움직인 시점과 비교함으로써 준비전위를 평가했다. 리베트는 움직이려는 충동, 움직이자는 결정이 움직이기 겨우 0.2~0.3초 전에 일어난다는 것을 알고 깜짝 놀랐다. 준비전위가 나타난 지 꽤 시간이 흐른 뒤였다. 리베트 연구진은 다음과 같이 요약했다. "보고할 수 있는 의식적인 의도가 나타나기 전에 대뇌 활동은 자발적 행동을 시작한다."[6]

이 말은 강조할 만하다. 과학 문헌이라는 건조한 세계에 터뜨린 폭탄이기 때문이다. 본질적으로 리베트가 말한 것은 우리가 결정을 내린다고 자각하기 훨씬 전에 뇌가 이미 결정을 내린다는 것이다. 그리고 그 이후 많은 연구자가 이 연구를 재현했으며, 이 결론을 더 나아가면 자유 의지 같은 것은 존재하지 않는다는 의미가 된다. 우리에게 결정을 내릴 자유가 있다는 지각은 착각에 불과하다. 의식적으로 행동을 선택한다는 지각도 거대한 기만이다. 우리는 좌회전을 할지 우회전을 할지, 피자를 시킬지 파스타를 시킬지, 예라고 할지 아니오라고 할지 스스로 선택하고 있다고 생각하지만, 실제 뇌에서 진행되는 과정은 우리가 결정을 내린다고 자각하기 훨씬 전에 이미 결정을 내리고 있었다.

리베트의 연구는 지금까지 거의 4,000번 인용되었다. 자유 의지라는 이 착각을 자동차의 좌우 회전에 비유하는 사람들도 있다. 방향을 틀기 전에 켜는 방향 지시등이라는 것이다. 관찰자는 방향 지시등이 차의 방향을 지시한다고 생각할 수도 있다. 그러나 실제로는 운전자가 이미 어디로 갈지 결정한 뒤에 지시등을 켜는 것이다. 지시등은 의사 결정의 진정한 특성의 부수 현상epiphenomenon●이다. 우리의 무의식적 뇌가 바로 그 차의 운전자다. 지시등은 우리가 그 결정을 자각했을 때 켜질 뿐이다. 우리 자신의 이해와 내면세계 지각의 토대를 뒤흔드는 충격적인 결론이다.

공정하게 말하자면, 리베트는 좀 더 보수적인 견해를 취했고, 연구 결과를 자유 의지의 존재 자체를 부정하는 수준까지 확대 해석하지 않았다. 그는 설령 준비전위가 결정 내리기를 나타낸다고 해도, 우리가 그에 따르지 않는 선택, 즉 거부권을 통해 자유 의지를 행사할 수 있다고 주장했다. '자유 의지'라기보다는 '자유 의지로 안 하기'다. 그러나 그의 논문은 도화선에 불을 붙인 것이나 다름없었다. 결정론을 뒷받침하는 핵심 발견이었다. 운명으로든 물리 법칙으로든 규칙으로

● 부수 현상은 다른 현상과 동시에 나타날 수 있지만 인과적이지 않다고 정의된다. 의학에서는 두 현상(증상, 질병, 검사 결과 등)이 함께 나타날 때, 하나가 다른 하나의 원인일 수도 있고, 그저 둘이 연관성을 띠는 것일 수도 있다. 감염과 관련된 열이 좋은 사례다. 폐렴과 열로 심하게 고생하고 있다면, 열 때문에 몸이 안 좋다고 가정할 수도 있다. 그러나 실제로는 허파에 있는 세균이 몸을 아프게 하고 열도 일으키는 것이다.

든 간에 뇌의 구성요소들, 즉 회로와 해부 구조와 신경화학을 통해 미리 결정이 내려진다는 것이다.

너무 일찍 선고된 죽음

리베트의 연구 결과는 신경과학자와 철학자 모두에게 엄청난 충격을 안겨주었지만, 준비전위의 의미와 자유 의지의 본질을 둘러싸고 거의 즉시 반박이 제기되기 시작했다.[7] 준비전위의 특성과 각성 상태에서 뇌에서 나타나는 뇌파의 배경 리듬과 비교할 때 그 전기 신호가 매우 미약하다는 점은 많은 뇌파 측정값을 취합해 평균을 내야만 비로소 검출이 가능하다는 의미다. 그래서 일찍부터 일부 연구자는 이 과정에서 명확한 의미를 지닌 신호가 결코 생성되지 않을 수도 있다고 지적했다. 즉 실제 신호가 아니라 실험 방법의 결과라는 것이다. 한편 행동하려는 충동이나 의도가 시계 문자반의 점으로 표시될 정도로 갑작스럽게 시작되는 이분법적 사건이 아니라는 주장도 있었다. 오히려 서서히 쌓이는 것이며, 실험 참가자들은 그저 그 '충동'의 정점을 드러냈을 뿐이라는 주장이다. 일부 신경과학자는 리베트 실험이 자발적인 운동을 전반적으로 잘 재현했는지 의문을 제기했다. 손가락이나 손목을 구부리는 단순한 행동은 더 넓은 의미의 행동들, 즉 현실 세계의 의사 결정을 대변하지 못하며, 실험 자원자들은 그저 지시에 따랐을 뿐이라는 것이다. "이 단순한 움직임은 자발적으로 이루어지지만, 여기서 의지는 그저 방아쇠 역할만 한다. 글쓰기 같은 목표 지향적이면서 복잡한 움직임에서는 의지가 담긴 의도가 훨씬 더 중요하다."[8]

그러나 궁극적인 질문은 '리베트의 방법이 준비전위를 정확히 측정할 수 있느냐'가 아니었다. '준비전위가 행동의 원인이자, 행동하려는 결정을 나타낸다는 가정이 맞는가'였다. 이 가정이 틀리다면, 즉 준비전위가 다른 무언가의 결과라면, 자유 의지 개념에 관한 리베트의 실험이 함축하는 의미는 사라지고 말 것이다.

지난 10여 년 동안 이 가정의 타당성을 규명하려는 연구가 진행되어왔다. 준비전위가 움직임을 준비하는 뇌 활성을 나타낸다는 견해에 의문을 제기하는 증거는 많이 나왔다.[9] 무의식적이거나 비자발적인 운동뿐 아니라, 운동을 수반하지 않는 결정 이전에도 때때로 준비전위가 나타날 수 있다는 실험 결과가 있다. 반대로 계획적인 선택적 움직임이 일어나기 전에 준비전위가 아예 검출되지 않을 때도 있다.

준비전위가 움직임 준비를 나타내는 신호가 아니라면, 이 평균을 낸 뇌 신호는 실제로 무엇을 가리킬까? 여러 연구진은 좀 더 밋밋한 설명을 제시해왔다.

현실에서 우리는 안팎의 정보를 헤아려서 결정하고 행동의 토대로 삼는다. 우리는 하늘의 구름 정도를 보고 우산을 가지러 집으로 돌아갈지 여부를 결정한다. 슈퍼마켓에서 과일과 채소를 고를 때에도 숙성 정도, 품질, 가격, 선호도를 헤아려본 뒤에 물건을 선택한다. 그러나 리베트의 실험 참가자들은 이런 판단을 전혀 하지 않았다. 그저 언제든 간에 손을 움직이자는 생각이 떠오를 때를, 움직일 순간만을 결정하는 것뿐이었다. 무엇을 할지가 아니라, 언제할 것인지에 초점을 맞추었다. 따라서 준비전위는 처음에 무의식적으로 선택을 준비하는 상태가 아니라 전혀 다른 무언가를 나타내는 것인지도 모른다.

준비전위는 단순히 개별 신경세포 수백만 개의 전기 활성을 평균화한 결과에 불과할 수도 있다. 즉 뇌 활성의 자연스러운 요동을 보여주는 근삿값일 가능성이 있다. 정말로 그렇다면, 리베트의 시계에 맞추어 버튼을 누르거나 코른후버와 데케의 원래 실험처럼 외부 자극이나 지시 없이 손가락을 움직이는 자발적인 행동은, 뇌가 움직임을 일으킬 가능성이 더 높은 상태로 진입했을 때 나타나는 현상일 수도 있다.[10] 본질적으로 의미 없는 과제, 즉 명확한 목표도 없고 결정의 근거가 될 만한 입력도 없는 과제 앞에서는 행동의 선택이 그저 뇌 상태가 어떤 전환점에 도달하느냐에 달려 있을 수도 있다. 이 맥락에서는 행동이 오로지 결정의 정체 상태가 깨지면서 나타난 결과일 수 있다. 그렇다면 준비전위는 이 유보 상태가 끝났음을 나타내는 전기 신호다.

따라서 준비전위는 자유 의지의 사망 선고가 아니라, 그저 딱히 아무런 이유가 없는 상황에서 움직임을 촉발하는 뇌 상태를 가리키는 표지일 수도 있다. 즉 인간 경험의 폭 전체로 확대 추정할 수 있는 사례가 아니라 매우 특정한 상황에서만 적용되는 것일 수 있다. 왠지 이 모든 이야기가 시적으로 들린다. 자유 의지가 착각이라는 견해는, 사실은 준비전위를 결정이나 행동 의지의 신호로 해석하면서 생긴 선택의 환상이 빚어낸 것일 수 있다고? 한 신경과학자는 이렇게 썼다. "의식적 의도가 착각이라는 리베트 실험의 '명백한' 결론이, 정작 준비전위 자체가 인위적인 착각일 수 있다는 깨달음으로 대체되어야 한다는 점은 역설적이다."[11]

따라서 자유 의지의 죽음은 너무 일찍 선고되었을 수 있다. 그러나 뇌 안쪽에 전극을 이식하거나,[12] 첨단 영상 기법으로 뇌 활성을 보다 직접적으로 살펴본 실험들도 있다.[13] 이 연구들에서도 의식적 결정이 이루어지기 전에 뇌에 변화가 일어난다고 나왔다. 일부 연구에서는 변화가 길게는 10초 전부터 나타나기도 했다. 이 모든 연구들에도 비판이 제기되어왔다. 예컨대 과제가 자유 의지를 충분히 반영하지 못한다거나, 의사 결정이 본래 점진적인 과정이라는 점, 또 이러한 신호가 단지 움직이겠다는 의식적 결정을 알리는 더 앞선 과정의 표지라는 주장 등이다.

자유 의지의 존재를 둘러싼 신경과학적 논쟁은 격화될 것이며, 로버트가 진정으로 살인의 경로를 자유롭게 선택한 '괴물'인지, 아니면 학대받고 손상된 뇌의 희생자인지를 둘러싼 논쟁도 마찬가지일 것이다. 개인적으로는 이런 문제들이 당분간 명확한 해답이 없는 상태로 남아 있을 것이라고 추측한다.

물론 자유 의지 개념을 포기하지 않으려는 이유에는 여러 가지가 있다. 당신에게는 이 책을 덮고 커피나 와인을 마시러 갈 자유가 있다. 오늘 저녁에 요리를 할지 아니면 주문해 먹을지 선택할 수 있다. 말싸움을 하다가 상대를 때릴지 그냥 떠날지도 선택할 수 있다. 그러나 이런 연구들이 의미하는 바는 바로 이 자유가 존재하지 않으며, 우리가 의식적으로 인식하기 전에 뇌에서 일어나는 과정들이 우리의 선택을 결정한다는 것이다. 그리고 이 개념, 즉 우리가 선택하고, 행동하며, 생각할 자유가 신기루에 불과하다는 생각은 우리의 의식 경험 전반과 정면으로 배치된다. 인간이 특정한 방식으로 행동하고 선택하도록 예정되어진(운명을 어떻게 정의하든 간에) 기계에 불과하다는 생각은 떠올리기조차 싫다.

뇌가 시킨 것인가, 정신이 시킨 것인가

이제 우리가 자유 의지를 지니는지 아니면 그것이 그저 착각인지 여부와 그 부재가 지닌 의미라는 자유 의지 개념에서 잠시 벗어나 보자. 이 책에서 다룬 사례들은 인간의 행동이 뇌 구조, 뇌 화학, 뇌 활성에 영향을 받을 수 있음을 잘 보여준다. 특정 행동의 변화가 뇌에서 일어난 변화의 산물이라면, 이런 생각과 행동도 뇌의 산물임을 명확히 시사한다.

내 진료실에서 만난 환자 중 상당수는 '부정적인 도덕 가치'라고 평가되는 행동 패턴을 보인다. 그들은 그 나쁘거나 '사악한' 행동을 전혀 통제하지 못한다. 발작을 일으킨 뒤 확연히 정신증을 보이거나 폭력적으로 변한 사람도 있고, 처방약을 복용한 뒤로 성욕과다 증상을 보이게 된 사람도 있다. 이들에게는 통제할 수 없는 외부 요인이 인간으로서 본래 보이지 않던 행동을 유발한 것이 분명하다.

하지만 사악하거나 해로운 행동을 빚어내는 외부 요인과의 직접적인 인과관계가 그렇게 뚜렷하지 않은 이들은 어떨까? 역사는 앞서 우리가 '영혼'에서 비롯된다고 판단한 것들 중 상당수가 실제로는 냉철하고 확고한 과학적 사실에 기반하고 있음을 말해준다. 과거에는 신체적인 것이 살아 있는 몸이나 사체에서 육안으로 확인할 수 있는 것들이라고 정의되었다. 현미경이 등장한 이후, 모호했던 많은 질병이 신체적 근거를 가지게 되었고, 과거에 '나쁜 공기' 탓으로 여겼던 말라리아 같은 질병을 시각적으로 확인할 수 있게 되었다. 그러나 신경학 세계와 정신의학적 세계가 별개라는 견해는 여전히 유지되어왔다. 전자는 거시적이든 미시적이든 신경계의 구조적 손상이나, 뇌전증을 일으키는 뇌의 비정상적 전기 활성처럼 객관적으로 확인 가능하다. 후자는 심리적, 즉 보다 일시적이고 정신적이며, 행동적·정서적인 영역에 속한다. 즉 뇌와 정신은 구분된다.

이 구분은 고정된 것이 아니다. 현미경 개발, 영상 기술 발전 등 신체적 변화를 확인하고 정의하는 우리의 능력에 달려 있다. 앞서 말한 종양·염증·감염·뇌졸증으로 행동이 급변한 여러 환자를 생각해보라. 엑스레이가 등장하기 전이었다면 그들은 거의 다 '슬프거나 미치거나 나쁜' 사람이라고, 마음이나 영혼에 장애가 있다는 진단을 받았을 것이다. 운 나쁘게 사망해서 부검할 때 뇌를 살펴보지 않는 한 말이다. 엑스선이 개발되면서, 그중 커다란 종양을 가진 일부 환자는 신체적 문제가 원인이었음이 드러났을 수 있다. 이후 전산 단순 촬영술CT의 등장으로 심각한 뇌졸중이나 뇌 전체 염증을 일으킨 일부 환자들도 마음이나 영혼에 장애가 있다는 꼬리표를 벗었을 것이다. 마지막으로 MRI의 등장과 해상도 개선으로, 이들 대부분은 신경학적 진단을 받게 되었다.

인격·감정·행동 변화의 신체적 원인을 발견하는 과정은 여기에서 그치지 않는다. 신경학 세계에서 일어난 일들은 현재 정신의학·심리학 세계에서 마찬가지로 일어나고 있다. 기술이 발전하고 유전자와 뇌의 구조와 기능을 살펴보는 능력이 향상되면서 뇌의 세계와 마음의 세계는 더욱더 융합되기 시작했다. 조현병과 양극성 장애 등 심각한 정신건강 질환들의 유전적 요인들이 점점 드러나고 있다. 우울증 등의 정신 질환에서 뇌의 회로와 기능이 어떻게 다른지도 밝혀내기 시작했다. 신체 염증이 우울증에 미치는 영향, 아동기 트라우마가 정신건강에 미치는 영향, 나아가 과거 '히스테리' 또는 '심신성 질환'[14]으로 분류되던 것들의 신경생물학적 토대도 밝혀지고 있다. 이 모든 것은 신체적·정신적인 것의 구분이 무의미하다고 가리키고 있다. 신경학적인 현상과 심리학적인 현상 모두 뇌에서 기원한다. 나아가 감정적·행동적 현상 역시 뇌에서 비롯된다고 볼 수 있다. 모두 신체적인 것에 토대를 둔다. 이 말이 사실이라면, '슬프고 미치고 나쁜' 것(정신 질환, 기타 정신 장애, '악함')과 뇌의 신체적 장애라고 부르는 것 사이의 경계는 더욱 흐릿해진다.

물론 이 견해를 받아들이지 않는 사람들도 있다. 심지어 내 신경학 동료 중에도, 설령 뇌를 아원자 입자 수준까지 속속들이 이해한다 해도 마음을 완전히 파악하지 못할 것이라고 믿는 이들도 있다. 이러한 견해를 입증 또는 반증하려면 아직 갈 길이 멀다는 점은 분명하다.

'미친 사람'의 범위

일부 연구자는 내가 이 책에서 다룬 연구 결과들을 해석할 때 신중을 기하라고 촉구한다. 기능적 MRI가 특히 그렇다. 뇌 기능 영상은 신경과학 연구 세계로 침투하고 있다. 뇌 속 혈류 패턴을 뇌 활성의 대리 지표로 살펴보면서, 특정 과제를 수행할 때 차이를 보이는 뇌 영역을 특정 기능이나 형질의 해부학적 기원으로 간주하는 경향이 있다. 이 연구 방법론을 비판하는 사람들은 해당 영상이 신경 활동을 직접 측정한 것이 아니며, 해상도가 혈류 변화에만 국한된다는 점을 지적한다. 이런 연구 결론의 타당성은 실험 대상자가 수행하는 과제의 배후

가설이 얼마나 합리적인지에 달려 있다. 또한 이런 연구가 '재현 위기'에 시달린다고도 말한다. 즉 다른 연구진이 동일한 실험을 수행해서 같은 결과를 얻지 못한다는 것이다. 게다가 신경과학 분야에서는 뇌 속 특정 조직 덩어리를 '사랑' 중추, '얼굴 인식' 중추, '단어 생성' 중추로 단순화하는 관점을 넘어, 뇌 기능이 이러한 덩어리들의 연결망, 즉 뇌 영역 사이의 연결성에 의존한다고 보는 흐름도 존재한다. 인지·감정·행동 등 인간 존재의 모든 측면은 특정 뉴런 덩어리에 의존하는 것이 아니라, 서로 협력하는 뇌 영역들 사이의 복잡한 상호작용을 통해 정의된다는 것이다.

그러나 적어도 과학적 관점에서 보면, 바로 이 지점에서 질병은 나름의 매력을 드러낸다. 질병은 데이터의 확대 추정, 대리 표지, 통계적 유의성에 의존하지 않는다. 그보다는 뇌졸중·뇌종양·퇴화·염증·부상에 의존한다. 특정 뇌 영역이 질병으로 손상되어 그 사람의 기능이나 성격이 달라진다면, 해당 뇌 영역이 그 기능의 기반임을 분명히 보여주는 것이다. 해당 영역이 반드시 '과대성 덩어리'나 '질투 중추'라는 뜻은 아니지만, 그 기능을 생성하는 신경 기구의 본질적인 일부임을 알려준다. 이는 부품 하나가 타서 특정 기능이 멈춘 주방 기구와 비슷하다. 그 부품이 기능 전체를 담당하지 않아도 여전히 작동하는 데 중요한 역할을 한다.

강조하지만, 나는 인간의 정서·성격·행동이 태어날 때부터 이미 정해진다고 말하는 것이 아니다. 또한 우리가 결코 바뀌지 않거나 바꿀 수 없다는 뜻도 아니다. 분명 뇌는 끊임없이 바뀌고 적응하는 유연한 구조다. 이 유연성은 사실·과제·기술을 학습하는 데 핵심적인 역할을 한다. 또 뇌졸중, 뇌 부상 이후 회복의 토대이기도 하다. 앞서 살펴보았듯이, 뇌는 우리의 경험과 환경, 행동을 바탕으로 다듬어지면서 삶이라는 용광로 속에서 변형된다. 그러나 뇌의 토대는 우리의 유전학·해부학·화학이다.

뇌 구조의 변화, 유전자, 인생 경험, 신체적·심리적 외상이 일부 사람의 자유 의지를 제한한다는 사실을 받아들인다면, 우리 모두 역시 어느 정도는 영향을 받을 수 있다고 말하는 것은 지나친 비약일까? 무엇이 신체적 장애이고 심리적 장애인지 판단하는 기준이 달라져온 것처럼, 의학에는 진단 침입diagnostic creep 사례가 가득하다. 처음에는 극소수의 극단적인 사례를 바탕으로 진단이 내려지고 그 근본 원인이 밝혀진다. 시간이 흐르면서 덜 심각한 사례가 발견될수록 기존 환자 집단이 그 병이라는 '빙산의 꼭대기'였다는 사실이 드러난다. 한 예로 콜레스테롤 문제는 원래 유전병을 앓는 소규모 집단에서 두드러지게 나타났다. 그들은 매우 이른 나이에 뇌졸중과 심장병으로 사망했다. 오늘날 우리는 콜레스테롤이 단지 몇몇 집안만의 문제가 아니라 우리 모두와 관련이 있음을 안다.

마찬가지로 주요 우울증과 관련된 유전자를 발견하게 된다면, 그 유전자 중 일부가 덜 심각한 우울증이나, 나아가 전반적으로 조금은 비관적인 인생관과 관련이 있을 것이라고 추측한다. 목숨을 위협하는 우울증을 앓는 사람보다 단지 조금 비관적인 사람에게는 이러한 유전자가 미치는 영향이 더 작을 수 있으며, 이 유전자가 우울증으로 표출되려면 인생 경험이나 다른 요인과 상호작용이 필요할 수도 있다. 앞서 살펴보았듯이, 분노의 경우에는 이미 이러한 사실이 밝혀져 있다.

폭력적인 성향과 관련된 유전자 변이체가 있고, 이 유전적 요인은 환경과 상호작용한다. 뇌는 유전적·사회적·해부학적 배경에 따라 달라질 수 있으므로, 두 사람이 동일한 경험을 하더라도 영향을 받는 방식은 전혀 다를 수 있다. 다른 의학 분야들과 마찬가지로 신경과학에서도 질병이나 기능 장애는 생물학적·사회적·심리적 요인들의 결합이라고 인정받는다. 그러나 궁극적으로 우리가 누구이고 무엇인지를 정의하는 과정에는 전혀 통제할 수 없는 요인들도 존재할 것이다.

이 모든 것을 고려했을 때 인간의 성격과 선택, 행동에 영향을 미치는 요인을 점점 더 깊이 이해하게 된다면, 질병과 건강 사이의 경계는 어디일까? 누군가 '슬픈지, 미쳤는지, 나쁜지'를 판단하는 기준 말이다. 한 사람의 본래 성격을 이루는 것이 무엇인지를, 또 유전자나 해부학적 구조, 환경의 영향을 누가 판단해야 할까? 판사일까, 배심원일까, 의사일까, 철학자일까, 성직자일까?

자유 의지가 없다면 죄악은 어디에 물어야 하나

리베트를 지지하는 견해, 즉 자유 의지는 본질적으로 존재하지 않으며, 우리의 선택은 진짜가 아니고, 우리는 그저 뇌의 음모를 따를 뿐이며, 그 작용에 영향을 미치는 요인들이 있다는 견해를 받아들인다면, 한 가지 불가피한 결론이 따른다. 바로 도덕적 책임을 질 수 없다는 것이다. 도덕적 행위자가 되려면 주어진 상황을 돌아보고, 의도를 가지며, 그 의도에 따라 행동해야 한다. 그러나 뇌의 구조 및 기능과 독립적으로 반성하고 행동의 의도를 정할 능력이 없다면, 즉 자유 의지가 없다면, 도덕적 책임도 질 수 없다. 무고한 두 소년을 살해한 냉혹한 살인마 로버트를 생각해보라. 그는 도덕심이 전혀 없는 괴물일까, 아니면 본성과 잘못된 양육의 산물일까? 물론 신경과학계에서는 자유 의지의 신경생물학적 토대가 있는지 여부를 놓고 의견이 갈린다. 리베트 자신도, 그 유명한 실험을 한 지 수십 년 뒤에 이렇게 썼다. "우리가 누구인가에 관한 견해에 이토록 근본적으로 중요한 쟁점에서는 자유 의지가 허구라는 주장이 상당히 직접적인 증거를 토대로 해야 한다."[15]

철학자 사이에서도 의견이 첨예하게 갈린다. 한쪽 끝에는 강경한 결정론자들이 있다. 그들은 자유 의지라는 개념 자체를 거부한다. 모든 결정은 진짜가 아니며, 현실에서 도덕 행위자는 타고난 성격, 인생 경험, 환경 자극을 토대로 단 하나의 결정만 내릴 수 있다는 주장이다. 철학 쪽에서는 새로운 개념이 아니다. 소크라테스나 람프사코스의 스트라토Strato of Lampsacus 같은 고대 그리스 철학자들은 선택처럼 보이는 것이 사실은 필연적인 결정이라고 보았다. 그것이 마음에서 비롯되었든 무의식적인 신의 힘에서 비롯되었든 간에 말이다. 힌두교 고전 《바가바드기타》도 마찬가지다. "(몸의) 모든 행위가 물질의 특성을 통해 수행되며 자신은 사실상 아무것도 하지 않음을 이해하는 자만이 진정으로 통찰하는 사람이다." 17세기 철학자 스피노자는 이렇게 썼다. "사람은 스스로 자유롭다고 생각하기 때문에 속고 있다. (…) 그렇게 생각하는 이유는 오로지 자신의 행동은 의식하지만 그 행동을 결정하는 원인에 무지하기 때문이다."[16]

정반대로 자유 의지와 그에 따른 도덕적 책임이 존재한다고 보는 입장도 있다. 누구나 특정 상황에서 두 가지 이상의 행동 경로 중 하나를 선택할 능력이 있다고 보는 것이다. 일부 자유 의지론자는 나아가 이원론의 세계까지 주장한다. 뇌에서 시작해 행동으로 이어지는 과정에는 신체적 설명만으로는 부족하며, 뇌와 별개로 마음이나 영혼이 존재한다는 것이다. 개인적으로는 이 견해를 받아들이기 어렵다. 그러나 영혼이나 마음이 자유 의지의 토대가 아니더라도, 두 가지 이상의 결과를 낳을 수 있는 신체적 과정들이 존재한다고 주장하는 자유 의지론자도 있다. 양자역학에서 아원자 입자의 확률적 행동이 한 예다.

그사이에 양립론자가 있다. 자유 의지와 결정론이 상호 배타적이지 않으며, 조화가 가능하다는 입장이다. 이들은 설령 행동이 내부의 과정들과 외부 환경에 따라 결정된다고 해도, 자유 의지를 지닐 수 있다고 주장한다. 양립론자는 설령 결정론이 옳다고 해도 도덕적 책임을 질 수 있다고 본다. 개인의 행동은 자신의 욕구와 의도의 산물이기 때문이다. 양립론자는 자유 의지가 우리를 정의하는 외부나 내부의 힘에 의존하지 않는다고 본다. 그보다는 자유 의지가 강압이나 조작 없이, 자신의 가치와 욕구에 따라 행동할 수 있는 능력을 가리킨다고 말한다.

그 분야에서 평생 헌신한 철학자나 신경과학자보다 내가 자유 의지에 관해 명확한 답을 제시할 수 있을 것 같지는 않다. 다만 나는 질병이나 부상으로 자유 의지(선택하고, 결정하고, 행동을 수행하는 능력)가 약해지거나 제거된 듯한 이들을 많이 만나보았다(이 책에는 그중 일부만 소개했다). 그들의 행동은 성격이나 가치 판단이 변화한 결과가 아니라, 뇌에서 일어나는 변화의 결과로 보인다. 잉태 때 결정된 유전적 요인이 원인인 원인인 사례도 있는 반면, 환경 요인이 특정한 행동 패턴을 부추긴 사례도 있다.

'자유 의지는 없다'는 극단적인 주장도 존재하지만, 적어도 개인이 완전히 통제할 수 없는 요인이 많다는 점은 분명하다. 어느 쪽이든 간에 우리의 결정 능력과 도덕 행위를 수행할 능력은 전적으로 우리 자신에게 있는 것은 아닐 수 있다. 정말 그렇다면, 그 개념은 선과 악이라는 도덕 관념에도 중요한 의미를 가진다. 자신이나 타인에게 해로운 행동을 할지 여부, 즉 선택이 마음이나 영혼이라는 뜬구름 같은 개념이 아니라 우리의 뇌 작용에 따라 전적으로 결정되거나 부분적으로 영향을 받는다면, '인간은 본래 선하다'거나 '악하다'는 말은 무의미해진다. 이는 선악의 문제가 아니라, 단지 존재의 문제다.

과학적 관점에서 나는 이러한 결정론적 시각을 자연스럽게 받아들인다. 내 신경학적 세계관과 잘 맞는다. 우리는 전적으로 머리뼈에 든 1킬로그램 남짓한 젤리 같은 기관의 산물이다. 우리의 견해, 행동, 성격, 즉 본질적으로 인간을 인간답게 만드는 모든 것은 그저 뉴런, 신경전달물질, 수조 개의 시냅스의 함수다. 뇌와 따로 구분할 수 있는 영혼이나 무형의 마음 같은 것은 결코 없다. 나는 내 견해가 내 뇌 기능에 영향을 미치는 여러 요인들에 영향을 받으리라는 점을 잘 인식하고 있다.

그러나 개인적인 차원에서는 조금 불편하다. 개인적인 경험을 통해 나는 좌회전할지 우회전할지, 초콜릿을 먹을지 사과를 먹을지, 좋은 말을 할지 나쁜 말을 할지 결정할 수 있는 능력이 내게 있다고 확신한다. 자유 의지가 단지 착각이라고 보는 견해는 내 존재의 모든 측면과 배치된다. 내가 자신의 마음에 완전히 속고 있으며, 남들도 그렇다고 믿기는 어렵다.

무궁한 스펙트럼 사이에 있는 세계

나는 우리 집안이 겪은 악, 즉 홀로코스트의 공포와 유대인·루마니아인·신티인·슬라브인·동성애자를 비롯한 많은 이들의 대량 학살처럼, 스스로를 도덕적으로 옳다고 여기고 일종의 신학을 동원해서라도 적어도 자신들이 납득할 만큼 행동을 정당화한 집단이 저지른 악행의 이야기로 이 책을 시작했다. 히틀러 같은 인물에게 도덕적 가치나 개인적 책임이 전혀 없다는 견해는 내게 본능적인 거부감을 일으키며, 그 생각을 어떻게 마음속에서 조화시킬 수 있을지도 잘 모르겠다. 나는 가족사에 배어 있는 그런 근본적인 감정적·행동적 요소들을 합리적으로 설명할 수는 있다. 그러나 감정 차원에서는 설명하거나 변호하는 것, 아니 이해하는 것조차 너무나 어렵다.

게다가 나는 오늘날 세계에서 폭력·살육·성폭행·증오 등 끔찍한 일들을 저지르는 사람들을 용서하거나 이해하기도 어렵다. 나 역시 일상에서 만나는 사람들에게 때로 '이기적이다', '게으르다', '탐욕적·공격적이다' 등의 꼬리표를 붙이곤 한다. 나직하게 욕설을 내뱉은 적도 있다. 내 이런 생각과 이 책의 내용 사이에 모순이 있음을 잘 안다. 이는 마음이나 뇌의 복잡성을 보여주는 사례이며, '인간답다'는 의미 자체를 규정하기 어렵다는 사실을 일깨워준다. 그러나 이런 생각이 명료해지는 순간마다 나는 '사람들이 왜 지금과 같은가'라는 질문을 스스로에게 점점 더 자주 던진다. 수면 아래를 들여다보고, 깊숙이 파헤치려고 애쓴다. 이런 행동의 특성과 기원이라는 난해한 개념들과 씨름하다 보면 때로 개인의 '영혼'에 관한 통찰을 얻기도 하지만, 더 중요한 점은 인류 사회로서의 우리가 세상을 좀 더 낫게 만들기 위해 무엇을 할 수 있을지를 알려준다는 것이다.

현실적으로 나는 '개인의 책임은 어디까지인가'라는 질문의 답이 양쪽 사이의 어딘가에 있지 않을까 싶다. 인류의 모든 측면과 마찬가지로 우리의 행동, 특히 '죄악'의 근본적인 설명도 스펙트럼을 이룰 가능성이 높다. 앞서 논의했듯이, 이런 유형의 행동은 진화적 토대를 지니며, 우리 존재의 일부이자 생물학적 구조 속에 짜여 있다. 한쪽 극단에는 극심한 부상이나 질병으로 본능을 억제하는 메커니즘이 손상되어, 이러한 성향의 토대인 원초적인 과정들이 고삐가 풀린 듯 드러나는 사람들이 있다. 반대편 극단에는 유전자·양육·환경이 맞물려 이런 자질이나 형질을 효과적으로 억제하는 사람들이 있다. 하지만 이 두 집단 사이에는 유전자와 태아 발달, 나아가 경험의 영향을 받아 형성된 뇌가 행동을 규정하는 연속체가 존재한다. 개인이 이 연속체의 어디에 있는지를 어떻게 정의할 것인지는 해결되지 않은 난제다.

앞으로 몇 년 또는 수십 년 안에 신경과학, 철학, 심지어 양자물리학이 더 명확한 답을 내놓을 수도 있다. 아마도. 그러나 그전까지는 누군가를 본래 선하다거나 악하다고 규정하기란 결코 쉽지 않다. 한 사람의 도덕적 가치가 정말로 사고나 약물, 무작위 유전자 돌연변이, 뇌 발달 과정에서의 환경 영향으로 규정될 수 있을까? 개인을 어떤 궁극적인 운명으로 이끄는 생물학적 요인은 무궁하다.

나는 헌팅턴병으로 삶이 황폐해진 베키와 그 남편 레트와 나눈 대화가 떠오른다. 그는 상처를 주는 아내의 말과 행동이 헌팅턴병 때문인지, 아내의 마음이나 영혼을 반영한 것인지 마음속으로 계속 곱씹고 있었다. 어느 시점에서는 분명 아내의 뇌가 그 병에 망가지고 있었음에도, 여전히 그는 아내가 옳고 그름을 분별하고 자신의 행동에 어느 정도 도덕적 책임을 진다고 믿었다. 그러나 '도덕적 잣대'가 온전히 작동하는 순간에도, 여전히 다른 요인들이 개입한다는 사실을 많은 사람은 명확히 보여준다. 조노와 톰, 그리고 처방약과 뇌 손상이 유도한 사람들의 분노를 떠올려보자. 그들에게는 분명 옳고 그름을 분별하며, 무엇이 옳은 행동인지 판단할 능력이 있었다. 그럼에도 그 순간만큼은 본연의 감정과 그에 따른 행동을 제어하는 생물학적 과정이 제 역할을 하지 못했다.

옳고 그름의 분별이라는 단순한 개념에도 문제가 있다. 분별을 하려면 도덕 규범을 이해해야 할 뿐 아니라, 자신의 행동이 나와 주변 사람들에게 미치는 영향과 의미도 제대로 파악해야 한다. 나와의 대화에서 레트는, 아내가 자기 결정이 어떤 여파를 가져오는지 제대로 이해하고 있는지 모르겠다고 인정했다.

자유 의지 없는 범죄의 처벌

도덕적 측면들 외에 법적 측면도 있다. 개인이 자신의 행동을 전적으로 책임질 수 없다면, 이는 우리의 사법체계를 조롱하는 일일까? 정말로 누군가를 유죄 또는 무죄라고 판단할 수 있을까?

법체계는 더 명백한 신경학적·정신의학적 원인이 특정 행동을 설명할 때를 대비한 방안을 이미 어느 정도는 갖추고 있다.[17] 영국 법체계에서 유죄 판결을 내리려면 피고인이 범죄 행위actus reus를 저지르고 범죄 의도mens rea가 있어야 한다. 피고가 의도적으로 특정한 범죄 행위를 저지를 능력이 있는지 파악하기 위해 정신과의사나 신경과의사, 신경정신과의사에게 자문을 구하기도 한다. 범죄에서 '의도 없음'은 법적 방어 수단이 될 수 있으며, 이 법 원칙은 역사가 아주 깊다. 1843년 맥노턴 규칙McNaughton rules●에는 이런 문구가 있다. "정신 이상을 근거로 변호하려면, 당시에 피고인이 마음의 병 때문에 자신이 저지르는 행위의 성격과 특질을 알지 못하거나, 안다면 자신의 행위가 왜 잘못되었는지 알지 못할 만치 추론에 결함이 있는 상태에서 일을 저질렀다는 것이 명확히 입증되어야 한다." 여기서 '마음의 병'이라는 단어에 주목하자. 내가 볼 때는 '뇌의 병'이라고 읽어야 한다. 엄밀히 말하자면, 거의 2세기 전에 쓴 것이지만 말이다.

자동증automatism은 '의도된 행동의 부재'라고 정의되는 의학적-법적 개념이다. 본질적으로 자기 행동의 통제력을 완전히 없애는 모든 의학 증상은 이 용어에 들어맞을 수 있다. 자동증은 뇌전증·몽유병 같은 사건 수면, 저혈당, 머리 부상 등 특정 임상 질환들과 관련되며, 자각이나 기억 형성 없이 발생하는 행동의 갑작스러운 변화를 말한다.[18]

● 대니얼 맥노턴Daniel Mc-Naughton(MacNaughton 또는 M'Naghten)은 어떤 이를 로버트 필Robert Peel 총리라고 오해해 총으로 쏴서 살해했으나 정신 이상을 근거로 무죄 방면되었다.

《잠이 고장 난 사람들》에서 언급했듯이, 영국 법은 '제정신sane 자동증'과 '미친insane 자동증'을 구별한다. 이 구분은 의학적 원인이 내부, 즉 마음(또는 뇌)에서 비롯된 것인지, 아니면 본의 아니게 복용한 약이나 음주, 심리적·신체적 외상처럼 외부에서 비롯된 것인지, 그리고 재발 가능성이 있는지에 따라 이루어진다. 이 법 영역의 모든 문제가 그렇듯이, 이런 쟁점들도 지극히 애매하며, 그래서 오랜 세월 판사, 변호사, 의학·법학 전문가가 해결 방법을 찾기 위해 애써왔다. 예를 들어, 어떤 범죄 행위가 인슐린 투여로 혈당이 급격히 떨어져서 발생한 신경계 기능 이상 때문이라면, 이는 외부 원인에 의한 행위로서 '제정신 자동증'에 해당한다. 반면에 당뇨병으로 혈당이 위험할 만치 높아진 상태에서 발생한 행위라면, 본질적으로는 '내부' 원인이므로 '미친 자동증'으로 정의된다. 마찬가지로 사고나 성폭행 등 심각한 외상 사건의 결과로 망연자실한 상태라면 '제정신 자동증'으로 볼 수 있지만, 뚜렷한 촉발 요인이 없다면 '미친 자동증'으로 봐야 한다. 의학적 관점에서 보면, 이런 분류는 좀 문제가 있고 수긍하기 어려운 측면도 있다.

이런 법적 원칙은 수백 년에 걸쳐서 발전해왔으며, 뇌와 마음의 더 엉성한 이해를 토대로 한다. 그럼에도 이 기본 틀 안에서도 적어도 일부에게서는 의학적 문제가 법적 책임의 부재를 초래할 수 있다는 사실이 본질적으로 받아들여진다. 그렇다면 유전자나 양육이 뇌의 구조와 기능에 미친 영향 등 다른 요인들은 어떨까? 우리가 저지르는 범죄와 비행에 대해, 우리가 내린 결정의 책임이 점점 줄어들었다고, 사실상 완전히 사라졌다고 누구나 주장할 수 있지 않을까?

한두 건의 특별한 사례를 제외하고, 우리 모두의 책임이 줄어들어왔다는 견해에 격렬히 반대할 사람들이 많으리라는 것을 안다. 그러나 이 견해, 즉 우리의 행동이 우리의 통제를 넘어선다는 견해에서 출발한다고 해도, 사법 제도의 필요성은 결코 줄어들지 않는다. 그저 초점이 달라질 뿐이다. 우리 사회는 여전히 안전과 권리를 유지할 필요가 있다. 특정 행동 유형이 수용 가능한지 판단하는 환경을 조성하는 것 또한 뇌에 중요한 역할을 한다. 단순한 사례를 하나 들어보자. 아동기 가정 내 폭력이나 성폭력이 뇌 발달에 영향을 미쳐서 근본적으로 정신 질환이나 파괴적 행동이 나타났다면, 당연히 사회에 그런 일들이 만연하지 않도록 억제해야 한다. 사회를 규제하고 우리를 보호하는 기본 틀의 일부로서, 어떤 행위에 합법·불법이라는 꼬리표를 붙이는 것은 여전히 적절하다. 이런 해로운 행위를 저지를 수 있는 사람을 구금하는 것은 그들로부터 다른 사람들을 보호하기 위한 타당한 조치다. 게다가 거의 모든 사람은 정의를 추구하려는 강렬하고도 자연스러운 열망이 있다.

그러나 앞서 말했듯이, 아마 이는 초점 이동의 문제일 것이다. 아마 개인에게 선하다거나 악하다고 꼬리표를 붙이는 방식은 별 도움이 되지 않을 것이다. 범죄에 그런 식으로 꼬리표를 붙여도 상황은 달라지지 않는다. 아마 우리가 자신에게 물어야 하는 질문은 이것이 아닐까? "이 개인의 뇌가 고정될 수 있을까?" 우리가 더 나은 삶을 살아가도록 해로운 행동의 신경생물학적 토대를 재구성할, 뇌 기능을 바꿀, 회로를 변화시키는 무언가를 할 수 있을까? 어떤 이들에게는 불가능할 것이며, 그들은 감금된 상태로 남아 있어야 할 것이다. 반면에 교화를 통해 훨씬 쉽게 변화시킬 수 있는 이들도 있다. 사법 제도가 명확한 목적에 봉사하긴 하지만, 우리는 그것이 도덕적 결함이 있는 범죄자의 처벌을 위한 것이라는 견해에서 누가 교화가 가능하고 불가능한지를 판단하고 적절한 조치를 취하는 것이라는 견해 쪽으로 초점을 옮겨야 하지 않을까.

이 대목을 쓰면서, 스스로에게 좀 놀라고 있다. 나 스스로는 여러 면에서 진보적이라고 믿지만, 늘 범죄와 처벌에, 도덕성과 죄책감에 좀 더 반동적인 접근법을 취해왔다. 그러나 다른 관점에서 접근했음에도 갈렌 스트로슨Galen Strawson과 더크 페레붐Derk Pereboom 등 많은 철학자들과 동일한 지점에 다다른 신경과학 학파들이 있다. 자유 의지가 정말로 없다면, 사법 제도는 도덕성의 척도가 아니라 사회 보호와 교화의 기구라는, 아니 기구이어야 마땅하다는 것이다.

종교가 말하는 도덕적 틀

'개인의 책임'이라는 주제는 종교가 제시하는 도덕적 기본 틀에도 동일하게 적용 가능하다. 다만 속세의 법이 아니라 신, 아니 신들의 법을 통해서 동일한 목적을 달성할 뿐이다. 명시적인 규칙 목록인 십계명이든 그레고리우스 교황이 제시한 7대 죄악(우리의 모든 부도덕성의 근본 원인이라고 여긴 습관들)이든, 모두 피해를 최소화하고 사회의 만족을 최대화하는 방향으로 우리를 이끈다. 법정 처벌보다는 사후 세계에서의 처벌(사실상 남들의 비난)이 제재 수단이며, 단테의 〈신곡〉은 그 점을 명확히 묘사한다. 종교는 단지 개인에게 지침을 주는 차원을 넘어서 공동체 규범을 형성하는 순효과도 낳는다. 이 책에서 살펴보았듯이, 우리의 환경, 즉 우리가 자라고 살아가는 문화는 뇌 발달과 행동의 신경생물학적 토대에 중요한 영향을 끼칠 것이다. 우리의 양육 방식과 주변에서 무엇을 정상이라고 보는지는 유전자나 해부 구조 못지않게 뇌 기능에 중요한 영향을 끼친다. 사례는 아주 많다. 앞서 언급한 감염병으로서의 비만을 생각해보라. 비만의 주요 위험 요인 중 하나는 비만인들과 사는 것이다. 신체적 폭력이 만연한 사회에서는 폭력 피해자가 배우자를 때릴 가능성이 더 높다. 아동기에 성적 학대를 받은 사람은 자라서 학대자가 될 가능성이 더 높다. '타자' 살해를 정상이라고 여긴 결과 살인의 산업화가 이루어진 나치 독일 같은 시대와 장소를 생각해보라.

사법 제도만이 아니라, 나는 신학적 개념들에 대한 내 관점이 변화한 것도 놀랍다. 나는 무신론자이기에 종교적 속박이나 규칙을 받아들이지 않으려는 경향이 있고, 누군가를 지옥에서 불타거나 천국으로 올라갈 운명이라고, 선하거나 악하다고 꼬리표를 붙이는 게 몹시 불편하다. 그러나 종교적 장식을 제거하면 이러한 도덕 체계들은 모두 같은 역할을 한다. 개인의 삶과 더 큰 선을 개선하는 방향으로 사람들을 이끈다. 그리고 도덕적 행위를 행복을 키우거나 피해를 줄이는 것으로 본다면, 이러한 도덕 체계는 설령 사람의 본질적 도덕 가치의 잣대까지는 아니더라도 도덕적 행동의 지침이 된다.

궁극적으로 기독교의 원죄 교리에는 어느 정도 진리가 담겨 있다. 우리 모두가 태어날 때부터 죄악의 본성에 오염되어 있다는 것 말이다. 〈로마 신자들에게 보낸 서간〉 3장 23절에는 이렇게 적혀 있다. "모든 사람이 죄를 지어 하느님의 영광을 잃었습니다." 그러나 '죄악이란 무엇인가'라는 의문은 여전히 남는다. 이런 감정과 행위가 우리의 혈관을 타고 흐르며, 인류의 생명줄 자체라는 점은 논박의 여지가 없다. 마찬가지로 부정할 수 없는 사실은 이러한 '죄악'을 저지르는 성향이 인류 생존의 핵심이기도 하다는 것이다. 이 감정들이 없었다면 인류는 멸종했을 것이다. 그러나 인류의 모든 측면이 그렇듯이, 이것도 정도의 문제일 가능성이 높다. 우리 모두는 유전자, 진화, 신체 조정, 뇌의 구조와 기능이 규정하는 이런 성향의 스펙트럼 어딘가에 놓여 있다. 그러나 타고난 인간 본성과 죄악의 개념 사이에는 뚜렷한 경계가 없다. 정상과 악덕의 경계를 나누는 울타리도 표시판도 전혀 없다.

우리 자신을 만드는 이런 측면들에 우리 자신이 개인적으로 미치는 영향이 한정되어 있거나 전혀 없을 수도 있지만, 사회 전체로서의 우리는 자신이 사는 세계, 우리가 거주하는 환경을 조성할 수 있다. 앞서 보여주었듯이, 우리 환경은 우리 뇌를 성형할 수 있고, 우리 안에 강한 힘을 조각할 수 있다.

인간의 기본 본능과 원초적인 욕구, 충동을 억제하려면 모두에게 지침이 필요하다. 이러한 도덕적·윤리적 규범(종교적이든, 철학적이든, 법적이든)은 사회적 요구와 인간 생존의 섬세한 불꽃을 유지하는 생물학적 측면들 사이에 균형을 잡는 역할을 한다.

분노 - 주체할 수 없는 내 안의 불

1. Kanemoto, K., Tadokoro, Y., Oshima, T., "Violence and postictal psychosis: A comparison of postictal psychosis, interictal psychosis, and postictal confusion", *Epilepsy Behav.* 19, pp. 162~166 (2010).
2. Singh, R. et al., "Characteristics and Neural Correlates of Emotional Behavior during Prefrontal Seizures. Ann", *Neurol* 92, pp. 1,052~1,065 (2022).
3. Pottkämper, J. C. M., Hofmeijer, J., Waarde, J. A. van, Putten, M. J. A. M. van, "The postictal state-What do we know?", *Epilepsia* 61, p. 1,045 (2020).
4. Mikulincer, M., "Reactance and helplessness following exposure to unsolvable problems: the effects of attributional style", *J. Pers. Soc. Psychol.* 54, pp. 679~686 (1988).
5. Chen, Z. et al., "Psychotic disorders induced by antiepileptic drugs in people with epilepsy", *Brain* 139, pp. 2,668~2,678 (2016).
6. Wilkowski, B. M., Robinson, M. D., "The Cognitive Basis of Trait Anger and Reactive Aggression: An Integrative Analysis", *Personal. Soc. Psychol. Rev.* 12, pp. 3~21 (2008).
7. Lievaart, M., van der Veen, F. M., Huijding, J., Hovens, J. E., Franken, I. H. A.,

"The Relation Between Trait Anger and Impulse Control in Forensic Psychiatric Patients: An EEG Study", *Appl. Psychophysiol. Biofeedback* 43, pp. 131~142 (2018).

8. Scott, S. K. et al., "Impaired auditory recognition of fear and anger following bilateral amygdala lesions", *Nature* 385, pp. 254~257 (1997).
9. Richard, Y., Tazi, N., Frydecka, D., Hamid, M. S., Moustafa, A. A., "A systematic review of neural, cognitive, and clinical studies of anger and aggression", *Curr. Psychol.* (2022). doi:10.1007/s12144-022-03143-6.
10. Leschziner, G., *The Nocturnal Brain*, Simon and Schuster (2019). (가이 레슈차이너 지음, 《잠이 고장 난 사람들》, 김성훈 옮김, 시공사, 2023).
11. Teffer, K., Semendeferi, K., "Human prefrontal cortex", *Prog. Brain Res.* vol. 195, pp. 191~218, Elsevier (2012).
12. Hathaway, W. R., Newton, B. W., "Neuroanatomy, Prefrontal Cortex", *StatPearls*, StatPearls Publishing, Treasure Island(FL) (2023).
13. Klimecki, O. M., Sander, D., Vuilleumier, P., "Distinct Brain Areas involved in Anger versus Punishment during Social Interactions", *Sci. Rep.* 8, 10556 (2018).
14. Richard Y., et al., 앞의 책 (2022).
15. World Health Organization, "Third milestones of a Global Campaign for Violence Prevention report", 2007; scaling up. p. 31 (2007).
16. Björkqvist, K., "Gender differences in aggression", *Curr. Opin. Psychol.* 19, pp. 39~42 (2018).
17. Booth, A., Dabbs, J. M., "Testosterone and Men's Marriages", *Soc. Forces* 72, pp. 463~477 (1993).
18. McIntyre, M. H. et al., "Finger length ratio(2D:4D) and sex differences in aggression during a simulated war game", *Personal. Individ. Differ.* 42, pp. 755~764 (2007).
19. Millet, K., Dewitte, S., "Digit ratio(2D:4D) moderates the impact of an aggressive music video on aggression", *Personal. Individ. Differ.* 43, pp. 289~294 (2007).
20. Bailey, A. A., Hurd, P. L., "Finger length ratio(2D:4D) correlates with physical aggression in men but not in women", *Biol. Psychol.* 68, pp. 215~222 (2005).
21. Björkqvist k., 앞의 책 (2018).
22. Siever, L. J., "Neurobiology of aggression and violence", *Am. J. Psychiatry* 165, pp. 429~442 (2008).
23. Brunner, H. G., Nelen, M., Breakefield, X. O., Ropers, H. H., van Oost, B. A.,

"Abnormal behavior associated with a point mutation in the structural gene for monoamine oxidase A", *Science* 262, pp. 578~580 (1993).

24. Godar, S. C., Fite, P. J., McFarlin, K. M., Bortolato, M., "The role of monoamine oxidase A in aggression: Current translational developments and future challenges", *Prog. Neuropsychopharmacol. Biol. Psychiatry* 69, pp. 90~100 (2016).
25. McSwiggan, S., Elger, B., Appelbaum, P. S., "The forensic use of behavioral genetics in criminal proceedings: Case of the MAOA-L genotype", *Int. J. Law Psychiatry* 50, pp. 17~23 (2017).
26. Cupaioli, F. A. et al., "The neurobiology of human aggressive behavior: Neuroimaging, genetic, and neurochemical aspects", *Prog. Neuropsychopharmacol. Biol. Psychiatry* 106, 110059 (2021).
27. Leichsenring, F. et al., "Borderline Personality Disorder: A Review", *JAMA* 329, pp. 670~679 (2023).
28. Newhill, C. E., Eack, S. M., Mulvey, E. P., "Violent behavior in borderline personality", *J. Personal. Disord.* 23, pp. 541~554 (2009).
29. Hengartner, M. P., Ajdacic-Gross, V., Rodgers, S., Müller, M., Rössler, W., "Childhood adversity in association with personality disorder dimensions: New findings in an old debate", *Eur. Psychiatry* 28, pp. 476~482 (2013).
30. Cattane, N., Rossi, R., Lanfredi, M., Cattaneo, A., "Borderline personality disorder and childhood trauma: exploring the affected biological systems and mechanisms", *BMC Psychiatry* 17, pp. 221 (2017).
31. Cattane et al., "Borderline personality disorder (…)", *BMC Psychiatry* (2017).
32. Dammann, G. et al., "Increased DNA methylation of neuropsychiatric genes occurs in borderline personality disorder", *Epigenetics* 6, pp. 1,454~1,462 (2011).
33. Cupaioli et al., "The neurobiology of human aggressive behavior (…)", *Prog. Neuropsychopharmacol. Biol. Psychiatry* (2021).
34. Caspi, A. et al., "Role of Genotype in the Cycle of Violence in Maltreated Children", *Science* 297, pp. 851~854 (2002).
35. Barnes, J. C., Beaver, K. M., Boutwell, B. B., "A Functional Polymorphism in a Serotonin Transporter Gene (5-HTTLPR) Interacts with 9/11 to Predict Gun-Carrying Behavior", *PLOS ONE* 8, e70807 (2013).
36. Siever L. J., 앞의 책 (2008).
37. Williams, W. H. et al., "Traumatic brain injury: a potential cause of violent crime?", *Lancet Psychiatry* 5, pp. 836~844 (2018).

38. Max, J. E. et al., “Predictors of personality change due to traumatic brain injury in children and adolescents in the first six months after injury”, *J. Am. Acad. Child Adolesc. Psychiatry* 44, pp. 434~442 (2005).
39. Stoddard, S. A., Zimmerman, M. A., “Association of interpersonal violence with self-reported history of head injury”, *Pediatrics* 127, pp. 1,074~1,079 (2011).
40. Grafman, J. et al., “Frontal lobe injuries, violence, and aggression: a report of the Vietnam Head Injury Study”, *Neurology* 46, pp. 1,231~1,238 (1996).
41. Williams et al., “Traumatic brain injury”, Lancet Psychiatry (2018).
42. Fazel, S., Lichtenstein, P., Grann, M., Långström, N., “Risk of Violent Crime in Individuals with Epilepsy and Traumatic Brain Injury: A 35Year Swedish Population Study,” *PLoS Med*. 8, e1001150 (2011).
43. Schiltz, K., Witzel, J. G., Bausch-Hölterhoff, J., Bogerts, B., “High prevalence of brain pathology in violent prisoners: a qualitative CT and MRI scan study”, *Eur. Arch. Psychiatry Clin. Neurosci.* 263, pp. 607~616 (2013).
44. Parsonage, M., *Traumatic Brain Injury and Offending: An Economic Analysis*, Centre for Mental Health (2016).
45. Landberg, J., Norström, T., “Alcohol and homicide in Russia and the United States: a comparative analysis”, *J. Stud. Alcohol Drugs* 72, pp. 723~730 (2011).
46. Sontate, K. V. et al., *Alcohol, Aggression, and Violence: From Public Health to Neuroscience*, Front. Psychol. 12 (2021).
47. Wrangham, R. W., “Two types of aggression in human evolution”, *Proc. Natl. Acad. Sci.* 115, pp. 245~253 (2018).
48. Sarkar, Wrangham, “Evolutionary and neuroendocrine (…)”, *Trends Cogn. Sci.*, (2023).
49. De Brito, S. A. et al., “Psychopathy”, *Nat. Rev. Dis. Primer* 7, pp. 1~21 (2021).
50. Johanson, M., Vaurio, O., Tiihonen, J., Lähteenvuo, M., “A Systematic Literature Review of Neuroimaging of Psychopathic Traits”, *Front. Psychiatry* 10, p. 1027 (2020).
51. Grossman, D., “On Killing: The Psychological Cost of Learning to Kill in War and Society”, *Little, Brown* (2009).

1. Ringel, M. M., Ditto, P. H., “The moralization of obesity”, *Soc. Sci. Med.* 237, 112399 (2019).
2. Rigano, K. S. et al., “Life in the fat lane: seasonal regulation of insulin sensitivity, food intake, and adipose biology in brown bears”, *J. Comp. Physiol. B* 187, pp. 649~676 (2017).
3. Rahman, Q. F. Ab., Jufri, N. F., Hamid, A., “Hyperphagia in Prader-Willi syndrome with obesity: From development to pharmacological treatment”, *Intractable Rare Dis. Res.* 12, pp. 5~12 (2023).
4. Hetherington, A. W., Ranson, S. W., “The Spontaneous Activity and Food Intake of Rats with Hypothalamic Lesions”, *Am. J. Physiol.-Leg. Content* 136, pp. 609~617 (1942).
5. Hervey, G. R., “The effects of lesions in the hypothalamus in parabiotic rats”, *J. Physiol.* 145, pp. 336~352 (1959).
6. “The effects of lesions (…)”, 같은 책 (1959).
7. Ingalls, A. M., Dickie, M. M., Snell, G. D., “Obese, a new mutation in the house mouse”, *J. Hered.* 41, pp. 317~318 (1950).
8. Barsh, G. S., Farooqi, I. S., O’Rahilly, S., “Genetics of body-weight regulation”, *Nature* 404, pp. 644~651 (2000).
9. Ranadive, S. A., Vaisse, C., “Lessons from Extreme Human Obesity: Monogenic Disorders”, *Endocrinol. Metab. Clin. North Am.* 37, pp. 733~x (2008).
10. 같은 책 (2008).
11. Locke, A. E. et al., “Genetic studies of body mass index yield new insights for obesity biology”, *Nature* 518, pp. 197~206 (2015).
12. Neel, J. V., “Diabetes Mellitus: A ‘Thrifty’ Genotype Rendered Detrimental by ‘Progress’?”, *Am. J. Hum. Genet.* 14, pp. 353~362 (1962).
13. Wu, T., Xu, S., “Understanding the contemporary high obesity rate from an evolutionary genetic perspective”, *Hereditas* 160, p. 5 (2023).
14. Speakman, J. R., “A nonadaptive scenario explaining the genetic predisposition to obesity: the ‘predation release’ hypothesis”, *Cell Metab.* 6, pp. 5~12 (2007).
15. Sellayah, D., Cagampang, F. R., Cox, R. D., “On the evolutionary origins of obesity: a new hypothesis”, *Endocrinology* 155, pp. 1,573~1,588 (2014).
16. Jia, J. et al., “The polymorphisms of UCP1 genes associated with fat

metabolism, obesity and diabetes", *Mol. Biol. Rep.* 37, pp. 1,513~1,522 (2010).

17. Ma, V. K. et al., "Prader-Willi and Angelman Syndromes: Mechanisms and Management", *Appl. Clin. Genet.* 16, pp. 41~52 (2023).
18. Holsen, L. M. et al., "Neural mechanisms underlying hyperphagia in Prader-Willi syndrome", *Obes. (Silver Spring, Md.)* 14, pp. 1,028~1,037 (2006).
19. Price, R. A., Gottesman, I. I., "Body fat in identical twins reared apart: roles for genes and environment", *Behav. Genet.* 21, pp. 1~7 (1991).
20. Christakis, N. A., Fowler, J. H., "The Spread of Obesity in a Large Social Network over 32 Years", *N. Engl. J. Med.* 357, pp. 370~379 (2007).
21. Atkinson, R. L., "Viruses as an Etiology of Obesity", *Mayo Clin. Proc.* 82, pp. 1,192~1,198 (2007).
22. Dhurandhar, N. V., Kulkarni, P. R., Ajinkya, S. M., Sherikar, A. A., Atkinson, R. L., "Association of Adenovirus Infection with Human", *Obes. Res.* 5, pp. 464~469 (1997).
23. Atkinson, R. L. et al., "Human adenovirus-36 is associated with increased body weight and paradoxical reduction of serum lipids", *Int. J. Obes.* 29, pp. 281~286 (2005).
24. Vangipuram, S. D. et al., "Adipogenic human adenovirus-36 reduces leptin expression and secretion and increases glucose uptake by fat cells", *Int. J. Obes.* 31, 87~96 (2007).
25. Kirk, R. G. W., "Life in a Germ-Free World: Isolating Life from the Laboratory Animal to the Bubble Boy", *Bull. Hist. Med.* 86, pp. 237~275 (2012).
26. Ley, R. E., Turnbaugh, P. J., Klein, S., Gordon, J. I., "Human gut microbes associated with obesity", *Nature* 444, pp. 1,022~1,023 (2006).
27. Hasan, N., Yang, H., "Factors affecting the composition of the gut microbiota, and its modulation", *PeerJ* 7, e7502 (2019).
28. Zhang, F., Luo, W., Shi, Y., Fan, Z., Ji, G., "Should We Standardize the 1,700-Year-Old Fecal Microbiota Transplantation?", *Off. J. Am. Coll. Gastroenterol. (ACG)* 107, p. 1,755 (2012).
29. Hasan, N., Yang H., 앞의 책 (2019).
30. Bäckhed, F. et al., "The gut microbiota as an environmental factor that regulates fat storage", *Proc. Natl. Acad. Sci. U.S.A.* 101, pp. 15,718~15,723 (2004).
31. Cox, L. M. et al., "Altering the intestinal microbiota during a critical developmental window has lasting metabolic consequences", *Cell* 158, pp.

705~721 (2014).
32. Van Hul, M., Cani, P. D., "The gut microbiota in obesity and weight management: microbes as friends or foe?", *Nat. Rev. Endocrinol.*, pp. 1~14 (2023). doi:10.1038/s41574-022-00794-0.
33. Van Hul, M., Cani, P. D., 같은 책 (2023).
34. Roseboom, T., de Rooij, S., Painter, R., "The Dutch famine and its long-term consequences for adult health", *Early Hum. Dev.* 82, pp. 485~491 (2006).
35. Roseboom, T., de Rooij, S., Painter, R., 같은 책 (2006).
36. Godfrey, K. M. et al., "Influence of maternal obesity on the long-term health of offspring", *Lancet Diabetes Endocrinol.* 5, pp. 53~64 (2017).
37. Gaillard, R., Steegers, E. a. P., Franco, O. H., Hofman, A., Jaddoe, V. W. V., "Maternal weight gain in different periods of pregnancy and childhood cardio-metabolic outcomes. The Generation R Study", *Int. J. Obes 2005* 39, pp. 677~685 (2015).
38. Samuelsson, A.-M. et al., "Diet-induced obesity in female mice leads to offspring hyperphagia, adiposity, hypertension, and insulin resistance: a novel murine model of developmental programming", *Hypertens. Dallas Tex 1979* 51, pp. 383~392 (2008).
39. Taylor, P. D., Samuelsson, A.-M., Poston, L., "Maternal obesity and the developmental programming of hypertension: a role for leptin", *Acta Physiol.*, Oxf. Engl., pp. 508~523 (2014).
40. Şanlı, E., Kabaran, S., "Maternal Obesity, Maternal Overnutrition and Fetal Programming: Effects of Epigenetic Mechanisms on the Development of Metabolic Disorders", *Curr. Genomics* 20, pp. 419~427 (2019).
41. Zhang, J., Li, S., Luo, X., Zhang, C., "Emerging role of hypothalamus in the metabolic regulation in the offspring of maternal obesity", *Front. Nutr.* 10, 1094616 (2023).
42. Horsthemke, B., "A critical view on transgenerational epigenetic inheritance in humans", *Nat. Commun.* 9, 2973 (2018).
43. Volkow, N. D., Wise, R. A., Baler, R., "The dopamine motive system: implications for drug and food addiction", *Nat. Rev. Neurosci.* 18, pp. 741~752 (2017).
44. Speranza, L., di Porzio, U., Viggiano, D., de Donato, A., Volpicelli, F., "Dopamine: The Neuromodulator of Long-Term Synaptic Plasticity, Reward and Movement Control", *Cells* 10, p. 735 (2021).
45. Wise, R. A., "Catecholamine theories of reward: a critical review", *Brain Res.*

152, pp. 215~247 (1978).

46. Montague, P. R., Dayan, P., Sejnowski, T. J., "A framework for mesencephalic dopamine systems based on predictive Hebbian learning", *J. Neurosci.* 16, pp. 1,936~1,947 (1996).
47. Small, D. M., Jones-Gotman, M., Dagher, A., "Feeding-induced dopamine release in dorsal striatum correlates with meal pleasantness ratings in healthy human volunteers", *NeuroImage* 19, pp. 1,709~1,715 (2003).
48. Volkow, N. D., Wang, G.-J., Baler, R. D., "Reward, dopamine and the control of food intake: implications for obesity", *Trends Cogn. Sci.* 15, pp. 37~46 (2011).
49. Yamamoto, R. T., Foulds-Mathes, W., Kanarek, R. B., "Antinociceptive actions of peripheral glucose administration", *Pharmacol. Biochem. Behav.* 117, pp. 34~39 (2014).
50. Avena, N. M., Rada, P., Hoebel, B. G., "Evidence for sugar addiction: Behavioral and neurochemical effects of intermittent, excessive sugar intake", *Neurosci. Biobehav. Rev.* 32, pp. 20~39 (2008).
51. Frayn, M., Knäuper, B., "Emotional Eating and Weight in Adults: a Review", *Curr. Psychol.* 37, pp. 924~933 (2018).
52. Wang, G.-J. et al., "Brain dopamine and obesity", *The Lancet* 357, pp. 354~357 (2001).
53. Volkow, N. D., Wise, R. A., Baler, R., 앞의 책 (2017).
54. Guillaumin, M. C. C., Peleg-Raibstein, "D. Maternal Over- and Malnutrition and Increased Risk for Addictive and Eating Disorders in the Offspring", *Nutrients* 15, 1095 (2023).
55. Izquierdo, A. G., Crujeiras, A. B., Casanueva, F. F., Carreira, M. C., "Leptin, Obesity, and Leptin Resistance: Where Are We 25 Years Later?", *Nutrients* 11, 2704 (2019).
56. Rahman, Q. F. Ab., Jufri, N. F., Hamid, A., 앞의 책 (2023).

색욕 - 감춰지지 않는 음탕한 속내

1. Jarvie, H. F., "Frontal Lobe Wounds causing Disinhibition", *J. Neurol. Neurosurg. Psychiatry* 17, pp. 14~32 (1954).
2. Stefka, J. et al., "Misattributed parentage identified through diagnostic exome sequencing: Frequency of detection and reporting practices", *J. Genet. Couns.*

31, pp. 631~640 (2022).
3. Voracek, M., Haubner, T., Fisher, M. L., "Recent Decline in Nonpaternity Rates: A Cross-Temporal Meta-Analysis", *Psychol. Rep.* 103, pp. 799~811 (2008).
4. Buss, D. M., Schmitt, D. P., "Sexual strategies theory: an evolutionary perspective on human mating", *Psychol. Rev.* 100, pp. 204~232 (1993).
5. Buss, D. M., Schmitt, D. P., "Mate Preferences and Their Behavioral Manifestations", *Annu. Rev. Psychol.* 70, pp. 77~110 (2019).
6. Schmitt, D. P., "Sociosexuality from Argentina to Zimbabwe: a 48-nation study of sex, culture, and strategies of human mating", *Behav. Brain Sci.* 28, pp. 247~275 (2005).
7. Lippa, R. A., "Sex differences in sex drive, sociosexuality, and height across 53 nations: testing evolutionary and social structural theories", *Arch. Sex. Behav.* 38, pp. 631~651 (2009).
8. Li, N. P., "Mate Preference Necessities in Long- and Short-Term Mating: People Prioritize in Themselves What Their Mates Prioritize in Them", *Acta Psychol. Sin.* 39, pp. 528~535 (2007).
9. Valentine, K. A., Li, N. P., Penke, L., Perrett, D. I., "Judging a Man by the Width of his Face: The Role of Facial Ratios and Dominance in Mate Choice at Speed-Dating Events", *Psychol. Sci.* 25, pp. 806~811 (2014).
10. Muggleton, N. K., Fincher, C. L., "Unrestricted sexuality promotes distinctive short-and long-term mate preferences in women", *Personal. Individ. Differ.* 111, pp. 169~173 (2017).
11. Gildersleeve, K., Haselton, M. G., Fales, M. R., "Do women's mate preferences change across the ovulatory cycle? A meta-analytic review", *Psychol. Bull.* 140, pp. 1,205~1,259 (2014).
12. Glass, S. P., Wright, T. L., "Justifications for extramarital relationships: The association between attitudes, behaviors, and gender", *J. Sex Res.* 29, pp. 361~387 (1992).
13. Buss, D. M., "Sex differences in human mate preferences: Evolutionary hypotheses tested in 37 cultures", *Behav. Brain Sci.* 12, pp. 1~49 (1989).
14. Wang, G. et al., "Different impacts of resources on opposite sex ratings of physical attractiveness by males and females", *Evol. Hum. Behav.* 39, pp. 220~225 (2018).
15. Marlowe, F. W., "Mate preferences among Hadza hunter-gatherers", *Hum. Nat.* 15, pp. 365~376 (2004).

16. Pawlowski, B., Koziel, S., "The impact of traits offered in personal advertisements on response rates", *Evol. Hum. Behav.* 23, pp. 139~149 (2002).
17. Sugiyama, L. S., "Physical Attractiveness in Adaptationist Perspective", *The Handbook of Evolutionary Psychology,* John Wiley & Sons, pp. 292~343 (2005).
18. Sohn, K., "Men's revealed preference for their mates' ages", *Evol. Hum. Behav.* 38, pp. 58~62 (2017).
19. Buss, D. M., Schmitt, D. P., 앞의 책 (2019).
20. Buss, D., *The Evolution of Desire: Strategies of Human Mating,* Basic Books (2016). (데이비드 M. 버스 지음, 《욕망의 진화》, 전중환 옮김, 사이언스북스, 2007).
21. Miller, B. L., Cummings, J. L., McIntyre, H., Ebers, G., Grode, M., "Hypersexuality or altered sexual preference following brain injury", *J. Neurol. Neurosurg. Psychiatry* 49, pp. 867~873 (1986).
22. 같은 곳.
23. Surbeck, W., Bouthillier, A., Nguyen, D. K., "Bilateral cortical representation of orgasmic ecstasy localized by depth electrodes", *Epilepsy Behav. Case Rep.* 1, pp. 62~65 (2013).
24. Miller, B. L., Cummings, J. L., McIntyre, H., Ebers, G., Grode, M., 앞의 책, pp. 867~873 (1986).
25. Henn, F. A., Herjanic, M., Vanderpearl, R. H., "Forensic psychiatry: profiles of two types of sex offenders", *Am. J. Psychiatry* 133, 694~696 (1976).
26. Swaab, D. F., Garcia-Falgueras, A., 앞의 책, pp. 17~28 (2009).
27. Phoenix, C. H., Goy, R. W., Gerall, A. A., Young, W. C., "Organizing Action of Prenatally Administered Testosterone Propionate on the Tissues Mediating Mating Behavior in the Female Guinea Pig", *Endocrinology* 65, pp. 369~382 (1959).
28. Dessens, A. B. et al., "Prenatal exposure to anticonvulsants and psychosexual development", *Arch. Sex. Behav.* 28, pp. 31~44 (1999).
29. "Health Check: The boy who was raised a girl." www.bbc.co.uk/news/health-11814300. *BBC News* (23 Nov. 2010).
30. "Health Check: The boy who was raised a girl."
31. Colapinto, J., "*As Nature Made Him: The Boy Who Was Raised as a Girl,*" Harper Perennial (2006). (존 콜라핀토 지음, 《이상한 나라의 브렌다》, 이은선 옮김, 알마, 2014).
32. Swaab, Garcia-Falgueras, "A. Sexual differentiation of the human brain (…)",

Functional Neurology (2009).
33. Stock, K., *Material Girls: Why Reality Matters for Feminism*, Fleet (2021).
34. Kinnunen, L. H., Moltz, H., Metz, J., Cooper, M., "Differential brain activation in exclusively homosexual and heterosexual men produced by the selective serotonin reuptake inhibitor, fluoxetine", *Brain Res.* 1024, pp. 251~254 (2004).
35. Savic, I., "Brain Imaging Studies of the Functional Organization of Human Olfaction", *Chem. Senses* 30, pp. i222~i223 (2005).
36. Paul, T. et al., "Brain response to visual sexual stimuli in heterosexual and homosexual males", *Hum. Brain Mapp.* 29, pp. 726~735 (2007).
37. Savic, I., Lindström, P., "PET and MRI show differences in cerebral asymmetry and functional connectivity between homo- and heterosexual subjects", *Proc. Natl. Acad. Sci. U.S.A.* 105, pp. 9,403~9,408 (2008).
38. Miller, B. L., Cummings, J. L., McIntyre, H., Ebers, G., Grode, M., 앞의 책, pp. 867~873 (1986).
39. Barbeau, A., "L-Dopa Therapy in Parkinson's Disease", *Can. Med. Assoc. J.* 101, pp. 59~68 (1969).
40. Cummings, J. L., "Behavioral Complications of Drug Treatment of Parkinson's Disease", *J. Am. Geriatr. Soc.* 39, pp. 708~716 (1991).
41. Solla, P., Bortolato, M., Cannas, A., Mulas, C. S., Marrosu, F., "Paraphilias and paraphilic disorders in Parkinson's disease: A systematic review of the literature", *Mov. Disord.* 30, pp. 604~613 (2015).
42. Nielssen, O. B., Cook, R. J., Joffe, R., Meagher, L. J., Silberstein, P., "Paraphilia and other disturbed behavior associated with dopamimetic treatment for Parkinson's disease", *Mov. Disord. Off. J. Mov. Disord. Soc.* 24, pp. 1,091~1,092 (2009).
43. Raina, G., Cersosimo, M. G., Micheli, F., "Zoophilia and impulse control disorder in a patient with Parkinson disease", *J. Neurol.* 259, pp. 969~970 (2012).
44. Solla, P., Bortolato, M., Cannas, A., Mulas, C. S., Marrosu, F., 앞의 책, pp. 604~613 (2015).
45. Coombs, R. H., *Handbook of Addictive Disorders: A Practical Guide to Diagnosis and Treatment*, John Wiley & Sons (2004).
46. Ahmad, Z. S. et al., "Prevalence Rates of Online Sexual Addiction Among Christian Clergy", *Sex. Addict. Compulsivity* 22, pp. 344~356 (2015).
47. Toates, F., "A motivation model of sex addiction", *Neurosci. Biobehav. Rev.*

(2022).
48. Potenza, M. N., Gola, M., Voon, V., Kor, A., Kraus, S. W., "Is excessive sexual behaviour an addictive disorder?", *Lancet Psychiatry* 4, pp. 663~664 (2017).
49. Black, D. W., "Compulsive Sexual Behavior: A Review", *J. Psychiatr. Pract.* 4, p. 219 (1998).
50. Toates., "A motivation model of sex addiction", *Neurosci. Biobehav. Rev.* (2022).
51. Gold, S. N., Heffner, C. L., "Sexual addiction: Many conceptions, minimal data", *Clin. Psychol. Rev.* 18, pp. 367~381 (1998).
52. Voon, V. et al., "Neural Correlates of Sexual Cue Reactivity in Individuals with and without Compulsive Sexual Behaviours", *PLoS ONE* 9, e102419 (2014).
53. Gold, S. N., Heffner, C. L., 앞의 책 (1998).
54. Hayley, S., Vahid-Ansari, F., Sun, H., Albert, P. R., "Mood disturbances in Parkinson's disease: From prodromal origins to application of animal models", *Neurobiol. Dis.* 181, 106115 (2023).

질투 – 남이 가진 것을 빼앗고 싶은 마음

1. Ramachandran, V. S., Jalal, B., "The Evolutionary Psychology of Envy and Jealousy. Front", *Psychol.* 8, 1619 (2017).
2. Aquaro, G., "Death by Envy: The Evil Eye and Envy in the Christian Tradition", iUniverse, Inc. (2004).
3. Rand, A., Schwartz(ed. and contributor), *Return of the Primitive: The Anti-Industrial Revolution*, Penguin (1999).
4. Smith, R. H., Kim, S. H., "Comprehending envy", *Psychol. Bull.* 133, 46 (3. Jan 2007).
5. Laham, S., *The Joy of Sin: The Psychology of the Seven Deadly Sins*, Constable (2012).
6. Ramachandran, V. S., Jalal, B., 앞의 책 (2017).
7. Chen-Charash, Y., Larson, E., *What Is the Nature of Envy?, in: Envy at Work and in Organizations*, Oxford University Press (2017).
8. Frances, A., "DSM-5 Is a Guide, Not a Bible: Simply Ignore Its 10 Worst Changes", *HuffPost* (2012). www.huffpost.com/entry/dsm-5_b_2227626.
9. Newlin, E., Weinstein, B., "Personality Disorders. Contin", *Lifelong Learn.*

Neurol. 21, p. 806 (2015).

10. Berenz, E. C. et al., "Childhood Trauma and Personality Disorder Criterion Counts: A Co-twin Control Analysis", *J. Abnorm. Psychol.* 122, pp. 1,070~1,076 (2013).
11. Torgersen, S. et al., "A twin study of personality disorders", *Compr. Psychiatry* 41, pp. 416~425 (2000).
12. Newlin, E., Weinstein, B., 앞의 책 (2015).
13. Kendell, R. E., "The distinction between personality disorder and mental illness", *Br. J. Psychiatry* 180, pp. 110~115 (2002).
14. Neufeld D. C., Johnson, E. A., "Burning with envy? Dispositional and situational influences on envy in grandiose and vulnerable narcissism", *J. Pers.* 84, pp. 685~696 (2016).
15. 같은 책.
16. Sanderson, D., "Gems thief died after killing wife 'in Othello rage'", *The Times* (30 Aug. 2013).
17. Robson, S., "Diamond thief suffering from 'Othello syndrome' strangled his wife then hanged himself because he believed she was having an affair", *Mail Online.* (2013). www.dailymail.co.uk/news/article-2406631/Othello-Syndrome-sufferer-Robert-Mercati-killed-wife-self-delusional-jealousy.html
18. Shakespeare, W., *Othello*, Act III, sc.iv. (윌리엄 셰익스피어 지음, 《오셀로》, 최종철 옮김, 민음사, 2001).
19. Mathes, E. W., "Men's desire for children carrying their genes and sexual jealousy: a test of paternity uncertainty as an explanation of male sexual jealousy", *Psychol. Rep.* 96, pp. 791~798 (2005).
20. Edlund, J. E. et al., "Male Sexual Jealousy: Lost Paternity Opportunities?", *Psychol. Rep.* 122, pp. 575~592 (2019).
21. Kingham, M., Gordon, H., "Aspects of morbid jealousy", *Adv. Psychiatr. Treat.* 10, pp. 207~215 (2004).
22. Mooney, H. B., "Pathologic Jealousy and Psychochemotherapy", *Br. J. Psychiatry* 111, pp. 1,023~1,042 (1965).
23. Askevold, F., "Predictive value of neuropathic traits", *Acta Psychiatr. Scand.* 56, pp. 32~38 (1977).
24. Sun, Y. et al., "Neural substrates and behavioral profiles of romantic jealousy and its temporal dynamics", *Sci. Rep.* 6, 27469 (2016).
25. Kuruppuarachchi, K. A. L. A., Seneviratne, A. N., "Organic causation of

morbid jealousy", *Asian J. Psychiatry* 4, pp. 258~260 (2011).

26. Soyka, M., Naber, G., Völcker, A., "Prevalence of delusional jealousy in different psychiatric disorders. An analysis of 93 cases", *Br. J. Psychiatry J. Ment. Sci.* 158, pp. 549~553 (1991).
27. Alzheimer, A., Stelzmann, R. A., Schnitzlein, H. N., Murtagh, F. R., "An English translation of Alzheimer's 1907 paper, 'Uber eine eigenartige Erkankung der Hirnrinde'", *Clin. Anat. N. Y. N* 8, pp. 429~431 (1995).
28. Hashimoto, M., Sakamoto, S., Ikeda, M., "Clinical Features of Delusional Jealousy in Elderly Patients With Dementia", *J. Clin. Psychiatry* 76, 2769 (2015).
29. Leutmezer, F. et al., "Postictal Psychosis in Temporal Lobe Epilepsy", *Epilepsia* 44, pp. 582~590 (2003).

나태 – 가능성 앞에서도 움직이지 않는 두 발

1. Hicks, A.-I., Prager-Khoutorsky, M., "Neuronal culprits of sickness behaviours", *Nature* 609, pp. 679~680 (2022).
2. Schimmel, S., *The Seven Deadly Sins: Jewish, Christian, and Classical Reflections on Human Nature*, Free Press (1992).
3. Husain, M., Roiser, J. P., "Neuroscience of apathy and anhedonia: a transdiagnostic approach", *Nat. Rev. Neurosci.* 19, pp. 470~484 (2018).
4. Hartmann, M. N. et al., "Apathy in schizophrenia as a deficit in the generation of options for action", *J. Abnorm. Psychol.* 124, pp. 309~318 (2015).
5. Muhammed, K. et al., "Reward sensitivity deficits modulated by dopamine are associated with apathy in Parkinson's disease", *Brain* 139, pp. 2,706~2,721 (2016).
6. Husain, M., Roiser, J. P., 앞의 책 (2018).
7. Besser, L. M., Galvin, J. E., "Diagnostic experience reported by caregivers of patients with frontotemporal degeneration", *Neurol. Clin. Pract.* 10, pp. 298~306 (2020).
8. Boeve, B. F., "Behavioral Variant Frontotemporal Dementia", *Contin. Lifelong Learn. Neurol.* 28, 702 (2022).
9. Shaw, S. R. et al., "Uncovering the prevalence and neural substrates of anhedonia in frontotemporal dementia", *Brain* 144, pp. 1,551~1,564 (2021).
10. Levy, R., Dubois, B., "Apathy and the Functional Anatomy of the Prefrontal

Cortex~Basal Ganglia Circuits", *Cereb. Cortex* 16, pp. 916~928 (2006).

11. Bhattacharyya, K. B., "The story of George Huntington and his disease", *Ann Indian Acad Neurol.* 19, pp. 25~28 (2016).
12. Huntington, G., "On Chorea", *Med Surg Rep.* 26, pp. 317~321 (1872).
13. Walker, F. O., "Huntington's disease", *Lancet Lond. Engl.* 369, pp. 218~228 (2007).
14. McColgan, P., Tabrizi, S. J., "Huntington's disease: a clinical review", *Eur. J. Neurol.* 25, pp. 24~34 (2018).
15. Matmati, J., Verny, C., Allain, P., "Apathy and Huntington's Disease: A Literature Review Based on PRISMA", *J Neuropsychiatry Clin Neurosci.* 34, pp. 100~112 (2022).
16. Tabrizi, S. J. et al., "Predictors of phenotypic progression and disease onset in premanifest and early-stage Huntington's disease in the TRACK-HD study: analysis of 36-month observational data", *Lancet Neurol.* 12, pp. 637~649 (2013).
17. Levy, R., Dubois, B., 앞의 책 (2006).
18. 같은 책.
19. Pérez-Carbonell, L., Mignot, E., Leschziner, G., Dauvilliers, Y., "Understanding and approaching excessive daytime sleepiness", *The Lancet* 400, pp. 1,033~1,046 (2022).
20. Valko, V. O., Baumann C. R., "Chapter 108: Sleep Disorders after Traumatic Brain Injury, in Principles and Practice of Sleep Medicine (7th Ed)", Eds Kryger, M., Roth, T., Goldstein, C. A., Dement, W. C., *Elsevier* (2022).
21. Marcora, S., "Perception of effort during exercise is independent of afferent feedback from skeletal muscles, heart, and lungs", *J. Appl. Physiol.* 106, pp. 2,060~2,062 (2009).
22. Zénon, A., Sidibé, M., Olivier, E., "Disrupting the Supplementary Motor Area Makes Physical Effort Appear Less Effortful", *J. Neurosci.* 35, pp. 8,737~8,744 (2015).
23. Boksem, M. A. S., Meijman, T. F., Lorist, M. M., "Mental fatigue, motivation and action monitoring", *Biol. Psychol.* 72, pp. 123~132 (2006).
24. Blain, B., Hollard, G., Pessiglione, M., "Neural mechanisms underlying the impact of daylong cognitive work on economic decisions", *Proc. Natl. Acad. Sci.* 113, pp. 6,967~6,972 (2016).
25. Müller, T., Apps, M. A., "J. Motivational fatigue: A neurocognitive framework for the impact of effortful exertion on subsequent motivation", *Neuropsychologia*

123, pp. 141~151 (2019).

26. Sloan, M. et al., "Prevalence and identification of neuropsychiatric symptoms in systemic autoimmune rheumatic diseases: an international mixed methods study", *Rheumatol*, Oxf. Engl., kead369 (2023). doi:10.1093/rheumatology/kead369.
27. Le Heron, C., Holroyd, C. B., Salamone, J., Husain, M., "Brain mechanisms underlying apathy", *J. Neurol. Neurosurg. Psychiatry* 90, pp. 302~312 (2019).
28. Turkheimer, F. E., Veronese, M., Mondelli, V., Cash, D., Pariante, C. M., "Sickness behaviour and depression: An updated model of peripheral-central immunity interactions", *Brain. Behav. Immun.* 111, pp. 202~210 (2023).
29. Ziino, C., Ponsford, J., "Selective attention deficits and subjective fatigue following traumatic brain injury", *Neuropsychology* 20, pp. 383~390 (2006).
30. Cantor, J. B. et al., "Fatigue after traumatic brain injury and its impact on participation and quality of life", *J. Head Trauma Rehabil.* 23, pp. 41~51 (2008).
31. Mavroudis, I. et al., "Functional Overlay Model of Persistent Post-Concussion Syndrome", *Brain Sci.* 13, 1028 (2023).

탐욕 – 간악한 계획을 꾸미는 욕심

1. Levy, M., "'Interested in data?': Panama Papers leak began with message from 'John Doe'", *Sydney Morning Herald* (2016). www.smh.com.au/business/banking-and-finance/interested-in-data-panama-papers-leak-began-with-message-from-john-doe-20160406-gnzd0i.html.
2. Obama, B., "Remarks on Tax Code Reform and an Exchange With Reporters" (5 Apr. 2016). www.govinfo.gov/content/pkg/DCPD-201600222/pdf/DCPD-201600222.pdf.
3. "Panama Papers: Former Pakistan PM Sharif Sentenced To 10 Years-ICIJ" (2018). www.icij.org/investigations/panama-papers/former-pakistan-pm-sharif-sentenced-to-10-years-over-panama-papers.
4. Seuntjens, T. G., Zeelenberg, M., van de Ven, N., Breugelmans, S. M., "Greedy bastards: Testing the relationship between wanting more and unethical behavior", *Personal. Individ. Differ.* 138, pp. 147~156 (2019).
5. Seuntjens, T. G., Zeelenberg, M., van de Ven, N., Breugelmans, S. M., "Dispositional greed", *J. Pers. Soc. Psychol.* 108, pp. 917~933 (2015).

6. Seuntjens, T. G., Zeelenberg, M., van de Ven, N., Breugelmans, S. M., 앞의 책 101323 (2022).
7. Seuntjens, T. G., Zeelenberg, M., van de Ven, N., Breugelmans, S. M., 앞의 책 (2019).
8. Seuntjens, T. G., Zeelenberg, M., van de Ven, N., Breugelmans, S. M., 앞의 책 (2022) Dec 28:1461672221140355. doi: 10.1177/01461672221140355.
9. Krekels, G., Pandelaere, M., "Dispositional greed", *Personal. Individ. Differ.* 74, pp. 225~230 (2015).
10. Zeelenberg, M., Seuntjens, T. G., van de Ven, N., Breugelmans, S. M., "When enough is not enough: Overearning as a manifestation of dispositional greed", *Personal. Individ. Differ.* 165, 110155 (2020).
11. Zhu, Y., Sun, X., Liu, S., Xue, G., "Is Greed a Double-Edged Sword? The Roles of the Need for Social Status and Perceived Distributive Justice in the Relationship Between Greed and Job Performance", *Front. Psychol.* 10, 2021 (2019).
12. Laham, S., 앞의 책 (2012).
13. Vohs, K. D., Mead, N. L., Goode, M. R., "The Psychological Consequences of Money", *Science* 314, pp. 1,154~1,156 (2006).
14. Zhou, X., Vohs, K. D., Baumeister, R. F., "The symbolic power of money: Reminders of money alter social distress and physical pain", *Psychol. Sci.* 20, pp. 700~706 (2009).
15. Hass, R. G., "Perspective taking and self-awareness: Drawing an E on your forehead", *J. Pers. Soc. Psychol.* 46, pp. 788~798 (1984).
16. Laham, S., 앞의 책 (2012).
17. Stevenson, B., Wolfers, J., "Economic Growth and Subjective Well-Being: Reassessing the Easterlin Paradox", *Working Paper* (2008). at: doi.org/10.3386/w14282.
18. Hoyer, Zeelenberg, Breugelmans, "Greed (…)", *Pers. Soc. Psychol. Bull.* (2022).
19. 같은 책.
20. Bao, R., Sun, X., Liu, Z., Fu, Z., Xue, G., "Dispositional greed inhibits prosocial behaviors: an emotive—social cognitive dual-process model", *Curr. Psychol.* 41, pp. 3,928~3,936 (2022).
21. Wei, S. et al., "Greed personality trait links to negative psychopathology and underlying neural substrates", *Soc. Cogn. Affect. Neurosci.* 18, nsac046 (2022).

22. Osnos, E., "Life After White-Collar Crime", *The New Yorker* (23 Aug. 2021).
23. Seuntjens, Zeelenberg, Breugelmans, *Dispositional greed*, J. Pers. Soc. Psychol. (2015).
24. Zeelenberg, Breugelmans, "The good, bad and ugly (…)", *Curr. Opin. Psychol.* (2022).
25. 같은 책.
26. Grisham, J. R., Norberg, M. M., "Compulsive hoarding: current controversies and new directions", *Dialogues Clin. Neurosci.* 12, pp. 233~240 (2010).
27. O'Sullivan, S. S. et al., "Excessive hoarding in Parkinson's disease", *Mov. Disord.* 25, pp. 1,026~1,033 (2010).
28. Miltner, W. H. R., Braun, C. H., Coles, M. G. H., "Event-Related Brain Potentials Following Incorrect Feedback in a Time-Estimation Task: Evidence for a 'Generic' Neural System for Error Detection," *J. Cogn. Neurosci.* 9, pp. 788~798 (1997).
29. Mussel, P., Hewig, J., "A neural perspective on when and why trait greed comes at the expense of others", *Sci. Rep.* 9, 10985 (2019).
30. Mussel, P., Reiter, A. M. F., Osinsky, R., Hewig, J., "State-and trait-greed, its impact on risky decision-making and underlying neural mechanisms", *Soc. Neurosci.* 10, pp. 126~134 (2015).
31. Mussel, P., Hewig, J., 앞의 책 (2019).
32. Wei et al., "Greed personality trait (…)", *Soc. Cogn. Affect. Neurosci.* (2022).
33. Coffey, C. et al., "Time to Care: Unpaid and underpaid care work and the global inequality crisis" (2020). hdl.handle.net/10546/620928; doi:10.21201/2020.5419.
34. Lambie, G. W., Haugen, J. S., "Understanding greed as a unified construct", *Personal. Individ. Differ.* 141, pp. 31~39 (2019).

교만 - 오만하고 자만하는 태도

1. Kirzan, Z., Herlache, A. D., "The Narcissism Spectrum Model: A Synthetic View of Narcissistic Personality", *Pers. Soc. Psychol. Rev.* 22, pp. 3~31 (2018).
2. Brummelman, E. et al., "Origins of narcissism in children", *Proc. Natl. Acad. Sci.* 112, pp. 3,659~3,662 (2015).
3. Brummelman, E., Thomaes, S., Sedikides, C., "Separating Narcissism From Self-Esteem", *Curr. Dir. Psychol. Sci.* 25, pp. 8~13 (2016).

4. Brummelman, E., Sedikides, C., "Raising Children With High Self-Esteem (But Not Narcissism)", *Child Dev. Perspect.* 14, pp. 83~89 (2020).
5. Twenge, J. M., Konrath, S., Foster, J. D., Campbell, W. K., Bushman, B. J., "Egos inflating over time: a cross-temporal meta-analysis of the Narcissistic Personality Inventory", *J. Pers.* 76, pp. 875~902 (2008).
6. Foster, J. D., Keith Campbell, W., Twenge, J. M., "Individual differences in narcissism: Inflated self-views across the lifespan and around the world", *J. Res. Personal.* 37, pp. 469~486 (2003).
7. Brummelman et al., "Origins (…)", *Proc. Natl. Acad. Sci.* (2015).
8. 같은 책.
9. Brummelman, Sedikides, "Raising Children (…)", *Child Dev. Perspect.* (2020).
10. Aristotle. *Rhetoric.* (아리스토텔레스 지음, 《수사학》, 천병희 옮김, 숲, 2017).
11. Weiner, B., *Human Motivation*, Springer (1985). doi:10.1007/978-1-4612-5092-0.
12. Herrald, M. M., Tomaka, J., "Patterns of emotion-specific appraisal, coping, and cardiovascular reactivity during an ongoing emotional episode", *J. Pers. Soc. Psychol.* 83, p. 434 (31 Jul 2002).
13. Owen, D., Davidson, J., "Hubris syndrome: An acquired personality disorder? A study of US Presidents and UK Prime Ministers over the last 100 years", *Brain* 132, pp. 1,396~1,406 (2009).
14. Osnos, E., "Is Political Hubris an Illness?", *The New Yorker* (5 May 2017).
15. Owen, D., Davidson, J., 앞의 책 (2009).
16. Stinson, F. S. et al., "Prevalence, Correlates, Disability, and Comorbidity of DSM-IV Narcissistic Personality Disorder: Results from the Wave 2 National Epidemiologic Survey on Alcohol and Related Conditions", *J. Clin. Psychiatry* 69, pp. 1,033~1,045 (2008).
17. Ronningstam, E., "Narcissistic personality disorder: a clinical perspective", *J. Psychiatr. Pract.* 17, pp. 89~99 (2011).
18. Caligor, E., Levy, K. N., Yeomans, F. E., "Narcissistic personality disorder: diagnostic and clinical challenges", *Am. J. Psychiatry* 172, pp. 415~422 (2015).
19. Jauk, E., Kanske, P., "Can neuroscience help to understand narcissism? A systematic review of an emerging field", *Personal. Neurosci.* 4, e3 (2021).
20. di Giacomo, E., Andreini, E., Lorusso, O., Clerici, M., "The dark side of empathy in narcissistic personality disorder", *Front. Psychiatry* 14, 1074558 (2023).

21. Lamm, C., Decety, J., Singer, T., "Meta-analytic evidence for common and distinct neural networks associated with directly experienced pain and empathy for pain", *NeuroImage* 54, pp. 2,492~2,502 (2011).
22. Fan, Y. et al., "The narcissistic self and its psychological and neural correlates: an exploratory fMRI study", *Psychol. Med.* 41, pp. 1,641~1,650 (2011).
23. Schulze, L. et al., "Gray matter abnormalities in patients with narcissistic personality disorder", *J. Psychiatr. Res.* 47, pp. 1,363~1,369 (2013).
24. Karl Jaspers, *General Psychopathology*, Springer (1913).
25. Isham, L. et al., "Understanding, treating, and renaming grandiose delusions: A qualitative study", *Psychol. Psychother.* 94, pp. 119~140 (2021).
26. Isham, L. et al., "The meaning in grandiose delusions: measure development and cohort studies in clinical psychosis and non-clinical general population groups in the UK and Ireland", *Lancet Psychiatry* 9, pp. 792~803 (2022).
27. Isham, L. et al., "The Difficulties of Grandiose Delusions: Harms, Challenges, and Implications for Treatment Engagement", *Schizophr. Bull.* sbad016 (2023). doi:10.1093/schbul/sbad016.
28. Leschziner, G., *The Man Who Tasted Words*, Simon and Schuster/St Martin's Press (2022). (가이 레슈차이너 지음, 《감각의 거짓말》, 양진성 옮김, 프리렉, 2023).
29. Coltheart, M., "The neuropsychology of delusions", *Ann. N. Y. Acad. Sci.* 1191, pp. 16~26 (2010).
30. Corlett, P. R. et al., "Disrupted prediction-error signal in psychosis: evidence for an associative account of delusions", *Brain J. Neurol.* 130, pp. 2,387~2,400 (2007).
31. Darby, R. R., Laganiere, S., Pascual-Leone, A., Prasad, S., Fox, M. D., "Finding the imposter: brain connectivity of lesions causing delusional misidentifications", *Brain J. Neurol.* 140, pp. 497~507 (2017).
32. Garety, P. A. et al., "Differences in Cognitive and Emotional Processes Between Persecutory and Grandiose Delusions", *Schizophr. Bull.* 39, pp. 629~639 (2013).
33. Sabri, O. et al., "Correlation of positive symptoms exclusively to hyperperfusion or hypoperfusion of cerebral cortex in never-treated schizophrenics", *Lancet Lond. Engl.* 349, pp. 1,735~1,739 (1997).
34. Kelley, W. M. et al., "Finding the self? An event-related fMRI study", *J. Cogn. Neurosci.* 14, pp. 785~794 (2002).
35. Kimhy, D., Goetz, R., Yale, S., Corcoran, C., Malaspina, D., "Delusions in

individuals with schizophrenia: factor structure, clinical correlates, and putative neurobiology", *Psychopathology* 38, pp. 338~344 (2005).
36. Cummings, J. L., "Organic Delusions: Phenomenology, Anatomical Correlations, and Review", *Brit. J. Psychiatry* 146, pp. 184~197 (1985).
37. Kermani, E., Drob, S., Alpert, M., "Organic brain syndrome in three cases of acquired immune deficiency syndrome", *Compr. Psychiatry* 25, pp. 294~297 (1984).
38. Sultan, S., Omar Fallata, E., "A Case of Complex Partial Seizures Presenting as Acute and Transient Psychotic Disorder", *Case Rep. Psychiatry* 2019, 1901254 (2019).
39. Dubovsky, A. N., Arvikar, S., Stern, T. A., Axelrod, L., "The Neuropsychiatric Complications of Glucocorticoid Use: Steroid Psychosis Revisited", *Psychosomatics* 53, pp. 103~115 (2012).
40. Manea, M. M. et al., "Can a Manic Be Organic?", *Eur. Psychiatry* 30, 1925 (2015).
41. Das, A., Khanna, R., "Organic manic syndrome: causative factors, phenomenology and immediate outcome", *J. Affect. Disord.* 27, pp. 147~153 (1993).

자유 의지 - 그렇다면 우리는 뇌의 꼭두각시인가

1. McKenna, M., Pereboom, D., *Free Will: A Contemporary Introduction*, Routledge and CRC (2016).
2. Watson, G., "4: Responsibility and the Limits of Evil: Variations on a Strawsonian Theme", *Perspectives on Moral Responsibility*, Eds. Fischer, J. M. and Ravizza, M., Cornell University Press, pp. 119~148 (1987).
3. Faure, P., "From accouchement to agony: a lexicological analysis of words of French origin in the modern English language of medicine", *Lexis J. Engl. Lexicology* (2018). doi:10.4000/lexis.1171.
4. Colebatch, J. G., "Bereitschaftspotential and movement-related potentials: Origin, significance, and application in disorders of human movement", *Mov. Disord.* 22, pp. 601~610 (2007).
5. Libet, B., Gleason, C. A., Wright, E. W., Pearl, D. K., "Time of conscious intention to act in relation to onset of cerebral activity(readiness-potential). The unconscious initiation of a freely voluntary act", *Brain J. Neurol.* 106 (Pt 3), pp.

623~642 (1983).

6. Libet et al., "Time of conscious intention (…)", *Brain J. Neurol.* (1983).
7. Neafsey, E. J., "Conscious intention and human action: Review of the rise and fall of the readiness potential and Libet's clock", *Conscious. Cogn.* 94, 103171 (2021).
8. Jung, R., "Voluntary intention and conscious selection in complex learned action", *Behav. Brain Sci.* 8, pp. 544~545 (1985).
9. Neafsey, E. J., 앞의 책 (2021).
10. Schurger, A., Sitt, J. D., Dehaene, S., "An accumulator model for spontaneous neural activity prior to self-initiated movement", *Proc. Natl. Acad. Sci.* 109, pp. E2904~E2913 (2012).
11. Neafsey, "Conscious intention (…)", *Conscious. Cogn.* (2021).
12. Fried, I., Mukamel, R., Kreiman, G., "Internally generated preactivation of single neurons in human medial frontal cortex predicts volition", *Neuron* 69, pp. 548~562 (2011).
13. Soon, C. S., Brass, M., Heinze, H.-J., Haynes, J.-D., "Unconscious determinants of free decisions in the human brain", *Nat. Neurosci.* 11, pp. 543~545 (2008).
14. Stone, J., Hoeritzauer, I., McWhirter, L., Carson, A., "Functional neurological disorder: defying dualism.", *World Psychiatry Off. J. World Psychiatr. Assoc. WPA* 23, pp. 53~54 (2024).
15. Libet, B., "Do We Have Free Will?", *J. Conscious. Stud.* 6, pp. 47~57 (1999).
16. Spinoza, B., *Ethics* (1677). (스피노자 지음, 《에티카》, 강영계 옮김, 서강사, 2007).
17. Eastman, N., Poole, N. A., Kopelman, M. D., "Neuropsychiatry in the criminal courts", *Oxford Textbook of Neuropsychiatry*, Eds. Agrawal, N. et al., Oxford University Press (2020).
18. Kopelman, M., "Memory Disorders in the Law Courts", *Medico-legal J.* 81, pp. 18~28 (2013).

일곱 괴물이 사는 마음

초판 1쇄 발행 2026년 1월 30일
초판 2쇄 발행 2026년 2월 23일

지은이 가이 레슈차이너
옮긴이 이한음
펴낸이 유정연

이사 김귀분
책임편집 이지은 **기획편집** 신성식 조현주 유리슬아 황서연 유자영 정유진 **디자인** 안수진
마케팅 반지영 박중혁 하유정 **제작** 임정호 **경영지원** 박소영

펴낸곳 흐름출판(주) **출판등록** 제313-2003-199호(2003년 5월 28일)
주소 서울시 마포구 월드컵북로5길 48-9(서교동)
전화 (02)325-4944 **팩스** (02)325-4945 **이메일** book@hbooks.co.kr
홈페이지 hbooks.co.kr **인스타그램** instagram.com/nextwave_pub
출력·인쇄·제본 (주)상지사 **용지** 월드페이퍼(주) **후가공** (주)이지앤비(특허 제10-1081185호)

ISBN ISBN 978-89-6596-793-4 (03400)